The Hon. Horace N. Allen, M.D., LL.D. (1858—1932)

알렌이 1885년 창설한 한국최초의 西歐式國立病院
〔上〕 廣惠院 北部 齋洞所在 洪英植家(현 종로구 재동)
〔下〕 濟衆院(구리개銅峴 所在 현 中區 乙支路 2街)

閔泳翊(1860—1914)

袁世凱(1860—1916)

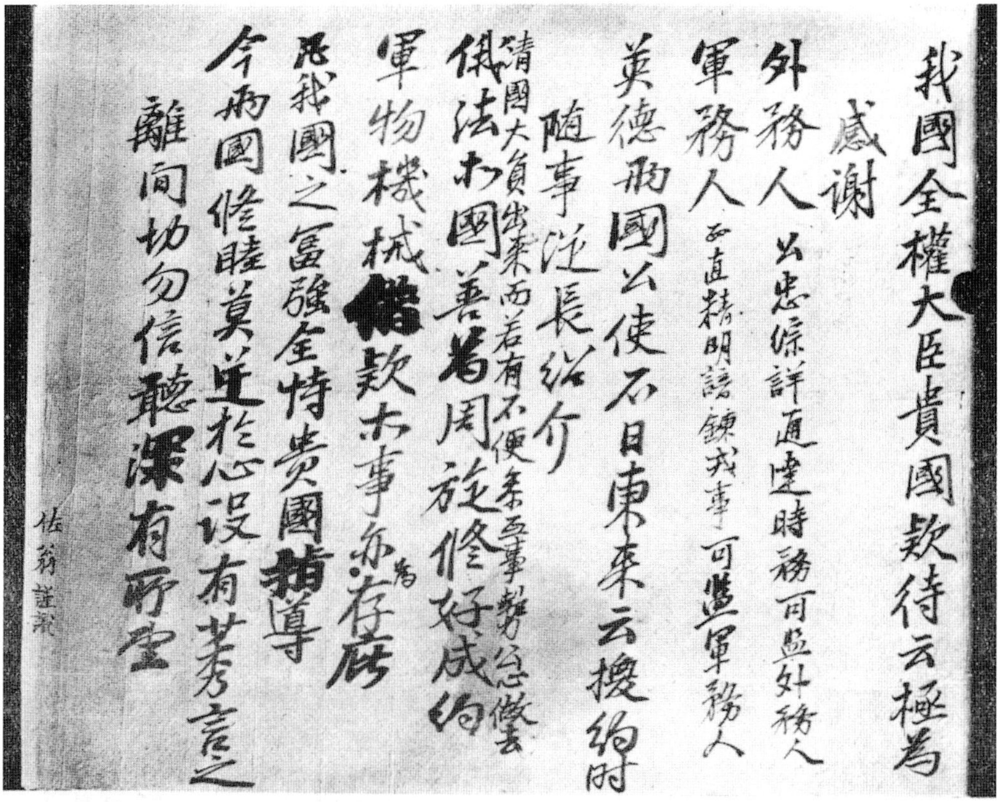

我國全權大臣貴國款待云極為
感謝
外務人 公忠綜詳通達時務可監外務人
軍務人 正直精明諳鍊戎事可監軍務人
美德兩國公使不日東來云攙夠時
隨事從長紹介
清國大員出來而若有不便參互事勢忽微委
俄法大國善為周旋修好成約
軍物機械借款大事亦為存房
凡我國之富強全恃貴國指導
今兩國修睦莫逆於心設有某方言之
離間切勿信聽深有所望
佐翁謹稿

高宗과 푸트 美公使의 筆談

美國公館 사택과 알렌부부

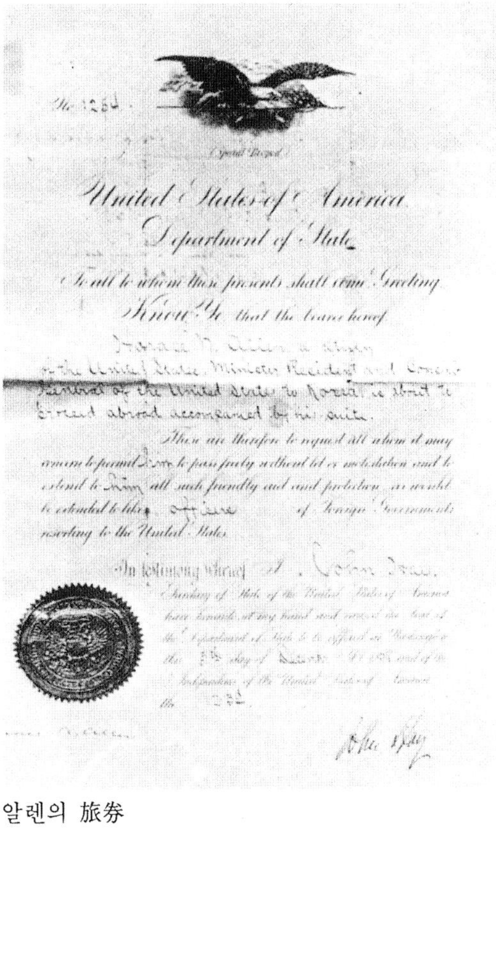

알렌의 旅券

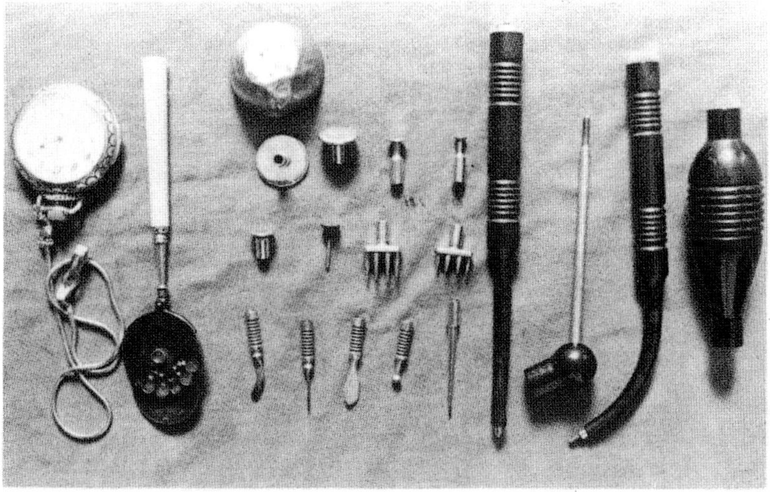

알렌이 사용하던 醫療器具

알렌의 濟物浦別莊

最初의 美國總領事 官邸

알렌의 미국公館官舍(1895)

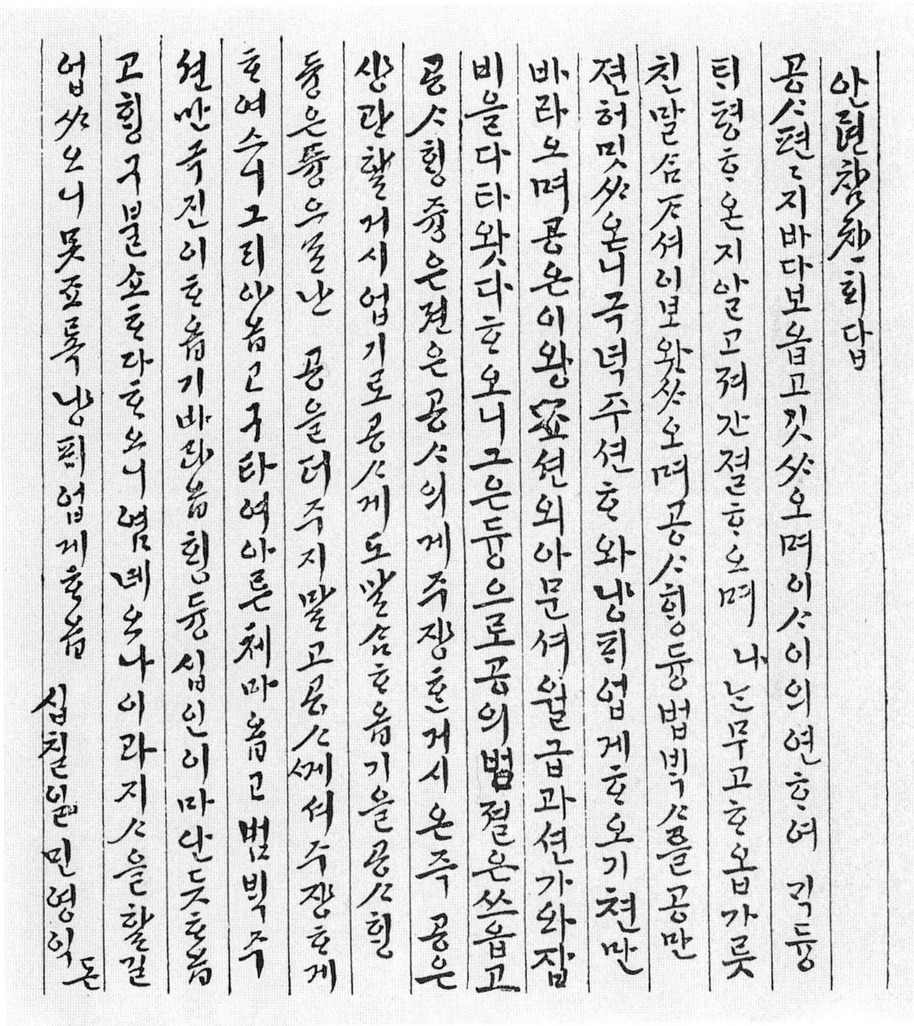

閔泳翊이 亡命地 香港에서 알렌에게 보낸 한글편지(1887년 음10월 17일)

워싱턴 1500 13th Street, N. W. 소재「大朝鮮駐劄 美國華盛頓公使館」1891년 25,000달러로 구입 사용하다가, 1910년 단돈 5달러로 강제 처분되었음. 屋上에 태극기가 보이고, 현관에는 갓 쓰고 두루마기 입은 公館員의 모습이 보인다.

門路票

迎秋門內右邊正路로由ᄒᆞ야崇陽門으로入ᄒᆞ야內閣大
廳에休憩홈

此票를迎秋門內에伺候ᄒᆞᄂᆞᆫ迎接委員에給付ᄒᆞᆷ을要홈

宮內大臣이
大君主陛下의命을奉ᄒᆞ야敬히意를
美國書記官安連貴下에
致ᄒᆞ야我曆本月十六日下午八點鐘
에宮中紀元宴會에招請홈
開國五百四年七月十日

通常禮服

若實故가有ᄒᆞ야進叅키難ᄒᆞ거든示覆ᄒᆞ시믈要홈

高宗이 알렌 書記官에게 내린 1895년 7월 16일의 宮中紀元宴會 招請狀. 右는 門路票(出入證)로서 迎秋門(景福宮西門)으로 출입할 것을 明示함.

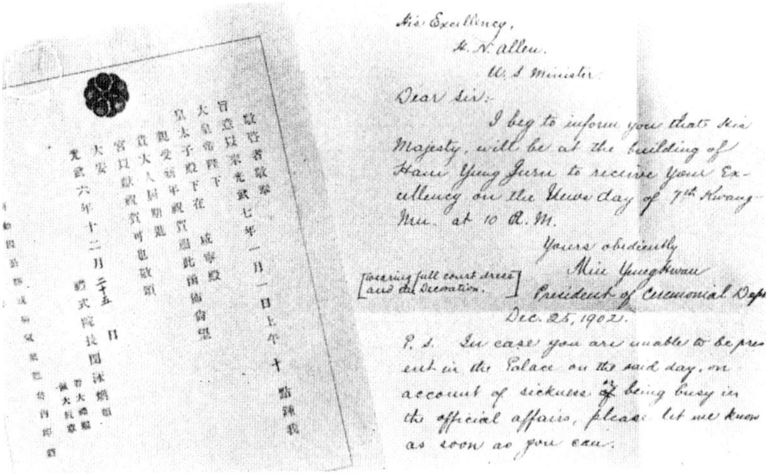

敬啓者敬奉
旨意以來光武七年一月一日上午十點鍾我
大皇帝陛下
皇太子殿下在 咸寧殿
親受新年賀禮茲此預佈翕望
貴大人屆期進
宮以獻觀賀可也敬頌
大安
光武六年十二月二十五日 禮式院長閔泳煥 頓
若大禮服 佩大綬章

His Excellency,
H. N. Allen
U. S. Minister

Dear Sir:-
I beg to inform you that His Majesty, will be at the building of Ham Yung Jun to receive Your Excellency on the New day of 7th Kwang-Mu. at 10 A. M.

Yours obediently
Min Yunghwan
President of Ceremonial Dept.

[wearing full court dress and the Decoration.]

Dec. 25, 1902.

P. S. In case you are unable to be present in the Palace on the said day, on account of sickness or being busy in the official affairs, please let me know as soon as you can.

宮廷에서 보내온 招請狀

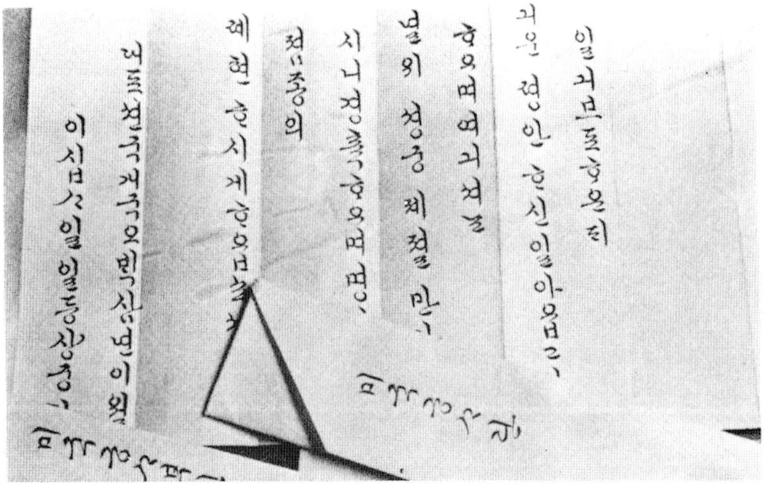

宮廷에서 보내온 招請狀

1903년 알렌公使가 貞洞美國公使館에서 각국 공사초청 기념촬영. 右로부터 淸公館員, 잘데른公使(獨), 쁠랑시公使(佛), 알렌公使(美), 許台身公使(淸), 조던公使(英), 방카르트公使(白), 두 사람 건너 라벤公使(露), 샌즈(美).

初代 漢城電氣會社 副社長
보스트윅(H. Bostwick)

初代 漢城電氣會社 社長
모오스(J. Morse)

西大門과 電車

1904年 竣工된 세브란스記念病院, 오른쪽이 에비슨博士 邸宅

1904年의 세브란스 醫療陳

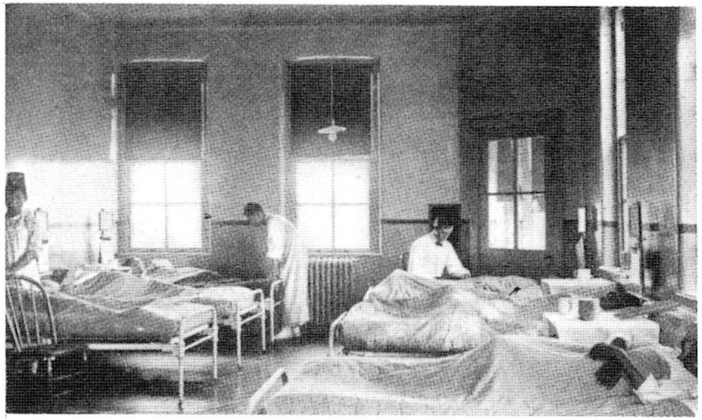

外科病棟

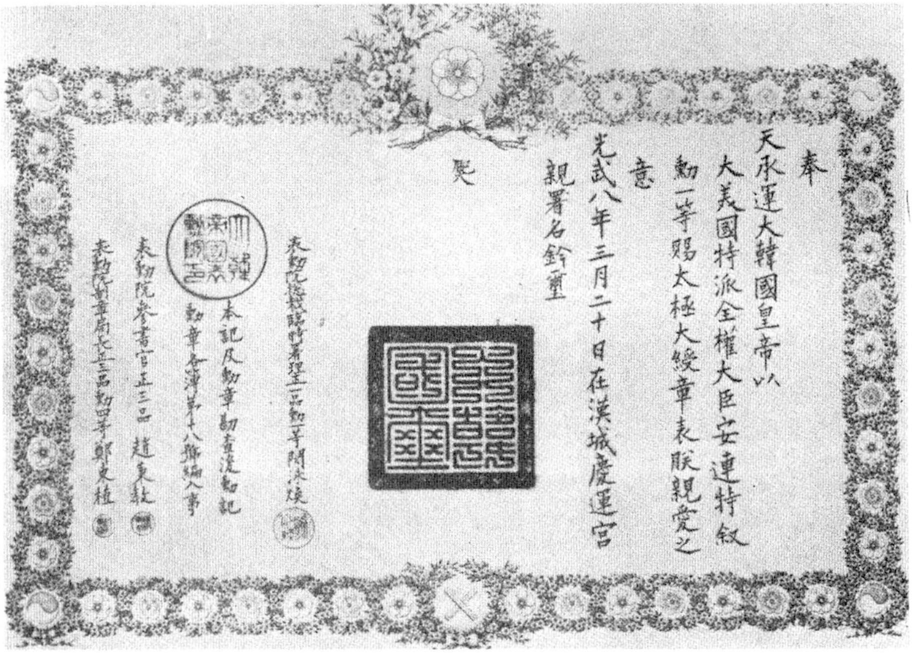

奉
天承運大韓國皇帝以
大美國特派全權大臣安連特敘
勳一等賜太極大綬章表朕親愛之
意
光武八年三月二十日在漢城慶運宮
親署名鈐璽

1904년 3월 20일 高宗皇帝가 알렌公使에게 내린 勳一等 太極大綬章.

알렌의 宣教와 近代韓美外交

閔 庚 培 著

延世大學校 出版部

Dr. Horace N. Allen
and
His Mission in Korea
1884–1905

by

Kyoung Bae Min, Th. D.

Published by

Yonsei University Press

이 저서는 1989년도 연세대학교 학술연구비에
의하여 연구된 것임.

머 리 말

호레이스 뉴튼 알렌(H. N. Allen, 安連)은 1884년 가을에 입국하였던 미국 최초의 한국 파견 의료 선교사였다. 그런데 그는 한말 격동기의 위기를 건너가며 그 때마다 묘한 인연으로 궁궐의 신임을 얻게 되어, 우리 나라 최초의 근대식 병원 광혜원(廣惠院)을 설립하고, 기독교 선교의 길을 터 놓으며, 또 고종(高宗)의 신뢰로 최초의 주미 한국 공사관의 참찬관(參贊官)으로 활동하고, 곧 이어서 미국 주한 공사관의 외교관으로 있다가 특명전권공사(特命全權公使)로까지 승진했던 인물이다. 그리고 1905년에는 을사늑약(乙巳勒約)에서 보여진 미국 정부의 친일(親日), 곧 한국 보호 통치에 대한 일제 강점의 지지에 반발하다가 공사직에서 소환되었던 인물이다.

그에 대한 연구도 한국 개화사, 의료 및 의학교육 발전사, 한말 궁정사, 그리고 한미 외교사, 구한말 한국 자주 독립 보전 운동사, 그리고 한국 기독교 초기사, 이런 여러 방면에서 진행될 수 있을 것이다. 따라서 그 어느 하나를 특별히 배제할 수 있는 것이 아니어서 연구의 대상 포괄의 한계 문제가 계속 본 연구의 난문(難問)이었다. 더구나 본 연구자의 위치가 본래 한국교회사이기 때문에, 이런 포괄 체계화의 문제는 불가피하게 여러 가지 제한을 받을 수밖에 없었다.

하지만 알렌의 근대 한국에서의 위치를 그의 활동 영역에 따라 전체적으로 구성한다는 명제는 소홀히 하고자 한 일이 없었다. 다만 이러한 연구가 알렌의 엄청난 근대사적 공헌과 업적을 발굴하고 분석해서 편집하여 역사화하는 데, 하나의 미소한 디딤돌이 되었으면 하는 소망(素望)으로 이 연구를 시작하였다.

알렌 연구에서는 우리 나라에서 단국대학교의 김원모(金源模) 박사 이상, 열성과 명석으로 연구를 계속한 이가 없다. 그는 여러 논문들을 발표하고, 더구나 뉴욕 시립도서관에 있는 알렌 자료들의 막대한 분량을 다 섭렵하여 그의 해박한 역사적 통찰력으로 이들을 체계화하는데 성공하였으며, 또 더 힘든 일, 곧 알렌 일기를 다 수집하여서 이를 한역(韓譯)하여 출판사에 넘겼고, 곧 간행될 예정이다. 펜 글씨의 그의 일기를 독해(讀解)할 때 그가 겪은 고충은 그의 일기장 한 페이지를 읽는데 걸렸던 시간을 생각하면 실로 초인적 노력이었다 해도 과언이 아니다.

알렌 연구로서는 미국 해링톤(F. H. Harrington)의 연구가 있다. 그러나 그 저자는 냉소와 편견으로 알렌 연구를 시작한 듯한데, 사료 발굴의 정성을 그런 냉소로 끝맺어야 했던 까닭이 무엇인가 묻게 하는 책이다. 하지만 그의 연구가 그 전체적 구성이나 사료의 체계화에서 보여 준 탁월성은 놀랍고, 또 알렌 이해에서 아주 중요한 몇가지 테마의 도출은 알렌에 대한 최초의 연구자로서의 명예에 해당되고도 남음이 있다고 믿는다.

본 연구는 연세대학교의 교수 연구기금에 의해서 진행된 것으로, 이 보람있는 연구를 착수하도록 기회를 주신 총장 박영식(朴煐植) 박사님께 심심한 감사의 뜻을 표한다. 그리고 언제나 따뜻한 격려로 학문의 길을 가게 하는 이천환(李天煥) 주교님께 이 기회에 감사의 말씀을 드리고 싶다.

이 연구가 알렌에 관계된 것으로 연세대학교 의료원의 관심도 컸고, 당시 의료원장이시던 진동식(陳東植) 박사님께서 깊은 관심으로 기회 있을 때마다 연구 방향과 격려를 하셨던 일에 새삼 감사의 뜻을 전한다. 이유복(李有福) 부총장님께서도 그가 소지하고 계신 자료들을 편람

시켜 주시고, 자료 소재에 대한 친절한 지도로 이끌어 주셨음에 감사드리고, 학문의 동역자로 늘 용기를 주는 김석득(金錫得) 박사님, 은준관(殷俊寬) 박사님에게 감사하고 싶다. 그리고 이 연구 기간 동안 모든 어려운 일을 혼자 겪으며 방해될세라 조심하면서 지내고, 변함없는 웃음으로 격려하여 준 아내에게 감사의 말을 남기고 싶다.

마지막으로 이 글의 출판을 쾌락(快諾)하여 주신 본교 출판부 유병웅(兪炳雄) 부장님께 진심으로 감사의 말씀을 드리며, 교정의 일 등 힘든 일들을 기꺼이 담당하여 주신 출판부 여러 선생님께 마음으로부터 감사의 말씀을 드리는 바이다.

1991년 8월

城山에서

閔庚培 識

차 례

I. 알렌 入國時의 韓國

새로운 條約이 체결되어서 모든 자유가 확보되면 聖書와 宣教事業에 바람직한 길이 열릴 것이요, 일년이 지나면 〈고요한 아침의 나라〉가 福音時代의 밝아 오는 여명을 보게 될 것입니다.

蘇格蘭國立聖書公會, 1883年.

1. 社會的 狀況

우리 나라에 선교사로서는 최초로 입국하였던 사람이 미국 북장로교 해외 선교본부에서 파송한 의사 알렌(Horace N. Allen, 安連, 1858—1932)이었다. 그 날자로부터 한국교회사가 기산(起算)된다. 1884년 9월 20일이 그 날이다.

그가 입국할 때의 한국은 어떤 정황에 놓여 있었는가. 열강의 임박과 개방 요청으로 긴장되어 있었을 것이다. 그러나 외국 사람의 눈에는 다르게 비쳐지고 있었다. 방방곡곡에 깔린 가난, 침체, 부패, 나태, 혼란과 무기력, 이런 부정적 요소들로 그 전망이 어두운 나라로 보였던 것이다. 대개 한국에 입국을 시도하였거나 문호 개방을 요청하였던 사람들은 대개 구미인(歐美人)들로서 그들의 문명의 우월성에 대하여 긍지도 가지고, 심지어는 그 문명 혜택의 확대라는 사명감을 대의(大義)로 외치던 사람들이었다.

따라서 그들 눈에 비친 폐쇄와 정돈(停頓)의 나라 한국은 미개화(未開化)의 나라로 보여질 수밖에 없었을 것이다.

그 때 한국의 자기 모습에 대한 인식은 자신감보다는 폐쇄와 내향성(內向性)으로 배타적 태도를 취함으로써 안정을 찾아야 하는 상대적 약소감이 그 특징이었다. 따라서 그 때 한국에 대한 객관적 인식의 자료들은 우리 안에서 있었다 할지라도 폐쇄된 채였고, 결국 우리와 접촉하였던 사람들의 자료에 의하여 그 전체 구도(構圖)를 살펴보도록 되어 있었다.

이런 자료들에 의해서 알렌 입국 이전 곧 1884년과 그 당시의 한국의 전반적 상황을 살피면 대개 다음과 같았다. 이런 개관(概觀)은 알렌이 이제 당면하여서 할 일의 성격과 그 방향을 이해하는데 어떤 작용을 한 것인지 검토하기 위한 것이다.

가. 貧困과 그 理由

우선 그 사회적인 배경에서 근대 한국의 외형적인 인식 가운데 가장 현상적이었던 빈곤과 그 근원적 이유에 대한 문제이다. 가난과 피폐, 생기가 없는 듯한 정체(停滯)와 침륜, 나태와 무성(無誠)이 그 악평의 대종이었다. 〈朝鮮〉이란 나라 이름을 〈고요한 아침의 나라—The Land of Morning Calm〉이라 불러서 향후 그것이 나라 안팎에서 그렇게 씌어지도록 하였던 로웰(P. Lowell)은 한국이 가난 그것으로 표현될 밖에 없다고 보았다.[1]

> 서서 수 마일 멀리까지 본다. 울퉁불퉁한 흙덩어리 높이 이상의 집이라곤 없다.[2]

한국을 찾은 사람에게는 가난이 그 첫인상이었다.

> 조선의 가옥이란 흙덩이로 쌓아 올린 누옥(陋屋) 헛간이요, 통풍은 전혀 되지 않는다.[3]

칼레스(W. R. Carles)의 말이다. 세계적인 여행가였던 이사벨 비숍(I. B. Bishop, 1831—1904) 여사는 1894년 처음 한국에 왔다가 서울이 〈더럽고 음침하고 몰락한, 가련한 곳〉[4]이라 인상을 받았던 것이다. 산하에 나무

---

1) Percival Lowell(魯越). 1883年 12月—1884年 3月 滯韓. 1883年 派美의 朝鮮報聘使(全權 閔泳翊)에 美國人 參贊官으로 同行.
2) P. Lowell, *Chosen the Land of Morning Calm*, Boston, Ticknor & Co., 1886, p. 181.
3) W. R. Carles, *Life in Korea*, London, MacMillan, 1888, p. 17.
4) I. B. Bishop, *Korea and Her Neighbours*, London, John Murray, 1898, p. 28.

없고 〈벗겨지고 단조〉로웠으며 〈불결〉이 도처 깔려 있었던 것이다.[5] 윤치호(尹致昊, 1864—1945)는 1895년 2월 오랜 구미생활을 마치고 제물포(濟物浦)에 도착하는 날, 눈물과 탄식으로 세계속에 한국이 그처럼 가난한 데 가슴을 치고 있었다.

> 내 딴 형편에 이렇게 고향에 닿았다면 오늘처럼 행복하고 기쁜 날이 어디 있으랴. 그러나 아, 지금처럼 마음 아팠던 일이 다시 없었노라. 우리 조선 일꾼들, 희고 누추한 옷은 더러워져 깜해졌고, 집들은 땅보다 높다 할 것이 없으며, 쌓여 있는 오물에서 풍기는 역겨운 악취는 사방에 널리 깔리고, 참아 볼 수 없는 가난, 무지, 멍청한 사람들, 헐벗은 산야(山野)들, 이 모두가 다 지켜 줄 이 없는 이 조선의 가련한 모습을 보여 주고 있구나.[6]

빈곤과 인간적 야비가 겻묻혀서 조소받은 일도 많았다. 아펜젤러(H. G. Appenzeller, 1858—1902)는 〈조선 사람들이 절간 생쥐처럼 빈한하고, 개처럼 게을러 빠지고, 돼지처럼 더러우며, 늑대처럼 앙숙을 품고, 위선자처럼 교만하다〉[7]고, 할 말을 다 하였다. 도덕적 조건도 역시 〈절망적〉이란 것이었다.

한국 사람들의 가난의 원인에 대해서 한국주재 영국 총영사였던 힐리어(Sir W. C. Hillier) 경은 아주 인상적인 몇가지 분석을 한 일이 있었다. 그것은 역시 자본주의적인 관점이었지만 타당한 면이 없지 아니하였다. 곧 첫째로 민족자본의 결여와 근본적인 시장 체제의 부재가 지적되었고, 둘째로는 관리들의 착취와 산업의 부담, 셋째로 생산 과정에서 나타나는 노력의 부재와 일군들의 일할 의욕의 상실이 문제라고 보았던 것

5) *Ibid.*, p. 36.
6) 尹致昊日記, 四, 國史編纂委員會, 1975, pp. 18—17.
7) E. N. Hunt, *Protestant Pioneers in Korea*, New York, Orbis Books, 1980, p. 59에서 引用.

이다. 한국의 농민들은 최소한도의 양(糧)만 소출하고, 그 이상의 일에 대한 보람과 의미는 찾고 있지 못하였다는 것이다. 그것은 관리의 부패와 직결되는데, 애써 소산을 올린들 결국 관리에게 붙들려 가서 재산 빼앗기고 심지어 가운까지 망치는 불행을 자초할 수밖에 없다면, 나태는 현명하기조차 한 생의 방법이 아닐 수 없었다는 것이다.[8] 소유권이 인정되지 않고, 그것이 항상 위협 받는 곳에 발전을 가능하게 하는 의욕과 성실이 솟아나기는 어려운 것이었다.[9]

어떤 한국인은 외국인에게 〈한국 조정이란 것은 전제 왕실과 부패한 독재 정치의 가장 흉악한 혼합체〉라고 비난한 일이 있고, 그들의 목적이란 백성들을 혼란에 빠뜨려 놓고도 몇 사람 안 되는 특수층의 이익을 증진시키는 데 있다[10]고 비난한 일이 있었다. 평양에서 선교하던 모페트(S. A. Moffett 馬布三悅, 1864－1939)는 〈한국인은 오랫동안 관리의 착취란 것 밖에 모르고 살아 왔으며, 어디를 보나 정의(正義)의 표식은 없고, 관리는 다만 백성들을 늑탈하는 음모만 꾸미고 있는 것 같다〉[11]고 말한 일이 있었다. 윤치호도 대개 같은 생각을 가지고 있었다. 곧,

> 今我政府 日事虐斂 民不聊生 轉苦塗炭 面猶不顧念 國家土地爲人蠶食, 而尙不醒覺 豈不恨哉[12]

8) W. C. Hillier, The Cause of Poverty in Corea. *The Messenger*, Shanghai, 1895, 1月號, pp. 5－6.

9) G. W. Gilmore, *Korea from Its Capital, with Chapter on Missions*, Philadelphia, Presbyterian Board of Publication and Sabbath-School Work, 1898, pp. 29, 30.

10) *The Messenger*, Shanghai, 1894, 11月號, p. 162.
Cf. H. Norman, *Peoples and Politics in the Far East*, London, T. Fisher Unwin, 1895, pp. 347－348.

11) J. S. Dennis, *Christian Missions and Social Progress, A Sociological Study of Foreign Missions*, Vol. I, New York, Fleming H. Revell, 1897. p. 257에서 인용.

12) 尹致昊日記, 一, p. 150.
1885年 6日 13日字 日記. 駐韓美公使에게서 온 편지에 回答하면서 느낀 感情을 記錄한 것.

조정이 하는 일이란 일 삼아 학대하고 가렴주구하며 백성은 시달리고 도탄에 빠져 고생하는데 오히려 돌아보지 않고 있으니, 어찌 통탄스러울 일이 아니겠는가 하는 탄식이었다. 열심히 일한 만큼 더 많은 세금이 〈가운 망칠 비율〉[13]로 매겨져서 관리의 탐욕만 채운다면 근면과 번영은 이 나라에서 기대할 수 없었던 것이 사실이다.

이렇게 본다면 가난과 나태의 모든 책임은 관리의 가렴주구와 그들의 부정직 및 부패에 귀결될 수밖에 없었다. 전국에 퍼져 있는 관리들중 그래도 일정한 봉급을 받는 자는 상위층에 있는 관리들에 불과했고, 기타 관리층들은 그들 자신의 가능한 모든 방법의 동원에 따라 떡에 꿀을 발라 먹게 되었던 것이다.[14] 서재필(徐載弼 Philip Jaisohn. 1863-1951)은 한국의 세입과 그 재정에 대하여 〈직접 가서 조사하여〉, 한국인이 조정에 낸 세금 액수가 조정이 실제 받아들인 액수에 배(倍) 이상이 되었던 사실을 밝혀 낸 일이 있었다. 1896년 예산이 $4,899,410이었는데, 실제 백성들이 낸 세금은 대략 천만 불이었다는 계산이 나왔던 것이다. 이 엄청난 액수의 돈이 〈백성들에게서 쥐어 짜져서, 조정에서 횡령하는 관리들 개인의 포켙 속〉에 들어간 것은 두말 할 것 없었다. 이들은 땀 흘려 일하는 것이 전혀 없고, 가꾸지도 않으면서 안일과 호강속에서 살아가고 있었다.[15]

1896년의 세출액 $6,316,831중에서 그 거의 전부인 $6,167,741이 관리들의 인건비와 조정 왕실 비용이었다면, 이 관리용 세출 세입의 구조가 조선시대 최악의 악마적 요소였다고 해도 과언이 아닐 것이다. 갑오경장(甲午更張) 세제 개혁 이후의 사정이 이만하였다면 그 이전의 열악

13) A. H. Savage-Landor, *Corea or Chosen, The Land of Morning Calm*, London, MacMillan, 1895, p. 163.

14) G. N. Curzon, *Problems of the Far East*, London, Longman's Green, 1894, p. 173.

15) P. Jaisohn, Korean Finance, *The Korean Repository*, 1896, 4月號 pp. 167-168.

한 사정이 얼마나 참혹하였으랴 하는 사실은 짐작이 가고도 남는다.

기독교는 대개 동학운동에 대하여 적극적 평가를 한 일이 없었다. 그러나 캐나다 선교사 맥켄지(W. J. McKenzie, 1861－1895)가 동학도들에 대하여 긍정적인 글을 여럿 남긴 이유가 있다면, 그것은 가난과 핍절에 헤메이던 삼남(三南) 농민들이 그들 가렴주구의 양반층에게 대거 저항한 운동이란 인식이 있었기 때문이다.[16)]

나. 疾病과 迷信

조정의 도덕성이 문제시되면 백성 전체의 사기는 떨어지고 생활에 감격과 기쁨이 차지 못할 뿐만 아니라, 좌절과 실의가 일종 비관적 생활태도를 가져 오고 신체나 자아의 모든 존엄성에 대한 인식 자세가 결여되기 마련이다. 게으름과 무관심은 생활의 정돈(整頓)을 막고 자연히 거기 불결과 질병의 요인들이 쌓이기 마련이다.

에비슨(O. R. Avison, 魚丕信, 1860－1956)은 1897년 두 편에 걸친 〈한국의 질병〉이란 논문에서 한국의 질병들이 〈불결한 생활 습관과 청결의 결핍, 빈약한 음식, 협소하고 빽빽한 안방에서 여럿이 함께 자는 일[17)] 때문에 발생한 것들이다고 분석한 일이 있었다.

그에 의하면 당시 한국에는 피부병이 만연되어 있었고, 매독은 너무 많이 퍼져 있었고, 가려움증, 안질, 기생충, 이질, 궤양성 편도선염, 성홍열, 그리고 화씨 106도까지 열이 오르는 염병,[18)] 마라리아, 언청이, 백내장,

16) Editorial Department, *The Korean Repository*, 1896, 5月號, p. 213.
Cf. W. J. McKenzie, Seven Months among the Tong Haks, *Ibid.*, 7月號, Notes and Comments, *Ibid.*, 7月號. Rev. W. J. McKenzie, A Memoir, *Ibid.*, 8月號, J. H. Wells, A Trip into Whang Hai Do, *ibid.*, 8月號.

17) O. R. Avison, Disease in Korea, *The Korean Repository*, 1897, 3月號, p. 90.

18) *Ibid.*, pp. 92—94.

문둥병이 있었고, 그리고 소화불량은 가장 많이 볼 수 있는 병이었다.[19) 비숍 여사는 한국인이 못 먹는 것이 없을 정도로 잡식가(雜食家)라고 평한 일이 있다.[20) 그것이 위장병의 원인이었을 것이다. 그러나 에비슨은 많은 양의 식사를 매우 빨리 먹기 때문에 위병이 많다고 판단하고 있었다.[21) 평양 지방에 가서 처음 의료활동을 하던 웰즈(J. H. Wells, 1815—1903)도 이와 대동소이한 의학보고를 하고 있었다.[22) 귀신 들린 사람의 경우는 별로 많지 않았다는 그의 확인은 아마도 그의 체한 일자가 길지 않았기 때문에 있었던 일이 아닌가 본다.

그런데 무서운 병에 걸렸을 때 그것이 사신(邪神)이나 악령(惡靈)의 작용이라 보아[23) 치료보다는 사신에 대한 제의적 소청으로 그 병에서 낫게 하고자 하는 일들이 많았다. 가령 천연두는 〈마마〉라는 역신(疫神)이 부착해서 생긴 병이라 하여, 치료는 차치하고 오히려 그 역신에게 제사를 드리며 절을 되풀이하면서 그 치유를 기원하는 굿을 며칠씩 계속하는 실정이었다.[24) 이 축사(逐邪)의 의식은 대개 무당이 집행하고 있었다. 그리고 이런 축사의 무당은 한 직업으로써도 품위를 인정받고 있었다.[25)

19) *Ibid.*, 1897 6月號, p. 207—211.

20) I. B. Bishop, *op. cit.*, p. 154.

21) O. R. Avison, *op. cit.*, 1897, 6月號, p. 21.

22) J. H. Wells, Medical Impression, *The Korean Repository*, 1896, 6月號, pp. 238—240.

23) W. E. Griffis, *Corea, the Hermit Nation*, 韓譯, 申福龍, 隱者의 나라 韓國, 서울, 探究堂, 1976, Ⅱ, p. 215.
Cf. G. W. Gilmore, *Korea from Its Capital*, pp. 194—195.

24) O. R. Avison, *op. cit.*, Ⅱ, p. 208. Cf. The Korean Mudang and Pansu, *The Korea Review*, 1903, 4月號, pp. 145—149 ; 1903, 5月號, pp. 203—208, 6月號, pp. 257—260 ; 7月號, pp. 301—305 ; 8月號, pp. 342—346 ; 9月號, pp. 385—389.

25) E. B. Landis, Notes on the Exorcism of Spirits in Korea, *The China Review*, Vol. XXI, No. 6, p. 399.

옛 한국에는 우상과 미신이 넘쳐 있었다. 데니스(J. S. Dennis)는 한국의 풍습과 생활을 다 일람(一覽)하고 난 다음 한국이 〈만신(萬神)의 옥토요 사귀들 집단의 거대한 낙토〉[26]라고 말한 일이 있었다. 그리피스는 이런 것을 가르켜서 〈이교(異教)의 섬망증(譫妄症)〉 상태라 비유하고 있기도 하였다.[27]

그런데 이런 미신적 제의(祭儀)에 엄청난 재물의 손실이 겹쳐, 그것을 나라 전체로 보았을 때의 액수는 산정(算定)하기도 힘들었다.[28] 이사벨 비숍 여사는 무당의 굿이 값 비싼 의식(儀式)이란 사실을 주목하였던 것이다. 아무리 무당 비용을 낮게 본다고 할지라도 1년에 ＄2,500,000이 소비된다고 보았다.[29] 이것은 무당에게 지불하는, 말하자면 인건비만의 액수였고, 기타 설비, 음식등의 다른 비용들이 대개 상기 액수만큼 더 들었을는지 모른다. 그런데 그 때(1897) 장로교회의 전국 헌금액이 ＄971이었다고 한다면[30], 무당 굿에 소비되던 막대한 액수에 놀라지 않을 수 없다. 그런데 1897년의 우리 나라 총예산액이 ＄4,527,476이었다.[31]

무당 굿에 쓰여지는 이른바 지하경제적 금액의 액수를 정확히 파악하기는 그 때 형편으로 지극히 힘들었을 것이다. 왜냐하면 *The Korean Repository*는 1년간의 무당 굿 비용을 ＄12,000,000으로 보고 있었기 때문이다. 그리고 그것이 조정 세입의 3배에 해당한다고 하였다면[32] 1898년 조정 예산액 ＄4,527,476이라는 사실에 비추어 그 말 역시 일리가 있는 것으로 보인다. 만일 그 때 우리 나라 인구를 500만 내지 600만으

26) J. S. Dennis, *op. cit.*, Ⅰ, p. 315.
27) W. E. Griffis, *op. cit*(韓譯.), p. 225.
28) 우샹론, 죠션 크리스도인회보, 1897. 4. 14日字. 논셜, 독립신문, 1896. 5. 7日字. 나라의 근본, 독립신문, 1899. 9. 12日字.
29) I. B. Biship, *op. cit.*, p. 403.
30) The Presbyterian Annual Meeting, *The Korean Repository*, 1897, 9月號, p. 342.
31) The Budget for 1898, *Ibid.*, 1898, 2月號, p. 70.
32) He is a Farmer, Editorial Department, *Ibid.*, 1898, 6月號, p. 232.

로 본다면,[33] 6백만으로 보았을 때 1인당 $2이란 막대한 액수에 이른다.

당시 전국 지주들이 가진 땅의 총평가액이 $4,000,000인데,[34] 그렇다면 우리 나라는 무당 굿으로 1년에 전 농토의 3배 가량 되는 돈을 쓰고 있었다는 말이 되는 것이다. 어떤 시각에서 보더라도 그것은 실로 엄청난 낭비가 아닐 수 없었다. 그대로 둘 수 없는 제도였다. 그날의 빈곤은 당연했다. 다만 그 가난했던 시대의 이렇듯한 비용이 비과학적인 축사치병에 대개 낭비되었다는 사실은 충격을 금할 수가 없다.[35]

이렇게 한국인들이 귀신에 겁을 내고 무당에게 막대한 연재(捐財)를 한 까닭은 귀신 악령이 천하 사방에 없는 곳이 없다고 보고, 언제나 따라다닌다고 보았기 때문이다. 다 닳아서 구멍 난 집신 구멍에도 귀신이 있다면 실로 무소부재(無所不在)임이 틀림없다.[36] 한국인의 삶에 끝없는 신경쇠약적 공포심과 불안감이 생애 어디나 언제나 따라다닌 암흑과 비참의 원인이 거기 있었다.

> 이들 귀신은 한국인의 생애 모든 시점에 접촉한다. 사람이 그에게 달래는 행동을 계속해서 거기 따라 잘 사는 길이 보장되도록 노력해야 할 까닭이 바로 여기 있다. 만일 그런 일 어느 하나라도 생략한다면 그 때는 무자비한 잔악성으로 앙갚음을 당하게 된다고 무서워한다. 이렇게 해서 출생에서 사망에 이르기까지 한국 사람들은 이 가공할 만한 족쇄에 씌워져 그 귀신의 채찍 아래 갇히어 살게 된다.[37]

---

33) Editorial Department, *Ibid.*, 1898, 1月號, p. 29. 朝廷에서의 公式發表로는 5,198,028名에 不過.

34) Editorial Department, *Ibid.*, 1898, 6月號, p. 234.

35) Obstacles Encountered by Korean Christians, *Ibid.*, 1895, 4月號, p. 147.

36) 이 귀신의 分類에 대하여서는 E. B. Landis, Notes and the Exorcism of Spirit in Korea, *The Chinese Review*, Vol. XXI. No. 6 참조.

37) I. B. Bishop, *Ibid.*, p. 404.

이런 터무니 없는 미신과 불행속에서 기를 펴지 못하고 살아온 겨레들에게 그 공포로부터의 해방은 절실하였다.

다. 近代朝鮮에 대한 觀點의 問題

1880년대의 한국에 대한 평판은 위에서 살펴본 바와 마찬가지로 대개 비관적이요 또 부정적이었다. 제도나 인간성, 지형(地形), 정치, 행정, 풍속, 도덕에서 비판적인 견해가 많았다.

하지만 긍정적인 평가도 없지 아니하였다. 한국을 사랑한 사람들은 이 땅의 축복을 생각하였고, 그 창의적 능력의 가능성을 인정하고 있었다.

칼레스(W. R. Carles, 賈禮士)[38]는 한국의 가난을 말하면서도 그들의 따뜻한 마음과 친절, 그리고 그들 행동의 품위에 대하여 간곡한 마음으로 칭송하지 않을 수 없었다.[39] 그것은 그의 진심이었다. 만주에 주재하던 스코틀랜드 국립 성서공회의 알렉산더 윌리암슨(A. Williamson)은 1870년에 벌써 한국인에 대하여 정곡을 찌른 평가를 하고 있었다.

> 그 민족에 대하여서는 훌륭한 말들을 하지 않을 수가 없다. 그들은 지성적이요, 정확한 행동과 판단력을 가지고 있으며, 재간이 있다. 더구나 그들은 성품이 곧고 결단력이 있다. 기후는 온화하고 자원은 농산이나 광산(鑛產)에서 다양하고도 풍부하다. 수운(水運)은 편리하고 따라서 이 나라의 앞날에는 희망이 비친다.[40]

---

38) 駐韓國 英國總領事代理 (1885, 1. 14—1885, 5. 31).

39) W. R. Carles, *Ibid.*, p. 21.

40) A. Williamson, *Journeys in North China, Manchuria and Eastern Mongolia with Some Account of Corea*, London, Smith, Elder & Co, Vol. Ⅱ. pp. 306—313. 그는 1866年 로버트 토마스 목사에게 聖書를 다수 넘겨주어 朝鮮에 가게 하였던 人物.

다만 없는 것이 있다면 기독교의 복음이라 갈파하여, 실상 이 모든 민족적 자질과 기독교의 문명이 새 역사를 창출해 낼 것이라는 기원으로 이 나라를 바라보았던 것이다.

한국에 대한 비판은 어떤 형태로든지 개명(開明) 지향적 의도가 많았고, 따라서 구습(舊習) 타파의 캠페인이란 대의명분이 있었다. 문명사회로의 발전적 전개를 추진하려는 인사들에게서 그런 말이 정당한 것으로 계속 주창되었던 것이다. 그러나 문명이란 상대적 개념이요 따라서 일부에서는 한국인의 그 모습 그대로가 스스로 건강한 것이라면 구태여 모든 생활의 중추를 이루는 가치관을 변형시켜야 할 까닭이 성립되지 않는다고 본 이들이 있었다. 가령 1880년 《뉴욕 타임즈》는 한국의 서양 문명 지향의 합리성을 질의한 바 있다.

> 그들(朝鮮人)은 그들 나름대로 옛날식이지만 그래도 행복하게 살아가고 있다. 그렇다면 우리(美國人)들이 가서 문명 사회가 씌워 주는 무거운 부담들을 넘겨 주려고 고집하는 것이 올바른 일일까.[41]

한미수호조약 체결 추진 과정에서 이런 여론이 한 구석 있었던 것이다. 하지만 이러한 인식 태도는 일종의 정치적 문화적 관점일 수 있다. 더구나 아세아에 대한 식민지 확장이나 획득에 무관심하였던 미국으로서는 한국에 대한 간섭의 어떤 형태로도 제 3 자의 비판을 받고 싶지 않았던 것이다.

문제는 그런 관점이 아니라, 한국인을 그것 그대로 보았을 때 어떤 평가를 하느냐 하는 것이 문제였다. 게일(J. S. Gale, 奇一, 1863—1937)은 한국의 역사나 문화에 대하여 이를 깊이 연구하는 자세를 계속 지니고 있었으며, 그 결과 그는 한국에 대한 긍정적 평가를 과찬이라 할 만큼 거듭하였던 것이다.

41) The New York Times, 1880. 6. 21日字.

> 한국, 초인(超人)의 고장[42], 그렇게 옛날 중국이 불렀던 나라, 선비의 고장, 책과 붓의 고장, 아름다운 자기와 맑은 거울의 나라, 귀하고 진기한 옷감의 고장, 시(詩)와 그림(畫)의 고장, 효자의 나라, 정숙한 아내의 고장, 충성스런 정신(廷臣)의 나라, 은자(隱者)의 나라, 마지막에는 하나님을 찾는 경건한 종교적 환상의 나라.[43]

영국의 브라이스(James, Viscount Bryce, 1838—1922) 경도 서울을 둘러가면서, 문학과 글에 남달리 뛰어난 기질을 가지고, 시, 색깔, 의식(儀式), 음악 등 높은 문화를 만들어 내는 이런 모든 자질들을 갖춘 이 백성에게 끝없는 관심을 표현하였던 것이다.[44] 게일은 한국의 양반이나 농민, 상하를 다 둘러보고 사괴였다. 그리고 애정과 존경으로 이런 글을 남겼던 것이다.

> 그의 얼굴 모습, 스스로 극복(克服)한 초연함, 그의 분(分)을 아는 균형의 마음, 사람 좋아 끝내 순수한 눈매, 그의 품위, 무턱대고 좋은 몸가짐, 차라리 세상에 안 맞는 태도 (Unfitness to the world), 이 모두가 그 인간성의 신비를 이룬다.[45]

비방과 경멸의 소리가 없지 아니하였다. 그러나 우리를 아끼고 존경한 눈길이 더 빛났다. 그들은 우리 실상을 미래에 대한 가능성으로 전개시키는 데 힘이 되어 주었던 것이다. 《코리안 리포지토리》는 한국을 비방하는 사람들의 〈목숨이 다해 작은 묘석으로 끝날 때까지〉[46] 그들의 한국 모멸이 없지 않으리라 보고, 〈참 한국〉 상(像)을 성실로 보여 준다

42) 紀元前 2世紀, 山海經에서 孔子가 〈慾居九夷〉한데서 한 말.
43) J. S. Gale, *A History of the Korean People*, Seoul, Christian Literature Society, 1924, Chap. XXXVII, p. 6
44) *Ibid.*, p. 5.
45) J. S. Gale, *Korean Sketches*, Edinburgh, Oliphant Anderson & Ferrior, 1898, p. 193.
46) The Real Korea, Editorial Department, *The Korean Repository*, 1895, 9月號, p. 345.

고 공언하였던 것이다.

> 한국은 아름다운 풍경으로 차 있는 나라다. … 없는 것은 개발(開發)이다. … 한국인들은 그 특색이 친절하다. 가난이 퍼져 있지만 거리에 거지 없고, 뜰에 굶주려 죽는 자 없다. 한국인은 천성이 밝다. 악한 마음이 도대체 없다. 외국인과의 관계에서 인간관계나 제도문제가 야기되면 어려운 일이 한 두 가지가 아니지만, 그들은 착하게 일을 당하고 처리해 나간다.
>
> 한국은 지금 변혁기(變革期)에 있다. 그것은 기회이지만, 시간도 있어야 한다.[47]

이사벨 비숍 여사는 한국에 대한 관심을 끝내 잃지 않고 있었다. 〈한국인은 어딘가 고귀(高貴)한 인상을 준다. 일본이나 중국사람들과 닮았지만, 그 몸매는 훨씬 훌륭하고, 일본사람보다는 훨씬 단단하다. 한국사람들에게는 큼직한 무엇이 있다.〉[48]

따라서 한국에 대한 모멸(侮蔑)은 어떤 배경이 있었다는 추론이 된다. 우리는 그것이 〈일본 경유〉의 것이라 판단되는 자료들을 여럿 가지고 있다. 가령 한 미국인은 한국에 대한 첫 인상기에서, 〈일본을 거쳐 오다보니〉 한국의 불모(不毛)에 놀랐다는 글이 있다.[49] 어떤 악령이 이 백성의 모든 희망과 영감을 흩어 놓았고, 모든 진(眞), 선(善), 미(美)의 감각을 파탄시킨 것처럼 보인다고 말하였던 것이다.

이런 비판에 대하여 〈G〉[50] 라고만 필명을 밝힌 사람이 〈불공정〉하다고 하면서 그 배경을 추적한 글이 남아 있다. 그는 한국에 대한 비관적

---

47) *Ibid.*, pp. 346—348에서 自由로이 選擇引用.
48) I. B. Bishop, *op. cit.*, pp. 26—27.
49) D. S. Spencer, First Impressions in Korea, *The Korean Repository*, 1896, 11月號, p. 440. 스펜서도 이런 情況이 基督敎로 해서 發展的으로 向上되고 있음을 높이 評價, p. 441.
50) J. S. Gale이 확실하다.

견해가 〈일반적〉으로 퍼져 있고, 또 기회 있을 때마다 피력된다고 하면서 그것은 〈한국적인 것은 모름지기 극소화하려는 어떤 습성이나 모방 및 유행이요, 공평하고 솔직하고 비판적인 지적 관찰이나 사고에서 나온 것이 아니라〉[51]고 분석하였던 것이다. 여기 〈습성, 모방, 유행〉이란 것이 핵심이다. 그것이 바로 한국에 오는 외국인들이 다 일본이나 때로는 중국을 통해서 들어오기 때문에 무의식중에 비교하게 되고, 따라서 실망의 감정으로 말 할 때 거기 긍정적 평가를 하기 힘든 배경이 이미 조성되어 있다는 판단이었다. 서양과의 수호조약이 맺어진 지가 9년밖에 되지 않는 나라에서 서양문명의 혜택을 곧바로 받기는 어렵다는 지적이었다. 그는 오히려 한국인의 농사, 특히 쌀 생산에서의 근면과 그 품질의 우수성을 말하면서, 쌀 과일 수출의 물량 증대가 그 한 증좌라고 주장했던 것이다.[52]

실상 이 글은 그 해(1892) 3월 런던에서 개최되었던 〈왕립 지리학회〉 석상에서 발표되었던 것인데, 그 자리에는 칼레스(W. R. Carles)가 역시 한 논문을 발표하였던 것이다. 그런데 〈G〉씨는 이 글이 비록 한국에 대한 적대감은 없었다 할지라도, 〈비방의 낡은 습성과 유행〉[53]은 벗어나지 못했다고 반박하고, 가령 제물포(濟物浦) 앞바다가 언다는 식의 몰상식이 그의 논문의 가치를 운위할 만한 것이 못된다고 잘라 말했던 것이다. 그는 칼레스가 한국에 18개월 있었으나 여행은 한 두 차례 했을 뿐, 현장에 가보지도 않고 하는 말이 많았다고 혹평하였다.[54]

특히 그는 그 당시 일본 언론에 실린 한국에 대한 악평이 치우(稚愚)요 무책임한 것들이기 때문에[55] 논평할 가치조차 없다고 하면서도, 그것

51) Korea : A Plea and A Growl, *Ibid.*, 1892, 5月號, p. 133.
52) *Ibid.*, p. 135.
53) *Ibid.*, 1892, 6月號, p. 177.
54) *Ibid.*, 6月號, p. 177.
55) *Ibid.*, p. 179.

들이 한국에 대하여 나쁜 인상과 심각한 상처를 주기 때문에, 여럿의 판단을 흐리게 하는 사실은 불행한 일이 아닐 수 없다고 토로하였던 것이다.

> 한국 사람들은 그 몸이 단단하고 억셉니다. 일본사람이나 중국사람보다 일반적으로 크고 무겁습니다.[56]

한국의 미래가 이들에게 놓여 있다는 전망으로 힘 다해 외친 말에는 일본의 표독한 적의와 모멸적 태도에 대한 강한 정죄의 정신이 불타고 있었다.

2. 宗教的 狀況

가. 韓國의 在來宗教

알렌이 입국하였을 때 한국에는 종교의 외형적 형태가 눈 띄지 않았고, 따라서 한국인이 비종교적이라는 단편적 인식이 여럿 퍼져 있었다. 한국에 재래 종교가 여럿 있어 왔다. 불교와 유교가 그것들이다. 하지만 불교는 조선조에서 국책으로 억제되어 그 발전이 막혀 있었고, 유교는 그 종교성이 크게 문제시되어 왔다. 샤머니즘은 종교로서의 정의에는 벗어난 것 같았다. 따라서 종교생활의 모습이 별로 보이지를 않았다.

> 선교사들이 이 나라에 처음 왔을 때, 국민들에게는 이들 옛 종교(유교, 불교)에 대한 충성심이 냉각되어 있었고, 신앙의 대부분은 이미 상실되어 있는 것 같았다. 조선사람은 지극히 이성적인 민족이

56) *Ibid.*, p. 180.

> 었기 때문에 사람의 손으로 된 종교의 공허와 기만성을 꿰뚫어 볼 수 있었기 때문이리라.[57]

그러나 언더우드는 한국인이 지극히 종교적인 품성을 가지고 있음이 확인된다고 부기하고 있었다.

한국인들이 19세기초 외국인들에게는 종교가 없는 모습으로 비쳐졌던 것이 사실이다. 그쯔라프(K. F. A. Gützlaff, 1803—1849)는 1832년 충남 홍주(洪州) 앞바다에 잠시 다녀 가서 〈한국인은 무종교(無宗教)적 본성을 가지고 있으며, 삶과 죽음에 확신과 위로를 주는 구원의 교리에 관심이 없는 것 같다〉[58]고 보고한 일이 있었다. 한국 사정에 비교적 익숙하고 더구나 무당과 샤머니즘에 대하여 실로 광범위한 자료를 남겨 놓은 비숍 여사 역시 한국에는 종교라 할 만한 의식(意識)이나 교리가 없다고 말한 일이 있었다.

> 한국 도성에는 사제(司祭)나 사원(寺院)이 없다. 집에는 신단(神壇)이 없고 촌락제(村落祭)에는 그 행렬에 있어야 할 신상(神像)이 없다. 혼상(婚喪)에 사제의 축복이 없고, 종교적 의례(儀禮)나 경전(經典)도 없다. 종교가 이 겨레의 마음에 아무 자리도 차지하고 있지 않다고 하는 것이 한국인의 특성이다.[59]

다만 있다고 한다면 조상숭배의 의식이 지적될 수 있을 것이라고 보았다.[60] 샤머니즘과 조상숭배는 〈종교〉라는 개념으로 포괄할 수 없다는 입장이었다. 로웰도 서울에는 종교적인 모임을 가지는 집이 하나도 없

57) H. G. Underwood, *The Call of Korea*(1908), 日譯, 韓晳曦, 朝鮮の呼び聲, 東京, 未來社, 1976, p. 101.
58) K. F. A. Gützlaff, *The Journal of Three Voyages along the Coast of China in 1831, 1832, 1833*, Lodon, Thomas Ward, 1834, p. 239.
59) I. B. Bishop, *op. cit.*, p. 399.
60) *Ibid.*, p. 401.

었다고 보고하였으며, 비록 전국에 여기저기 신사(神祠) 형태의 집이 있고 신성하게 모시는 나무들이 있지만 그것이 보편적인 것은 아닐 뿐 아니라, 종교의 형태로까지 이른 것은 하나도 없다고 말하였던 것이다.[61] 그는 서울 성문안에 승려(僧侶)가 들어오지 못한 고사(故事)로서 임진왜란 때 일본군이 불승(佛僧)으로 위장하여 서울에 잠입했던 사실을 들고 있었다.[62]

불교가 조선조의 숭유억불(崇儒抑佛)정책으로나 일본군의 불승 위장이란 고사로 국민생활에서 밀려나고, 유교가 그 현실 정치나 효(孝)의 기강으로 초월적 차원에 이르지 못한 것이 종교 부재의 인상을 심화시켰던 것이다. 가톨릭의 교회사가 달레(C. Dallet)는 한국인에게는 조상숭배 형태의 경건이 있을 뿐이라[63] 단언하였던 것이며, 근세 한미일(韓美日) 외교의 전통한 통로였던 록힐(W. W. Rockhill)도 한국인은 종교적 감정을 가지고 있지 않다고[64] 하면서, 다만 신령 예배의 소박한 형태는 눈띈다고 말하였던 것이다.

그러나 한국인의 역사 전체를 관통하며 흐르는 종교성의 구조를 포착하지 않고 한국사를 이해하고 구성할 수는 없게 되어 있다. 그것은 다만 유교의 현실성과 합리주의 때문에 가리워져 있었고, 또 불교나 유교 및 재래 여러 형태의 민속 종교가 역사적 소임에 이르지 못하였거나, 아니면 제제를 받는 어떤 기운(氣運)에 따라 지하로 잠복하였던 것이라 봄이 옳을 것이다.

---

61) P. Lowell, *op. cit.*, p. 183.

62) *Ibid.*, p. 184.

63) 샤르르 달레, 韓國天主敎會史, 安應烈, 崔奭祐 譯, 上. 서울, 芬道出版社, 1979, p. 212.

64) W. W. Rockhill, *China's Intercourse with Korea from XVth Century to 1895*, London, Luzac & Co., 1905, p. 54.

한국인의 종교적 심성은 신비적 경건과[65] 역사적 운동의 혼연일치적 조화에 그 핵심이 있었던 것으로 보인다. 한데 유교는 신비적 요소를 제거시켰다. 반대로 불교는 현실적 요소를 제거시켜 종교의 일방성에만 치중하게 됨으로써, 그 종교의 실질적인 정착에 문제가 남게 되었던 것이다.[66] 종교에 역사적 차원과 현실적 희망의 욕구가 있다는 생각을 비숍 여사는 한국인에게서 명확하게 찾아볼 수 있었다. 따라서 한국에서의 선교는 이런 차원에서 의미있는 증언이 문자 그대로 보일 때 성공할 수 있다고 확신한 것이다.[67]

> (기독교)종교가 어떤 발전을 해 냈다고 하면 그것은, 기독교가 행동한다는 것을 보여 주는 의료선교를 통해서 주로 성취된 것이요, 하루 종일 매시간마다 교사의 관대하고 사랑 넘치며 고귀한 영향을 미치는 모습에서 진행되는(기독교계) 학교에서 성취된 것들이다.[68]

이것은 종교가 반드시 초월적 차원과 함께 역사적 운동으로 연계되는 어떤 총합적 연계성을 가지고 있을 때, 어디나 마찬가지이겠지만, 한국에서 그 메시지가 심혼(心魂)에 파고든다는 설명이 된다. 따라서 성육신론(成肉身論) 주축의 성례적(聖禮的) 교의가 한국에서 요청되었던 것이라고 말할 수 있다. 사크라멘트적 종교의 정착이 요청되고 있었던 것이다.

---

65) H. Welch, The Missionary Significance of the Last Ten Years : A Survey in Korea, *The International Review of Missions*, Edinburgh, 1922, p. 357.
66) Confucianism in Korea, *The Korean Repository*, 1895, 11月號, p. 403.
67) I. B. Bishop, *op. cit.*, p. 65.
68) *Loc. cit.*
69) S. C. Neill, *A History of Christian Missions*, Baltimore, Pengain Books, 1964, p. 414.

나. 天主教

조선의 천주교 역사는 〈교회사 전부를 다 훑어보았을 때 쉽게 만날 수 없는 낭만과 믿을 수 없을 정도의 이야기들〉[69]로 차 있었다. 1784년 이승훈(李承薰)이 북경에서 스스로 찾아가 입신하고 영세(領洗)를 받은 자립(自立) 교회의 첫 기록을 남겼다. 하지만 그것이 천주(天主)라는, 왕권에 도전하는 변수의 도입, 그리고 유교 체제나 전통에 정면 도전하는 변혁적 신앙이나 실천이 무부무군(無父無君)과 혹세지난(惑世之亂)으로 정죄 받아, 극심한 교난(教難)에 시달려 왔다. 이론적으로는 유가(儒家)의 척불론(斥佛論)을 가지고 척서(斥西)할 수 있을 만큼, 그 종교적 주장이 불교에 유사하다고 본 것이 조선 유가의 판단이었다.[70] 그리고 신분제에 대한 도전, 남녀의 취합(聚合), 곧 기강의 문란이 또 다른 이단(異端)의 죄목이었다.[71] 이런 죄목으로 우리 나라의 천주교는 신유교난(辛酉教難, 1801), 기해교난(己亥教難, 1839), 병인교난(丙寅教難, 1866)과 같은 엄청난 수난과 순교의 길을 가지 않을 수 없었다.

그러나 천주교 수난의 원인은 조선 천주교 자체에서도 찾아볼 수 있는 것이 그 아픔이다. 1801년 황사영(黃嗣永)은 1만 3천 여자로 된 백서(帛書)를 북경에 있는 주교에게 보내어, 군사적 침공으로 조선에서의 선교 자유를 획득하고자 한 모반적(謀反的) 계획을 세운 일이 있었다. 그것은 가톨릭의 교황지상주의(教皇至上主義, Ultra-montanism)의 발상이었다.

> 倘得海船數百艘 精兵五六萬 多載大砲等利害之兵器 兼帶能文解事之中士三 四人 直抵海濱 致書國王 曰… 貴國肯容一個傳教之士 則吾無

70) 李基慶 上疏, 1791. 11. 13字(陰). 李晩采 編纂, 闢衛篇, 上篇 (悅話堂, 1971), p. 183.

71) Cf. 討逆頒教文, *Ibid.*, p. 180.

> 多求 不放一丸一矢 … 鼓舞而去, 倘不納天主之師 則當奉行主罰 … 王欲納一人 而免全國之罰乎[72]

군함 수백척으로 무장을 무겁게 하고 중국인 몇을 동승시켜 조선에 와서 왕에게 전교사(傳敎士)를 받아드리도록 하되, 안 받아드릴 경우 나라를 벌하겠노라는, 실로 대담한 발상의 흉서가 아닐 수 없었다. 이것은 실로 〈外托邪術內壞異圖〉[73]가 아닐 수 없었다. 〈開門納賊 指目犯疆〉으로, 도적을 문 열고 받아드려 강토를 범하게 하는 대역부도(大逆不道)가 아닐 수 없었다. 달레도 이 불성(不省)을 책하였다.

> 黃(알렉산더, 嗣永)의 흥분한 상태에서의 계획이 특히 그 시대에 있어서 非現實的이었음은 명백하다. 그것이 무모하고 위험하였다는 것을 필자는 기꺼이 인정한다.[74]

천주교가 스스로 그 불계(不計)를 탓한 것인데, 통틀어 〈慢天 侮聖 背君 蔑父 廢其祭禮 毁其祠板〉이었다.[75] 하늘과 땅 사방에 죄 지었다는 것이었다.

이런 일이 있고 나서, 불란서 함대의 침입(1866), 오페르트의 남연군(南延君) 도굴사건(1868),[76] 그리고 미 해군의 신미양요(辛未洋擾, 1871)가 겹쳤던 것이다.

천주교의 모반성, 제국주의적 확장의 일면이 거기 보이고 있었다. 그

---

72) 黃嗣永帛書.

73) 討逆頒敎文.

74) 샤르르 달레, 韓國天主敎會史, 上, 安應烈, 崔奭祐 譯. 서울, 芬道出版社, 1979, p. 574.

75) 廟堂議奏文, 闢衛編, p. 309.

76) E. Oppert, *A Forbidden Land : Voyages to Corea*, London, Sampson Low, Morton, Searle, Rivington, 1880, pp. 304ff.

77) 美國 필라델피아生, 필라델피아大에서 自然科學 專功. 1870年 着日. 1871年 明新館에서 理化學敎授. 1873年 東京帝國大學 前身인 開成學校에서 化學

리피스(W. E. Griffis, 1843—1928)[77] 교수는 한국에 대해 책을 여러 권 저술한 바 있고, 또 친한적인 인물로 알려져 있는데 그의 《*Corea, the Hermit Nation*》(1882)는 한국에 대한 가장 체계적인 초기 저술로 알려져 있어, 초기 선교사들이 이 글을 다 읽고 또 그 지식을 가지고 선교에 착수하였을 만큼, 그의 역사적 지식이 준 영향은 결코 적지 아니하였다. 그가 천주교에 대해서 쓴 부분이 길지만 여기 옮긴다.

> 조선의 천주교도들은 그들을 가르쳐 준 초기 (불란서) 선교사들의 윤리에 따라서 그들의 조국에 대한 반역자의 역할을 수행하였던 것이다. 그들은 방백, 수령을 기만하고, 국법을 어겼을 뿐만 아니라, 황사영의 백서(帛書)에 기록된 바와 같이 외국의 군사적 침략을 유발하였다.
>
> … 프랑스의 선교사들은 프랑스 군대와 침략자들의 첨병(尖兵)으로서 입국하였으며, 프랑스 신부들은 함포의 앞잡이로서 입국하였다는 사실은 … 엄연한 논리이며 실제적인 사실이다. 프랑스의 주교는 프랑스 군함의 첩자(諜者)이자 길잡이었으며, 프랑스의 신부는 해적질의 안내자[78]였다는 이후의 기록은 천주교인의 기록이지 그 적의 기록이 아니다.[79]

이 책과 오페르트(E. Oppert)의 《*A Forbidden Land*》 정도가 1880년대 초기 씌어진 한국관계 저술인데, 그것들은 초기의 한국 개신교 선교사들이 다 읽었던 것으로 판단된다. 따라서 한국에서의 기독교 형태가 어떠한 것이어야 하는가에 대한 가장 역사적인 교훈을 이들 개신교 선교사

科를 설치, 化學敎授. 後에 日本史, 韓國史에 관한 著書 多數. 1874年 歸美, 神學硏究, 牧師按手.

78) 南廷君 盜掘에 페롱(Feron)신부가 同行한 사실. E. Oppert, *op. cit.*, pp. 299—303.

79) W. E. Griffis, *op. cit.*, 韓譯, Ⅲ, pp. 38—39.

들이 선불리 지나치지는 아니하였을 것이다. 종교는 그 나라에 대해서 충성과 애정, 그래서 정신적으로나 물질적으로 다른 것이 줄 수 없는 차원에서 거대한 공헌을 할 수 있는 것이 되지 않으면 안되고, 더구나 그 나라 국법(國法)과 풍속에 대한 존경이 반드시 선행하여야 한다는 것을, 성서적으로는 물론, 역사적으로도 피부에 스며들게 깊이 느꼈을 것임에 틀림없다. 사실 로버트 토마스 (R. J. Thomas, 崔蘭軒, 1840—1866) 목사는 1866년 병인년(丙寅年) 평양 대동강에서 순교하기 이전, 그가 선포하는 기독교가 천주교와 근원적으로 다르다는 것을 힘 주어 강조하지 않으면 안되었다.

> 今我耶蘇聖教 體正道 正人心 以化邪俗 仁義忠孝備皆 使天下人民可從良成 非同天主教[80]

천주교가 핍박 받게 되었던 원인을 알고 있었기 때문이다. 따라서 그 원인 유발의 동기나 신학이 예수교에는 전혀 없다는 변증(辨證)이었다. 로마 가톨릭의 불명예는 그만큼 우리 나라에서 오랫동안 조심과 경계의 대상이었다. 참고로 1896년의 천주교와 개신교의 교세 상황을 싣는다.

敎勢狀況(1896)

項 / 敎	宣敎師	敎會	敎人	治理敎人	(1895) 新入敎人	主日學校
耶蘇敎	73	20	777	3	1,493	17
天主敎	34	18	28,802	0	1,250	—

敎 / 項	基督敎學校	學校學生	敎役者	病院	外來患者	獻金($)
耶蘇敎	11	260	26	23	59,859	1,444.41
天主敎	21	204	16	—	—	—

※ I. B. Bishop, *Korea and Her Neighbours*, pp. 462—463에서 作成.

80) 日省錄, 丙寅年(1866) 8月 18日(甲戌)條.

이 때 천주교의 역사 112년 예수교의 역사 12년의 현격한 차이었다.

개신교 선교사로서 천주교에 대하여 선교사적(宣教史的) 관점에서 해박한 지식과 분석으로 비판한 사람은 언더우드(H. G. Underwood, 元杜尤, 1859—1916)였다. 그는 1892년 캐나다 터론토에서 개최된 세계 개혁교회 연맹 회의에서 발표한 논문에서 천주교의 몇가지 오류를 다음과 같이 지적하고 있었다. 곧 그가 처음 한국에 왔을 때(1885. 4), 로마주의(Romanism)의 형태로 왜곡된 기독교를 보게 되었다고 말하고, 그들은 개종자들을 그리스도에게는 인도하지 않고 로마로 인도하고 있었다고 힐난(詰難)하였다.[81)]

특히 그는 한국 천주교가 예수회(Jesuites)에 의해서 선교된 사실과 연결하여 그들의 독특한 선교방법 다섯 가지를 비복음적이며, 더구나 반국가적이라는 점을 분석 지적하였던 것이다. 곧, 첫째는 그들은 선교지의 신격(神格) 인물이나 철학자의 성품을 그대로 취한다는 것, 둘째, 왕궁과 친밀을 도모하려는 것, 셋째, 권력층이나 세도층과 결탁해서 정사(政事)나 조정의 문제에 수시 개입한 것, 넷째, 선교지의 종교적 경건이나 진리를 천주교의 진리나 교의(教義)에 가능한 한 조화시켜 복합주의로 가게 한 것, 그리고 다섯째는 토착인들이 애착을 가지고 있는 관례(慣例)나 의식(儀式)을 없이 하거나 제한하지 아니한 것, 이런 것들이었다.[82)]

이러한 왜곡과 황사영류의 모반이 가혹한 교난을 자초하였던 것이요, 그 교세 역시 점차 밀려서 부서층(婦庶層)에 한정되고 만 형편이었다. 이처럼 몰민족성으로 소외되던 사람들, 그리고 힘 없는 부서층, 그것이 개신교 도입 때의 천주교의 모습이었다.

81) H. G. Underwood, *Romanism of the Foreign Mission Field*, Alliance of the Reformed Churches Holding the Presbyterian System, 5th Meeting, Toronto, 1892, p. 409.

82) *Ibid.*, pp. 410—411.

다. 東 學

1) 東學의 起源과 그 目標

동학의 교조(敎祖) 최제우(崔濟愚, 1834—1864)는 서교에 도전한다 해서 (東學)이란 종교 운동을 표방하였지만, 실상은 부패한 사회상에 대하여 비분을 품고, 민생 도탄의 해결과 보국안민(保國安民)의 일대 목표를 기치로 일으켰던 거대한 민중운동가였다.

이 운동이 사회적인 충격으로 등장한 것은 교조의 신원(伸冤) 정소(呈疏)로 과격해졌던 1893년부터의 일이다. 전봉준(全琫準)의 제폭구민(除暴救民) 사상에 동조하는 동학도들은 정치적 화원(禍源)의 삼제(芟除)가 첩경이라 판단하여, 8도에 통유문(通諭文)을 발송하여 접주(接主)를 임명하고, 11월에는 도중(徒衆) 결속에 분주하였던 것이다. 그리고 마침내 1894년 음력 1월 14일, 고부(古阜)에서 거사를 일으켰던 것이다.

> 량반이 샹민의게 대ᄒᆞ야 ᄃᆡ졉ᄒᆞ기를 노예와 갓치ᄒᆞ며 ᄯᅩ 소위 토반이라 명식 잇ᄂᆞᆫ 쟈ᄂᆞᆫ 강포ᄒᆞᆫ 슈단으로 샹민을 압제ᄒᆞᄂᆞᆫ고로 샹민들이 뮙게 보아 원통ᄒᆞᆫ 피가 골슈에 가득ᄒᆞ야 몃백년이 되도록 불평ᄒᆞᆫ 마음을 품엇다가 이간히 단톄를 조직ᄒᆞ야 권풍도쳐에 사정 업ᄂᆞᆫ 란리가 발생ᄒᆞ엿더라[83]

이같이 동학은 〈정치사상과 혁명 성질〉[84]을 가지고 있었지만 아울러 도참적(圖讖的)인 구제사상을 민간신앙 형식으로 지니고 있었다.

> (동학에) 입속ᄒᆞᆫ 쟈는 삼재팔란을 면ᄒᆞ며 신병잇ᄂᆞᆫ 쟈는 약을 먹지 안히ᄒᆞ고 부쟉을 불에 살나 먹으면 차감이 된다 ᄒᆞ며 ᄯᅩ 천

---

83) 朴殷植, 韓國痛史, 하와이, 권업동맹단, 1917, p. 82.
84) *Ibid.*, p. 86.

> 쥬의[85] 능력으로 총구멍에 물이 나게 혼다 ᄒᆞ며 부쟉을 가슴에 품으면 탄환이라도 들어 오지 못혼다 ᄒᆞ미 어리석은 백셩들이 … 숭배ᄒᆞᄂᆞᆫ쟈 불가승수더라.[86]

이런 민중구제적 의거 이외에 동학은 외환(外患), 특히 서양에 대한 척괴(斥壞)의 기치를 뚜렷히 하였던 것이다.

> 西洋戰勝功取 無事不成 而天下盡滅 亦不無昬亡之歎 補國安民 計將案出[87]

서양이 힘 있어 싸워 이겨 세상을 다 없이 할 수 있으니, 이제 나라 지킬 일을 생각해 내야 한다는 것이었다. 이것이 동학의거 때의 창의(倡義)인 첰양척왜〈斥洋斥倭〉와 상통한 것이다. 그것은 단순한 무력적인 방어만이 아니었다. 한국적인 것, 그 문화 전통과 그 주체성에 대한 긍지와 그 보존의 강력한 의지였다.[88] 따라서 일본 배척과 서양인 축출의 역사적 목표가 뚜렷하기는 하였지만, 대외 증오나 적대감이 그 일차적 투쟁 양상은 아니었다.[89]

2) 東學과 天主敎

김상기(金庠基)는 동학의 〈天人合一〉이나 〈我天我侍〉가 유교의 성선설(性善說)과 천주교의 신관(神觀)을 융합한 것이라고 보았다.[90] 종교적으로 인심을 동원하려면 잡신관(雜神觀)에서 일신론으로의 전환이 불가피

---

85) 朴殷植은 東學을 때로 예수교, 천주교를 誤記하고 있다. 崔濟愚도 天主敎의 神父라 稱. *Ibid.*, pp. 80—81.
86) *Ibid.*, pp. 80—81.
87) 論學文, 韓國名著大全集, 大洋書籍, 1973, p. 264.
88) W. E. Griffis, 隱者의 나라 韓國, Ⅲ, p. 233
89) I. B. Bishop, *op. cit.*, p. 180.
90) 金庠基, 東學과 東學亂, 서울, 韓國日報社, 1975, p. 66.

하다고 보았기 때문이다. 그래서 신앙 대상으로 만유의 주재자로서 상제(上帝)에 대한 역사적 관념과 새로 전해진 천주교의 영향을 종합시켜 천주를 유일한 신앙 대상으로 삼았던 것이라고 추론하였던 것이다.[91]

동학은 이러하였기 때문에 천주교와의 유사성이 짙었고, 전술한 바도 있지만 박은식(朴殷植)조차도 최제우를 천주교 신부가 되었다고 할 만큼이었다면 조정 역시 마찬가지였다. 최제우 죄목중의 하나가 〈全襲洋術 而將移易名目〉[92]이었다. 서양학문을 배워 이름을 바꾼 것뿐이란 것이었다. 1892년 11월 교조신원운동을 다시 계속할 때에도 이들은 이런 말을 하고 있었다. 곧,

> 吾東學에 至하여는 攻斥하며 배제하여 畢稱 西學이라 하나 吾師 東에서 生하여 東에서 學하시니 東이 어찌 西되며 … 列邑守宰 吾道를 西學余派로 指目하여 査櫛捷囚하며 錢財를 討取하며 死者傷者 連續不絶하고 …[93]

이것은 동학을 우선 그 당시의 부도(不道)로 공척하던 천주교로 동일시함으로 동학을 논죄(論罪)하며, 아울러 토재(討財)한 사실을 말해 준다. 하지만 교리적이고 의식적인 체계에서의 유사성은 그리피스도 지적한 바 있고,[94] 더구나 그 상관의 역사적 고찰이 최석우(崔奭祐)에 의해서 훌륭하게 수행되어 있어서 그 중복을 여기서 피한다.[95]

---

91) *Ibid.*, p. 67.

92) 日省錄, 崔福述 供案, 甲子 3月 10日字.

93) 李敦化 編, 天道教創建史, 서울, 天道教中央宗理院, 第二篇, 1970, pp. 47—48.

94) W. E. Griffis, 韓譯, *op. cit.*, Ⅲ, p. 233

95) 崔奭祐, 西學에서 본 東學, 教會史研究, 第一輯, 韓國教會史研究所, 1977, 5月號.

3) 東學挫折의 原因問題

전봉준은 동학의 파급에 대하여 〈五道는 다 傳敎하였으나 西北三道는 알 수 없다〉[96]고 공술하 바 있다. 기독교 치성의 서북에 동학 파급이 힘들었다는 증거이다. 여기 기독교와 동학 세력의 지역 분계(分界)가 들어난 셈이다.

서북에 동학 여파가 전혀 없었던 것이 아니다.[97] 그것이 교회에는 대개 〈피해〉로 받아들여진 것이 다르다. 그것이 〈피습〉으로써 오히려 기독교에 역사적 충격을 준 사건으로 이해된 것이 주목할 만한 일이다. 미국 장로교 선교부의 스피어(R. E. Speer)는 이런 말을 한 일이 있다.

> 동학도들은 기독교보다 우월하다 하면서도 기독교를 대치하지 못하였으며, 기독교 선교사들을 외국으로 추방하지도 못하였다. 오히려 기독교에 강력한 자극을 주었고 복음 전파의 새 길을 열어 주었다. 우선 동학이 붕기하게 되었던 바로 그 불만과 불안의 상황이 기독교의 메시지 전파에는 비옥한 토양이요,… 동학 붕기가 좌절했을 때 그것은 수많은 군중들로 하여금 더 절실하게 기독교에 귀를 기울이도록 만들었다.[98]

이것은 종교가 민중의 욕구에 호응하는 자세의 문제를 깊이 생각하게 하는 말이다. 동학에 호응한 수를 조정은 놀라움으로 지켜 보고 있었다. 거기에 어떤 메시지가 있었음이 사실이다. 폭정에 대한 견딜 수 없는 저항, 외침의 위기에 대한 방어 충격, 한 개인으로서의 어떤 보장된 안

96) 全琫準 再招問目 (1895. 2. 11日字), 東學亂記錄, 下, 國史編纂委員會, 1978, p. 538.

97) 朝鮮예수教 長老會史記, 車載明, Ⅰ, 서울, 新門內教會堂, 1928, p. 29.

98) R. E. Speer, *Mission and Modern History*, Vol. 2, p. 387. L. G. Paik, *The History of Protestant Missions in Korea*, Yonsei University Press, 1970, p. 260.

정과 위로, 그런 것들이었을 것이다.

그런데 동학이 처음 단계에서 종교사회학적으로는 그 욕구와 갈망을 채워 주었던 것이 사실이다. 그러나 동학이 한 시대의 거대한 숨결과 몸짓으로만 끝난 이유가 있었을 것이다. 언더우드(L. H. Underwood)는 동학운동이 처음 훌륭하고 애국적인 결단으로 시작한 운동이었다고 시인하였지만, 〈전 국토에 큰 악과 테러의 공포를 만연시킨 운동으로 변형〉[99] 되어 갔다고 보았다. 〈도적의 다른 이름〉일 뿐이라는 말도 서슴치 않았다. 한 선교사는 이들에게서 정치적 요소가 지배하게 되고 종교적 요소가 밀려나면서 이 운동이 혁명적이 되었다고 갈파하였던 것이다.[100] 비숍도 처음에는 이들을 〈무장한 개혁자들〉[101]이라 부르다가 결국 〈난적들〉이라 부르게 되었다고 술회하였던 것이다.

황해도 봉산(鳳山) 은파(銀波)에 있었던 일을 여기 하나 예증(例證)한다.

> 김원용이라 ᄒᆞᄂᆞᆫ 사ᄅᆞᆷ이 본ᄃᆡ 무당의 ᄌᆞ식으로 년젼에 ᄒᆡ주(海州) 영문에 관노(官奴)로 ᄃᆞᆫ니다가 동학 괴슈가 되여 각읍으로 ᄃᆞᆫ니며 탁란을 무수히 ᄒᆞ야 향촌에 잇ᄂᆞᆫ 무죄ᄒᆞᆫ 사ᄅᆞᆷ들의 ᄌᆡ물을 토식ᄒᆞ며 촌락에서 농ᄉᆞᄒᆞᄂᆞᆫ 어리셕은 ᄇᆡᆨ셩을 잡아다가 동학(東學)을 ᄒᆞ라고 악형(惡刑)ᄒᆞ야 죽ᄂᆞᆫ 쟈도 잇고, 병신된 쟈도 잇ᄉᆞ며 형벌을 견ᄃᆡ지 못ᄒᆞ야 동학을 식히며[102] 당을 모화가지고 읍촌으로 ᄒᆡᆼᄒᆡᆼᄒᆞ야 관쟝(官長)을 핍박ᄒᆞ며 군기(軍器)를 탈취ᄒᆞ며 국고를 제것ᄀᆞᆺ치 가져 가며, 부인을 잡아다가 젼곡을 륵탈ᄒᆞ다가 셔울셔 병뎡이 ᄂᆞ려가 잡으려 ᄒᆞ매 이 놈이 도망ᄒᆞ야 봉산(鳳山)으로 가서 살며 자

99) L. H. Underwood, *Fifteen Years among the Top-Knots*, Boston, American Tract Society, 1904, p. 128.

100) W. M. Junkin, The Tong Hak, *The Korean Repository*, 1895, 2月號, p. 59.

101) I. B. Bishop, *op. cit.*, pp. 180—181.

102) 형벌을 견디지 못하여 〈동학도가 되도록 하였으며〉 뜻.

칭 〈예수교인〉이라 하고 횡패가 무쌍하더니….[103]

동학이 일사불란의 집단 교육이나 훈련을 받지 않았던 것이라면, 그 성원(成員)이 다 순종(純種)일 수는 없었을 것이다. 하지만 이런 형태의 민폐는 허다하였던 것이 사실이고, 무장했을 때에 그 행동 유형은 이러한 민폐로 발전할 소지가 많았다. 이 거사는 결국 무장에 그 좌절의 결정적 원인이 있었고, 종교로서 정치활동에 전력한 듯한 개혁이나 혁명의 기치가 그 몰락의 원인이라 볼 수 있을 것이다.

한국교회가 1895년을 기하여 강력한 민족교회로 그 구조가 굳혀지는 과정에서 정치 개입과 무장의 유혹이 없지 아니하였다. 이 때 동학이 종교적 교리로되 무장 운동으로 전개되며 겪은 좌절이 교회에 자극을 주어, 내적 동기의 신앙운동으로 신앙을 구형화(構形化)한다는 결단으로서 평양 대부흥 운동(1907)을 시작하였던 것이다.[104]

> 이 나라흘 세우는 거시 사룸의 힘이 아니요 하ᄂ님의 능력이니 그 복이 춤 신의게 븟고 육신에 븟흔 것이 아니며 그 법이 강ᄒ지 아니ᄒ고 인ᄋ ᄒ며 그 병긔는 창검이 아니오 신령ᄒ 긔계니…[105]

이것은 《大韓每日申報》가 그렇게도 강조하던 〈무형지강—無形之強〉이었다.[106]

4) 基督教와의 交涉

최제우가 그 교리의 형성 과정에서 천주교의 신관이나 의식을 일부 포괄한 듯한 곳이 있다는 사실은 전술한 바 있다.

---

103) 교회통신, 그리스도신문, 1897. 7. 22日字.

104) 民族教會와 非政治化의 問題에 대하여서는 拙著, 韓國民族教會形成史論, 서울, 延世大學校 出版部, 1974, pp. 36ff 참조.

105) 하ᄂ님 나라, 그리스도신문, 1901. 10. 17日字.

106) 信教自強, 論說, 大韓每日申報, 1905. 12. 1日字.

그러나 역사적으로 그 교섭은 청일전쟁(淸日戰爭) 와중에서 진행되고 있었다. 종전 단계에서 서북 동학도들이 기독교에 흘러 들어 오는 이동 현상이 있었다. 그 현상의 역사적 의미를 천도교의 교주 손병희(孫秉熙)는 파격적으로 이렇게 판단하고 있었다. 곧,

> 我宗教가 畢竟 耶蘇教가 될터이니 吾儕도 不可不 耶蘇教를 信從然後에 乃有進取之望이라.[107]

동학도들의 기독교 이입(移入)에 대한 가장 극적인 사건은 맥켄지(W. J. McKenzie, 1861—1895)가 있던 황해도 장연(長淵) 송천(松川)에서 진행되었다. 그가 동학에 대해서 가졌던 생각은 그 도중(徒衆)들이 많았음에도 불구하고 〈정말 놀랄 정도로 약탈 행위가 없었다〉[108]는 동정적 기사에서 그 실마리가 보인다. 그는 동학의 척양(斥洋) 창의의 위험에도 불구하고, 1895년 겨울 솔내 마을을 떠나지 않고 있었다. 한데 예수교 신자 두 사람이 동학군 막사에 찾아가 전도하였던 것이다.[119] 그 중의 한 사람이 서경조(徐景祚, 1852—1938)이었다. 서경조는 동학 지휘관 포켈속에 신약성서가 있는 것을 목격하였던 것이다.[110] 이 때 그 동학 지휘관은 서경조와 구면인 친구였었는데, 맥켄지나 예수교 신자의 보호를 약속하였던 것이다.[111] 이러고 나서 동학 지휘관들은 서양 선교사가 동학 군졸에 의해서 혹시 해 받지 않을까 하여 군졸이 여럿 지나갈 때에는 존경의 뜻을 표명하기 위해 선교사를 불러 말을 오래 하곤 하였다는 것

107) 自東向西, 雜報, 大韓每日申報, 1907. 6. 28日字.

108) Seven Months among the Tong Haks, *The Korean Repository*, 1895, 6月號, p. 208.

109) *Ibid.*, p. 203.

110) S. A. Moffett, The Work of the Spirit in North Korea, *The Missionary Review of the World*, 1895, 11月號, p. 835.

111) 맥켄지는 *The Korean Repository*에 投稿도 하였고, 동시에 1894年 겨울 모페트에게도 書簡을 보내, 그 一部가 *The Missionary Reviews of the World*에 실렸다. Seven Months among the Tong Haks, p. 203.

이다. 이들 동학 지휘관들은 성서를 대여섯 권 어디서인가 구해다가 동료 지휘관들에게 읽히기도 하였다.[112)]

1895년 1월 이 동학군들과 일본군의 접전이 이 부근에서 있었다. 그러나 패퇴가 따랐을 뿐이었다. 솔내에 있는 사람들은 동학군이거나 예수교인이거나 다 힘을 합해서 맥켄지의 집앞에 〈성 죠지〉의 십자가 깃발을 높이 달았다. 그리고 감격과 기원으로 〈주 예수 이름 높이어 다 찬양하여라, 금면류관 드려서 만유의 주 찬양〉[113)]을 소리 높이 불렀던 것이다.[114)]

맥켄지가 한 일은 관군과 동학군과의 중재 조정이었다. 맥켄지는 동학군에게 법에 따라 무기를 관군에게 바치고 불법을 떠나라고 충고하였으며, 관군에게는 돌아온 동학군에 대한 과거 불문(不問)의 약속을 얻어낼 수 있었다.[115)]

얼마 동안 관군과 일본군의 공격, 그래서 마을마다 혼란과 공포가 휩쌓였었지만 평정이 어느만큼 찾아왔을 때, 여러 동학도들이 맥켄지를 찾아와 기독교에 입신을 하였다.[116)] 1895년 3월 1일 맥켄지가 모페트에게 낸 편지에 의하면 솔내에 한국인들의 헌금으로만 교회를 세우게 되었는데, 동학 지휘관 세 사람이 새 신자가 되고, 이 교회 건립에 거금을 헌금한 것으로 되어 있다.[117)]

언더우드 부인(L. H. Underwood)은 그가 남편과 함께 1896년 겨울 솔내에 찾아갔을 때, 엄격한 문답을 하고 세례를 베풀었는데, 그 중 한 사람이 동학의 지휘관이었다. 그는 법의 지시에 따라 자수하여 사형선고를 받았으나 옥중 언제나 찬송을 불렀고, 아관파천(俄館播遷)으로 겨

112) S. A. Moffett, *op. cit.*, p. 836.
113) 찬송가, 1990年版, 第36章.
114) E. A. McCully, *A Corn of Wheat, or the Life of Rev. W. J. McKenzie of Korea*, Toronto, the Westminster Co., 1903, p. 184.
115) Seven Months among the Tong Haks, *op. cit.*, p. 206.
116) E. A. McCully, *op. cit.*, pp. 187f.
117) S. A. Moffett, *op. cit.*, p. 836.

우 석방이 된 신실한 기독교인이었다.[118] 그에 대한 자세한 기록은 언더우드 부인의 수세 지망자 명단속에 37번째로 기록되어 있다.

솔내에서 진행된 기독교와 동학의 교섭은 많은 것을 시사해 주고 있다. 돌아서 찾아갈 곳 없었던 동학 무리들에게 마지막 보명(保命)의 길을 열어 준 인간애의 기독교, 정의와 헌신으로 마지막까지 떳떳한 현존으로 난국을 거쳐 나간 신앙의 힘, 척왜의 깊은 동감대, 이런 것이면 동학의 억세었던 투쟁의지도 고귀한 정신의 교의에서 어떤 동행동고(同行同苦)의 깊은 감격을 체험하지 않을 수 없었을 것이다.

모페트는 평양에서 그 동학 의거의 와중에서도 교회가 동학군에 의해서 위협이나 공격을 받은 일이 없으며, 그들 사령부로 쓰여진 곳에서 예배를 보게 되었던 사실을 기록하면서, 〈그들이나 기독교인들이나 다 억눌림을 받는 조선의 친구들〉[119]이란 사실이 피차 인정되었기 때문이었다고 분석하였던 것이다. 모페트는 이들 동학군 지휘관들에게 부정 압력에 대한 참된 저항의 방법이 무엇인가를 충성으로 가르쳤다고 한다. 그 말에 이들은 귀를 기울이고 울먹이고 있었다고 한다. 모페트는 잘못이 어디에 있는가를 알고 있었다. 이들은 불쌍하였다. 까닭은 누구도 그들에게 바른 길을 보여 주지 아니하였기 때문이다. 〈이들은 죄를 지은 사람들이 아니다. 죄를 당한 사람들이다.〉[120] 이렇게 비탄해 마지 아니하였던 모페트는 민족사의 줄기에서 한 종교의 성쇄(盛衰)를 현장 목격한 산 증인이었다.

솔내에서 동학군과 만나 그들을 보호하고 감싸 주었던 맥켄지는 이미 그 때 벌써 기독교의 영향으로 자유(自由)에 대한 새 바람이 일고, 따라서 탐욕의 부패한 오리(汚吏)들에게 굴종할 수 없는 새 기운이 이 역사

---

118) L. H. Underwood, *Fifteen Years among the Top-Knots*, p. 195. 本來는 두 사람이 歸依코자 했는데 다른 한 사람은 惡名의 洪神父(Father Wilhelm)에게로 가 계속 〈흉악한 강탈 갱〉 노릇을 하고 있었다. *Ibid.*, p. 196.

119) S. A. Moffett, *op. cit.*, p. 834.

120) *Ibid.*, p. 834.

에 움텄다는 커다란 역사 변혁을 목격하고 있었다.[121] 더구나 맥켄지는 동학 의거의 좌절로 그들이 근본적으로 잘못된 이념(理念), 곧 신관과 예배의 착도(錯倒)를 알게 되고, 심지어 그 교리가 천주교나 불교의 복합형태였으니만큼, 이 두 종교의 오류도 아울러 알게 되어 〈심정의 재편〉이 불가피하게 되었던 것이라고 보았다. 동학군들은 지식의 오도나 교의(敎義)의 왜곡으로 그들 좌절이 온 것을 직시하고, 〈참 하나님을 바로 예배하는 길〉이 무엇인가를 찾아, 손을 뻗어 왔다는 것이다.[122] 동학과 기독교와의 해후(解逅), 그것은 솔내의 구석에서 진행된 한 사건이 아니었다. 한국 근대사에서 무엇보다도 중요했던, 결정적 의미를 가진 대서사였다.

동학과 기독교와의 관계는 이처럼 어떤 섭리의 작용으로 보이며, 대단히 긍정적이었다. 시간 지나, 3·1운동 직후에 한때 천도교(天道敎)가 기독교와의 합치(合致)를 제의한 충격적인 일이 있기도 하여,[123] 그 관계가 우호적이었다는 것은 이미 공지(公知)의 사실이다.

라. 基督敎

1) 西歐的 基督敎의 接觸

한국의 기독교 접촉을 거의 신화적(神話的)인 데까지 더듬어 올라가면 신라(新羅) 때의 전래설[124]이 있고, 고려(高麗) 때의 접촉[125], 임진왜란

121) Seven Months among the Tong Haks, *op. cit.*, p. 207.

122) *Ibid.*, p. 208.

123) C. A. Clark, *Religions of Old Korea*, (1921年 講演原稿), 서울, 基督敎書會, 1921, pp. 170—172.

124) 丁夏祥, 上宰相書, 1839. Cf. E. A. Gorden, *Asian Christology and Mahayana*, Tokyo, Maruzen, 1921. 金良善, 韓國基督敎史硏究, 서울, 基督敎文社, 1971.

125) 李能和, 朝鮮基督敎及外交史, (影印本), 서울 學文館, 1968.
W. Rubruc, *The Journey of William Rubruc to the Eastern Parts of the*

(壬辰倭亂) 때의 접촉 등이 있다.[126)]

하지만 근세에 들어서서 최초의 서구계 기독교의 접촉은 선교를 한 것으로서는 여러 흥미있는 기록들이 많지만,[127)] 최초로 성서를 반포하면서 전도의 의도로 행동하였던 사람은 영국 해군 홀(B. Hall, F. R. S.) 선장이었다. 그는 1816년 9월 비인만(庇仁灣)에서 마량진(馬梁鎭)의 첨사(僉使) 조대복(趙大福)에게 성서를 증여한 것으로 기록에 나타나 있다.[128)]

다음은 그쯔라프(K. F. A. Gützlaff, 1803—1851)이다. 그는 1832년 동인도회사의 암허스트경(Lord Amherst)호로 그 선장 린제이(H. H. Lindsay)와 함께 황해도 백령도(白翎島)와 충남 홍주(洪州)에 닻을 내리고, 만나는 사람마다 한문 성서를 배포하였던 것이다.[129)] 그는 동양계 어학에 실로 탁월한 조예가 있어서 일본어, 월남어, 중국어로 성서를 번역하였던 인물이요,[130)] 그 외국어 실력 때문에 아편 상사들이 그의 승선을 〈3일에 $1,000〉도 지불할 용의가 있었던 선교사였다.[131)]

웨일즈 영국인 로버트 토마스(R. J. Thomas, 1840—1866)는 1865년 9월

World 1253—1255, tr. by W.W. Rockhill, London, Hakuluyt Society, 1900.

126) *The Edinburgh Review*, Vol. 136, 1872. 山口正之, 朝鮮西教史, 東京, 雄山閣, 1967. Ch. Dallet, *Historie de l'Eglise de Corée*, Paris, 1874.

127) 여기 대해서는 G. St. G. M. Gompetz, *Some Notes on the Earliest Western Contacts with Korea*, Royal Asiatic Society, a transaction, XXXIII, 1957, pp. 41ff 참조.

128) H. N. Allen, An Old Book on Korea, *The Korean Repository*, 1897, 1月號, p. 16.

Cf. *Captain Basil Hall's Account of his Voyage to the West Coast of Korea in 1816*, Royal Asiatic Society of Korea, a transaction, 1920, 11. pp. 3—26.

Cf. 金良善, Basil Hall과 Murray Maxwell의 韓國來航과 그 宗教 및 文化史的 意義, 韓國基督教史研究, 서울, 基督教文社, 1871, pp. 269ff.

129) K. F. A. Gützlaff, *Journal of Three Voyages along the Coast of China in 1831, 1832, & 1883 with Notices of Siam, Corea and the Loo-Choo Islands*, London, Frederick Westlay & A.H. Davis, 1834, pp. 351, 353, 356.

130) M. Broomhall.(ed). *The Chinese Empire, a General and Missionary Survey*, London, Morgan & Scott, p. 380.

131) P. W. Fay, *The Opium War, 1840—1842*, University of North Carolina Press 1975, p. 89.

에 황해도 자라리(紫羅里)와[132] 1866년 8월 황주(黃州)를 거쳐 평양 대동강에 왔다가 〈제너럴 셔먼〉호의 불근신(不謹愼)으로 순교하였던[133] 다른 한 사람의 서구 선교사였다. 항해 목적이 불분명한 데다가[134] 무장한 선박이었고,[135] 대동강 입구에서부터 관리가 항해를 막았지만 이를 무릅쓰고 올라가 방포(放砲)한 일이 그 불근신이었다.[136] 하지만 토마스는 그 1차 여행 때나 2차 여행 때, 만주 주재 스코틀랜드 국립 성서공회 파송원 윌리암슨(A. Williamson)이 제공한 여러 권의 한문 성서를 해안 지역민에게 나누어 주었을 뿐만 아니라,[137] 1866년 8월 5일 순교할 때는 그 찰나에도 칼을 든 조선군인에게 성경책을 넘겨 주면서 순교하였던 것이다.[138] 조선예수교장로회총회는 1927년 〈도마스 목사 순교 기념회〉를 설립하기로 하였으며,[139] 1932년 9월에는 그가 순교한 대동강변에 〈도마스 목사 기념 예배당〉을 세웠던 것이다.[140]

로버트 토마스에게 성경책을 많이 주어 한국에 가게 하였던 장본인 윌리암슨(A. Williamson) 역시 한국 선교사(宣敎史)에 기록된 개척자중의 한 사람이다. 그는 한국에 관하여 계속 전문(傳聞)을 듣고 관심을 가지고 있었으며, 병인교난과 토마스의 순교에 대하여 충격을 받고, 어떤 수단을 동원하더라도 복음의 빛이 이 나라에 전파되어야 한다고 굳게 믿

132) 高宗實錄, 高宗 二年 九月 二十一日條.
133) M.W. Oh, *Two Visits of the Rev. R. J. Thomas to Korea*, Royal Asiatic Society, a transaction, Vol. XXII, 1933, Seoul, p. 120.
134) W. E. Griffis, *Corea, the Hermit Nation*, New York, Charles Scribners, 1889, p. 392.
135) J. Edkin's letter to J. Mullen, 1866, 9. 10日字.
136) 高宗實錄 丙寅 七月 七日, 十三日, 十四日, 十五日條.
137) The Evangclical Magazine and Missionary Chronicles. 1866, Vol. VIII, London, Jackson Walford & Hodder, p. 480. *The Annual Report of the National Bible Society of Scotland* 1866, p. 41.
138) 吳文煥, 도마스牧師傳, 平壤, 도마스牧師殉教紀念會, 1928, p. 58.
139) 朝鮮예수教長老會 第十六回 總會錄, 1927, p. 42
140) *Ibid.*, 第二十一四總會錄, 1932, p. 29.

고 있었다. 그 열정과 기대가 이런 말까지 하게 하였던 것이다. 곧,

> 대영제국(大英帝國)과 같은 나라들이 조선과 같이 뭣 모르고 폐쇄하고 있는 나라를 개방하도록, 하나님이 주신 군력(power)을 사용하는 것은 의무요 특권이라 믿는다. … 전쟁이란 것이 악이기는 하지만 진실한 문명의 불빛에 접촉하게 하기 위한 것이라면 … 결국 선(善)의 보장이 될 것이다.[141)]

이것은 불란서 천주교의 조선 침공을 통한 선교의 의도와 방불한 발상이었다. 다만 윌리암슨의 경우는 그것이 개인의 확신에 머물렀을 뿐 공관이나 군(軍)에 연락해서 구체적으로 일을 꾸민 것이 없었다는 것, 그것이 다를 뿐이었다.[142)]

2) 日本을 通한 接觸과 그 意味

임오군란(壬午軍亂) 이후 여러 개화파 인사들이 일본에 다녀왔다. 그런데 1882년 수신사 박영효(朴泳孝, 1861—1939)를 따라간 사람중에 이수정(李樹廷, 1842—1886)[143)]이란 사람이 있었다.

그는 일본에 가서 1883년 4월 28일 일본에서 세례를 받고,[144)] 성서의 한역(韓譯)에 힘썼던, 한국교회사상 잊혀질 수 없는 인물이 되었던 것이다.[145)] 언더우드가 우리 나라에 처음 들어 올때 가지고 들어온 《신약

141) A. Williamson, *Journeys in North China, Manchuria and Mongolia with Some Accounts of Corea*, London, Smith Elder & Co., 1870, Vol. Ⅱ, pp. 310—311.

142) S. M. Zwener, A. J. Brown, *The Nearer and Farther East*, New York, MacMillan, 1908, p. 285.

143) 壬午軍亂 때 閔妃 救出에 공이 컸던 사람. 따라서 궁정의 총애로 派日.

144) H. Loomis, A Corean Convert, *The Missionary Herold*, 1883, 8月號, p. 297.

145) A. T. Pierson, Monthly Concert of Missions, Korea, *The Missionary Review of the World*, 1888, 9月號, p. 708.

마가젼 복음서 언히》도 바로 이수정 번역 간행의 것이었다.[146]

이수정은 가톨릭 신부가 세 시간에 걸친 설득에도 불구하고 장로교 신앙을 견지하였던, 돈독한 신자였다.[147] 그러나 동경 국립대학교에서의 조선어 강의등[148] 활발한 활동이 친일의 오해를 받아 귀국하자 배교(背敎)한 채 처형된 것으로 전해진다.[149]

이수정의 공헌은 그의 전인미답의 성서 한역인 것은 두 말할 것 없지만, 다른 하나의 공헌은 의학을 한 선교사의 파한(派韓) 논의이다.[150] 이수정의 입신(入信)을 후원하였던 한국인 중에 한의(漢醫)를 하던 기다우미(北海)[151]란 사람이 있었다. 그는 〈한국에 의학 지식이 없고 위생 개념도 약하기 때문에〉 의료 선교사의 입국을 추진하려 하였던 것이다.

다른 하나의 공헌은 일본에서의 한국어 사용 예배의 시작이다.[152] 아쉬운 것은 그 예배에 대한 상세한 기록이 전혀 없어서 그 뜻 깊은 과정을 더듬지 못함이다. 또 한가지 주목할 것은 이수정의 입신을 계기로 선교사들이 김옥균(金玉均, 1851—1893)과 접근하여 그와 호의적 관계를 가지게 된 사실이다.[153] 김옥균은 이수정에게 세례를 주었던 야스가와(安川亨) 목사, 그리고 선교사 톰슨(Thompson)과 계속 접촉을 가졌으며, 2·3년 후에는 한국을 기독교 수용의 나라로 만들기 위해 그 문호를 개

146) W. D. Reynolds, Translation of the Scriptures into Korean, *The Korea Review*, 1906. 5月號, p. 171.

147) 그의 三寸이 天主教信仰으로 1865年 殉教. H. Loomis, *op. cit.*, p. 298.

148) H. Loomis, Rijutai, the Corean Convert, *The Missionary Herold*, 1883, 12月號, pp. 481—482.

149) E. C. Parson, *Fifteen Years in the Corean Mission*, New York, n.d., p. 7.

150) H. Loomis, Rijutai, the Corean Convert, *op. cit.*, p. 483.

151) 기다우미는 〈北海〉일 것인데, 이것은 한국인이 日本에서 기독교인으로 행세함에 위험이 따라서 本國에 대한 가명으로 사용된 듯함. *Ibid.*, p. 481.

152) *Ibid.*, p. 482.

153) Editorial Paragraphs, *The Missionary Herold*, 1884, 2月號, p. 44.

방하겠노라 기약할 정도로 적극적 자세를 보였던 것이다.[154]

그런데 이수정의 기독교 수용은 다른 하나의 변화를 가져 왔다. 그 때 일본 교회에서 한국에 선교사를 파견하여야 한다는 논의가 심각하게 논의되었다는 사실이다. 한 일본주재 미국 선교사는 한미수호조약 체결로 의례히 미국이 먼저 선교사 파송의 계획으로 들떠 있지만, 한국에 대한 선교사업은 〈지역이나 인종(人種), 언어 그리고 문명에서 훨씬 밀접한 관계에 있는 일본 교회나 그 국민에게 있는 것이 아닌가〉[155]고 추론(推論)하고 있었다. 그는 심지어 외교관계의 성립, 다시 말하면 한국과의 수호(修好) 관계의 성립이 기독교 전교와 관계가 있다면, 일본이 미국보다 먼저(1876) 체결하였기 때문에 일본에서 먼저 선포해야 한다는 괴변을 계속하고 있었다. 수호조약 체결에 대한 지식이 전혀 없었던 소이(所以)이다. 그는 한 걸음 더 나아가 〈한국 선교의 의무와 특권〉이 일본에게 있고, 따라서 일본인은 〈열성과 성공으로〉[156] 이 일을 성취하리라 보았다.

우리는 기독교의 선교가 일본을 통해서 일본인에 의하여 계획되고 있었던 사실에 주목하고, 그것이 향후 어떠한 이유로 불가능했으며 하필 미국 선교에 의한 기독교 전파만이 우리 민족사에서 수용될 수 있었는가 하는, 중대한 문제에 직면하게 되기 때문에 이 문제의 추이를 잠시 따라 가 볼 수밖에 없다.

그 선교사는 일본의 관변(官邊)에도 잘 알려진 기독자인 어떤 사람이 1883년 9월 서울을 방문하고 기독교 선교의 가능성을 검토하고 돌아와 한 말을 다음과 같이 요약하여, 그 일본인의 의도와 자세를 잘 보여 주었다. 곧 한국인들은 문명에서나 도덕에서 일본인보다 훨씬 뒤떨어져

154) Editorial Paragraphs. *Ibid.*, 1884, 8月號, p. 44.

155) M. L. Gordon, The Evangelization of Corea, *The Missionary Herold*, 1883, 12月號, p. 483.

156) *Loc. cit.*

있지만, 한국인의 지식욕이 활발하기 때문에 일의 착수는 해 볼 만할 것이다. 그러나 조야의 반기독교적 자세가 확고하기 때문에 직접적인 기독교 선교사업은 아직 시기상조이다. 미국의 공사(公使) 푸트(L. H. Foote)마저도 미국이나 일본에서의 선교사업 착수를 반대하고 있어서, 다만 교육이나 의료를 통한 선교 예비 작업은 즉각 착수되고 또 성공할 수 있다는 것, 그러나 가톨릭의 예수회(Jesuites)와 같은 방법은 절대 배제되어야 한다는 것, 이런 것들이었다. 그는 또 일본이 미국으로부터 기독교 전파의 신세를 지었고, 또 한국으로부터는 옛날 문화적 혜택을 입었으니 그 〈이중의 빚〉을 갚기 위해서도, 때가 되면 일본이 반드시 한국에 선교를 시작하는데 그렇게 되면 열성과 헌신으로 할 것이라는 착상이었다. 그러면서 덧붙이기를 일본 청년 몇 사람이 벌써 조선 전도를 위해 나서겠다고 준비중이라 하면서, 〈행여나 미국이나 유럽이 일본에게 하나님께서 내려 주신 조선 전도의 특권과 의무를 가로챌 생각을 말아야〉[157] 한다는 제언을 서슴치 않았다.[158]

중국에 있던 감리교 선교사 키친(W. C. Kitchin)은 〈한국에 대한 선교의 황금의 문호는 일본에 의해서 열리게 될 것이라〉[159] 전망하고 있었다. 이처럼 선교사들 일각에서도 〈세계의 이목이 집중된 상태에서〉 한국 선교는 〈반드시〉 조선에서 문화적 빚을 진 일본이 이제 〈더 높고 더 풍부한 축복〉으로 한국에 선교를 하도록 해야 한다는 생각이 굳혀지고 있었다.[160]

이수정은 이런 사태 진전에 충격과 불신을 느낀 것이 확실하였다. 그

157) M. L. Gordon, *op. cit.*, p. 484.
158) 1883年 9月 18日 京都에서 쓴 글.
159) Editorial Paragraphs, *The Missionary Herold*, 1884, 3月號, p. 85.
160) Corea : Its Condition and Prospects, *The Missionary Herold*, 1884, 4月號, pp. 136—137.

는 〈미국 선교사들만이 조선에서 선교사업을 시작할 수 있는 사람들이며, 따라서 하루 속히 미국교회에서 선교사를 한국에 파견하도록〉 청원서를 발송하였던 것이다. 심지어 그는 〈선교사와 동행할 통역인과 또 재정적 도움까지 주겠노라〉고 서둘렀던 것이다.[161)]

그가 이처럼 조급하게 손을 써서 〈미국 여러 교회〉에 선교사 파송 청원의 편지를[162)] 내게 되었던 배경이 여기 있었다. 이런 청원을 받고 미국 북장로교 총회는 곧 $5,000의 기금을 한국선교를 위해 장만해 놓았던 것이다.[163)] 일본이나 가톨릭에[164)] 그 자리를 빼앗길 수 없다는 간절하고도 시급한 판단 때문이었다.

우리는 한국의 고관이었던[165)] 이수정이 일본인 목사에게서 세례 받은 것이 우리의 역사적 감정이 한때 치상(致傷)되었던 것이 사실이다. 그러나 그의 결단력 있는 행동을 통하여 일본 기독교회의 조선 선교라는 불의의 계도(計圖)를 사전에 막고, 미국 선교사들로 하여금 한국에 서둘러 입국하게 한 길잡이를 한 공로는 엄청난 불행을 미리 제거한 선구자로서의 공적이라 아니할 수가 없다. 한국 교회가 묘하게 일본쪽에서나 청(淸)쪽에서 들어온 선교가 아닌, 바다 건너 미국에서 전래된 개신교로 그 원류를 삼게 된 역사의 섭리는 한국교회사 향후의 진로에서 역력히 나타나 실로 찬송과 감격으로 역사속에 살아 움직이는 하나님의 손길을 보지 않을 수 없다.

---

161) H. Loomis' lettert to Dr. Gilman, 1883, 5. 30日字. The First Korean Protestant in Korea, *The Korea Mission Field*, 1937, 7月號, p. 139.

162) 이 편지 請願의 全文이 *The Missionary Review of the World*, 1884, 3月號 pp. 145—146에 全載되어 있다.

163) *The Annual Report of the Board of Foreign Mission, Presbyterian Church in the U.S.A.*(향후 N. P. Report로 略稱) 1884, p. 130.

164) A. T. Pierson, A Powerful Appeal from Korea, *The Missionary Review of the Word*, 1888, 3月號, p. 68.

165) N. P. Reprot, 1885, p. 128.

3) 滿洲를 通한 基督敎의 傳來

만주에서 선교 활동을 하던 〈스코틀랜드 자유연합교회〉의 존 로스(J. Ross, 羅約翰, 1842—1915)는 그 곳에서 이미 활동하던 스코틀랜드 국립 성서공회 주재원과 긴밀한 교섭을 가지면서 선교해야 할 특별한 사건에 직면하게 되었던 것이다. 1876년 4월 그가 두번째로 고려문(高麗門)에 전도 여행차 찾아갔을 때 한국인 이응찬(李應贊)을 만났고, 그와 함께 1877년부터 본격적인 성서 번역에 착수하였던 것이며,[167] 그 성공을 위해 여기 깊이 개입하여, 필경 한국 교회의 터를 마련하는 일까지 하게 되었기 때문이다. 이 번역 사업에는 서상윤(徐相崙, 1848—1926), 백홍준(白鴻俊, ?—1894), 이성하(李成夏), 김진기(金鎭基) 등이 관여하였다. 그리고 1882년에 우리 나라에서는 가장 처음으로 《예수셩교 누가복음젼서》와 《예수셩교 요안ᄂᆡ 복음셩셔》가 간행되고[168], 1887년에는 마침내 《예수셩교 젼셔》가 출판되었던 것이다.[169]

이처럼 만주에서는 성서 번역에 그 첫 사업 목표를 두었고, 곧 이어 매서인(賣書人)의 활발한 편력으로 성서 보급과 전도에 힘을 기울였다.[170] 그래서 1883년에 6명이 세례를 받았고,[171] 1884년 겨울에는 서간도의 즙안현(輯安縣) 이양자(裡揚子)에서 85명의 한국인이 로스에게서 세례를 받고, 최초의 한국 교회를 창설할 수 있었던 것이다.[172] 이들 역시 1882

167) H. Miller, The Genesis of Agencies and Missions in Korea, the British Bible Society in Korea, *The Korea Mission Field*, 1914, 1月號, pp. 10—12. W. D. Reynolds, Translation of Scriptures into Korean, *The Korea Review*, 1906, 5月號, p. 170. 이 두 論文에는 대개 1875年項으로 보고 있다.

168) *The Report of the National Bible Society of Scotland for 1882*, p. 35.

169) *The Historical Catalogue of the Printed Editions of the Holy Scriptures*, 1903, p. 887. 이 全書의 出版費用은 大英外國聖書公會가 부담. *The Report of the British and Foreign Bible Society*. 1882—1883, p. 239.

170) *The Report of the National Bible Society of Scotland*, 1882, p. 36. 中國駐在 元老宣敎師 Griffith John의 강력한 指示.

171) *The Missionary Review of the World*, 1883, 11月號.

172) J. Ross, The Christian Dawn in Korea(1890 原文). *The Korea Mission Field*, 1937, 7月號, p. 137.

년 임오군란(壬午軍亂)을 피해 월경(越境)했던 신진 인사들중 일부였다.[173] 그 때 목단(牧丹)에서 백두산까지의 한국인 28 촌락에서 수백 명이 세례 받기를 기다리고 있었다.

이양자에서 세례 받은 사람들 중 〈강인한 품격을 가지고 용감하며 아울러 학자적인〉[174] 한 젊은이가 한국에 돌아가 전도하기를 자청하였다. 그가 서상윤(徐相崙)이었다. 그는 1883년 이른 봄 고국에 돌아왔다. 성서를 가진 최초의 한국 기독교인의 입국이었다. 와그너(E. Wagner)는 만주에서 나온 성서를 《로스版》이라 하지 말고 《徐版》이라 해야 마땅하다고 하면서, 이런 말을 남겼던 것이다. 곧,

> 우리는 서상윤에 대하여 더 많이 알아야 하고, 그의 성서 번역과 국내 성서 보급에 목숨을 걸었던 활동에 마땅한 명예를 그에게 돌려야 한다.[175]

그는 한역 성서와 유식층을 위한 한문 성서를 대량 걸머지고 〈외롭고 위험한 귀향길〉에 나섰던 것이다. 그리고 1884년 이른 봄 그의 고향 황해도 장연 솔내(松川)에 가서 국내 최초의 자립 교회를 세웠던 것이다.[176]

서상윤은 로스에게 편지를 내고 있었다. 수세(受洗) 희망자가 첫해 13명, 다음 해에는 79명의 증대세였기 때문이다. 그러나 로스에게는 입국할 방도도 조치도 없었다. 하지만 1887년 그는 서울에 갈 수 있었다. 그리고 9월 27일 새문안교회 창립 예배에 참여할 수 있었던 것이다.

만주에서도 일본이 한국에 선교하고자 하는 문제를 심각하게 검토하

---

173) *Ibid.*, p. 136.

174) The First Korean Congregation, *Ibid.*, p. 138.

175) E. Wagner, Through the Hermit's Gate with Suh Sang Yun, *The Korea Mission Field*, 1938, 5月號, p. 94.

176) H. G. Underwood, *The Call of Korea*, New York, Fleming H. Revell, 1908, p. 131.

고 있다는 사실을 1883년에 벌써 감지(感知)하고 있었다.[177] 구미국들과의 수호조약이 가지는 의미를 이런 차원에서도 반겨 희망을 걸고 조속한 한국 선교의 날을 기다리고 있었다. 그리고 그 곳에서도 한국에서 천주교가 야기시키고 있는 문제를 직시하고, 개신교 선교의 착수를 서둘러야 한다는 생각이 조급스러이 설레어 갔다.[178] 일본과 로마 가톨릭교회, 이 두 실체를 한국 선교에서 배제하여야 한다는 생각은 일본이나 만주에서 꼭같이 같은 시간에 굳혀지고 있었다.

177) Corea, *The Report of the N. B. S. S.* 1883, p. 38.

178) *The Report of the B. F. B. S.*, 1884—1885, p. 250.

Ⅱ. 韓美外交關係形成과 韓國의 美國 이미지

우리 海外宣敎本部의 中國駐在 의료 선교사 호레이스 알렌 博士가 宣敎部의 허락이 있으면 朝鮮에 나가서 醫療宣敎事業에 착수하겠노라고 신청하여 왔다. 우리 宣敎本部는 전보로 그 허락을 알렸고, 알렌 博士는 서울로 향해, 9월에 到着하였다.

그의 到着은 駐韓美國公使 푸트 將軍의 대단한 好意로 환영 받았으며, 미국이나 歐洲系 外國人 거류자들의 극진한 환영을 받았다. 알렌 博士는 곧 美國公使館 公醫로 임명을 받았다.

美國北長老敎 海外宣敎本部, (1885年)

1. 韓美外交와 그 親善關係의 成立

가. 韓美修好條約 締結과 美國의 姿勢

우리가 본장 두서에서 살펴본 바와 마찬가지로 알렌(安連) 박사는 한국에 처음 정식으로 발을 들여놓은 체계적 선교의 개척자요 그 선구자였지만, 그가 입국하는 데에 결정적인 입지조건을 제공한 기관과 기회는 미국 공사관이었다. 그 공사관의 촉탁 형식으로 그는 일에 착수하고, 그 공식적 협력으로 일할 기지(基地)도 마련할 수가 있었던 것이다. 다시 말하면, 미국 외교의 커다란 범주안에서, 좀더 크게 정확하게 말하면 미국 정부의 우산 아래에서 그 선교의 첫발을 내딛었으되 그 때 역시 외교 활동의 한 영역에서 그 명분으로 활동을 개시하였던 것이다. 따라서 우리도 한미 외교 관계의 성립 과정과 그 성격 및 미국의 자세와 한국의 관점들을 바로 이해하고 알렌 문제에 접근하지 않으면 안되리라고 생각한다.

1) 韓美間의 接觸來歷

1832년 그쯔라프가 홍주(洪州)에 내박(來泊)하였던 바는 전술한 바 있다. 그런데 그는 떠나기에 앞서 조선 문정관(問情官)과 외국 선박 파선난파시 조선에 표도(漂到)하였을 때의 구제에 관하여 합의를 본 바가 있었다. 비록 영국과의 관계의 것이었지만, 구미(歐美) 여러 나라에 다 관련되었음이 사실이다. 곧

大英國之船至此之時 以糧食物常時送之 不合之澤遲 但不幸破船在

貴國海邊 救命濟困扶危 本國之人往到北京 大英國之皇上報此恩[1)]

홍주 목사(牧使) 이민회(李敏會)와 그쯔라프와의 합의였다. 영국 선박 내박시 양식을 구할 수 있게 하되, 파선된 경우 표도 때에는 구제하여 북경에 보내 달라는 것이 그 골자였다.

그런데 미국선의 난파는 1855년, 1865년 그리고 병인교난이 한창이던 1866년 6월에 있었다는 기록이 있다. 특히 1866년 6월 난파된 써프라이즈(Surprise)호는 평안도 철산(鐵山) 선사포(宣沙浦)에 표도하였을 때, 이양선(異樣船)의 접근에 예민하던 조정도 이들을 구제 후대하고 북경까지 보내준 일이 있었다.[2)]

그러던 찰나에 〈제너럴 셔먼〉호 사건이 터졌던 것이다. 그런데 이 때 조정은 토마스가 영국인이라 생각했고, 따라서 영국선이 대동강에서 소실(燒失)되었다고 믿고 미국의 중재를 섰던 청국의 아문(衙門)에 그렇게 회신하였던 것이다.[3)] 하지만 미국은 〈제너럴 셔먼〉호 문제를 문책하는 신미양요(辛未洋擾, 1871)를 거쳤지만, 1867년 이미 일본 바꾸후(幕府) 도꾸가와(德川慶喜)는 한미간 거간조정을 선 일이 있었다.[4)]

1878년은 한미외교의 근대적인 서장(序章)이라 할 수 있다. 그 해 미국 상원의원 서젠트(A. Sergent)가 〈제너럴 셔먼〉호 사건의 잘못이 미국측에 있으며 그런 인식에서 한미간의 통상조약 체결을 서두를 것을 대통령 헤이스(A. A. Hayes)에게 요청하였던 것이다.[5)] 헤이스는 〈제너럴 셔먼〉의 행방을 찾아 한국 수역을 방문한 일이 있었던 슈펠트(R. W.

1) 尺牘類函呈文書 達衷集券, Oxford University Bodlein Library 所藏, pp. 80－81. 朴泰根 博士 발굴. K.F.A. Gützlaff. *op. cit.*, p. 352.
2) 備邊司謄錄, 高宗 三年 五月 二十三日條(陽 6. 24日)
3) 朴日槿, 近代韓美外交史, 서울, 博友社, 1968, p. 66.
4) 山口正之, 朝鮮西教史, 1967, pp. 176ff.
李能和, 朝鮮基督教及外交史, p. 179.
5) W. E. Griffis, *Corea, the Hermit Nation*, New York, Charles Seribners, 1907, 韓譯, 申福龍, 隱者의 나라 韓國, 서울, 探究堂, 1976, Ⅲ, p. 158.

Schfeldt)에게 수호조약 체결의 실현을 일임하였던 것이다.

1880년 5월 초에 일본에 기항한 슈펠트는 일본 외무대신 이노우에(井上馨)를 통하여 조선 조정에 접근하려 하였으나 일본이 미국의 한국 접근을 꺼려 조정 알선에 불응하였고, 또 직접 내부(來釜)하여 서계(書契)를 전달코자 하였으나 역시 이루어지지 아니하여, 결국 미국은 일본을 중재한 한미교섭의 방법을 포기하게 된 것이다.[6] 슈펠트가 눈 돌린 것이 청국의 이홍장(李鴻章)이었다.

그런데 때 맞추어 아주 공교로운 일이 하나 생겼다. 일본에 수신사(修信使)로 갔던 김홍집(金弘集)이 주일 청국공사 하여장(河如璋)과 대담중 이런 말을 듣는다. 곧,

> 近日西洋各國 有均勢之法 若一國 與強國隣 俱有後患 則聯各國 以圖牽制 此亦自前不得巳 應接之一法也 …… 故與萬國通商 亦有益無損之事 …… 我亞洲各國 以前均未悉此種情形 …… 欲貴國 乘機會先一國爲之 …….
>
> 現海內各國 惟美 係民主之國 又國勢富貴 其與列國通商 尙講信義不甚圖占便宜 …… 若必欲謀閉固拒 致他日 別生波瀾.[7]

서양에는 세력 균형이란 국제법이 있어서 한 나라가 타국에 침범하면 여러 다른 나라가 힘 합쳐 여기 대항한다고 하면서, 이런 법을 안 이상 기회를 잡아 수교하되, 민주국가이요 부강하고 신의었고 강점욕이 없는, 미국과 통상함이 좋겠다는 설명이었다. 계속 버티고 쇄국에 빠져 있으면 훗날 파란을 면치 못하리라는 경고까지 겹쳤다.

더구나 그 참찬관(參贊官) 황준헌(黃遵憲)의 《朝鮮策略》에 〈親中 結日 聯美〉의 대담한 발상이 있었을 뿐만 아니라, 미국의 종교에 대한 참신

6) 日本外交文書, 外務省, 1906, 第十三券, pp. 455－456.

7) 修信使記錄, 韓國史料叢書, 國史編纂委員會, 1958, pp. 171－180에서

한 해설이 있어서, 김홍집이 더욱 미국과의 수교 의사를 굳혀 가게 되었던 것이다. 황준헌에 의하면 미국은 이런 나라였다.

> 至於美國所行 乃耶蘇教也 與天主教 根源雖同 黨派各異 猶吾教之有朱陸也. 耶蘇宗旨 何不干預政事 其人亦多純良 中國自通商來 戕殺教士之案 層見疊出 無一耶蘇教者 亦可證其不爲患也[8)]

미국은 예수교를 믿는데, 그것은 천주교와 근원은 같지만 주자학(朱子學)과 양명학(陽明學, 陸象山)이 다름과 마찬가지이다. 더구나 예수교는 정치 불간섭이 그 교리(教理)이기 때문에 정치적 혼란이 없고, 그 신자들은 다 선량하여 조약을 맺더라도 결코 우환이 없을 것이라는, 아주 체계적인 논술이었다.

더구나 더 공교로웠던 것은 비록 척사위정(斥邪衛正)의 불길이 쉬 살아지지는 아니하였지만, 고종(高宗)이 〈서양이 본래 원수관계가 아닌데 강화(江華)나 평양(平壤)의 변란이 있었던 것은 아국(我國)이 스스로 반성해야 할 일〉[9)]이라는 여유가 비쳐져, 한미수호조약 체결의 손길이 빨라지게 되었던 것이다. 제물포(濟物浦)가 그 때 개항되었다.

2) 韓美修好條約과 韓國自主權 問題

한미교섭에 중국 이홍장(李鴻章)이 나서게 된 데에 일본의 대한(對韓) 진출 견제, 대로(對露) 방위책, 그리고 조선을 속방(屬邦)으로 간주한 행동, 이런 것들이 작용하고 있었다. 교섭은 1880년 8월 25일 천진(天津)에서 진행되기 시작하였다.

그런데 우리가 특별히 관심을 가지고 그 추이를 지켜 보고 싶은 것은 청(清)이 주장하는 조선 속방(屬邦) 문제에 대한 슈펠트의 계속적인 반

8) 修信使記錄, p. 166.
9) 高宗實錄, 1880年 9月 8日條.

대,[10] 그리고 기독교 포교 금지 조항의 명문화를 강변하는 조선 대표 김윤식(金允植)에 대한 이홍장의 적극적인 만류였다.

이홍장은 슈펠트의 〈조선의 독립의 전제〉를 계속 반대하면서 속방체례(屬邦體禮)를 분명히 하여 〈朝鮮國政 雖由其自由 庶不失中國屬邦之名〉[11]을 관찰하기 위한 모든 조치를 강구하도록 힘 썼다.

그러나 미국이 이에 계속 반대하게 되어 결국 조약 체결 후 조선이 미국에 〈久爲中國屬邦 而外交內政事宜 均得自主〉[12]라는 조회문을 보내는 것으로 대개 타협을 보았던 것이다. 슈펠트가 주장한 것은 미국과 수호를 맺는 나라의 독립과 자주권이 없이는 국제조약 체결의 원칙의 명예가 훼손된다는 것이었고, 한 걸음 더 나아가 조선으로 하여금 이제 국제사회에서 당당한 독립국가로 나서게 하는 결정적인 계기를 마련하여 주자는 데 있었다.

다른 한 가지, 종교 항목의 삽입, 다시 말하면 〈不立教堂〉의 조약 명시는 이홍장이 나서서, 그런 전례도 없거니와 국제조약 체결에 그런 구절의 삽입 주장은 조약 체결 자체를 막는다고 납득시켜, 기독교 포교 금지의 항목은 명문화하지 않게 되었던 것이다.[13] 조약 체결에 앞서 5월 17일에 제물포에서 김홍집이 마건충(馬建忠)을 만났을 때, 다시 이 점을 따졌지만 〈西敎一事 若於內提明 歐美各邦必致決裂〉[14]이라 하면서 조약문 중에 서양인의 국내 여행을 허락한 것이 없으니, 그것으로 〈可照約懲辦〉이 가능하다고 해서 넘어갔던 것이다.

10) H. G. Appenzeller, The Opening of Korea : Admiral Schfeldt's Account of It, *The Korean Repository*, 1892, 2月號, p. 61.
슈펠트의 이 글은 1887年 1月 29日字로 高宗의 招請으로 서울에 國王의 個人 손님으로 와 있을 때 쓴 것. 1886년 10月 19日 來韓, 3~4個月 체재.
11) 淸國 光緖 朝中日交涉資料 券二, pp. 33.
Cf 李瑄根, 韓國史, 最近世篇, 서울, 乙酉文化社, 1965, p. 721에서.
12) 金允植, 陰晴史, 上, 國史編纂委員會, 1958, pp. 58, 106.
13) 金允植, *op. cit.*, pp. 53-58, 112.
14) 朴日權, *op. cit.*, p. 293.

이렇게 교섭 진행 1년 10개월만에 슈펠트의 끈질긴 한국 자주권 논의가 결실을 맺어, 1882년 5월 22일 제물포에서 미국의 슈펠트, 조선의 신헌(申櫶), 김홍집(金弘集) 사이에 전 14조의 한미수호조약이 체결되었던 것이다. 미군함에서는 이를 축하하여 21발의 예포를 발사하였다. 슈펠트는 〈속방〉 운운의 구절을 본 조약문에서 삭제한 커다란 공적을 남기고, 1882년 5월 24일 제물포를 떠났던 것이다.

그러나 슈펠트는 곧 발병하여 미국으로 떠났고, 도착하자마자 입원하면서 퇴역(退役) 할 수밖에 없었다.[15] 이홍장의 고집을 꺾으면서 조약을 맺게 한 슈펠트는 〈확실히 한미 양국 우호관계 체결의 제일 가는 공로자〉가 아닐 수 없었다.

이제 그 한미수호조약의 요점을 밝히면 그 제1조에 이런 글이 있음을 먼저 주목할 수 있다. 곧,

> 第一款. 嗣後 大朝鮮國君主 大美國伯理璽德及人民各様 永遠和平友好 萬若 他國不公輕藐 一經照知 必須相助 從中善爲調整 以示友誼關切.[16]

조약 체결국중 한 나라가 제3국의 경모(輕侮)를 받을 때면 일이 알려지자 곧 도와서 우의를 끝내 지킨다는 확약이었다. 그런데 이 조약이 그대로 있는 상태에서 1905년의 을사조약이 체결되었던 것이다.

종교 문제에 대한 명문 조례는 없었다. 가령,

> 第十一款 兩國生徒往來 學習語言文字 律例其業等事 彼此均宜歡助 以敦睦誼.[17]

---

15) W. E. Griffis, *Carea, the Hermit Nation*, p. 435.
Cf. *Dictionary of American Biography*, New York, 1955, 其項. 한때 海軍諮問委員會 委員長, 1884年 9月 隱退.

16) 高宗實錄, 1882年 4月 6日條.

17) *Loc. cit.*

한미간의 문화적 교류를 가능하게 한 조항이었지만 종교 문제는 전술한 바대로 금지조항이 없는 것으로 커다란 소득이라 보지 않을 수 없다. 1886년 6월 4일에 체결된 한불조약(韓佛條約)에는 한국측의 불찰로 모르는 사이에 제9조 2항에 〈敎誨〉[18]라는 두 글자가 삽입되어 선교의 자유가 시인된 것처럼 된 일이 있지만, 조정으로서는 아직 공식적 선교 윤허의 길을 튼 것이 아니었다. 오히려 불란서의 외교 조작에 희롱되었다는 분노가 더 컸을 것이다.

미국은 한국이 처음 수교한 첫 서양나라였다. 그런데 그것이 남긴 공로는 막대하였다. 조선 자주권의 확립, 그것이 그 하나였다.

나. 美國公使館의 設置와 朝廷의 反應

미국 조야에서 슈펠트는 환영과 찬사를 받지 못하고 쓸쓸히 지내, 페리(M. C. Perry, 1794－1858)와 버금가는 아무런 영예도 그에게 주어지지 아니하였다. 미국의 한국에 대한 관심의 정도가 그 냉대의 원인이었다. 〈必須相助〉의 엄연한 조약문을 조선이 얼마나 소중하게 받아드렸을 것인가. 슈펠트의 이미지는 곧 조선의 미국 이미지 형성의 모델이요, 그 첫날의 인상은 쉽게 씻겨지지 아니할 정도로 강력한 것이었다.

미국은 1882년 7월 29일 상원(上院)에 이 조약문이 상정되었을 때 시간을 끌다가 다음 해 1883년 1월 9일에 비준을 하였고, 그 비준서 교환은 5월 19일에 거행하였던 것이다. 그 공포 실시 일자는 같은 해 6월 4일이었다.

이러는 와중, 1883년 5월 13일,[19] 미국 제1대 전권공사(全權公使, Envoy Extraordinary and Minister Pleniportentiary) 푸트(Lucius F. Foote)가 입

18) 高宗太皇帝實錄, 1886年 5月 3日條.

19) 文一平, 韓美五十年史, 서울, 探究堂, 1975, p. 113에는 5月 7日로 되어 있다.

국하였던 것이다.[20] 조선은 이 때 예의를 갖추어 외무독판(外務督辦) 민영목(閔泳穆)을 전권대사로 임명해서 환영하게 하였다.[21] 푸트는 1871년 강화도 전투에 참가하였던 해군 장교였으나, 이제는 성조기를 휘날리면서 친선과 우의의 사절로 입항하였던 것이다. 환영사절이 함상에 올라오자 미함 〈모노카시〉(Monocacy)에서는 한국 깃발 태극기(Korean flag)를 계양하고 21발의 예포(禮砲)를 발사하였다. 그리고 그 예포의 뜻이 설명되자 조선 사절은 〈조선이 국제적 예우를 이렇게 받은 것은 처음〉[22]이라고 기뻐하였다는 것이다.

푸트가 입경한 것은 5월 16일이었고 19일의 비준 교환이 있었는데, 푸트의 입경 소식을 듣고 고종(高宗)은 문자 그대로 〈기뻐 춤〉[23]을 추었다는 것이다. 이 진부 여하는 막상 실증하기가 어렵지만, 한미관계 첫날의 신뢰와 기대와 친근이 얼마나 돈독하였었는가 하는 것을 눈앞에 보듯 환히 느낄 수 있다. 그만큼 우리는 미국을 좋아했고, 믿었고, 기대하였던 것이다. 더구나 푸트의 직함이 일본이나 청국에 있는 미국 외교관과 동등하였다는 처사에 조정이 유구무언, 얼마나 가슴속 솟구치는 감격과 긍지를 느꼈으랴. 푸트도 이런 반응을 몸으로 체휼(體恤)하고 있었다. 〈지금 이들은 우리 나라(美國)에 대하여 그야말로 최상의 평가를 하고 있습니다〉.[24]

푸트가 비준 교환을 하고 나서 바로 다음날, 곧 5월 20일, 고종은 민비(閔妃)와 함께 푸트를 소견(召見)하고 그 국서(國書)도 친수(親受)하여

---

20) 通譯人으로 滯日中이던 19才의 尹致昊, 日本人 通譯 齊藤修一郎이 同行.
21) 실제로 濟物浦에 내려간 것은 洪英植.
22) The New York Times, 1883, 7. 19日字.
23) G. M. McCune, J. A. Harrison ed., *Korea-American Relations*, vol. Ⅰ : *The Initial Period, 1883–1886.* Berkeley, University of California Press, 1951, p. 3.
24) *United States Foreign Relations*, U.S. Department of State, Washington D.C., 1883, p. 245.

은근한 태도를 표시하였다.[25] 서양 공사의 국왕 접견이 이것이 역사상 처음이었고, 또 비준서 교환 하룻만의 파격적인 접견, 왕비의 동석, 그리고 궁중에서의 수차에 걸친 만찬연회가 조정이 미국에 대해서 가졌던 신뢰와 감사 및 기대의 표시로서 이루어진 것을 모를 사람이 없었다. 고종은 아서(C. A. Arthur, 1829-1886) 대통령에게 친서를 보내어 이렇게 칭찬하는 글을 푸트에 대해서 썼다. 곧,

> 우리와는 아주 놀랄 만한 관계를 유지하고 있으며, 그는 정직하고 의협심이 있습니다. 그리고 서울에서의 일을 수행함에 그는 언제나 우리 조정과 협력관계를 훌륭히 유지하고 있습니다.[26]

푸트가 처음 독일인 묄렌도르프(P. G. von Möllendorf, 穆麟德)의 집에 잠시 우거한 일이 있는데, 묄렌도르프는 윤치호(尹致昊)에게 〈夫米(美)國公平庇護人國, 非干涉其國政 但以勸和抑強助弱故也〉[27]라 해서 미국의 훌륭한 점을 새삼 확인한 일도 있었다.

푸트 자신은 한국 조야가 점점 더 그와 미국을 〈한국의 국제적 품위와 위신을 지켜 주는, 저촉할 수 없는 보장의, 강렬한 힘의 상징〉[28]으로 인정하고 있다는 사실을 알게 되었다. 뒤엉킨 복잡한 문제가 터질 때마다 푸트의 충고를 조정이 항상 기대하기에 이르렀던 것이 그 까닭이었다. 역사적으로 교린과 종주의 관계에 있었던 일본 및 청국이 이 조약으로 형성된 새로운 국제 질서 판도 안에서 그 기득 권익을 보장하려는 노력이 억세어 갔고, 러시아나 영국의 한국 접근도 긴장감을 더해 가던 때였다. 그런 정황에서 조선 독립의 챔피언으로 비쳐진 미국의 역할은

25) 高宗實錄, 1883年 4月 14日條(陽 5. 20).
日本은 페리提督을 條約체결 14年만에, 淸은 西洋諸國과의 條約체결 20年이 지나서 謁見을 許諾하였다 함.

26) G. M. McCune, J. A. Harrion, *op. cit.*, p. 3.

27) 尹致昊日記, 國史編纂委員會, 1973, 一, (1883, 10. 21日字), p. 9.

28) E. N. Hunt, *Protestant Pioneers in Korea*, New York, Orbis Books, 1980, p. 8.

점점 더 한국의 절대적인 기대와 신뢰의 대상이 되어 갔던 것이다. 푸트의 도착이 조선에서는 청국의 모든 굴레에서 벗어나는 결정적 계기로 보였던 것이다.

이런 배경에서 조정은 맨처음 군사 고문관의 파견을 미국에 요청하였던 것이다. 1883년 10월의 일이다.[29] 하지만 그 때 미국의 진심이 나타나기 시작한 것이다.

미국은 푸트 때 신청한 그 일을 그의 후임 포크(G. C. Foulk) 대리공사의 애소(哀訴)에도[30] 묵살하고, 1886년 12월 사임할 때까지 회답을 주지 아니하였던 것이다.

조선의 경미(傾美)는 조약체결 처음부터였다. 1884년 3월 고종은 이런 말을 하고 있었다.

> 凡美國心不冷觀我國之受侮　業爲列位聖殿洞燭　且美使之自以扶公法助我國爲己職 …… 美國政府 陳其本心 在於助弱抑悍 務扶我國自主一切之事於我使臣矣　則遇有他國恃強干涉我國權利　美國必盡心力而爭辨是非 莫問容髮之些疑[31]

미국이 일단 유사시에 조선을 도와 준다는 데 머리털 만한 의심도 없다는 것이었다. 하지만 푸트는 전력을 다하면서도 이런 중대한 정치철학을 피력하고 있었다. 곧,

> 凡一國之強　在腦力之強　不在兵勢之強　若執事者柔弱　不能果決是非 確斷諾否 則雖有萬萬悍軍 也無用處 如執事者剛明能辨別曲直 與強隣談判 按理論事 一諾一否 勿失公法大道 …… 故保國強弱 在持心之剛懦也[32]

---

29) 이들 顧問을 參判任命한다는 提議.
30) Foulk's letter to Frelinghuysen, 1885, 3, 13日字, 朴日槿, *op. cit.*, p. 379.
31) 尹致昊日記, 一, (1884, 3. 30日字), p. 55.
32) *Ibid.*, 一, (1884, 3. 24 日字), p. 161.

이것은 혁신적인 막중한 의미를 가지는 진언이었다. 나라의 힘이 〈머리〉에 있고 그 〈머리〉를 가진 행정가들에게 있어서 공법대도가 보존된다고 하는 새로운 가치관이었다. 미국의 도움은 반드시 정치적이고 경제적이며 더 나아가 군사적인 데에 있다고만 단정할 수 없다는 것이다. 〈凡若有內擾而有聖教 則在此美汽軍船水勇 可供貴大君主派用〉[33] 할 것이니 걱정할 까닭이 없다고 다짐한 푸트였지만, 그 보다 더 중대한 한국안의 정신적 개혁, 정신적 발전이 있기를 바랬던 것이다.

미국에 대한 한국의 이 순진하고도 전폭적인 기대와 신뢰, 그것을 채워 줄 수 있는 힘과 비젼, 그리고 도덕적 결단력 및 품격을 미국 정부나 현지 공관이 가지고 있었는지 재삼 묻지 않을 수 없는 것이 그 때 정황이었다. 문제는 누가 어떤 형식으로 이 한국의 친근한 미국 이미지를 구현해 주고, 실제 한미관계의 유구한 우의 친선을 구형(構形) 지탱해 나갈 수 있을 것인가 하는 것이었다.

그것이 바로 알렌, 그리고 미국 선교사들이 할 일들이었다. 알렌은 이런 의미에서 미국과 그 기독교의 한 포괄체로서 한국에서 활동하였다고 봄이 옳을 것이다. 이 말은 동시에 미국 기독교의 선교가 한국에서 그 만큼 넓은 분야, 곧 한국이 미국에 기대하는 그 모든 것들을 정신적 차원에서나 정치적, 경제적, 문화적 차원에서 수행하도록 요청받고 있었다는 말이 될 것이다.

그것은 단순한 복합적 노력이나 광범위한 활동권(活動圈)을 의미하는 것이 아니었다. 종교와 도덕을 내연(內燃)으로 가지는 외연(外延) 형식의 파급 활동의 형식이라 봄이 옳을 것이다. 알렌 자신이 의사요 선교사요 외교관이었다는 사실이 상징적으로 미국 이미지의 크기와 의미를 말해 주는 셈이 된 것이다. 기독교는 그 요구에 수용(需用)될 수 있을 만큼 유능한 사람들과 조직을 갖추고 있었던 것이다.

---

33) *Loc, cit.*

미국과 기독교의 이미지 연결은 미국 교회에서도 어느 정도 정확하게 구상화(具像化)하고 있었다. 이홍장(李鴻章)이 묄렌도르프를 해직하고 대신 미국인 헨리 메릴(H. F. Merril, 墨賢理)을 해관총세무사(海關總稅務司)로 추천하고, 데니(O. N. Denny, 德尼)를 외아문의 장교(掌交) 당상(堂上)으로 집무케 하였을 때가 1885년 10월이었는데,[34] 여기에 대해서 미국 교계는 이 미국인 고문들의 직위와 위치를 통해서 장로교 선교부가 기독교 선교사업을 하는 데 도움이 될 수 있으리라 기대하고 있었다. 미국 외교의 이러한 조치들이 바로 기독교 선교의 광활한 대로를 개척해 놓을 수 있다는 확신이었다.[35] 미국 교회의 희망이 한국의 기대와 부합된 실증이었다. 이렇게 보았을 때 한미 외교의 처음 구형(構形)의 의미가 선교에 대해서 가졌던 관계에 대하여 결코 낮게 평가할 수 없는 것이다. 한국에서 처음으로 유미사절단(遣美使節團)을 파견하였을 때의 미국 조야의 환대 양상도 이런 심리와 기망(冀望)의 자연스런 표현 양식이었다고 볼 수 있다.

다. 韓國遣美使節團의 派遣

한국은 1883년 7월 8일, 민영익(閔泳翊, 1860－1914)을 보빙대사(報聘大使)로 삼아 미국에 파견하여서 미국과의 우의를 더욱 돈독하게 하고자 하였다.[36] 푸트 역시 7월 15일 국왕을 알현한 자리에서 미국 정부가 조

---

34) 德尼는 후에 《淸韓論》을 써서 韓國의 自主獨立을 위해 李鴻章의 意中과는 달리 行動하였으며, 袁世凱에 反撥, 閔泳翊과 함께 自主獨立像의 實現을 위해 歐美諸國에 公使館 設立을 적극 推進하였던 美國人, 李瑄根, *op, cit.*, pp. 843, 853.

35) Corea, Notes from the Wide Field, *The Missionary Herold*, 1886, 1月號, p. 29.

36) 日省錄, 高宗 二十年(1883), 六月 五日條.

선의 사절 유미(遺美)를 크게 환영한다는 뜻을 전하여,[37] 그 일은 성사가 빨랐다. 이렇게 해서 부사에 협판 교섭통상사무(協辦交涉通商事務) 홍영식(洪英植), 부수찬(副修撰)에 서광범(徐光範) 등 11명으로 사절단을 구성하여[38] 그 해 7월 26일 미함 〈모노카시〉호로 출양(出洋), 장도에 올랐던 것이다.

이들이 미국 샌프란시스코에 도착한 것은 그 해 9월 2일의 일이었다. 그 곳에서 사절단 일행은 아서 대통령이 특파한 스코필드(Major Gen. J. M. Schofield) 장군의 영접을 받고, 4일에는 그 곳 상공회의소와 무역회관 대표자들의 환영을 받았다.[39] 그리고 9월 12일에는 시카고에 머물러 파마 하우스(Palmer House) 호텔에 투숙하였다가 워싱톤으로 향하였다. 이 때 대통령 특사 메이슨(Mason) 대위와 그 때 체미중이던 포크(G. C. Foulk)[40]가 이들 사절단과 동행하였다. 포크가 이 사절단 일행과 친숙했던 것은 자연스럽고, 그가 1885년에서 1886년 말까지 한국에 임시 대리공사로 근무하면서 고종의 신임을 받았던 까닭도 이 때의 그의 공헌 때문이었다.

사절 일행이 워싱톤에 도착한 것은 9월 15일, 국빈 대우로 알링톤(Arlington) 호텔에 들었다가 대통령과 국무장관이 임시로 뉴욕 체재중이어서 국무장관 대리 데이비스(J. Davis)의 안내로 9월 17일 뉴욕에 가 〈제5아베뉴 호텔〉에 여장을 풀었다.[41] 그리고 그 곳에서 다음날 18일

---

37) 朴日槿, *op. cit.*, p. 363.

38) 隨員으로 兪吉濬, 高永喆, 邊樹, 玄興澤, 崔景錫과 中國人 吳禮堂, 日本人 宮岡恒次郞, 美國人 퍼시발로웰(P. Lowell, 魯月)等이다.
로웰은 尹致昊와도 친숙했던 사람으로, 그의 동생이 하버드大學校 總長 로렌스 로웰(L. Lowell)이었다.

39) The New York Times, 1883. 9. 13, 17, 18, 19, 25日字.

40) 韓國名 福久, 1876－1882 駐日 근무시 日本語, 韓國語, 中國語를 배워 通譯 資格으로 등용된 듯.

41) 文一平, *op. cit.*, p. 128.

오전 11시 대통령에게 국서(國書) 제정식을 거행하였다.[42] 이 역사적인 접견에서 민영익은 〈장중하고 유쾌하게〉[43] 대통령에게 예사(禮辭)를 드렸다.

> 우리 양국민은 永遠히 變함이 없이 平和와 幸福속에서 살게 되기를 바랍니다.[44]

이것은 외교적인 수사(修辭)가 아니었다. 기도처럼 진실한 소원(素願)이요, 새 벗에 대한 간절한 기대, 그리고 감격의 시(詩)였다. 고종이 보낸 신한(宸翰)에도 그런 글이 있었다.

> 우리 양국간의 친교는 날로 긴밀해질 것이며, 본인은 그 결과가 모든 사람에게 즐거움이 될 것임을 믿습니다.[45]

한말 역사를 아는 사람은 이 글이 평범하게 읽혀지지 아니할 것이다. 그렇게 기대고 앞날을 축복으로 바라보았던 고종의 그 날의 이 말에 진실과 눈물밖에 더 있었으랴.

여기 대하여 아서 대통령은 그 답사 중에서 아주 뜻깊은 말을 남겼던 것이다. 곧,

> 우리 美合衆國은 역사가 증명하는 바와 같이 國力과 富, 그리고 무진장한 資源을 배경으로 하고 있는 까닭에, 다른 국민을 지배하거나 혹은 그 領土를 획득하려고 하지 않습니다. 다만 우호관계와 正直한 交易을 주고 받고 하려는 것을 노력할 뿐입니다.[46]

---

42) The New York Times, 1883, 9. 19日字.

43) 그 當時 제정식의 모습은 흥미롭게 기술된 것이 文一平, *op. cit.*, pp. 128－130에 있다.

44) 文一平, *op. cit.*, p. 130.

45) *Ibid*, p. 131.

46) *Ibid.*, p. 133.

이것은 미국이 제국주의적 정책을 세울 필요가 없었던 배경에서 그 세계적 우호관계의 유지자로 역할을 담당한다는 입장의 천명으로, 직접적으로는 조선에 대한 어떤 형대의 폐해도 전혀 없을 것이라는 확인이었다.

민영익 일행은 박람회, 기계제작회관, 농사개량의 모범농장, 면, 융단, 인쇄공장, 제약공장, 시립병원, 전신국, 소방소, 우체국, 티파니(Tiffany), 선창, 제당(製糖)회사, 신문사, 해군기지 및 웨스트포인트 등을 시찰하였다. 민영익은 시찰을 마친 다음 이런 말을 남겼다고 한다.

> 나는 어둠에서 태어났고, 이제 광명속으로 나왔습니다. 그런데 이제 다시 어둠속으로 돌아갑니다. 나는 앞으로 어디로 가야 할지, 그 전도가 아직 밝혀지고 있지 않습니다. 그러나 곧 밝혀지리라 믿습니다.[47]

문명 개진에 대한 복받치는 호소가 아닐 수 없었다. 그 일을 할 수 있는 것이 미국이라 기대했던 것이다. 미국임에는 틀림없었다. 그러나 그것은 미국의 기독교만이 할 수 있는 일이었다.

민영익 일행은 극진한 미국 조야의 환대를 받고 1883년 11월 19일 뉴욕항을 떠나 대서양을 거쳐 아세아로 향해 떠났다. 미국무장관 프레링휴젠(F. T. Frelinghyusen)이 대통령의 명에 따라 민영익과 서광범 그리고 변수에게 귀로 여행의 모든 비용을 미국 해군성에서 부담한다는 사실을 알려 주었고, 그들이 타고 떠난 〈트렌톤〉(Trenton)호에는 조선 미국공사관의 해군 무관으로 임명된 포크가 동승하고 있었다.[48] 이들의 귀환 일차는 다음해 1884년 5월 31일이었다. 이들의 제물포 도착은 고종의 특사 윤치호가 나와 환영하였고, 트렌톤호의 피디안(R. L. Phjythian) 선장

47) McCune, Harrison, *op. cit.*, p. 7.

48) 文一平, *op. cit.*, p. 133. 閔泳翊의 要請으로 任命됨 p. 155.
上記人 以外 洪英植外 7名은 샌프란시스코 경유 직접 歸韓.

이외 모든 승무원은 고종의 초청을 받아 6월 12일 왕궁에서 굉장한 환대로 베풀어지는 축하연에 참석하였던 것이다.

2. 美國의 對韓關心 低落

가. 美國의 對韓關心低落의 理由

미국의 대한(對韓) 관심이 무관심과 무책임으로 기울어진 사실을 잠시 앞에서 살펴보았지만, 그것은 더욱 여러 방면에서 현상화하기 시작하였다. 그 이유를 살펴보면 대개 다음과 같았다.

우선 미국은 한국 사정에 전혀 정통하지 못하여 어떤 정책적 결정을 내릴 만한 아무런 지식도 가지고 있지 못하였다.[49] 워싱톤의 대한 정책 관계자중에서 한국 사정에 정통한, 능력있는 외교정책수립가나 정치가는 한 사람도 없었다. 다만 록힐(W. W. Rockhill)[50]이란 인물이 있었으나, 그 역시 한국에는 1886년 말에서 1887년 초에 걸쳐 3개월간 임시 대리공사로 재임하였을 뿐이었다.[51]

다음은 한국에 대해서 가졌던 처음의 모든 환상적인 것들이 그들 자신의 잘못으로 구성되었었음에도 불구하고 그것이 무산되었을 때 냉대로 돌아섰다는 인상이다.[52] 푸트 자신도 조선이 〈실질적으로 아무 힘이 없으며〉, 청국과 일본의 오랜 간섭 때문에 기상이 외축되어 있었다고

49) E. N. Hunt, *op. cit.*, p. 8.
McCune, Harrison, *op. cit.*, p. 23.

50) *China's Intercourse with Korea from XVth Century to 1885*, London, Luzac & Co., 1905의 著者

51) 文一平은 韓國에 나갔던 美國人들이 無能했다고 하였다. *op. cit.*, p. 155.

52) 〈韓國의 富源이 過大評價〉, 文一平, *op. cit.*, p. 166.

판단하였던 것이다.[53)]

다음은 계속 연구되어야 할 과제이지만, 미국이 일 청 영 로(日淸英露)의 복잡한 극동 정세 아래에서 책임과 결과의 과단성 있는 행동을 취하여야 했음에도 불구하고, 신중과 사태 판단 불비(不備)로 원거리(遠距離) 관찰의 자세로 시종하였다는 사실이다. 이것을 문일평(文一平)은 〈극동 관계에 있어서 너무나 自慢한 孤立政策〉이었다고 규정하였다. 푸트마저도 포크가 갑신정변(甲申政變)의 사전 계획을 미리 알고 개화파의 개혁안에 대하여 정치적 역할은 근신한다 할지라도 어떤 협조를 해야 할 것이 아닌가 제안하였을 때 이를 묵살하였던 일이 있다.[55)] 포크는 개화파의 접근이 있었지만 푸트의 부정적 자세 때문에 이 정변에 연루될 것을 두려워하여 지방 여행을 떠나 정변 발발 때에는 서울에 없었다. 푸트는 김옥균(金玉均)을 만난 자리에서 〈靜觀時期 勿爲驟進〉[56)]을 권고하였고, 홍영식(洪英植)이 찾아 왔을 때에는 〈從容觀期 以待其自破〉[57)]를 기다리라고 하였던 것이다.

이러한 미국의 무관심과 관망 아닌 무시의 자세를 이광린(李光麟)은 퇴영적이며 소극적이라 비판하면서, 그 원인이 남북전쟁 뒤 미 국무성이 그 역량에 있어서나 비전에 있어서 쇄퇴와 부진 상태에 빠져 있었다는 것이 그 하나요, 한국 문제에 있어서는 일관된 정치적 중립주의 내지는 불간섭주의 표방이 다른 하나라고 보았다.[58)]

이런 원인들로 하여서 미국의 대한(對韓) 관심 저하가 나타난다. 그

53) McCune, Harrison, *op. cit.*, p. 3.

54) 文一平, *op. cit.*, p. 173.

55) *Report of Information to the Revolutionary Attempt in Seoul, Corea.* by Ensign George C. Foulk, December 4－7, 1884, 朴日槿, *op. cit.*, p. 377.

56) 尹致昊日記, 一, (1884. 11. 29日字), p. 114.

57) *Ibid.*, 一, (1884. 11. 18日字), p. 112.
洪英植은 아때 푸트에게 甲申政變 擧事計劃을 提報. 푸트는 이미 13日에도 徐光範에게 勿爲妄激事를 경고. *Ibid*, p. 107.

58) 李光麟, 韓國開化史硏究, 서울, 一潮閣, 1970, p. 158.

첫째가 잠시 살펴보았지만 군사 교관 고문단 파한의 지연이었다. 그것은 1883년 10월 16일부터 시작하여 1888년 4월에야 다이(W. C. Dye, 荼伊, 1831-1899) 등 4명의 내한으로 낙착되었던 것이다. 5년 5개월의 지루한 지연이었다.[59]

하지만 결정적인 의미를 가지는 조치는 재한 미국 특명전권대사의 직위를 변리공사(辨理公使) 겸 총영사, 곧 〈Minister Resident and Consul General〉로 격하시킨 사건이다. 이것은 워싱톤이 1884년 7월 7일부로 〈외교 및 영사 경비법〉 개정으로 그 직위가 강등되고, 다만 그 봉급은 그대로 둔다는 편법 조치였다.[60] 이 조치로 불쾌하게 생각한 푸트는 곧 사임을 원했고, 조선에서는 그의 사임 소문이 윤치호 일기에는 1884년 12월 17일에야 나돌았다. 그가 제물포를 떠난 것은 1885년 1월 12일이었다.[61] 그는 떠나기에 앞서 청사(清使) 진수당(陳樹棠)을 만난 일이 있었다. 그 때 푸트는 〈조선의 독립을 부호(扶護)〉[62]하려 하였다면서 이를 훼방한 청사와 격론이 있었다. 그러나 푸트가 떠난다는 말에 조정이 섭섭히 여겼으며, 윤치호는 푸트가 국왕의 특별한 은혜를 두텁게 받고도 〈袖手傍觀 無一言相助 沒禮小奸〉[63] 한다고 비난하는 말을 고종앞에서 한 일이 있었다.

다음, 이 미국공사관의 중대한 직책을 혼자 떠맡게 된 해군 무관[64] 포크는 임시대리 공사로서 방치되어 있었지만, 1886년 6월 9일 파커(W. H.

---

59) H. N. Allen, *A Chronological Index, Korea : The Fact and Fancy*, Seoul, Methodist Publishing House, 1904, p. 177.

60) Frelinghuysen to Foote, Washington, 1884. 7. 14日字. 朴日槿, *op. cit.*, p. 376.
文一平, *op. cit.*, p. 161.

61) 尹致昊日記, 一, (1885. 1. 12日字), p. 132.

62) *Ibid.*, 一, (1885. 1. 8日字), p. 131.

63) *Ibid.*, 一, (1885. 1. 8日字), p. 131.

64) 처음 1884. 6. 5 任命, 1886. 12. 11까지 在任. 清에나 日本에도 이런 職責은 없었다.

Parker)가 내한할 때까지 훌륭히 그의 직책을 수행하였다. 그러나 이 파커는 〈재한 미국 외교관중 가장 무능력하고 부적임의 술주정뱅이〉[65] 이어서 국왕의 소환 요청에 따라 그해 9월 1일에 면직되었던 것이다. 그리고 일본에 있던 포크가 다시 부임하였던 것이다. 1886년 9월 1일이었다.

또 다른 하나의 문제는 재정적 핍절이었다. 푸트의 연봉 5천 불이 늘 부족하여 외교활동에 그 위신을 세우기가 어려웠었는데, 포크의 경우는 해군 무관 본직에 임시 대리공사 년봉이어서, 서기관 한 명도 두지 못한 형편이었다. 1884－1885년도 외교비가 이미 다 지출된 상태에서 국무성에 $ 1,200을 추가 신청했으나 그것마저 거절되었던 것이다.[66] 국무성의 무성의와 무지로 해서 정책 수행이나 자금 조달을 현지에서 하든지 못하든지 버티어 나가야 했던 포크는 〈소설가의 주의를 끌 만한〉[67] 탁월한 능력과 기지로 그 직무를 수행해 나갔던 것이다.

그런데 포크는 원세개(袁世凱)의 중상에 휩쓸린 미국무성의 처리에 따라 외교관의 자리에서 말하자면 소환되는 비운을 겪었다. 이 처리가 한국에 대한 미국정책의 한면을 엿보여 주어 결국 미국의 대한(對韓) 관심이 조락(凋落)한 사실을 보여 주는 또 하나의 사건이 되었던 것이다.

이홍장(李鴻章)과 원세개는 고종의 신임이 미국쪽으로 계속 무겁게 기울어지는 것을 보고 이를 막기 위하여 음모를 꾸미던 중, 포크가 갑신정변 음모에 가담했다는 중상을 하기 시작한 것이다.[68] 포크가 이런 중상을 받게 된 까닭은 거사 이전 개화파 인사들을 만난 일이 있었기 때문이기도 하였지만, 상해의 영자 신문 *The North China Daily News*에

---

65) 朴日權, *op. cit.*, p. 410.

66) 文一平, *op. cit.*, pp. 162, 166.

67) *Ibid.*, p. 162.

68) 포크가 金玉均, 洪英植, 徐光範을 事前 만난 사실은 이미 前述.

1884년 12월 30일자로 갑신정변에 관련된 기사가 포크 명의로 기재되었었기 때문이다. 이 기사는 푸트가 미국무장관 프레링휴젠에게 보낸 보고서의 일부 누출 형식이었다.[69)]

이들은 신임 록힐(W. W. Rockhill) 미국공사에게 외무아문(外務衙門)의 협판 김윤식(金允植)을 통하여 그 소환을 강력히 요구한 바 있고, 계속하여 1884년 4월 신임의 대리공사 딘스모어(H. A. Dinsmore)에게 그의 강제 소환을 요구하였던 것이다.[70)] 결국 미국은 이 끈질긴 공작에 휘말려, 해군성(海軍省)은 포크에게 출두 명령을 내렸고, 국무장관 베야드(T. F. Bayard, 1828–1898)[71)]는 1887년 6월 17일 그를 해군 무관직에서 해임하고 〈마리온〉(Marion)함 승선을 명하였던 것이다. 딘스모어가 그만한 인물이 없다고 진정하였으나 허사였다. 국왕이 그의 이임을 섭섭히 여겨 잔류를 희망했고, 민영익(閔泳翊)이 갑신정변 피해자로되 그의 귀국을 간곡히 만류하였지만 포크는 그렇게 사랑하던 조선에서 배신을 당했다는 쓸쓸한 생각을 가지고, 1887년 6월 30일 일본을 향해 떠났던 것이다.[72)] 고종은 포크 축출에 협조한 김윤식을 곧 해임하고 서상우(徐相雨)을 임명하였던 것이다.

> 참말 미국인치고 이 땅에 국민들과 같이 사는 한, 이들의 고경(苦境)과 국내 자치에 대한 요구에 동정과 관심을 가지지 않기는 전혀 불가능한 일이다.[73)]

---

69) 朴日權, *op. cit.*, p. 411.
70) *Ibid.*, p. 413.
71) 美國 初代 英國大使를 지낸 일이 있다. 그러나 親英外交로 美下院에서 규탄안이 통과되었던 人物.
72) 그는 日本에 가서 日本女子와 결혼하였으니 在韓活動中 獨身이었음이 分明. 京都 同志社大學에서 數學敎授. 1893年 8月, 37歲의 나이로 逝去. 그는 이미 朝鮮에서 過勞로 몸이 극도로 쇄약해 있었다.
73) Dinsmore to Bayard, 1887. 6. 25日字.

딘스모어는 포크의 불가피한 운명 같은 것을 믿었고, 현지 한국에 있는 미국 외교관으로서의 도덕적 자세, 그리고 그 정의(情誼)를 이렇게 토로하였던 것이다. 하지만 딘스모어 역시 한국의 독립 전도는 암담한 것이라 판단하고 있었다.

나. 閔泳翊과 美國像

민영익은 1882년 유미사절로 세계의 발전을 직접 눈으로 보고 한국 개화의 의지를 굳게 다지고 돌아왔던 인물이다.

그러나 그는 귀국하자 우영사(右營使)에 임명되고, 이홍장의 하수(下手) 묄렌도르프(穆麟德)나 원세개(袁世凱)와 교제를 깊이 하면서 친청(親淸) 보수파를 이끌어 나가게 된다. 그러나 이 부청(附淸)이 반일(反日)과 연계되어 있음을 김옥균이 투시한 것이다.[74] 이 때 보수주의가 일본 증오와 맥을 같이 하였다는 증좌이다.

더구나 민영익은 계속 포크에 대한 신임과 인정을 두텁게 하여 친미(親美)의 성향은 버린 일이 없었다. 해링톤(F. H. Harrington)이 민영익을 〈이중 간첩〉[75]이라 부른 데에는 갑신정변 이후의 한로밀약설(韓露密約說)과 소위 왕위 폐위음모(王位 廢位陰謀)를 폭로한 일 때문에 한 말이겠지만, 민영익의 보수와 반일의 양면성을 지적한 것이라 해석할 수도 있을 것이다.

민영익은 이처럼 원세개와 친숙하면서도 그가 축출하고자 한 포크가 소환 명령을 받자 귀국을 만류하며,[76] 석찬(夕饌)을 들고,[77] 그의 대미(對

74) 文一平, *op. cit.*, p. 140.

75) F. H. Harrington, *God, Mammon and the Japanese*, Madison, University of Wisconsin, 1944, 李光麟 譯, 開化期의 韓美關係, 서울, 一潮閣, 1973, p. 228.

76) 朴日槿, *op. cit.*, p. 410.

77) 尹致昊 日記, 一, (1884. 11. 26日字), p. 104.

美) 신임을 피력하였던 것이다. 우리는 여기에서 다만 구정(舊情) 피력이 아닌 한미관계의 독특한 함수를 보게 된다. 그 때 한국에는 보수, 반일, 친미 이 관계의 상호 연결이 구형(構形)되어 가고 있었던 것이다.

1884년 12월 4일 갑신정변에서 민영익은 친일 개화파의 습격으로 그 생명이 위태로워진 일이 있었다. 그 때 우리가 앞으로 중요하게 취급할 알렌과의 해후(解逅)가 있고, 그의 의술로 완쾌되어 필경 알렌으로 하여금 서양식 병원 광혜원(廣惠院)을 설립하게 하고, 왕실과의 아주 돈독한 친밀관계를 형성하게 한 배후가 되었던 것이다.

이것은 최근세사의 한국 정치사를 단순한 개화 보수의 긴장, 친일 친청의 갈등으로 줄을 그어서 도해(圖解)하는 식의 분석 방법을 건너 뛰어야 하는 구조적 심층(深層)이 있다는 것을 의미한다.

이러한 계보(系譜) 정립 분석의 어려움은 그 당시의 소문에서도 일면 나타나 있었다. 곧 민영익에 관해서인데,

> 近日世論評藝楣曰 도루집 어홍이? 蓋以其前薦洪英植於上 而爲其所擊 後薦金弘集 而金氏反欲擯置一隅故也.[78]

홍영식을 국왕에 천거했다가 오히려 그의 공격을 받고, 김홍집 천거에 오히려 모퉁이에 쫓기게 되었었다는 항간의 소식이었다. 여기 단순한 인과를 설명 못할 변수가 있음을 세론마저 간과하지 아니하였다는 증좌이다.

그러나 〈미국〉, 그 개념의 명백한 설명이나 그 구조의 전개가 선행해야 한다. 비록 한국사람의 눈에는 그것이 하나의 〈미국〉으로 비쳐졌을는지 모르지만, 미국 안에서나 그 미국의 대외정책은 그 기구나 구조가 전혀 달랐던 것이다. 우선 우리는 미국이 그 정치 외교에서 한 단위가 되고, 그것이 워싱톤의 국무성과 서울 현지의 외교공관으로 획별(劃別)

---

78) 尹致昊 日記, 一, (1884. 12. 29日字), p. 127.

된다는 점을 간과해서는 안된다.

그런데 다른 한 구조는 〈선교〉이다. 한국의 미국 이미지는 대단히 오랫동안 미국과 그 기독교, 곧 정치와 선교의 차이를 몰랐거나 알려고 하지도 아니하였다. 그것이 결정적인 오류였다. 선교사의 이미지로 미국 정치도 보았고, 외교의 복잡한 문제도 선교 이미지 그대로 수용하려 한 것이다. 거기 모순이 없을 수 없었다.

실제적으로 일본의 극동 득세로 한국에 대한 세력 확장이 기정 사실화하였을 때, 한국이 미국에 대해서 건 기대나 신뢰는 선교사들의 헌신적 봉사와 그들의 한국 친밀이란 이미지의 단순한 연장으로 미국을 본 경우이다.

그러나 기독교만 하더라도 역시 하나의 구조적 관계만 있었던 것이 아니다. 뉴욕의 선교 본부와 한국 현지의 선교부와도 관점과 이해관계 체감(體感)의 차이가 있었다. 딘스모어가 미국 외교관이 한국 현지에 와 있으면 그 독립 비호에 앞장 서지만 결국 독립 보존의 전망이 없다는 성찰(省察)과 비슷한 사태가 선교에도 있었다.

한국 현지 선교사들은 거의가 한국 독립의 철저한 챔피언들이었다. 하지만 뉴욕의 선교 본부는 워싱톤의 국무성과 여러 의미에서 거리가 가까워, 친일로 흘러 현지 선교부와의 충돌이 극심하였다.

현장의 선교사들 역시 그랬다. 서울의 선교부와 지방의 스테이션(Station) 사이가 모든 정책에서 반드시 일치하였던 것은 아니다. 그것은 묘하게도 시간대(時間帶)와도 관계되지만 시간이 지날수록 서울 선교부가 뉴욕 선교본부에 접근해 갔고, 지방 스테이션이 계속 친한의 강력한 기지로 계속 버틸 수 있었다.

이런 사정을 체계화 해서 도표로 만들면 대개 다음과 같이 일단 정리해 볼 수 있을 것이다. 이것을 시간대에 따라 조정하는 작업은 다시 따로 하여야 한다.

美國의 韓國接近度

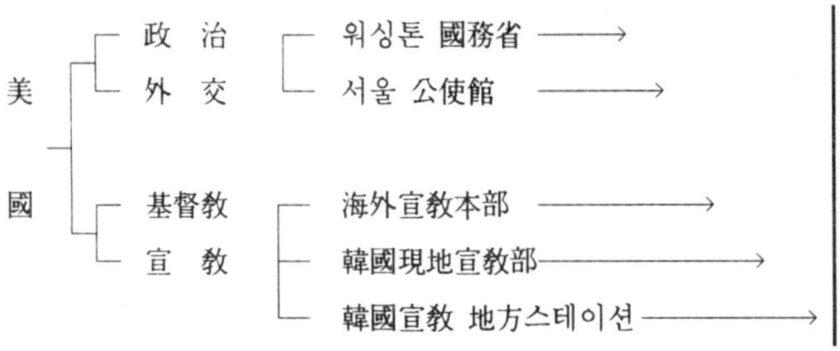

이 도표는 다만 한 시도에 불과하고 장차 더 면밀하고 포괄적인 그라프로 작성되어야 하리라 믿는다.

우리가 다만 여기서 확인하려고 하는 것은 이 미국 이미지의 정치 외교와 선교와의 연속(連續)이 가장 원초적인 형태로 나타났던 사람이 민영익이라는 사실이다. 그리고 민영익의 그런 이미지 추구는 그 당시로서는 미국의 활동은 두 말 할 것 없이 기독교 선교의 전개나 미국 외교의 전개에서 구조적으로는 불가분리의 현실이었을는지도 모른다. 민영익의 역사적 위치의 기독교 선교적 의의가 거기 있다.

그런데 우리는 묘하게도 이 이미지가 알렌에게서 그대로 역사상 전개되었던 데 놀라움을 금할 수가 없다. 알렌은 선교사로서 한미외교의 철저한 친한적(親韓的) 분위기를 타고 입국하여 그 사업을 시작하였고, 한말의 한 미 일(韓美日)의 복잡한 전개 과정 막판에 미국 외교관으로서 을사조약의 한국 비운을 바라보며 한국생활 21년에 종지부를 찍었던 것이다. 외교관 생활 16년에 주미 한국공사관 참찬관(參贊官)으로 2년, 이렇게 18년을 이 방면에 보냈기 때문에 실제 그의 의료 선교사업은 3년 정도에 불과한 것이었다.

그러나 그는 선교사와 외교관을 겸한 미국 이미지의 현존으로 한국 근대사에 동행하였다. 한국의 미국 이미지 그것이 바로 알렌이었다.

Ⅲ. 알렌의 入國과 그 첫 事業

의사가 없어서 큰 곤난을 겪고 있었던 때인 만큼 (푸트 공사는) 나를 여간 기쁨으로 맞아 주지 않았다. 그는 나를 공사관 공의(公醫)로 정식 채용하였고, 나를 여러 면으로 도와 주겠다고 말하였다.

알렌, 1884年 10月 8日.

1. 美國 基督敎의 韓國 接觸 序史

가. 閔泳翊 經由

1) 윌리암 그리피스

한국에 대한 미국인의 관심을 불러이르키는 데 심대한 영향을 미친 책이 하나 있었다. 한미수호조약이 체결되기 이태 전에 탈고 되어서 조약체결 반년 후에 간행된 윌리암 그리피스(W. E. Griffis)의 《*Corea, the Hermit Nation*》[1](1882)이 그것이다. 그 이후 헐버트(H. B. Hulbert)나 게일(J. S. Gale) 및 알렌이 한국 소개의 난사(難事)를 수행하였지만, 그리피스의 저작은 그 이후에도 계속 미국학계에서나 기독교계에서 필독의 책으로 인정될 만큼 조직적이고 광범위하며, 또 특별한 사명감 같은 것을 가지고 쓰여졌던 책이다.

> 왜 한국은 저렇게 秘境에 쌓인 신비의 나라가 되었는가. … 한국은 어느 때에 눈을 뜰 것인가.[2]

그는 본래 일본에서 교수한 일이 있고, 그 나라에 관하여 《*The Mikado's Empire*》 이의 여러 권의 저술을 남겼지만, 일본문화나 역사의 이해는 한국에 대한 근원적인 이해나 체계화 없이 불가능하다는 사실을 깨달았던 것이다.

> 越前[3]에 살고 있는 초기의 부족들은 자신들이 朝鮮人의 후손임을

1) New York, Charles Scribners社 刊行.
2) W. E. Griffis, 韓譯, Ⅲ, p. 17.
3) 그리피스가 滯日時 살았던 福井의 地方.

> 자랑스럽게 여기고 있었다. … 어느 곳을 가 보아도 그곳의 傳說은 아시아 대륙을 향한 바다 건너 西部에로 그 뿌리를 향하고 있었으며, 모든 지역의 주민들은 〈바다 건너의 血族〉임을 웅변적으로 말해 주고 있었다. 鳥獸, 과일과 사냥매, 樹木, 농기구, 陶工의 轆轤, 地名, 藝術品, 그리고 신앙의 敎義와 제도는 어느 모로 보나 韓國과 관련을 맺고 있었다. …
>
> 日本의 歷史와 풍습을 공부하는 데에서 즐거움과 매력을 느끼던 나는 日本이 實은 그 이웃나라의 後光을 입고 있다는 사실을 누차 발견하였다.[4]

그는 그 자신의 연구의 한계를 느꼈지만, 더 훌륭한 연구가 진행되어서 〈한국이 세계의 상업에 그 문호를 개방할 경우 그것이 과연 어느 정도까지 국내적인 힘을 배출하게 될 것인가에 관한 문제〉가 밝혀지게 될 것이라고 보았고, 〈지질학자나 광산물학자가 한국의 광물자원이 세계 금융시장 균형에 얼마나 영향을 끼칠 수〉 있을는지 그 해답을 줄 때가 온다고 전망하였다. 이것이 미국으로 하여금 한국의 자원에 대한 과기대(過期待)를 하게 한 텍스트 일 것이다.

하지만 그는 〈선교사들이 한국에 기독교의 총력을 기울여 시험해 보아야 한다〉[5]는 중대한 발언을 하였다. 그가 하버드나 예일, 시카고나 코넬 대학교 같은 곳에서 강연을 수차례 하였던 인물이라면, 세계 개방의 여명을 타고 그 시계가 넓어진 세계에 대한 교회의 관심이 얼마나 제고되었겠는가 하는 것은 의심할 여지도 없다. 이런 발언이 들어 있는 이 책을 포크가 〈현장용 지도서〉로 사용하였고, 그 책 1부가 고종에게도 저자 자신의 헌정 형식으로 전달되었던 것이다.[6]

---

4) *Ibid.*, pp. 16—17.

5) *Ibid.*, p. 22.

6) E. N. Hunt, *op. cit.*, p. 55.

미국 교회는 이 책을 정독한 것으로 보인다. 감리교 발행의 선교지(宣敎誌)인 *The Gospel in All Lands* 나 장로교 선교지 *The Foreign Missionary* 는 그리피스의 글과 사진을 대대적으로 전재하여 그를 소개하고 있었기 때문이다. 이렇게 해서 〈수많은 남자와 여자들에게 한국 백성의 헌신적인 친구나 교사가 되도록 영감〉[7]을 주었던 것이다.

그가 기독교에 대하여 한국에 총력을 기울여야 한다고 말한 데에는 한 인상적인 사건이 있었다. 민영익과의 해후(解逅)가 그것이다. 민영익 일행이 미국에 갔던 1882년 겨울 11월 27일에 뉴욕의 빅토리아 호텔에서 민영익, 서광범(徐光範), 변수(邊樹)가 그리피스를 만나게 되었던 것이다. 그리피스는 하멜(H. Hamel)에 관해 처음 말을 시작하다가 기독교의 문제에까지 화제가 전개되었지만,[8] 선교에 대한 직접적인 제안은 없었다. 그것은 민영익이 가우처를 만났을 때 오 간 화제중에서 비로소 거론되었던 것이다.

2) 존 가우처

1883년 10월 민영익은 사절단과 함께 샌프란시스코에서 시카고를 거쳐 워싱턴으로 가는 기차속에서 볼티모어 여자 대학의 학장 존 가우처(J. F. Goucher, 1845—1922) 목사와 동석하게 된 일이 있었다.[9] 이들의 대화는 로웰(P. Lowell)의 통역으로 진행되었는데, 여정이 길어 여러 분야에 걸쳐 광범위한 대화가 가능하였다.

이 때 가우처는 한국 선교에 대한 확신을 가지게 되었던 것이다. 얼마 후에 그는 감리교의 외지 선교부에 한국 선교의 필요성을 주장하고

7) W. E. Griffis, *op. cit.*, 1910, p. v.
8) W. E. Griffis, 韓譯, Ⅲ, p. 210—211. 그리피스는 後에 유니온신학교에서 神學을 하고, 牧師가 되었다.
9) A. J. Brown, *The Mastery of the Far East*, New York, Charles Scribners, 1919, p. 503.

그 기금까지 보내어 일의 착수를 재촉하였던 것이다.[10]

우리는 미국에서의 한국 선교 기운 조성이 여러 경로를 거쳐서 이루어진 사실을 감안한다. 그러나 특히 그리피스나 가우처가 민영익과 접촉하여서 성숙된 사실을 주목하지 않을 수 없다. 민영익이 남달리 선교 수용 편의 제공의 가능성을 시사한 것은 없었다. 그러나 이들 서양 기독교인들은 민영익의 말과 그 표정에서 한국 민족 구원의 애틋한 손짓이 있는 것을 보았고, 따라서 곧바로 체계적인 선교 착수에 임하였던 사실을 부인할 수 없다. 민영익의 한국교회사적 서장(序章)의 위치는 그 인연이 엉뚱하고도 묘하였다.

나. 金玉均 經由

가우처가 1883년 11월 6일 감리교 외지 선교부에 낸 글에는 $2,000을 보낸다고 썼었다. 그런데 그 결과는 분명하지 아니한 상태에서[11] 1884년 1월 31일 재일 감리교 선교사 맥크레이(R. S. MacLay, 1824—1907)에게 간곡한 편지를 하나 냈다.

> 조선에 한번 다녀 올 수 없겠소. 그 땅 형편을 알아 보고, 선교 가능성을 타진해 보십시요. 우리 감리교가 이 이교국에 처음 들어간 개신교회가 될 것 아닙니까.[12]

맥크레이는 중국에 선교사로 있었던 1847년에, 파선되어 구조된 조선

---

10) R. S. MacLay, Korea's Permit of Christianity, *The Missionary Review of the World*, 1896, 4月號, p. 287.

11) 감리교 외지 선교부에서는 1884년 海外宣敎基金中에 가우처의 $2,000을 計上하고 있었다.
Annual Reporf of the Missionary Society of the Methodist Episcopal Church (향후 M. E. Roport로 略稱), 1884, p. 204.

12) *Ibid.*, pp. 287—288.

인의 강인한 모습에 크게 인상을 받아,[13] 언젠가는 반드시 조선에 〈복음의 귀중한 구원의 소식〉을 전파하리라 마음 먹었던 일이 있어서 이 〈스파이〉[14]의 길을 가기로 결심하였던 것이다. 주일 미국공사 빙함(J. A. Bingham)과 주한 미국공사 푸트의 회답도 다 만족할 만한 것이어서 부인과 동도, 1884년 6월 8일 요꼬하마(橫賓)를 떠났던 것이다. 이들이 부산을 거쳐 서울에 닿은 것은 6월 23일 저녁 6시였다. 이들은 푸트 공사의 〈최선의 친절〉[15]을 받고 방한 목적을 함께 의논하였다. 그러나 정치적 정세가 아주 험악한 사실을 알았고, 또 동행한 한국인 통역이 반개화파 인물이라, 〈서울에 온 최초의 프로테스탄트 선교사로서 극단의 조심〉[16]을 할 수밖에 없었다. 그 전망은 망막하였다.

그런데 신기한 일이 하나 생겼다. 김옥균(金玉均)을 만나게 된 것이다. 김옥균은 박영효(朴泳孝) 수신사(修信使) 일행과 1882년에 일본에 갔다가 요꼬하마에서 맥크래이 부처와 그 일행의 영어강습 문제로[17] 아주 친숙해졌던 인물이다. 그 때 김옥균은 서양문명의 한국 도입을 갈망한다는 심사를 피력한 일이 있었다. 그런데 김옥균이 귀국한 뒤 비록 외무아문(外務衙門)의 참의(參議)라는 미직(微職)에 있었지만, 고종과는 갑신정변 전야 친수밀칙(親手密勅)을 내릴 만큼 대단히 친밀한 관계에 처하여 있었다.[18]

맥크레이의 간곡한 선교 윤허 소청의 서간이 김옥균을 통해서 고종에게 전달된 것은 7월 2일 밤이었다. 다음날 맥크레이가 김옥균을 방문했을 때는 해가 중천에 떠 있었다.

---

13) *Ibid*, . 287.
14) M. E. Report, 1884, p. 204.
15) R. S. MacLay, *op. cit.*, p. 288.
16) *Ibid.*, p. 289.
17) *Ibid.*, p. 287.
18) 李瑄根, 韓國史, 最近世篇, p. 610.

그(金玉均)는 나를 아주 반갑게 맞으며 서둘러 말하기를 고종께서 내 편지를 아주 자세히 열람하고 내 뜻에 따라 우리 선교부가 조선에서 병원과 학교 사업을 시작할 수 있다고 허락한 사실을 일러 주었다. … 그러니 즉시 사업을 착수하라는 것이었다.[19]

그는 말을 타고 집에 돌아오는 길이 감사와 눈물로 젖어 있는 것을 느꼈다. 그는 사람들이 여럿 스쳐 갔지만 혼잣말로 몇 번씩 일렀다. 〈왕의 심정이 주님의 손안에 있도다〉.

고종이 이렇게 미국 선교사에게 병원과 학교를 설립하도록 허락하였다는 소식을 윤치호는 7월 4일에 벌써 알고 있었다.

奏許 美商航內海事 及許美國人設立 病院及學校事….[20]

김옥균은 다음날 맥크레이에게 도울 수 있는 것이 있으면 무엇이든 다 돕겠노라는 말을 하였다. 맥크레이는 미국공사관과 의논하여 선교부지 매입도 의논하였다. 맥크레이가 일본을 향해 떠난 것은 그의 감격이 아직 생생한 7월 8일이었다. 그리고 그 해 12월 4일의 정변(政變)으로 김옥균은 피신해 다니다가 1894년에 중국에서 살해되었던 것이다.

고종이 이 허락을 내리면서 한 말이 그것은 〈천주교〉가 아닌 개신교여야 한다는 것이었다.[21] 〈나라에 위험〉이 되는 것은 안된다는 것이었고, 따라서 그 최후 목적이 복음 전파란 것은 숨길 필요가 없다고 보았던 맥크레이였지만, 일단 그 사업의 미수를 아쉬워하지 않을 수 없었다. 그런데 그 김옥균 주도의 갑신정변이 알렌 등장의 한 결정적 계기가 된 것은 실로 섭리(攝理) 아니고서는 설명될 수 없는 역사의 신비였다.

---

19) *Ibid.*, p. 289.

20) 尹致昊 日記, 一, (1884. 7. 4日字), p. 81.

21) Korea, Miscellany, *The Missionary Herold*, 1824, 11月號, p. 464 ; 12月號, p. 523.

Cf. M. E. Report, 1884, p. 204.

감리교는 그러나 1884년 말에 스크랜톤(W. B. Scranton, M. D.) 목사를 한국 선교사로 임명하였고, 〈여자 외국선교회〉는 스크랜톤의 어머니 매리 스크랜톤(M. F. Scranton)을 부녀사업을 위한 선교사로 임명하였고, 가우처는 감리교회 외지 선교부의 리드(J. M. Reid)와 함께 아펜젤라(H. G. Appenzeller, 1858—1902)를 면접하고 역시 파한 선교사로 파송하게 하였던 것이다.[22] 이들이 탄 배는 1885년 2월 3일 출항 예정이었다.[23]

2. 알렌의 來韓

가. 알렌의 宣教生涯 始作

알렌의 생애를 연구하되 약간 냉소적 자세로 비판적이었던 해링톤(F. H. Harrington)은 알렌의 인물과 신앙과 그 야망에 대해서 이런 글을 그 서두에 썼던 것이다.

> 알렌博士는 그 조상들로부터 칼빈主義의 信條와 퓨리탄的인 本能과 義務感, 그리고 주야를 가리지 않고 일에 몰두하려는 精力을 물려받았다. 한편으로 자신만만한 態度, 성급한 기질과 毒舌, 남의 잘못을 용서치 못하는 峻嚴한 성격도 물려받았다.[24]

역사상 처음으로 한국에 개신교 선교사로서 처음 발을 내딛게 된, 한

22) E. N. Hunt, *op. cit.*, p.11.
23) M. E. Report, 1884, p. 205.
24) F. H. Harrington, *God, Mammon and the Japanses*, Madison, the University of Wisconsin Press, 1944, 李光麟 譯, 開化期의 韓美關係, 서울, 一潮閣, 1973, p. 3.

국교회사의 첫 선교사 알렌의 인물평인데, 우리 교회역사의 신화적 존재인 알렌에 대한 평으로서는 무척 냉정한 것이 아닐 수 없었다. 선교와 이권의 외교, 양자의 일괄속에서 한국에 살았던 알렌에게 대한 비판적 평가는 쉬웠을 것이다. 그러나 그의 공로는 그러한 냉정으로서만은 다할 수 없는 깊고도 숭고한 데가 있었다.

1) 그의 教育과 宣教師 志望

〈장신의 깡마른 빨간 머리〉[25] 알렌은 1858년 4월 23일 오하이오 주(州)의 델라웨어(Delaware)에서 태어났다. 그 곳에서 종교적인 엄격한 가정교육을 받던 알렌은 국민학교와 중고등학교를 마친 다음, 오하이오 웨슬레이안 대학교(Ohio Wesleyan University)에서 1881년 이학사(理學士)의 학위를 받고 졸업하였다.[26] 기록을 많이 남기고 책과 논문들을 많이 저술한 알렌이지만 대학생활에 대한 자세한 기술은 별로 찾아보기가 힘들다. 졸업할 때 그는 우등의 기쁨을 차지하였던 것이다. 그러나 알렌이 이 대학에서 얻게 된 가장 커다란 성공과 승리는 그의 동급생 패니(Fannie)의 사랑을 차지할 수 있었다는 데에 있을 것이다. 이 여인은 아주 조용하고 온화하여서 그의 생애 어디에도 뚜렷이 사건의 인물로 등장해 본 일이 없는 정숙한 여인이었지만, 일생을 그와 동행하면서 고독한 외국 생활에 깊은 위로와 기쁨을 주고 아울러 알렌의 현저한 성공을 내조한 동반자였다. 알렌이 졸업 후 1년간 콜럼브스(Columbus)에서 의학을 전공하고 신시내티에 있는 마이아미 의과대학(Miami Medical College)를 졸업하여 의사 자격증을 획득한 1883년의 5월 17일, 이들은 서둘러 결혼식을 올렸다.[27]

---

25) *Ibid.*, p. 2.

26) 白樂濬, 故 알렌氏를 追憶함, 新東亞, 1933, 3月號, p. 76.
Cf. 同著, 韓國改新教史, 서울, 延世大學校 出版部, 1970, p. 81.

27) The New American Minister, *The Korean Repository*, 1897, 9月號, p. 349.

오하이오 웨슬레이안 대학에 다닐 때부터 그는 해외 선교의 자극을 받았음이 확실하다. 그 시대는 미국 전역, 특히 대학가에 대부흥 운동의 열기로 대학마다 기독학생회가 조직되고 수많은 젊은이들이 해외 선교에 나가던 때였다.[28] 특히 이 대학은 남달리 선교열이 강하고 프로테스탄티즘의 정신과 신앙이 불꽃처럼 타오르던 곳이었다. 이것이 바로 그로 하여금 선교사에의 사명감을 가지게 하였고, 의학을 공부하게 한 것이 확실하다. 결혼을 서두른 까닭도 1883년 봄, 곧 결혼 직전에 미국 북장로교 해외선교본부에 신청했던 선교 파송 지원이 접수되어 중국 선교사로 임명을 받았기 때문이었다.

2) 中國에서의 宣教生活

알렌이 25세의 나이로 갓 결혼한 아내와 함께 미국을 떠난 것은 1883년 여름의 일이었다. 그는 태평양을 장차 12번 왕래하게 되는 그 첫 항해 길에 오른 것이다. 그 배(北京號)는 원래 14일 내지 16일 걸려서 일본에 닿게 되어 있었지만, 무서운 폭풍을 계속 만났기 때문에 25일이란 긴 시일 동안 태평양 위에서 시달리며 보내지 않을 수 없었다. 이런 예상 기간의 차질 때문에 그 선박의 식량이 떨어지게 되고, 따라서 그들은 〈주로 적은 화물 밀가루로써 빵을 만들어 연명〉하며 항해하고 있었다.[29] 그 때 파도에 시달렸던 일은 그의 앞날을 예기하는 것 같이 괴로운 일이었지만, 그 기록은 알렌의 문장력과 함께 사태를 냉정하게 관망하고 구성하는 비범한 객관적 관찰력과 그 이지(理智)을 말해 주는 것이라 보아 여기 길지만 옮긴다.

---

28) K. S. Latourette, *A History of Christianity*, New York, Happer & Brothers, 1953, pp. 1035ff.

29) A. N. Allen, *Things Korean, A Collection of Sketches and Anecdotes, Missionary and Diplomotic*, New York, Fleming H. Revell, 1908, 申福龍 譯, 朝鮮見聞記, 서울, 博英社, 1979, p. 27.

선객 명단(순)에 따라서 우리는 그 배의 고물 오른쪽에 있는 선실에서 지내지 않을 수 없었다. 부두에 정박하고 있는 배는 대형 선박이었으며, 다른 어느 것보다도 우리를 반갑게 맞아 주는 것 같았다. 그 당시의 여행이란 파도에 대하여 속수무책인 조건속에서 오직 평안함을 찾기 위한 노력에 불과한 것이라는 점을 깨닫게 될 때까지만 해도 우리는 이번의 여행을 갖게 된 행운을 自祝하였다.

우리는 마치 화가 몹시 치밀어 날뛰는 거대한 물뱀의 꼬리 부분에 앉아 있는 것 같기는 하였지만, 배를 타고 있는 동안 몸이 아래위로 흔들리고 이리저리 나뒹그러졌다. 배가 파도 꼭대기에 올라앉아 평형을 이루거나, 아니면 고물이 하늘로 향하여 앞으로 꼬부라질 때면 우리의 선실 바로 밑에 붙은 스크류는 공중에서 미친듯이 돌아가고 있었다. 그럴 때마다 우리는 기관의 모든 부분이 박살났으리라고 믿었다. 그러다가도 고물이 가라앉고 푸로펠라는 다시 물을 휘젓기 시작하였다. 선실에 고정되지 않은 물건들이 고물쪽을 향하여 휩쓸려 가는 동안이면 우리는 분명히 고물 밑바닥을 향하여 맨 앞장에 서 있는 것처럼 보였다. 항해는 처음부터 끝까지 긴 악몽의 연속이었으며, 가끔 안도의 숨을 쉬었다.[30]

이런 파도 때문에 몇 군데 기관의 고장이 나서 그 배는 북태평의 알주샨 열도(Aleutian Islands) 부근에서 3일간이나 표류한 일도 있었다.

그런데 알렌은 이 때 그가 장차 가서 일할 중국의 불쌍한 사람들, 그 〈무시무시한 광경〉을 배안에서 보고 충격을 금할 수 없었다. 갑판 밑 3등실에 귀향길의 중국인들이 5백 명 실려 있었다. 이들은 〈미국에 있는 동안 너무 혹사당한 데에다 영양 실조마저 겹쳐서 그토록 그리던 고국에 돌아가는 중도에〉 죽은 사람들이 많았다. 또 〈감옥과 같이 밀폐된 선

30) *Ibid.*, pp. 21—22. 申福龍 教授의 번역 솜씨는 참으로 卓越하다.

실의 공기가 너무 갑갑하고 배가 너무 흔들려 노약자들은 계속 죽어〉 갔다. 그리고 이렇게 해서 죽은 사람들의 시체는 보우트에 실려 선박 측면의 기둥에 매달아 두고 있었다.[31)]

큼직한 배를 탄 기쁨에 미래를 항해 그 성취의 꿈으로 자축까지 하였던 알렌에게, 그 파도는 그의 파란 많은 앞날을 예시하는 것 같았고, 이들 가련한 동양 사람들의 처참함과 갑판위 선실에 있는 자기와의 거리는 앞으로 그가 겪어 나가야 할 불가피한 여러 한계를 시사하는 것처럼 보였다. 그는 이제 일할 곳의 현실을 보기 시작한 것이다.

알렌 부부가 상해(上海)에 도착한 것은 그 해(1883) 10월 11일이었다.[32)] 부임 목적지는 북경(北京)이었다. 그러나 모든 것이 〈파도처럼〉 역경과 적의로만 비쳐져 왔다. 우선 남경(南京)에 머물렀다. 거기에서도 그는 중국인들에게 공격을 받아 벽돌로 그 옆구리를 다친 일이 있었다.[33)] 정확한 날짜는 모르지만 이들은 상해로 주거를 옮겼다. 그러나 그 곳에서도 양귀(洋鬼)라 외치는 중국인들의 돌 벼락을 맞았으며,[34)] 그 곳 관리들이나 주민들이 뿌리 깊은 반기독교적 감정에 붙잡혀 있는 사실을 알게 되었던 것이다.

상해와 남경(南京)을 〈헤메 다닐 때〉[35)] 알렌은 의사로서 몇 가지 인상적인 일들을 경험하고 이를 기록해 놓았다. 남경(南京)에 있을 때 다 죽어 가는 군인을 알렌 문전에 누가 내려 놓고 갔다. 알렌이 치료하였지만 얼무 후에 그 군인은 죽었다. 그런데 치안 판사가 알렌을 심문하고 재판하였다는 것이다. 〈몇 십만 명의 미신적인 본토인들에 둘러쌓여 외

31) *Ibid.*, p. 24. 屍體들을 本國에까지 가져간다는 계약 때문이었음.
32) Allen's, Diary, 1883, 10, 11日字 해링톤은 9월 以前으로 보고 있다. 그의 册, *op. cit.*, p. 5.
33) 朝鮮見聞記, p. 119.
34) *Ibid.*, p. 120.
35) 白樂濬, *op. cit.*, p. 86.

국인이라고는 세 가구밖에 없는 곳〉[36]에서 알렌은 위기에 몰릴 수밖에 없었다. 그 때 알렌은 기지(機知)로 오히려 의료 업무 수행에 대한 보수로 $45을 요구하여 한 발자욱도 물러서지 않았다. 결국 도도하던 치안 판사와 서기들이 할 말 없어 물러가, 이 위기를 모면할 수 있었다. 그의 강인한 모험적 개성이 이렇게 나타나기 시작하였던 것이다.

투약(投藥)에 대한 에피소드도 하나 있었다. 어떤 환자에게 마전자(馬錢子)라고 하는 스트리키니네(strychinine)가 함유된 약을 한 병 주면서 하루에 세 번 병의 눈금만큼의 약을 복용하라고 지시한 일이 있었다. 그런데 그 환자는 병이 속히 낫고 싶은 마음에서 하나를 먹어 좋다면 스물을 먹어 더 좋지 않겠느냐 하는 생각으로 그 한 병을 단번에 마셔 버리고 말았던 것이다. 이 사람을 해독시키는데 무척 힘들었다는 기록이 그 하나이다.[37]

또 한번은 보기 흉한 개가 하나 있어서 스트리키니네로 죽여 수위로 하여금 정원에 묻게 한 일이 있었다. 그런데 밤중에 그 수위가 이 개를 캐 내다가 가죽채 요리를 해 먹었던 것이다.[38] 보신탕 효과였는지는 몰라도 그 수위에게는 아무 일이 없었다.

불결과 모리상(謀利商)과 성격 파탄으로 아편의 중독이 중국 천지에 퍼진 일이 있었는데, 그 때 알렌이 남경에 살았다. 아트로핀(atropine) 피하주사로 중독자 한 사람을 낫게 한 일이 있었는데, 그 소문이 나서 아침이건 밤이건 환자들이 줄을 지어 찾아와 밤잠을 잘 수 없었던 때가 많았다. 불가피하여 밤 10시부터 아침 6시까지는 어떤 일이 있어도 환자를 보지 않는다고 규율을 세울 수밖에 없었다.[39]

알렌이 중국에서 선교사업을 직접한 것 같지는 않다. 따라서 그의 좌

---

36) *Ibid.*, pp. 202—203.
37) *Ibid.*, pp. 203—204.
38) *Ibid.*, p. 204.
39) *Loc. cit.*

절은 대개 의료사업과 그 이외 미국인으로서의 거류(居留) 문제에 있었다.

> 우리는 일 년 동안 중국땅에서 떠돌아 다녔습니다. 즐거운 일이 있었습니다. 그러나 실제 의료사업을 해서 무슨 전망이 있을까 하는 문제에 대하여서는 아무리 생각해도 용기를 낼 수가 없었습니다.[40]

막바로 선교사업에 파고 들어 전도했더라면 어떠했었을까 하는 것은 역사를 쓰는 사람들이 먼 시간 뒤에 마음의 여유를 가지고 생각하는 편의주의이다.

3) 알렌의 韓國行 志願

알렌의 중국 생활이 너무 준비 없이 시작되었다는 느낌도 있었다. 참을 수 없는 적대감이 있었고, 부인은 어린애의 출산을 그 불안정과 비위생적인 주거 환경에서 기다리고 있었다. 부침성이 적어 서양인들과의 교섭이나 우정이 이들 고적과 초조를 달래 주지 못했다. 알렌은 더 참을 수 없었다. 부임지를 옮기는 일만이 그의 이 가중되어 오는 심리적 압박과 사업의 좌절감에서 솟아날 희망을 주리라 생각하였다.

그 때 그는 상해에서 저명한 여러 의학관계자들과 친근히 지내고 있었다. 헨더슨(Henderson) 박사, 맥레오드(McLeod) 박사, 리틀(Little) 박사, 재미손(Jamaison) 박사, 부룬(Broone) 박사가 그들이었다. 그런데 헨더슨 박사는 한국에 있는 묄렌도르프(穆麟德)을 잘 알고 있었다.[41] 묄렌도르프

40) H. N. Allen, Greetings. *Quarto Centennial Papers*, read before the Korean Mission of the Presbyterian Church in the U.S.A., at Annual Meetinng at Pyeng Yang, 1909, 8月, p. 2.

41) 獨逸人. 李鴻章에 依해 派朝, 朝鮮海關總稅務司, 協辦交涉通商事務, 典圜局總辦, 工曹參判, 兵曹參判 等 광범위한 職責 맡음. 1885年 7月에 韓露密約 主謀者로 解免. 同年 10月 天津向.

는 중국에 도는 소문대로는 〈조선에서 권세가 당당한(all powerful)〉 인물로 알려져 있었다. 헨더슨 박사는 또 제물포의 세관 감독관 스트리프링(A. B. Stripling)[42]도 친숙히 아는 사이라 하면서, 그들에게 간곡한 추천서를 각각 써 알렌에게 쥐어 주었다. 서울에 의사가 필요하니 거기 가서 〈그 나라와 함께 성장하라〉[43]는 것이었다.

〈그 나라와 함께 성장하라〉. 이 말의 예언자적 통찰이 얼마나 예민하였던가. 헨더슨 박사는 알렌의 젊음과 인품, 그리고 그 성향(性向, disposition)을 환히 드려다 본 것임에 틀림없다. 그 때 한국에는 문호개방이 되고, 또 미국과도 수호관계가 맺어져 문자 그대로 극동지역의 외국 거류민들이 앞다투어 조선에 몰려 들어가고 있었다.[44] 따라서 이들을 상대로 한 개업이 〈유리한 생업〉[45]이 될 것이라는 권유였다. 심지어 알렌의 동료 의사들도 〈선교사업을 포기하고 한국에 나가서 입신양명하는 것이 좋겠다〉는 권유를 불사하였다. 알렌의 책에는 이런 권고에 대한 선교사로서의 반응을 보인 데가 없다. 다만 상부 기관(뉴욕의 북장로교 해외선교본부)에 〈그 문제로 상의하였더니 그들을 위해 한국으로 가라〉[46]고 했다는 약기(略記)뿐이다.

〈그들〉이란 두 말 할 것 없이 서양사람들이다. 그들 상대의 유리한 생업과 입신양명이라면, 백낙준이 이 구절을 번역하면서 〈수입면에서도 좋을 것〉[47]이라 한 것은 묘역(妙譯)이 아닐 수 없다.

우리는 하나님의 손길이 우리 눈에 보이는 대로 움직이지 아니한다는 엄숙한 교훈을 여기서 직면한다. 성자(聖者)들만이 주의 종이 되는 것도 아니며, 그 섭리의 하수인이 되는 것도 아니다. 그 때의 사정으로 판단

42) 한국명 薛必林, 獨逸人, 한때(1885. 9. 5—10. 30.) 總稅務司代理.
43) *Quarto Papers*, p. 3.
44) 白樂濬, 韓國改新敎史, p. 85.
45) 朝鮮見聞記, p. 178.
46) *Loc. cit.*
47) 白樂濬, *op. cit.*, p. 86.

할 때 알렌이 복음 전파로 직접 입국한다 했을 때 그의 걸음이 한 발자욱인들 이 땅에 자리를 남겼으랴 하는 것이 조심스럽기로는 우리와 그 때의 선교본부도 마찬가지였다. 더구나 해링톤의 말대로 알렌이 성격적 결함 때문에 선교사들과 싸움까지 한 일이 있었다면,[48] 선교사업의 강행에 그가 끌려 다니듯 적극성 없이 의기소침했거나 이직(離職)도 하였을 터이면, 근세사 한국의 저 활기찬 세계선교사의 기적이 환호되었었을까 하는 문제가 계속 남는다.

한국선교 25주년 기념식에 몸 멀리 있어 참석 못한 알렌이 글로 축하의 전문(箋文)을 보냈을 때 한 말에, 이들의 권유가 〈마음에 꼭 들고 그 때 형편에도 맞아서〉 상부에 건의했던 것이요, 만일 허락이 나지 않았더라면 〈사직을 하고 어딘가로 떠나 버렸을 것임에 틀림없다〉[49]고 술회하되 부끄러움이 없었다.

알렌은 조심성이 있었다. 그래서 우선 인천세관의 감독관 존 하아스(J. Haas)에게 의사 필요의 긴박성 정도를 문의하였고,[50] 때마침 상해에 와 있던 미군함 〈트렌톤〉호의 선장 피티안(Phythian)을 만나 한국 사정을 탐문하였다. 우리는 이제 계속 세상이 좁다는 실황(實況)에 부닥치게 된다. 이 〈트렌톤〉호는 민영익 사절단을 뉴욕에서 탑승시켜 세계 일주를 하고, 그 해(1884. 5. 31) 귀한(歸韓)하여 막 상해에 도착한 군함이었다. 민영익과의 인연이 이렇게 황해 건너에서 막연하게 시작된 것이다. 피티안 함장은 주한 미국공사에게 추천장 하나를 정중하게 써 주어 주었다.[51] 푸트와의 인연도 이 때 시작된 것이다.

알렌이 맥크레이의 방한과 그 결과를 알고 있었는지는 분명하지 않

---

48) F. H. Harrington, 韓譯, *op. cit.*, p. 5.
49) H. N. Allen, *Quarto Papers*. p. 3.
50) Letter to J. Haas, 1884. 6.6日字, The Allen Papers, New York Public Library 所藏.
51) H. N. Allen, *Quarto Papers*, p. 3.

다. 그러나 한국에서의 가톨릭교 수난과 그 원인에 대해서는 익히 알고 있었던 것이 확실하다. 그는 선교사로되 〈의사〉로 내한(來韓)하려 한 것이요, 더구나 묄렌도르프나 푸트에게의 추천서로서는 입국과 정착에 아무 난관이 없으리라 자신하였다. 오히려 환영받으리라는 것을 확신하고 있었다.[52]

그런데 뉴욕의 미국 북장로교 해외선교본부에서 한국행을 허락한 것이다.[53] 그 이전에도 여러 열렬한 선교사 지망의 유위청년들이 신청했었지만 거절되던 형편인데, 알렌에게 한국 입국 첫 선교사의 명예로운 하달이 온 것이다. 해외선교본부는 〈선교부의 일〉로 한국에 가도 된다는 전신을 보냈고, 그것이 도착한 것은 7월 22일이었다.[54]

4) 美國에서의 韓國宣敎 政策決定過程

미국에서의 한국 선교 정책은 이수정(李樹廷)의 글이나[55] 맥크레이, 또는 장로교 선교사 조지 녹스(G. W. Knox)의 강력한 호소 등이[56] 있어서 한국에 대한 선교 개시 여부의 문제가 장기간 논의되어 왔던 것이다. 한국에 대한 상황 발표회도 선교 지망자들 앞에서 여러 차례 열리고 있었다.[57] 하지만 신중론이 대세였다. 언더우드(H. G. Underwood)도 여러 차례 지망이 기각되고 있었다. 한국 정치 사정이나 이념적 위정(衛正)의 강경이 그 한 원인이었지만, 재정적 뒷받침도 다른 하나의 과제였기 때문이다.

---

52) *Loc. cit.*

53) 그가 申請했던 日字는 하스에게 편지를 낸 二日 後, 곧 1884. 6. 8日字.

54) A. J. Brown, *op. cit.*, p. 501.

55) *The Annual Report of the Board of Foreign Mission, Presbyterian Church in the U.S.A.*, 1885, pp. 128—129.

56) G. W. Knox, The Condition of Korea, *The Foreign Missionary*, 1884, 9月號, p. 168.

57) H. G. Underwood, Reminiscences, *Quarto Papers*, 1909, p. 98.

그러나 민영익이나 김옥균과의 접촉에서 제래(齊來)된 여러 변화에[58] 고무되어 긍정적 자세로 전환될 때 기금도 적시에 마련되는 행운이 잇따랐다. 평신도이며 장로교 해외선교본부의 위원중의 하나였던 다니엘 맥윌리암스(D. W. McWilliams)가 해외선교본부의 간사 엘린우드(F. F. Ellinwood)를 만나 한국 선교의 개시를 적극 주창하고, 곧 선교사를 임명한다는 조건으로 $6,000을 내놓았던 것이다.[59] 맥윌리암스는 거부(巨富) 프레드릭 마퀀드(F. Marquand)의 유산 관리자로서 〈예수 그리스도의 복음을 전하는 데나 그 교육에 쓰되 국내나 국외에서 쓸 수 있다〉[60]는 유서를 따라 이런 조치를 취하였던 것이다. 한국 교회는 맥윌리암스의 〈아버지같은 성자다운 은혜〉[61]를 잊을 수가 없었다. 전술한 바도 있지만 이에 따라 북장로교 총회는 외국선교 예산 $757,625.42 중에서 한국 선교 예산으로 $6,319.70을 배정했던 것이다.[62] 해외선교본부가 맥윌리암스의 기부금을 정식으로 그의 조건에 따라 수령한 것은 1884년 5월 1일자였다.[63] 그런데 알렌이 6월 8일자로 조선행을 요구해 왔던 것이다.

나. 알렌 來韓記

1) 알렌의 서울行

수골장신(瘦骨長身)으로 장차 한국 근세사에서 기독교 문명의 모든 혜

58) 그러나 閔泳翊이나 金玉均의 政治的 路線에 對하여서는 分析的인 認識이 없었던 것 같다. 알렌마저도 甲申政變을 保守派의 開化派 變革으로 알고 있었다. 朝鮮見聞記, p. 58.

59) H. G. Underwood, *Reminiscences*, p.99.

60) D. W. McWilliams' letter to the Board of Foreign Mission Presbyterian Church, 1884. 2. 8日字. E. N. Hunt, *op. cit.*, p. 14.

61) H. G. Underwood, *Reminiscences*, p.100.

62) *The Minutes of the General Assembly of the Presbyterian Church in the U.S.A.*, 1885. p. 766.

63) Ellinwood to McWilliams, 1884. 5. 1日字.

택과 복음 전파 사업에 결정적인 영향을 남기고, 최초 그 문호개방의 세기적 과제를 수행한 알렌의 내한기는 다음과 같다.

뉴욕 선교본부의 한국행 허락 전문을 받은 알렌은 짐보따리를 챙겨 가득 싣고, 처자는 우선 상해(上海)에 남겨 둔 채, 9월 14일 제물포행 〈남경호〉(南京號)[64]에 몸을 싣고 마음도 실어 황해로 출양하였다. 이 배가 우선 나가사키(長崎)로 갔다가 향부(向釜)하는데 태풍 예고가 있어서 스코틀랜드인 선장은 〈쥐구멍의 생쥐처럼〉 대양으로 항진(航進)하다가 대한해협에서 무서운 폭풍을 만나 그 선박이 〈상당한 피해〉를 입었다. 그 때 13시간이면 당도하던 거리인데 그 해협에서 거의 이틀 36시간을 헤메었다. 그 폭풍 때문에 알렌은 〈선박에 들러붙어〉있을 수밖에 없었다.[65] 그 때 폭풍도 스크류가 해수 위로 치솟아 헛바퀴를 돌 만큼 심해 〈정신마저 오락가락〉할 형편이었다.[66]

그런데 이 〈남경호〉가 상해에 되돌아 갈때에 서양인 승객이 함께 동승하고 있었다. 〈한 사람은 허쯔(Hertz) 교수, 세 사람의 실업인들, 그리고 상해에서 온 매춘부 한 사람〉[67]이었다. 우리는 이 동행이 그가 대한해협에서 겪은 풍랑만큼이나 상징적이었다고 본다. 선교자, 서양문명, 실업(實業) 그리고 백인의 퇴폐, 곧 종교, 문화, 상업, 섹스가 그 날 조선에 동시 상륙했던 것이다. 그런데, 기독교가 알렌으로 하여서 그 주도

64) 이 南京號의 소속 船舶會社는 〈Jardine, Matheson合資會社〉였다. 이 會社는 阿片商船을 많이 가지고 있었으며, 그쯔라프도 이 會社船에 가끔 雇傭된 일이 었었다.
P. W. Fay, *The Opium War*, 1840—1842, University of North Carolina Press, 1975, pp. 44, 45, 89.
漢文으로 怡和洋行으로 表記. 韓國近代史에 여러번 등장하는 會社.

65) 朝鮮見聞記, pp. 30, 31.

66) 그가 1個月 後, 家族을 데리러 上海에 가는 길에 長崎의 태풍 손해가 막대한 것을 목격하였다. 그 때 日本人도 數千名 죽었다. 알렌은 실로 두번씩이나 九死一生 한 셈이었다.

67) Allen's Diary, 1884, 10. 11日字.

아니면 선도를 잡은 것이 섭리였다.

그가 제물포(濟物浦, 仁川)에 닿은 것은 그 해(1884) 9월 20일이었다. 그는 〈해리〉라는 중국인 경영의 오막살이 〈호텔〉에 투숙하여 당구대 위에서 밤잠을 자고 숯불로 후라이한 닭고기고로 요기를 채웠다. 그리고 하루 뒤, 상해에서 동행한 중국인 언어교사와 함께 당나귀를 타고 떠나 하루가 지나 9월 22일 마침내 서울에 당도하게 된 것이다.[68]

2) 美國外交官과의 만남

〈우리는 한국에서 받은 환영에 매우 기뻤다〉.[69] 이것이 알렌이 한국에서 느낀 최초의 감격이요 인상이었다.

> 우리가 중국에서 사는 동안 그들은 외국 사람들을 원치 않는다는 것을 알았다. 중국에서는 외국 사람들이 양이(洋夷)로 통했다. 우리들이 미국에서 중국인을 되놈(Chink)이라 부르며 천시했던 벌을 받은 셈이었다.
>
> 그 반대로 조선에서는 외국인들이 양반과 마찬가지로 존경을 받았다. 중국에서는 우리를 감시할 개를 배치하곤 했지만, 조선에서는 개가 뛰어나와 우리에게 짖으면 반드시 개를 꾸짖고 짖지 못하게 하였다. 그리고 어떤 때 혹시 군중속에 휩쓸리게 되어도 떠민다든지 거칠게 대하지 않고 반드시 지나갈 통료를 비켜 주곤 한다.[70]

천지가 바뀐 것을 그는 느낀 것이다. 희망이 솟는 듯하였다. 그가 서울에서 처음 지낸 주막집(inn)은 냇가 옆이었는데,[71] 그 때 처음으로 한국인의 따뜻한 인정(人情)과 친절에 감격한 것이다. 다음날 아침 첫눈에

68) H. N Allen, Greetings, *Quarto Papers*, p. 4.
69) 韓國見聞記, p. 118.
70) *Loc. cit.*
71) 淸溪川邊이었던 것 같으나 不明.

그가 본 것은 민영익 세계일주를 가능하게 한 〈트렌톤〉호의 장병들을 환영하기 위해서 만든 커다란 장식품이었다. 한국사람들은 벌써 미국사람들에게 뭔가 감사하고 싶은 마음들이 있었던 것이다. 알렌도 이 분위기의 홍분된 애정의 표현 대상이었다. 한국인들이 〈최선을 다해, 마음다하여 정을 쏟고, 필요한 것은 무엇이든지 해주고 싶어 했다〉는 것이다. 여기에서 알렌은 타운센드(W. D. Tawnsend)[72]와 스미소니안(Smithsonian Institute) 박물관의 버나도우(J. B. Bernadou) 해군 대위를 만나,[73] 그들의 역시 다함 없는 친절과 도움을 받을 수 있었다. 잠자리가 불편해 목상에다가 여행용 담요를 뒤집어 쓰고 긴 구두를 말아서 베개로 삼아 자는 형편에[74] 이들 한국인과 그리고 객지에서 만난 동포들의 친절에 감격하지 않을 수가 없었다.

9월 23일 알렌은 경의를 표하기 위하여 주한 미국공사관을 찾아 푸트를 예방하였다. 모든 것이 불확실하고 어두웠던 지난날들, 좌절과 혐오의 고통들, 그리고 어디 가나 불투명하였던 앞날로 해서 초조했던 알렌에게 푸트는 구원자의 모습으로 나타나, 그의 인생 전체가 여명을 맞은 듯 하였다. 그는 〈기대하지도 않았던 뜨거운 영접〉[75]을 받았던 것이다. 한데 그 이유는 여러 기록에서 찾아보건대 개인적인 것이었다. 공사의 부인이 늘 몸이 아팠고, 또 자신도 늙어 가고 있는 형편에 의사가 곁에 있어야 겠다는 것이 그 첫째 동기였던 것이다.

---

72) 1884년 10월 31일 포크가 甲申政變의 기미를 채고 의논한 바 있는 美國人 商人. 〈타운센드 會社〉의 設立者. 장차 알렌과는 商業問題로 가끔 意見對立. 선교사들에 대해서는 그들이 가끔 利權에 개입한다 하여 不和. 해링톤, *op. cit.*, p.113.

73) 尹致昊는 美公使館 書記官(尹致昊日記, 一. p. 74), 李瑄根은 美公使館 부속 海軍武官(韓國史, 最近西篇, p. 631)으로 보고 있으나 둘 다 不明. 스미소니안 關係로 체재한 것이라는 알렌의 말이 가장 確實.

74) H. N. Allen, Greetings, *op. cit.*, p. 4.

75) *Ibid.*, p. 5.

> 의사 한 사람이 그들이 필요로 하던 것이었는데, 내가 도착한 것이다. 그것이 바로 適時라는 것이다. 그래서 내가 할 일 때문에 나는 환영을 받은 것이다.[76)]

이렇게 해서 그의 서울에서의 위치는 〈의사〉로 정의(定義)되고 그 범위내에서도 할 일이 많아지게 된 것을 알게 되었다. 그는 곧 미국공사관의 부속 의사가 되고, 뒤이어 영국을 비롯한 구주(歐洲) 공사관 및 심지어 일본공사관의 공의(公醫)가 된 것이다. 영국공사 아스톤(W. G. Aston)과 그 부인은 그 때 아파서 그 날 곧 치료를 해야 했다. 한국 세관에서도 공의직으로 드나들게 되었다. 〈이 여러 일을 하자니 수입이 꽤 좋아졌던 것이다.〉[77)] 고종이 미국인 한 사람이 살려고 왔다는 소식을 듣고 그가 선교사가 아닌가고 물었을 때 푸트는 즉시 〈그는 미국공사관의 부속 의사 곧 공의〉[78)]라고 대답했던 것이 그 까닭이었다. 그것은 진실이고, 또 푸트의 희망이기도 하였다.[79)] 현실적으로 선교 착수에 대한 조심성이 그에게 깔려 있었던 것도 그 한 이유이다. 푸트가 알렌을 반긴 이유중의 다른 하나가 알렌이 직접 복음전파 사업에는 그 때로서 착수할 의사가 없음을 알았기 때문이었다.[80)]

푸트는 알렌에게 직책상 여러 편의를 보아 주기 시작하였다. 처음 한 일이 알렌이 거처할 집을 구득(購得)해 주는 것이었다. 알렌은 그 처자

76) *Loc. cit.*

77) *Loc. cit.*

78) O. R. Avison, In memoriam—Dr. Horace N. Allen, *The Korea Mission Field*, 1933, 5月號, p. 104.

79) 해링톤은 이것은 천주교 神父가 喪服을 입고 僞裝하고 다닌것과 같은 〈僞裝〉이라고 보았다. 해링톤, *op. cit.*, 韓譯, p. 12.

80) Allen's letter to F. F. Ellinwood, 1884. 10. 8日字. 그러나 高宗은 알렌이 선교사인 것을 알고 있었다. H. N. Allen, Medical Work in Korea, *The Foreign Missionary*, 1885, p. 76.

가 10월에 상해에서 입경하게 되어 있었기 때문이다.[81] 푸트의 주선에 따라 미국공사관에 붙어 있는 집을 하나 살 수 있었다. 그런데 그 집터의 내력이 복잡하고, 따라서 알렌의 입주는 교회 역사상으로 대단히 흥미있는 변화를 가져온 사건이 되기도 한 것이다.

그 집은 원래 임오군란(壬午軍亂) 때 살해된 사람이 살던 집이어서 흉가라 하여 그대로 비어 있었다.[82] 그런데 1884년 6월 맥크레이(R. S. McLay)가 방한하고 고종의 사업 윤허를 받은 다음, 7월 푸트 공사를 만나 적당한 미래의 선교 활동 근거지를 물색하다가, 그 집이 적당하여 푸트와 어떤 계약 형식으로 그 매매를 일단락 지었던 곳이었다.[83]

한데 우선 여러 나라의 외교관들이 의사가 공사관 옆에 있기를 바라, 그 집을 알렌에게 넘겨 주는 일을 푸트가 결행한 것이다. 푸트가 한 말을 알렌이 그의 일기에 장장 옮겨 놓았다.

> 내가 이 일에 대해서 솔직히 말한다면, 지난 여름에 노인 한 분, 즉 일본에서 온 맥크레이 박사가 이 가옥 매입을 하두 졸라대기 때문에 그의 요청대로 선교사업용으로 이 집을 사 주겠다고 약속하였다. 그러나 선교사업을 당장에 할 수는 없고[84] 때가 열릴 때까지 기다려야 한다고 분명히 말했었다.
>
> 그런데 당신이 지금 여기 오게 되었고, 우리들 가까이에 당신이 있어 주어야 하겠기에 이 집을 당신에게 넘겨 주었다.[85]

알렌은 미안하기가 짝이 없었다. 맥크레이에게 편지해서 감리교 선교

---

81) The New American Minister, *The Korean Repository*, 1897, 9月號, p. 349.
82) 白樂濬, *op. cit.*, pp. 83, 103.
83) R. S. McLay, Korea's Permit to Christianity, *op. cit.*, p. 290.
84) 맥크레이 博士도 때가 되어 선교할 수 있을 때에 가서 그 집을 사게 될 터이니 그 때 가서 넘겨 달라고 말을 한 일이 있다. R. S. MacLay, *op, cit.* p. 290.
85) Allen Diary, 1884. 9. 24日字.

사업에 지장이 되지 않았으면 한다고 썼다. 그 해답이 현재로는 찾아 볼 수 없게 되어 있지만, 그 내용이 유쾌한 것이 아니었음은 짐작하고도 남는다.

해링톤은 푸트가 맥크레이에 대하여 나쁜 인상을 가지고 있었기 때문에 이런 일을 감행하였다고 썼지만, 무엇 때문에 나쁜 인상을 받았는지에 대한 지적은 없다. 우리는 그것이 김옥균(金玉均)을 주로 내세워서 일을 하고 푸트가 미국공사인데도 제외시켰던 일로 단정하고 싶다.

알렌이 사서 장차 쓰게 될 이 집과 그 터는 정동에 위치했던 것으로 〈세 가족이 살기는 넉넉했고, 마당도 넓어서 그 옆에 학교, 병원, 그리고 채풀을 세울 수 있을 만한 곳〉이었다.[86] 이러한 집터의 구득이 〈한국 선교사(宣敎史)의 방향을 바꾸어 놓게 된〉[87] 것이었다. 실로 〈미국공사관의 보호 아래〉[88] 알렌의 한국 생활과 사업이 시작된 것이다.

3) 宣敎事業 着手可能性 問題

서울에 집을 얻게 된 알렌은 푸트 공사가 내한할 때 타고 온 군함의 중국인 집사 〈유돈(Eu Don)〉이 푸트의 집사로 남아 있는 것을 보았다. 아주 유능한 집사였다. 알렌은 상해에 가족을 데리러 떠나면서 집 수리와 정돈을 그에게 맡기고 떠났던 것이다.

10월 26일 알렌 가족이 서울에 도착하여 이 새로 단장한 주택에 들었을 때 아주 큼직한 곳간(庫間) 하나를 마련하여 놓았다. 서울에 외국 물건을 파는 데가 없어서 상해에서 대량의 물품 특히 식료품을 사다 쌓아 두어야 했기 때문이다. 알렌은 이 곳간이 〈시골 식료 잡화상같다〉고 한 일이 있다.[89] 그는 한국 온돌방 여섯을 뜯어서 식당을 만들고, 다락 위에

86) E. N. Hunt, *op. cit.*, p. 18.
87) 해링톤, *op. cit.*, p. 11.
88) 朝鮮見聞記, p. 178.
89) H. N. Allen, Greetings, *op. cit.*, p. 6.

다가 4피트밖에 안되는 높이의 방이었지만 침실도 꾸며 놓았다. 이렇게 해서 곳간에 가득 찬 식료품과 말끔한 집에서 평안한 살림을 시작할 수가 있었다.

그는 거류민단들의 공의로 바쁜 시간을 보내고 있었지만, 종교적 활동을 서서히 손댄 자국이 있다. 〈날마다 기도와 예배 보는 일〉 정도의 일도 그 때는 대담한 행동이었다. 그 때 알렌은 중국에서 같이 온 중국인 어학선생을 돌려보내고, 〈나이 많고 점잖은 선비〉[90]를 어학선생으로 채용한 일이 있었다. 이 사람이 저 유명한 노도사(魯道士)인 것이다. 그가 알렌의 어학선생이 된 것은 10월 말 이후의 일임이 확실하다. 그의 의도도 어학교수가 아니라 기독교에 대해서 가지고 있는 숨은 내심의 지적 종교적 갈망을 채울 기회를 찾는 것이었다.[91] 그런데 갑신정변(甲申政變, 1884. 12. 4)이 일어나던 날 오후에 중국어로 된 《누가복음》과 《마태복음》을 〈훔쳐〉 집에 가서 밤새 읽고, 다음날은 완전히 개종된 새 사람으로 아침을 맞았던 것이다.[92] 알렌이, 기독교인이 되고 성서를 읽는 것이 〈목이 달아나는 죄〉가 된다고 하였지만, 그 점을 잘 알고 있다고 하면서 떠났던 것이다. 그리고 〈언더우드의 서재에 와서 훌륭하고 위대한 성서에 따라 신앙에 죽고 살겠노라〉 다짐하여, 1886년 7월 18일에 비밀리에 세례를 받았던 것이다.[93]

---

90) 처음 語學先生은 李夏榮(後 워싱턴駐在 韓國 代理公使)이라는 說이 있다. 그는 알렌이 가족과 함께 上海에서 向韓할 때 同途했던 사람, 白樂濬, *op. cit.*, p. 104.

91) L. H. Underwood, *Underwood of Korea*, New York, Fleming H. Revell, 1918, p. 54.

92) 魯道士가 이 성서를 가지고 간 데 對하여서는 언더우드 夫人과 알렌의 견해가 다르다. 언더우드 夫人은 훔쳤다고 하였고, 알렌은 노도사를 政變 때 보내면서 주어 보냈다고 하였다.

Cf. L. H. Underwood, *op. cit.*, pp. 54, 55. H. N. Allen, Greetings, *op. cit.*, p. 7.

93) L. H. Underwood, *op. cit.*, p. 55. 여기에는 7月 11日로 되어 있다. 알렌은 노도사가 스크랜튼 박사의 語學先生으로 있을 때 改宗해서 監理敎會에 入敎하였다고 記錄. H. N. Allen, Greetings, *op. cit.*, p. 7.

그런데 알렌이 노도사가 감리교인이 된 사실을 그가 훔쳐 간 성서로 해서 유머로 확인하고 있었지만, 그것이 잘못된 기억인 것은 같은 감리교의 아펜젤러(H. G. Appenzeller)의 글에서 곧 판명이 된다. 아펜젤러의 편지는 그 당장에 기록한 일기에 있기 때문이다. 곧,

> 지난 일요일 7월 18일 오후 언더우드 형제가 서울에서는 처음으로 개신교 선교에 의한 세례를 노씨에게 주었다. …
>
> 이 사람은 새로운 교리를 듣고는 알렌 박사로부터 복음서 한 권을 몰래 가져다가 조심하면서 열심히 읽고 … 또 일요일에는 우리의 기도 모임에 참석했는데, 이번에 스스로 자원해서 세례를 받고 크리스챤이 되기를 서원한 것이다. …
>
> 이 세력식은 헤론 의사집에서 거행되었다.[94)]

이렇게 해서 한국 개신교 세례인은 국내에서는 이 노도사가 장로교인으로 그 첫 사람이 된 것이다. 알렌의 가정 예배의 한 열매였다. 언더우드는 이 사람의 입교를 보고 찬란한 미래의 약속을 바라볼 수 있었다.

> 우리들 기도와 사업의 첫 열매를 보았을 때, 우리들 신앙은 확고해지고 우리의 열심은 불 탔으며, 이 사람 뒤에 따라오는 수많은 사람들의 행렬의 비젼을 눈앞에 보는듯 하였다. 하지만 우리의 가장 빛나는 꿈도 닥아 올 미래 교회의 발전상에 비한다면 아무 것도 아니었다. 그 때 우리들은 이 십자가를 따르는 수천 수만의 군단(軍團)들의 나팔 소리를 듣지 못하였으며, 수백의 작은 교회당들로부터 울려 퍼지는 음악의 메아리도 듣지를 못하였던 것이다.
>
> 그러나 우리는 이 어두운 조선에 빛이 밝아 오는 그 날이 동 튼다는 것을 알고 있었으며, 이 첫 신자야말로 하나님께서 장차 그의

94) H. G. Appenzeller's Diary, 1886. 7. 24日字. 이만열, 아펜젤러 — 한국에 온 첫 선교자—, 서울, 연세대학교 출판부, 1985, p. 287.

> 백성으로 삼으실 수많은 사람들의 보장이라는 것을 다 느끼고 있었다.[95]

이 말은 1884년이 25년이나 지난 다음의 말이었지만, 그 날의 사정을 감격으로 회고한 신앙의 간증이었고, 이 땅에서 첫날 복음의 씨앗을 뿌리려 나가던 선교사들 몇 사람의 숙연한 기대이기도 하였다. 시대는 불확실성과 긴장으로 일대 풍운의 긴장감이 고조되던 때였다. 그러나 선교사가 할 일은 구원의 복음의 전파였다. 조심은 하더라도 그 일은 어떤 형태로든 시작되어야만 했다. 〈선교사가 현재로서는 이 나라에 현존할 수 없게 되어 있지만, 공사관의 공의로서 이제 곧 시작될 (선교) 사업의 준비를 게을리 할 수는 없었다.〉[96]

미국 국무성도 선교사업의 끝없는 지체가 그 현책이 아니고, 또 미국정부의 대의 명분도 그런 곳에 있지 않다고 보았다. 국무장관 프레링휴젠(F. T. Frelinghuysen)이 푸트에게 보낸 하달문에 이런 것이 있었다.

> 우리 정부는, 그렇지만, 신앙의 관용과 자유가 모든 개명(開明)된 열강의 진실한 정책이니 만큼, 본 국무성도 귀관(貴官)이 그 권한의 영역 안에서 훌륭한 직권을 행사하여 조선인들이 선교사들을 친절히 대하도록 조치를 취하여야 할 것입니다.[97]

푸트는 그 자신이 기독교인이 아니란 사실을 강조하고 있었다. 일의 공평성에 대한 미국 외교관의 객관성을 자처한 말이다.[98] 따라서 그의

---

95) H. G. Underwood, Reminiscences, *Quarto Papers*, p. 101.

96) Allen's Diary, 1884. 10. 1日字.

97) Instructions, State Department Archives, Frelinghuysen to Foote, 1883. 10. 23日字. McCune, Harrison, *op. cit.*, p. 35.

98) Foote to Ellinwood, 1884. 10. 8日字. Letters of Presbyterian Church in the U.S.A., Korean Missionaries, Incoming and Outgoing., Philadelphia, Presbyterian Historical Society, 1884—1911. E. N. Hunt, *op. cit.*, p. 18.

종교 자유에 대한 권장과 어떤 조치도 종파적(宗派的) 호교적(護敎的) 행동이 아니란 점을 과시하고자 한 것이다. 그는 고종이 개화파와 가깝고 김옥균, 박영효, 홍영식, 서광범, 서재필과 같은 혁신계 인물과 친근하며, 이들의 건의에 다라 기독교 사업에 대한 열의 있는 반응이 엿보이고 있다고 사사로이 귀뜸해 준 일까지 있었다.[99]

전망이 트이는 것 같았다. 비록 소수이지만 개화파가 고종과 그만큼 통한다면 그들의 기독교 문명에 대한 인식이 기독교 사업에 대한 직접적 후원과 격려로 나타날 것임에 틀림이 없었다.[100]

더구나 푸트는 한국인들에게 기독교는 〈다스리는 사람을 존경하며, 법률에 복종하고, 정직하며 신뢰받고 도덕적 성품을 쌓도록〉 가르치는 것이라고 해명함으로써 그 종교의 국민성과 전통주의를 변증하였던 것이다. 미국 북장로교 해외선교본부의 엘린우드(F. F. Ellinwood)가 푸트에게 한국에서의 선교 사업 전망을 물었을 때, 푸트는 낙관과 희망으로 그 미래를 장담할 수 있었다. 고종의 기독교에 대한 인식 자세도 희망적으로 판단하여 회신(回信)을 냈던 것이다.

하지만 국내의 반기독교적 감정이 전혀 없었던 것은 아니다. 대원군(大院君)은 아직 수구파 세력의 실력자였으며, 원세개(袁世凱)의 청국 군영(軍營)도 기독교에 적대적이었다. 더구나 막강한 권력을 행사하고 있었던 묄렌도르프(穆麟德)는 서구인임에도 불구하고 완전히 이홍장(李鴻章)의 지시에 따라 〈한국 사람들보다 더욱 반선교적 행동〉[101]을 하고 있었다.

물론 우리는 묄렌도르프가 직접적인 반선교사 운동을 할 만한 뚜렷한

99) McCune, Harrison, *op. cit.*, pp. 101—103.

100) F. A. McKenzie, *The Tragedy of Korea*, London, Hodder & Stoughton, 1908, p. 38.
Cf. 閔泰瑗, 金玉均傳記, 서울, 乙酉文化社, 1974. p. 125.

101) Allen to Ellinwood, 1884. 10. 8日字.

대상이 없었던 상황으로 보아,[102] 알렌의 이 말은 김옥균(金玉均)과 묄렌도르프와의 갈등, 곧 정치적 대립의 격화로 김옥균 일파 추진의 근대화에 반대하여 필경 기독교에 대한 저지로까지 간다는 말의 뜻으로도 이해할 수 있을 것이다.[103] 윤치호(尹致昊)의 일기에만도 1884년 6월 이후 김옥균과 묄렌도르프와의 격렬한 논쟁이나 싸움이 누차 반복 기록되어 있는 것을 보거나, 고종의 면전에서까지 이 두 사람이 피차 논박하였던 일들은[104] 다 개화 추진파와 수구파와의 극렬한 갈등의 양상을 보여 주는 것이었다.

고종이 묄렌도르프를 혐오한 까닭이 많았겠지만 특히 이 때 그 독일인이 《朝鮮略記》란 것을 간행하였는데, 그 속에 〈有朝鮮王卽淸帝有名無實之從僕〉이란 글귀가 들어 있어 윤치호로서는 이 책을 보여 주고 고종의 〈初有怒色〉을 보았다 할 만큼 감정이 격해 있었다.[105]

이런 묄렌도르프의 〈悍悖無禮 放恣罕侍〉가 있었는데도 민영익 일파, 원세개가 수구파로 친청(親淸)에 기울어지고, 김옥균(金玉均) 일파가 고종을 모시고 개화 추진에 성급한 박차를 가하고 있었다. 개화 추진군(群)에는 일본과 미국의 어떤 형태로든 지원이 있을 것으로 보였지만 결국은 일본과 개화파의 접근이었고, 미국은 전술한 대로 섭섭할 만큼 관망과 중립으로 멀리 서 있었다. 이들의 대결이 장차 이 나라 안에서의 기독교의 거취를 결정할 중대한 계기가 될 것임에 틀림없었다. 기독교의 미래는 사실 어느 쪽에도 한편으로만 그 전망이 연관된 것이 아니

102) 穆隣德의 夫人은 着實한 基督敎人이었다. 朝鮮예수敎長老會史記, 上, 車載明 編, 서울, 新門內禮拜堂, 1928, p. 8.

103) 알렌이 淸國에서 來韓하는 데에 헨더슨 博士가 써 준 묄렌도르프에의 추천서가 있었다는 사실을 留念해야 한다.

104) 尹致昊日記, 一, pp. 71, 75等. 푸트의 묄렌도르프人物評 : 無晴明主見, 徒做浮說, 問人友誼 不公不平等事. 尹致昊日記, 一, (1884. 6. 9日字), p. 71.

105) *Ibid.*, 一, (1884. 2. 6日字), p. 43. 그 때 閔妃도 同席, 그런 것을 王에게 알렸다 하여 不悅했다 한다.

었다.

미국과 그 외교관 그리고 알렌은 각각 다른 입장에서 이 심각한 대결의 현장에서 눈을 멀리 돌리고 있었다. 푸트 공사는 별 일 없으리라고 하며 마음 편했고, 알렌은 아직은 낯선 땅에 와서 여섯 주일 정도 지난 경험으로 궁전 부근에 도사려 펴져 가고 있는 심각한 결전의 암운이 닥아 오는 것을 투시할 정치적 시력(視力)을 가지고 있지 못했다.

그러나 그에게는 이 신구의 대결과 그 주변 정세의 연속으로 복잡한 정정(政情)의 폭발이 묘하게 그로 하여금 이 시련의 경계를 관통(貫通)해서 전혀 새로운 질서로 개편하게 하는 소명(召命)의 시간이 다가오고 있었던 것이다. 알렌이 전혀 다른 모습으로 등장하고, 그것이 한국의 운명과 마찬가지로 근대사로 가게 하는 결정적인 변화의 시간이 박두해오고 있었던 것이다. 알렌의 역사적 의의는 그가 바로 미국 의사로서 선교사적 사명을 가지고 1884년 12월 4일에 서울에 살고 있었다는, 그 한 곳에 있었다. 그것은 카이로스에 그가 서 있었다는 뜻이다. 한국 역사를 알렌 이전(ANTE—Allen)과 알렌 이후(POST—Allen)로 나누어 볼 수 있으리 만큼 그것은 엄청난 의미를 가지는 것이었다.

Ⅳ. 甲申政變과 알렌의 登場

이 날 사태의 모든 진전이 시련에 쌓여 있었고 피땀을 흘리게 하였습니다. 그러나 그 일 때문에 나는 궁정(宮殿)에 들어 다닐 수 있게 되었으며, 나에게는 남다른 현직(顯職)을 누리게 하여 주었습니다. 이 일들은 다른 방법으로서는 도저히 획득할 수 없는 것들입니다. 이제 다 사람들은 나를 알아 보며, 따라서 우리 사업은 이 일 때문에 아무 어려움도 받지 않게 된 것이 확실합니다.

알렌, 1884年 12月 8日

1. 甲申政變

가. 政變의 背景[1)]

개화파와 수구파의 긴장 관계는 이미 우리가 살펴본 바가 있다. 하지만 그들이 청국이나 일본 및 미국을 비롯한 구미 제국과의 얽힌 관계를 무시하고 자력으로 국가의 운명과 미래를 경륜하고 결정하는 정치나 개혁을 추진할 수는 없었다. 특히 개화 일파는 일본의 실제적인 정치적 협력과 후원이 없이 그들 나름의 우국적(憂國的)인 개혁 운동을 착수할 수가 없었다.

하지만 일본의 국력이 아직은 보수 수구의 배후 실재인 청국을 상대해야 하고 개화파의 활동을 직접 조정할 만한 힘이 스스로 판단하기에도 미비한 터라, 시기를 기다리는 신중론이 주도하고 있었다.[2)] 더구나 일본의 다께조에(竹添進一郎 1882. 12. 26－1885. 1. 9.) 공사는 1883년 말부터 1884년 9월까지 본국에 체재하면서 짐짓 한국에 대한 무관심의 자세를 과시하고 있었다.

그런데 급작스러운 국제 정세 변동이 일어났다. 1884년 8월에 청불전쟁(清佛戰爭)이 일어나, 불란서가 청국 해군을 격파하고 대만 기륭(基隆)을 점령하며 복주(福州)까지 포격, 청국을 참패시켰던 것이다.[3)] 대국을

---

1) 甲申政變에 대한 現場記錄은 金玉均의 《甲申日錄》과 尹致昊 《日記》가 있다. 알렌의 日記도 있지만 여기서는 주로 尹致昊의 日記를 中心으로 서술해 나가기로 한다. 宣教部들의 年例報告書도 一助가 되는 史料들이다.

2) 秘書類纂, 朝鮮交涉史料, 下, pp. 251－254.
李瑄根 韓國史 最近世篇, p. 593.

3) 清軍 2萬이 佛軍 2千에 慘敗, 尹致昊日記, 一, (1884, 9. 22日字), p. 98.

자랑하던 청국의 체면이 손상된 것은 두 말할 것 없었다. 그 성세 도도하던 이홍장(李鴻章)과 장수성(張樹聲)이 견책 받은 사실도 전해져, 한국의 청국관(淸國觀)이 심각한 동요를 받지 않을 수 없었다. 그래서 김옥균은 푸트 공사에게 〈我國獨立之機會 何在此時〉라 단언할 수 있었다.[4] 더구나 청국인이 피난 월경(越境)하는 것이 청국의 자위(自衛) 능력 부재 때문인데, 한국 위상의 변화가 반드시 있어야 한다는 자극이 편만하였던 것이다. 구미 각국이 〈視淸人若僕隸〉하는데 한국만이 〈視淸人如上人者〉[5]할 수 없다는 자각이었다. 그래서 구체적인 변란의 계획을 10월 14일까지는 대개 마무리 짓고 있었다.[6] 그러나 세론은 〈開化黨當謹愼待機〉라는 것이었다.[7] 유대치(劉大致)의 의견도 같았다.

그러나 11월 4일 박영효(朴泳孝)의 집에 모인 개화파 인사들은 일본공사관 서기관 시마무라(島村久)도 동석한 자리에서 김옥균의 제안에 따라 〈不遠間 擧行될 郵政局 開設 披露宴을 利用하여 擧事〉한다는 구체적 방법까지 결정한 것이다. 이 〈조급한〉[8] 방책 강구의 배후에 이토 히로부미(伊藤博文)나 일본 외무대신 이노우에(井上馨)의 사수가 있었다. 일본은 이 일의 성취를 위하여 조정의 환심을 사기 위해서 임오군란(壬午軍亂) 배상금으로 내어 놓게 되어 있었던 40만 원[9]을 〈내정 개혁의 자금으로의 전환〉이란 명분으로 탕감하여 주었던 것이다.

이 거사는 본래 12월 7일로 예정되어 있었다. 그러나 수구파쪽에서 이 거사의 기미를 눈치 챈 듯한 정보가 있어서 그 거사 일을 4일로 앞당기게 되었던 것이다. 그 개혁은 우정국 피로연 때 안동(安洞) 별궁에 방화하여 놀라게 하여서 사대당 중진들이 뛰어나올 때 두 사람씩 장사

---

4) 尹致昊日記, 一,(1884. 9. 25日字), p. 98.
5) *Ibid.*, pp. 98, 99.
6) 李瑄根, *op. cit.*, p. 611.
7) 尹致昊日記, 一,(1884, 11. 3日字), p. 105.
8) 李瑄根, *op. cit.*, p. 602.
9) W. E. Griffis, 韓譯, *op. cit.*, Ⅲ, p. 216. 여기에는 $400,000, 곧 費貨로 記.

가 달려들어 단검과 단총(短銃)으로 처리하되, 민영익은 윤경순(尹景純)과 이은종(李殷鍾)이 맡고, 만일의 경우에 대비하여 한복으로 변장한 일본인 낭인(浪人)들을 한 사람씩 더 배치하며, 대궐 안팎에서 별궁 화재로 모여드는 수구파 거물들을 처리하되, 만일 실수할 경우를 대비하여 일본 낭인 4인을 배치하고, 또 일본군 30명을 금호문(金虎門, 昌德宮)과 경우궁(景祐宮) 사이에 배치해 둔다는 것이었다. 그리고 수구 요인들을 다 제거한 다음 고종을 옹위하여 대정(大政)을 일사천리로 개혁한다는 친정(親政) 쿠데타 계획이었다.

여기 일본과의 밀착이란 점은 향후 일본의 조선 침략이란 역사의 진행에서 보았을 때 실로 위험천만의 모반이 아닐 수 없었으며, 거사 당일의 일본군 동원이나 암호의 일본어[10] 사용 등은 역사를 뒤돌아 보는 사람의 눈에는 분격과 공의로 심골이 떨리게 하는 일이 아닐 수 없었다. 그러나 개화 일파는 그 당시 서울에 주둔한 청나라 병력이 1,500명인 데에 비하여 일본군은 2백 명에 불과하다는 사실을 대수롭게 생각하고 있지 않았음이 밝혀진다.

나. 政變(事變)의 過程

해링톤은 알렌의 세 가족들에게 저 운명의 날 12월 4일은 또 다른 하나의 평범한 날이었다고 회고하였다.[11] 날씨가 몹시 차서 한국의 겨울이 얼마나 춥다는 것을 알리는 겨울날이었다. 그날 저녁 윤치호는 일찍 공관(公館)에서 퇴청하여 나오면서 김옥균을 만나 고종이 타운센트(W.D. Townsend)에게 동전(銅錢) 백 냥을 주었다는 말을 하면서 집에 돌아와 우정국 참연(參宴)을 준비하고 있었다.[12]

10) 〈ヨロシ〉, 곧 O.K.라는 뜻. 李瑄根, *op. cit.*, p. 614.
11) 해링톤, *op. cit.*, p. 20.
12) 尹致昊日記, 一,(1884. 12. 4日字), p. 115.

한편 알렌은 저녁, 두 명의 미국인 친구[13]의 집에 가서 저녁 식사를 하였다. 그 날의 모습을 알렌의 발자욱 소리 들으며 따라가 보자.

> 그 날 밤 눈 밟는 소리를 내면서 상쾌하고 차거운 달빛 아래 조용한 거리를 거쳐 돌아오는데 주위의 풍경이 너무도 평화스럽고 안온하여, 나는 나의 아내와 함께 산책을 하기로 하였다. … 이 고요한 밤은 우리들이 정착하여 살려고 온 도시의 광경을 감상하기에 알맞은 듯이 보였다.
>
> 그 날 밤은 조용하여 휘파람 소리나 지나가는 차들의 소음도 들리지 아니하였다. 포장도 되지 아니한 거리에 대궐로 들어가거나 나오는 벼슬아치의 말발굽 소리도 들리지 않았으며, 눈에 띄는 것이라고는 옆으로 흔들거리며 소리 없이 지나가는 어떤 관리의 가마가 있을 뿐이었다. 긴 시간 동안 어떤 여인이 여성의 자유를 만끽하면서 분주하게 두드리는 다디미 소리만이 멀리서 들려오고 있었다. 그리고 몸이 불편하여 우는 어린아이의 울음 소리, 재난을 당한 집에서 재래식 치료를 하기 위하여 울부짖는 무당의 푸닥거리 소리, 개들이 짖는 소리, 당나귀 울음 소리, 그런 것만이 매우 먼 곳에서 들려오고 있었다.
>
> 집들과 건물을 둘러싼 하얀 벽돌이 줄 지어 있는 적막한 길 가에는 고정된 등화(燈火)도 없었고, 또는 불이 켜진 창문들도 없었다. 눈에 보이는 불이라고는 단지 몇몇 통행인들이 들고 있는 초롱불에서 새어 나오는 것 뿐이었다.
>
> 길에서 만나는 사람들의 대부분은 여인들이었다. 이 여인들은 사람마다 흰옷을 입고 장옷을 깊이 쓰고 있었으며 작은 밀초(密燭)에서 희미한 불빛이 비치는 작은 종이 초롱등을 가지고 있었다. 시(市)의 문을 닫기 위한 통행금지종(通行禁止鍾)이 울린 때부터 동이

---

13) 타운센트(W. D. Townsend)와 버나도우(J. B. Bernadou)임이 확실.

> 틀 무렵 문을 열 때까지, 높은 지위에 있는 사람의 시중을 드는 종들을 제외하고는 보통사람이 거리를 통행할 수 없었다. 이 통행금지는 여인들에게는 적용되지 않았다. … 먼 나라에서 온 쓸쓸한 여인이 가 보지 못한 이 도시의 거리를 보행으로 통행하는 첫 행차로는 이 시간이 가장 좋은 기회였다.[14]

알렌의 다른 글을 읽어 본 사람은 이러한 한국의 모습이 아주 전형적인 그 때의 서울 모습이라는 것을 알게 될 것이다. 그것은 다 그런 곳에서 각각 그렇게 소리도 내고, 조용히 있기도 하고, 다니기도 하는 것으로, 그것이 바로 정상적인 한국, 그리고 서울의 밤 풍경이었다. 모든 것은 다 제 자리에 있고, 아무 불궤(不軌)가 없었다는, 대단히 시적인 표현이었다.

하지만 그의 눈에도 그날 밤은 〈험악한 폭풍이 불고 있는 바닷 밑〉[15] 같다고 하였다. 그날 저녁 어두운 7시, 우정국 개설 축하연이 우정국에서 열리고 있었다. 그 앉은 자리를 참석하였던 윤치호가 기억하고 그날 밤 일기에 써 놓았다.[16]

> 座首洪英植 上客福特(푸트) 座右金弘集 余 金玉均, 徐光範, 朴泳孝, 閔泳翊, 韓圭稷, 李祖淵, 閔丙奭, 木人德(穆隣德), 阿須頓(W.G. Aston), 島村久, 司各德(C. L. Scudder), 川上立一郞, 依次左右列座 余在福公(L.H. Foote)之次.

이 자리에 묘하게도 일본 공사(竹添進一郞)는 신병을 구실로 참석하지 않았다. 진수당(陳樹棠)도 불참이었다. 그런데 그 좌석은 대개 다음과 같았다.

14) 朝鮮見聞記, pp. 58－60.
15) *Ibid.*, p. 6.
16) 尹致昊日記, 一,(1884. 12. 4日字), p. 115.

郵政局宴會席次之圖

아	陳	閔	川	金	島	尹	푸
			上				
스	樹	丙	立	玉	村	致	
			一				
톤	棠	奭	郞	均	久	昊	드

朴 泳 孝 (table) 洪 英 植

韓	閔	譚	穆	李	申	스	金
圭	泳	賡	隣	祖	樂	커	弘
稷	翊	堯	德	淵	均	터	集

이 날 연회석 분위기가 평정하였을 리가 없다. 마음에 살기를 품은 사람들과 무엇인지 낌새가 수상한 것을 감지한 불안한 사람들의 축연(祝宴)은 악독과 위장과 음모의 무대였을 따름이다. 김옥균이 초조를 감추지 못하고 출입이 잦아졌고, 서광범 집에서는 안동 별궁의 방화가 여의치 못하다는 전갈이 이 김옥균의 출입 때 전해졌다. 그래서 아무 데나 방화하라는 밀령을 내렸고, 수십 분 후 우정국 북창 밖에서 〈불이야〉 소리가 났다.

> 이 窓밖의 불꽃이야 말로 그들의 運命을 左右하게 될 乾坤一擲의 烽火였다.[17]

윤치호는 그 연회장이 〈수라장〉[18]이 된 것으로 기록하지 않았다. 푸트

---

17) 李瑄根, *op. cit.*, p. 618.

18) 尹致昊日記, 一,(1884, 12. 4日字), p. 115.

공사가 아주 여유있는 말로 몇 마디를 하여 냉정을 보이고자 하였다. 그러나 〈驚惶彷徨〉이 없을 수 없었다. 이 때 묄렌도르프가 불난 곳이 자기 집 근처여서 가 보아야 한다고 나갔고, 이조연 한규직도 떠나 불길을 잡아야 한다고 했다. 한규직은 전영대장(前營大將)이었다. 바로 그 때였다.

勿有一人自外呼苦而入 流血滿衣 面色蒼黃 滿座驚看 見是閔芸楣[19]

어느 사이엔가 전정(前庭)에 나갔던 민영익(閔泳翊, 芸楣)이 전신에 자상(刺傷)을 입고 피투성이로 들어온 것을 본 것이다. 동맥이 끊기고 머리와 몸에 일곱 군데나 칼에 맞아 생명이 위독하게 된 것이었다.[20] 쓸어진 민영익을 푸트 공사와 묄렌도르프가 우선 함께 손을 써 구급치료를 하였다.[21] 그러나 사태 위급함을 안 묄렌도르프가 가마로 자기 집으로 우선 옮겨 놓았다. 이것은 용감하고도 충실한 과감한 행동이었다.

우정국에 있던 수구당들은 황겁결에 다들 도망하였다. 민병석과 한규직은 〈脫冠解衣 欲雜于人中〉[22]이라 하였으니 변장하고 무리들 틈에 끼어 나가려 하면서도 몇몇 병정들을 소리쳐 불러 모을 수 있었다.

그 이후 즉시 개화 일파는 대궐로 달려가면서 일본군을 경우궁으로 보내고, 고종을 만나 경우궁(景祐宮)[23] 파천(播遷)을 권하여 모시고 가서 일본군 2백 명으로 호위를 삼엄하게 하였다.[24] 윤치호가 그 밤중에 겨우 경우궁에 가 고종을 뵈었더니 〈滿面惱色〉이었고, 그 방안에는 개화파들

---

19) *Loc. cit.*

20) 白樂濬, *op. cit.*, p. 108.

21) 閔泳翊을 刺傷한 사람은 李圭完說(三城景明, 《韓末を語る》, p. 5), 日本人 總島和作說(《甲申日錄》), 徐載昌說(尹致昊日記, 一. p. 120)이 있다.

22) 尹致昊日記, 一,(1884. 12. 4日字), p. 115, 116.

23) 現 桂洞〈現代建物〉 자리.

24) 金玉均이 高宗에게 奏請하여 〈日本公使來護朕〉 勅書를 성급히 받아내 조치한 것.

이 즐비해 서 있는데 〈愁色滿室 蒼黃悽愴之景, 令人淚流沾中 咽塞語難成說〉이었다.[25] 고종은 이런 난리중인데, 다만 미국 호위병만을 찾고 있었다. 그 내심 결국 미국에게만은 신뢰가 가고, 구원의 길이 따로 없음이라 보았기 때문이다. 국왕과 여러 비빈(妃嬪)은 경우궁에서 그 날 밤 독립 개화파 여럿과 일본공사 및 좌우의 시위(侍衛) 속에 있는데, 윤태준(尹泰駿), 이조연(李祖淵), 한규직(韓圭稷), 민영목(閔泳穆), 조영하(趙寧河), 민태호(閔台鎬, 민영익父)가 차례로 칼에 처단되고, 환관(宦官) 유재현(柳在賢)이 서재필의 일령(一令)에 정전(正殿) 앞에서 〈亂刀殺戮〉되었다.

이런 분위기 속에서 이재원(李載元)을 영의정으로 앉히고 개화당 일색의 신내각이 조각되어 5일 새벽에 발표되었다. 김옥균은 비록 호조참판(戶曹參判) 제수에 끝났지만 그가 실세란 한 것은 다 알고 있었다. 윤치호도 이 때 외무아문(外務衙門)의 참의(參議)에 변수(邊樹)[26]와 함께 제수되었으나 김옥균 일파에는 탄식과 경멸을 보내고 있었다.

古愚(金玉均) 諸人 行事急燥可恨 … 無識不理 沒智暗時之事[27]

이것은 미국공사관의 정치적 입장과 같은 것이었고, 그들과의 친밀에서 얻어진 식견이었을 것이다.

김옥균 일파의 시세판단 부재가 곧 들어났다. 12월 5일 저녁 5시에 제전(諸殿)이 창덕궁으로 환어한 것인데,[28] 그것은 일본 공사가 고종의 어의에 따라 결행한 것이지만, 거기서 청군의 공격을 방어하기는 힘들었던 것이다. 이것이 개화당 운명에 치명상을 준 것이다.

원세개가 이끄는 6백 청군의[29] 창덕궁 동서 양 문을 통한 궐내 공격

25) 尹致昊日記, 一. p. 117(上同日字).
26) 邊燧로도 記한 데가 있다.
27) 尹致昊日記, 一,(1884. 12. 5日字), p. 118.
28) *Ibid.*, 一, p. 118.
29) H. N. Allen, Greetings, *Quarto Papers*, p. 10. 韓淸聯合兵力 6,000名으로 推算.

은 12월 6일에 있었다. 1개 중대(200명)의 일본군은 패퇴를 면치 못하였다.[30] 그 날 한국인들은 갑신정변이 〈親日賣國의 逆謀〉[31]라 하여 충격을 이기지 못하였으며, 개화당 일파를 보는 대로 습격 륙살(戮殺)하였다. 이 날 홍영식(洪泳植)이 분노를 참지 못한 군중들에게 〈斫爲肉泥〉[32]되었다. 그 최후의 모습이 이렇게 참혹하였다.

그 날 일본 공사관은 방화되어 불길이 솟았고,[33] 김옥균의 집 역시 화재에 휩쌓였으며, 개화당 인사들과 그 가족들이 여럿 참살을 당하였다.[34] 거리에는 40여의 시체가 방치되어 〈개들이 수 주일 동안 시체를 파먹고〉 있었다.[35]

미국 공사관에서 구미의 외교사절들이 함께 모여 사태를 논의하면서 위기감이 고조되고 있을 때,[36] 알렌은 당황하였고, 시세 판단에 정확을 기한다는 자신감이 확고히 서지 못했다. 그의 부인과 아이도 푸트 공사의 철수 종용을 받고 있었다.[37]

하지만 그는 남아 있기로 결단을 내린 것이다.

---

30) W. E. Griffis, *op. cit.*, Ⅱ p. 220에는 4.5천의 兵力이라 되어 있다. 尹致昊는 〈我人民軍兵 助淸倒戈〉이라 하여 韓淸聯合兵力임을 記. 尹致昊日記, 一, p. 119.

31) 李瑄根, *op. cit.*, , p. 669.
Cf. Foulk to Secretary of State, 1885. 1. 3.日字

32) 黃玹, 梅泉野錄, 甲申年 12月 6日字, 서울, 國史編纂委員會, 1971, p. 81.

33) 甲申政變에 關한 日使書翰 傳呈의 件(1884. 12. 10.日字), 舊韓國外交文書, 第 十 卷, 美案 Ⅰ, p. 87. 尹致昊日記, 一,(1884. 12. 7日字), p. 120.

34) 黃玹, *op. cit.*, pp. 80－82.

35) 朝鮮見聞記, p. 61.
이 시체들은 대개 日本 民間人 및 軍人들 被殺體. H. N. Allen, Greetings, *op. cit.*, p. 10.
Cf. 甲申政變에 關한 日使書翰傳呈의 件, *op. cit.*, p. 87. 여기는 日本人 被殺 30人으로 推定.

36) 美公使 濟物浦에서 德國公使, 英國領事와 合同議事 後 歸還 待期의 件, 舊韓國外交文書, 第 十 卷, 美案 Ⅰ, p. 88.

37) H. N. Allen, Greetings, *op. cit.*, p. 10.

> 우리는 가고 싶어도 갈 수 없으며 갈 수 있어도 가지 않을 것이다. 다른 선택은 지금 따로 있을 수가 없다.[38]

갑신정변의 밀계(密計)를 미리 알고 남쪽 지방에 여행을 떠났던 포크(G. C. Foulk)도[39] 고종의 명에 따라 다시 서울에 왔기 때문에 전혀 외롭지는 않았지만, 서울 잔류의 결심은 사명감의 고귀성에서 나온 것임에 틀림없었다. 우선 그는 떠날 수 없는 결정적 이유가 하나 있었다. 그것을 이제 우리는 미구(未久)에 중요하게 밝히고자 한다. 푸트 공사가 떠나면서 〈남아서 계속 미국 깃발을 휘날리라〉[40] 한 것이 그 사건과 연결되어 있다.[41] 서울 계속 잔류의 어려운 결정에 대해서 알렌은 이런 글을 남기고 있었다. 곧,

> 첫째, 우리는 어려운 일을 하려고 이곳에 왔다. 그런데 위험이 닥아 온다고 씻고 떠날 수는 없다. 둘째, 우리는 여기서 사는 주택도 안락하고 식량도 넉넉하다.[42] 셋째로 이제는 가마라는 가마는 다 나가고 없기 때문에 가려고 생각해도 길이 막힌 셈이다.

그는 미국 깃발 성조기(星條旗) 아래 있다는 것 자체가 이 나라에서는 가장 확실한 〈보장〉이란 것을 알고 있었다.[43] 하지만 이 낯선 땅에 개인적인 안전은 우선 스스로 확보하여야 할 목전의 요청이었다. 그는 필요

38) *The Foreign Missionary*, 1885, 3月號, p. 429.
39) 〈A most creditable representative〉라 칭찬. H. N. Allen, Greetings, *op. cit.*, p. 11.
40) *Ibid.*, p. 12.
41) 알렌은 內心 이것이 푸트가 자신의 재산을 지켜 달라는 뜻으로 한 말이라고 느끼고, 심하게 격론. Allen's Diary, 1884. 12. 11日字, 1885. 2. 11日字.
42) 실제 政變 當時 全市가 撤市하고 있어서 特히 日本公使館內에 피난해 온 日本人 全 3백여 명은 막심한 食糧難에 시달리고 있었다. 李瑄根, *op. cit.*, p. 657.
43) *The Foreign Missionary*, 1885, 5月號, p. 525.

한 경우 사용하려고 단 하나밖에 없는 권총을 아내에게 주었고, 자신은 무거운 카빈총으로 불의의 위험에 만전 대비하고 있었다. 알렌은 언제나 외출할 때에도 이 장총을 휴대하고 다녔고, 밤에는 침대밑에 두고 기도하고 잠을 잘 수 있었다.[44] 그 총은 이같은 난리에는 없을 수 없는 자신감을 안겨다 주었다. 난리가 지난 다음에 어떤 날 사격술을 시험해 보려고 쏘았더니 발사되지가 않았다. 총알 싸이즈가 맞지 않았기 때문이다.

12월 8일에는 천하가 다시 바뀌었다. 연소(聯疏)에 5적(五賊)의 탄핵이 치열하였고, 개화 일당은 일본으로 망명의 길을 떠나[45] 개화파의 갑신정변이 악몽으로 끝나고 말았던 것이다.

그런데 이 갑신정변은 한국이나 고종이 미국의 역할에 얼마나 기대를 걸고 신뢰하고 있었던가 하는 것을 다시 한번 보여 주었다. 고종이 대궐 지키는 것을 이 어려운 때 미군이 지킴만 못하다 하였다는 사실은 이미 기술(旣述)하였거니와, 국민들도 〈惟美使 能使日人畏敬〉[46]이라 한 것으로도 이를 찾아볼 수 있다. 더구나 고종은 정변의 문제로 뮐렌도르프를 부대신(副大臣)으로 삼아 일본에 파송하려 할 때에도 미국 푸트 공사에게는 서울에 남아 떠나지 말라고 간곡히 부탁하였던 것이다.[47]

하지만 이러한 친미적(親美的) 감정이나 자세는 지금까지의 외교 자세 때문이었다. 관심이 없거나 중립이어서 다그치지 아니하는 것을 친애(親愛)와 정의(情誼)의 현상으로 알고 있었기 대문이다. 물론 그 진심과 성의는 조선 독립 옹호라는 대의명분이 있었다.

그러나 한국이 상 하나 보수 혁신의 모든 경계를 뚫고 미국에 기대고

44) 朝鮮見聞記, p. 62.
45) 尹致昊日記, 一,(1884, 12. 8日字), p. 120.
46) *Ibid.*, 一,(1884. 12. 13日字), p. 212.
47) *Ibid.*, 一,(1884. 12. 14日字), p. 123.
漢城條約(1885. 1. 9) 第一條에 依해 國書를 日本에 보내는 使節 全權大臣에 徐相雨, 同副大臣에 穆隣德인데 그 떠난 날자는 1885年 2月 5日字.

신뢰하고 공감하게 되는 한 사건이 이 때 발생했던 것이다. 묄렌도르프의 집에서 밤길 산책에서 돌아온 알렌에게 화급한 전문(箋文)이 온것이다.

2. 알렌의 閔泳翊 治療

알렌이 잠자리에 들기 바로 전 12월 4일 늦은 밤 묄렌도르프의 집에서 보낸 미국 공사 푸트의 전문(箋文)에는 우정국 사건이 유혈임을 알리고 급속히 달려오라고 하면서 호위병을[48] 파견하였던 것이다. 윤치호는 그 날 일기에 민영익이 묄렌도르프 집에 와상(臥床)하고 있어서 〈美醫往施調理〉라 한 것을 보면, 그 때까지는 알렌과 면식이 없었던 것으로 보인다. 윤치호 생각에는 〈甚難治〉였다.[49] 민영익은 〈실제로 죽은 상태〉에 있었다.[50]

알렌이 불려 간 시간이 언제인지는 정확히 알 수 없다. 그러나 만일 해링톤의 말대로 우정국의 소동이 일어난 것이 밤 10시경이라면[51] 묄렌도르프 집에서 민영익이 호송된 것이 밤 12시는 지났을 것이다. 앞서 말한 바 있지만 현장에서 푸트와 묄렌도르프가 우선 구급조치를 취하였고, 가마를 기다리는 데 한 시간이 지났기 대문이다.[52]

한데 알렌에게 전문이 오기 전에 다른 사건이 하나 또 중간에 끼어

---

48) 해링톤, *op. cit.*, p. 25. 50名의 韓國護衛兵이라 記.
49) 尹致昊日記, 一,(1884. 12. 4日字), p. 117.
50) H. H. Underwood, Horace N. Allen, *The Korea Mission Field.*, 1933. 3月號, p. 45.
51) 해링톤, *op. cit.*, p. 23.
52) F. H. Morsel, The Emeute of 1884, *The Korean Repository*, 1897. 4月號, p. 139.

있었다. 한의사(漢醫師)들 수십 명이[53] 어찌할 바를 몰라 한방으로 이 난자당한 빈사 상태의 환자를 치료하려 애쓰고 있었다. 그 시간이 누가 옆에서 얼마 걸리는지 세고 있지 않았다. 다만 그런 치료로서는 〈한국에서 두번째로 높은〉[54] 이 부상자를 고칠 수 없고, 시간도 없다는 사실들을 알고 있었다. 푸트가 전문을 보냈다고 하는 것이 기정사실이라면 〈누군가가 외국인 의사를 불러 보자〉[55]고 했다는 이 사람이 푸트였음에 틀림없다. 따라서 이 모든 시간을 대충 계산하더라도 다시 한 시간 가량이면, 알렌 도착은 새벽 1시나 그 이후였으리라.

처음 전문을 받았을 때 알렌이 생각을 해 보노라 시간을 끈 흔적은 없다. 호위병들에게 곧 인도되어 갔기 때문이다. 그러나 그가 도착해서 사생간에 와상(臥床)하고 있는 민영익에게 한의사들이 〈시커먼 송진〉 꿀을 상처에다가 집어 넣으려는 것을 보고는 놀라기도 하였지만, 이들을 당장 제쳐 놓고 나서기가 좀 어렵다는 것을 직감하였다. 그들이 손을 떼더라도 마음 좋게 물러가게 하여야만 장차의 양의(洋醫) 의술 시행에 난관이 없을 터이고, 더구나 치료의 성패가 누구에도 확실하지 않는 이상 이들을 단호하게 따돌리기도 어려웠다.

묄렌도르프의 집에는 장사같은 거구의 독일인 집사(執事)가 있었다. 이름이 크네플러(Knepppler)였다. 이 크네플러가 한의사들을 밀어내어 아직도 정돈되지 않아 돌들만 쌓여 있는 계단 밑 6피트 아래로 함께 몰려 밀어쳤다. 사실 알렌은 한의사들이 계속 치료해서 민영익이 낫기만을

53) 해링톤, *op. cit.*, p. 25.
元漢慶(H. H. Underwood)은 이들이 御醫들이라 했으나 數字는 不記, H. H. Underwood, *op. cit.*, p. 45.
白樂濬은 14人으로 記, 그의 故 앨런氏를 追憶함, 新東亞, 1933, 3月號, p. 77.

54) A. N. Allen, Greetings, *op. cit.*, p. 8.
Cf. H. N. Allen, 朝鮮見聞記, p. 61.

55) H. H Underwood, *op. cit.*, p. 45.

바랬다. 최소한 이 한의사들의 시기와 질시를 받고 싶지 않았기 때문이다. 하지만 크네풀러가 이미 일을 저질러 놓아 사태는 선택의 여지가 없게 되었던 것이다.

한데 알렌은 지금 자기 앞에 이 나라의 거물 인사, 보수당의 거두가 누워 있고, 그가 생사의 지척에서 헤메고 있다는 사실을 보았다. 그것은 막다른 골목이었다. 〈주저하지는 않았다.〉[56] 이것은 뒷날 사람들의 회고담이다. 그러나 알렌은 그 시간을 멈추고 싶은 마음이었다. 떠나고 싶었다. 〈이 낯선 땅, 그리고 누가 보아도 적대적 분위기가 아직 감도는 땅에〉[57] 이렇게 서 있기 때문이었다. 만일에 말이다. 만약 이 수술이 실패한다면 그것은 자기 개인은 두 말 할 것 없었다. 그러나 그가 대표하고와 있는 교회(敎會), 자기가 그 국민임을 숨길 수 없는 미국의 체면, 더구나 한국의 장래는 어떻게 될 것인가 하는 것을 너무나 환히 알고 있었다.

> 그러나 그(알렌)는 또 확실히 알고 있는 것이 있었다. 그리고 그것을 믿었다. 이 고관(高官)을 살려냈을 때 찾아 올 영광과 명예, 활짝 열리는 문호, 그리고 뜨거운 갈채와 환영, 그것을 알고 있었다.[58]

그의 조상 에탄 알렌(E. Allen)은 타이콘테로가(Ticonderoga) 전쟁의 영웅이었다. 그의 증조부중에는 미국 독립선언서에 서명한 라이만 홀(L. Hall)도 있었다. 그들의 용기와 결단이 알렌에게도 계승되고 있었다. 알렌은 이제 더 생각할 수 없었다. 믿고 나서고, 그리고 전능자(全能者) 하나님에게 의지하고, 겸손과 믿음으로 수술용 가방을 열었다. 이 수술이

56) H. H. Underwood, Horace N. Allen. *The Korea Mission Field*, 1933. 3月號, p. 45.
57) H. N. Allen, Greetings, *Quarto Papers*. p. 8.
58) H. H. Underwood, *op. cit.*, p. 45.

반드시 성공할 것이고, 기독교와 진보는 그 빛나는 성공의 결실로 이 나라에서 그 꽃을 피우고 열매를 맺게 될 것을 믿고 하나님께 맡겼다.

알렌은 우선 자상(刺傷)의 상처를 깨끗이 소독하고 수술하고 꿰메고 붕대를 감았다. 머리쪽에 난 칼 자리는 손대기가 아주 힘들었다. 그는 잠시 집에 놓아 둔 의료기구를 가지러 간 일 말고는 밤새 그 곳에 머물면서 새벽까지 치병 간호를 한 것이다. 새벽에 알렌은 수술의 효과를 기대할 수 있는 확신을 가졌다.

이 극적(劇的)인 장면은 한국의 근세사에서 그 서사시로서나 시나리오에서 상상할 수도 없는 묵시록적(默示錄的) 의미를 가지고 있었다. 반미(反美)와 반 한국주권책(反韓國主權策)의 주도 묄렌도르프의 집에서, 보수 수구의 거두가 바로 이들이 혐기하고 경계하던 미국과 기독교의 한 상징적 인물에 의해서 자리나 역할이 채워지고, 그리고 그 결과가 이제 희망적인 것이 된 것이다. 과학과 기독교, 그리고 미국의 이상이 한국에 그 피와 골수속에서 새 활력을 환기시키는 역사의 동력으로 환영받기 시작한 때의 모습이 이러하였다.

수술은 스물일곱 군데를 꿰메고 한군데는 혈관을 경색시켜 잡아 매고 심을 넣어 반창고를 부치고, 상처마다 가제와 붕대를 감았다.[59] 이것은 우리 나라에서 지금껏 실시되어 오던 어떠한 한방(漢方) 치료와는 전혀 다른 형태의 의술이었다. 그 의술의 위력이 이 절박한 순간에 입증되려는 시간이었다.

민영익의 병 완쾌까지는 3개월이 걸렸다.[60] 첫 2, 3일은 아직 생사의 갈림길에 서 있는 듯하였다.[61] 어떤 때는 민영익의 체온이 올라가고, 부상한 부분이 밝아게 타오르는 것 같이 악화되던 일이 있었다. 그의 관찰로는 그 이유를 알 수 없었다. 하지만 그 가족들에게 계속 질문도 하

59) 해링톤, *op. cit.*, p. 26.
60) 白樂濬, 故 알렌氏를 追憶함, p. 77.
61) H. H. Underwood, *op. cit.*, p. 45.

고 알아도 보았더니 인삼을 알렌 모르게 약효가 좋다 해서 복용시킨 일이 있음을 알았던 것이다.[62] 알렌이 자기 말에 따라 치료하지 않으면 치료를 중단하겠다는 말이 강경해서 가족들의 사약(私藥) 사용이 없어지게 되었던 것이다. 민가(閔家)에서는 가끔 〈개머리 끓인 국〉을 환자에게 먹게 한 일도 있었던 것이 알려져,[63] 이를 호기로 해서 서양 의술로만 치료를 계속할 수 있게 되었던 것이다.

민영익을 치료하는 데에 어려웠던 문제는 서양 의술의 위력이 입증되면서 수많은 한국인 부상자들과 환자들이 몰려 오고,[64] 또 백여 명의 청국 병사들이 그의 치료를 받겠다고 나섰기 때문이다. 그런데 이들 청국병 부상자들은 뼈가 부서지고 살이 찢겨 나간 상처에 〈방금 죽인 개 가죽〉을 감고 찜질하는, 전래되던 치료 방법을 사용하고 있었다. 알렌은 후에 〈그 가죽이 아직도 신선하고 따뜻하여 찜질이 잘 되는 것 같았다〉[65]고 회상하였지만, 그런 한방(漢方)으로는 〈아무 도움도 없어서〉[66] 청나라 부상병들이[67] 그렇게 바쁜 알렌에게 떼를 지어 몰려 왔던 것이다.

다른 하나의 의료상의 문제는 그 무렵 한국에는 필요한 약을 마음대로 구할 수 없어 진료 활동에 커다란 애로가 되어 있었다. 있어도 귀하고 비쌌다. 가령 키니네는 상해(上海)에서 1 온스에 멕시코 화(貨)로 7 불이었고, 요도포름(iodoform)은 너무 비싸 1 온스밖에 가지고 있지 못했던 알렌이었다. 이들 부상자들과 환자들을 위한 약품 구입에 곤난을 겪

62) 朝鮮見聞記, p. 210.
Cf. A. N. Allen, Greetings, *op. cit.*, p. 9.

63) *Ibid.*, p. 210.

64) H. N. Allen, Greetings, *op. cit.*, p. 9.
이들 朝鮮人들은 政變때 구경거리 삼아 좇아다니다가 交戰時 流彈에 맞은 사람들. 日本軍이 濟物浦에서 퇴각할 때 12月 7日에도 이렇게 부상당하고 죽은 사람이 多數, *Ibid.*, p. 10.

65) 朝鮮見聞記, p. 210.

66) W. E. Griffis, 韓譯, *op. cit.*, Ⅳ, p. 223.

67) 이들중에는 將軍도 끼어 있었다.

던 알렌은 옛날(1858년경) 영국의 한 외과 의사가 아프리카에서 시료(施療)하고 있을 때 흙을 외과의 고약(膏藥)으로 사용하여 성공했던 기사를 런던의 *Lancet*(誌)에서 읽었던 기억이 났다. 그래서 그의 집 뜨거운 온돌방 바닥에서 흙을 구어 고약으로 사용해서 고름을 흡수하는 데 효력을 보고 있었던 것이다. 더 좋은 약이 생길 때까지 이것을 사용하였는데, 그것을 약병에 넣고는 〈terra firma〉[68]란 약명을 붙여 놓았다. 딴 사람이 알아 보지 못하게 하기 위한 것이었다. 그는 미국의 소염제(消炎劑)도 결국 이 흙에다가 약간의 약품을 첨가한 것이라는 것을 알고 있었다.

이런 어려운 사정에서 수많은 부상병들과 환자들을 고치면서 알렌은 저 유명한 불란서의 외과 의사였으며 이발사였던 근대 외과의(外科醫)의 시조 암부로스 파레(Ambrose Pare, 1517－1590)의 명언(名言)을 새삼 되새기지 않을 수 없었다.[69] 그 말은 이러했다.

> 나는 환자들에게 약을 발라 주고 봉대를 감아 주었지만 그것 뿐, 오직 하나님만이 고쳐 주신다.

이런 그의 생각은 형세가 불투명하고 험악할 때 민영익 측근들이 안전을 위하여 거처를 자주 옮겨, 그의 상처가 다시 터지고 곪길 때 더욱 간절해지곤 하였다.[70] 더구나 밤낮으로 그 곁에만 붙어 있을 수도 없고, 조선 호위병의 호위를 받으며,[71] 부상당한 사람들을 수백 명 찾아 다니며 치료하여야 했기 때문에 마음은 무겁고 몸은 지쳐 있었다. 그는 그 일을 그만 두고 떠날 생각을 여러 차례 하였다.[72] 그러나 스스로도 그렇

68) 〈단단한 땅〉이라는 라틴말. 朝鮮見聞記, *op. cit.*, pp. 211－212.
69) *Ibid.*, p. 213.
70) H. N. Allen, Greetings, *op. cit.*, p. 9.
71) 朝鮮見聞記, p. 61.
72) H. N. Allen, Greetings, *Quarto Papers*, p. 9.

게 말을 하였지만 〈다행히〉 그렇게 하지 않았다.

알렌이 서울에 남아서 역사에 남긴 현저한 공로가 몇 있고, 그것이 곧 나타나고 있었다. 그 하나가 그가 혹시 모욕감을 주어서 증오감을 사지나 않았을까 하여 염려하던 한의사들이 알렌에게 그 이후 아주 따뜻하게 대하여 주었던 것이다. 알렌 등장으로 그들 수입이 감소된 것도 명확한 사실이다. 그러므로 그 염려는 증대될 수밖에 없었다. 그러나 그 한의사들 일부가 후에 알렌 자신의 치료를 받으러 찾아 온 사람들이 많았다. 그가 그의 기록 도처에 한국인의 인정미나 그 사랑을 대서특필한 곳이 많은데, 그 까닭중의 하나가 첫날의 그의 가슴에 호소한 이 한의사들의 인정과 온화함이었던 것이다.[73] 그는 얼마 후에 이들 한국 사람들에게 혹 격하거나 노해서 냉대한 태도가 있었음이 확실한데 그 점 특별히 용서받고 싶다고 술회(述懷)한 일이 있다.

다른 하나는 중국 병사 부상자들을 치료한 까닭에 그들의 존경을 받게 되었다는 사실이다. 어떤 병사들은 대놓고 알렌을 〈예수 박사〉[74]라 불러, 그들의 존경심을 나타내고 있었다. 이런 일들로 해서 청국 정부에서도 알려지게 되어 원세개(袁世凱)[75]가 서울에 오게 되자, 청국 병사 치료로 사전(謝箋)을 받게 되고, 아울러 청국 공사관의 전속 의사로 대우를 받게 되었던 것이다.[76]

다른 하나는 가톨릭의 불란서 신부들과의 친의(親誼) 관계 성립이다. 어떤 날 흥분한 대중속에서 신변에 위험을 받게 되었을 때 상복을 입고

---

73) *Loc. cit.*
Cf. 朝鮮見聞記, pp. 14, 117.

74) *Ibid.*, p. 10.

75) 그의 職啣은 駐劄朝鮮總理交涉通商事宜로 道員 및 賞加三品銜. 中日交涉史料(410), 朴日槿 近代韓美外交史, p. 392.

76) H. N. Allen. Greetings, *op. cit.*, p. 10.
H. N. Allen, An Acquaintance with Yuan Shikei, *op. cit.*, p. 49.
그러나 朴定陽遣美使節에 알렌이 동행할 때부터 적대관계가 됨.

다녀 이미 그 백성들 사이에서는 잘 알려져 있는 불란서 신부가 사정을 한국말로 잘 설명해서 난경을 모면케 한 일이 있었던 것이다.[77] 알렌은 향후 가톨릭과는 친밀과 이해의 관계를 유지하노라 노력하여 그 때의 은혜를 갚으려 하고 있었다.

그러나 가장 중요하고도 의미심장한 것은 민영익의 완쾌였다. 바쁜 틈이었지만 알렌은 민영익을 하루 세번씩 왕진한 것으로 나타나 있다.[78] 1885년 1월 27일에는 민영익이 알렌에게 건강 상태가 호전되었다고 사의를 표하는 말까지 한 것이다.[79] 그리고 엽전(葉錢) 10만 량(萬兩)을 보내면서 〈배불리 먹고 즐겁게 써 달라〉[80]고 말했다는 것이다. 이 때 동양에서는 치료를 받았을 때 내는 돈은 치료의 보수(報酬)가 아니라, 오히려 의사에게 주는 혜택(은혜)이라는 통념이 있었다.[81]

병을 고치는 사람쪽에서는 시간이 오래 걸렸을 때 그 완쾌된 환자와의 관계에서 비롯된 엄청난 사태 변화를 절실하게 느끼지 못하였을지 모른다. 그러나 이것은 엄청난 결과요 사건이었다. 민영익의 숙모격(格)인 민비(閔妃)가 사의를 표하고 궁전에서는 그의 이름이 고마움과 책임, 그리고 직무의 명예로 통하는 실재가 되었기 때문이다.

세계의 교회 계통 문서들은 이 소식을 하늘 높이 울려 만방에 종을 쳐 알렸다. 한국이 옛 한국이 아니고, 이제 기독교 문명의 햇빛과 바람이 활짝 열린 대문으로 밀어닥칠 수 있도록 만들었기 때문이었다.[82] 민영익 치료로 알렌은 〈이 상처 입은 사람을 고치기 위해 하늘이 보낸 특

77) H. N. Allen, Greetings, *op. cit.*, p. 10.
78) 해링톤, *op. cit.*, p. 41.
79) 白樂濬, *op. cit.*, p. 109.
80) 白樂濬, *Loc. cit.*
81) 朝鮮見聞記, p. 219.
82) The Korea Mission, *The Annual Report of the Board of the Foreign Mission, Presbyterian Church in the U.S.A.*, 1885, p. 130.

별한 사람〉[83]으로 한국에서 알려졌다는 소식이 미국 천하에 퍼지고 세계교회에 울려 퍼졌다. 알렌으로 하여서 은둔국이었던 한국에 선교사업의 길을 열어 놓을 수 있게 되었다는 찬사가 계속되었다.[84]

> 우리들 말입니다. 우리 선교사들은 이 박애(博愛)의 과학과 그 기술이 조선에서는 처음으로 기독자의 손에 의해서 시위(示威)되고, 또 이 백성에 대한 기독교 교리의 전달이 사랑과 돕는 정신의 실천으로 실현되기 시작했다는 사실에 어딘가 자랑하게도 되고 또 감사하게 되지 않습니까. 우리 주님이 세상에 살아 계실 때에도 그리스도 그 분의 복음(福音)과 그 사랑의 구현(俱現)은 따로 떼어 놓을 수가 없었던 것입니다.
>
> 더구나 우리가 진심으로 하나님께 감사하는 것은 그 때 그 지점(地點)에 있는 사람이 그 상황의 필요에 능히 그리고 적절히 대처할 수 있었던 기민(機敏)과 능력(能力), 그리고 결단의 사람이었음에서 입니다. 만일에 그 때 거기 있었던 사람이 그 만한 능력이 없었고, 그 고관을 치료할 수 없었다면 어떻게 될 번 하였습니까. … 이렇게 해서 처음부터 선교사들은 이 백성의 상(上)이나 하(下)에서 존경을 받게 되었던 것이며, 그들의 메시지는 다들 경청(傾聽)하게 되었던 것입니다.
>
> 우리는 믿습니다. 바로 전능하신 하나님의 경륜(經綸)으로 말미암아 그와 그의 치료가 이 백성들을 준비시켜 복음의 말씀을 받아드리도록 한 것입니다. 이것은 하나님의 섭리시요 그 성령의 지도하심입니다. 알렌 박사의 공로는 바로 이 섭리에 따른 데 있는 것입

83) Korea, *The Missionary Herold*, 1888, 9月號, p. 707.

84) G.W. Gilmore, *Korea from its Capital, with Chapter on Missions*, Philadelphia, Presbyterirn Board of Publication, 1892, p. 295.
Cf. Corea, *The Missionary Herold*, 1885, 1月號, p. 34.

니다.[85)]

세평(世評)은 알렌의 인품과 능력과 신앙에서 이 민영익 치료의 기적 같은 완쾌의 이유를 찾아보았다.

> 강인한 성품, 자기 직업에 대한 면밀하고 엄격한 충성과 그 실천, 명석한 상황 판단, 그리고 이른바 훌륭하고 광범위한 행동의 진폭(振幅)이란 것, 이런 것들이 알렌 박사로 하여금 민영익 치료에서 그의 명성을 획득하게 한 소재(素材)들이다.[86)]

인품과 직업에의 충실과 지식, 그리고 시세판단의 투철한 역사의식, 거기다가 경건과 독실한 신앙, 그것이 이 나라에 과학과 기독교의 새 시대를 열게 한 강력한 폭발력을 가지게 되었다는 뜻이다. 한국사를 총정리한 이선근(李瑄根)의 말은 이렇다.

> 더구나 甲申政變에 앞서 美國의 宣教師로 醫師 알렌이 來到하여, 그의 卓越한 新醫術이 郵政局 문턱에서 狙擊 重傷 當한 閔泳翊의 生命을 救해 주게 된 것은 韓美 兩國의 友好關係를 가장 密接하게 만든 奇緣이 되었으니, 이 때부터 그처럼 嚴禁하고 忌避해 오던 西教徒라 하더라도 美國서 보내 온 宣教師라면 王室에서부터 好意를 가지고 特別히 默認해 주며 돌보아 주는 態度이었다.
>
> 이 때문에 世紀를 앞서 傳來된 天主教에 比하여 美國으로부터 傳來된 新教의 基督教는 短時日內에 長足의 發展을 보이게 된 것이 事實이요, 나아가 그들의 附帶事業으로 시작된 教育, 醫療, 學術面

85) O. R. Avison, History of Medical Work in Korea, Under the Mission of the Presbyterian Church in the U.S.A. from 1884 to 1909, *Quarto Centennial Papers*, 1900, p. 31.

86) The New American Minister, Editorial Department, *The Korean Repository*, 1897, 9月號 p. 350.

> 의 모든 施設은 眞實로 이 나라에 近代文化를 紹介하는 榮光을 차지할 수 있었다. 따라서 우리 겨레가 〈自由〉와 〈民主〉를 알고 〈平等〉과 〈博愛〉를 알게 된 것도 정녕 이 때부터였으니, 韓國 近代文化에 〈아메리카的〉인 要素가 다른 西歐諸國의 그것보다도 가장 뿌리 깊게 박힌 것은 決코 尋常한 因緣에서 이루어진 것도 아니었다.[87)]

알렌의 공로와 그 역사적 위치에 대해서 우리는 더 이상의 말로 조리(調理)를 흐리게 할 필요가 없다. 대저 알렌 없이 오늘의 한국과 그 교회가 이만한 자리와 역사에 와 있지는 못하였을 것이다.

---

87) 李瑄根, 韓國史 最近世篇, 1965, p. 745. (震檀學會發行).

V. 醫療宣敎의 始作

然病者 或在遠方 且閔泳翊之病與淸國人病, 汨汨無暇 又或有財病者三四人 則以治療次 來寓於僕之近隣 故每日看病誠治 然多有貧寒病者自進問病 則鄙邊無看病處所 且無暇閑 未得遂誠 甚悵甚悵 僕則美國人 將慾爲朝鮮人民 另施爲計 貴政府如以使僕幸垂周護之道 則僕亦使西洋學問 能有朝鮮病軍病士處極要之道 ……

而若於京中營設病院 則物財亦不爲致多耳 朝鮮政府如或營建病院 則僕當主首之任.

安連, 1885年 1月 27日.

1. 閔泳翊 完治와 그 結果

가. 閔泳翊의 完治와 그 以後

1) 閔泳翊의 行方

알렌이 병원 설립 허가 신청을 낸 것이 1885년 1월 27일자로 되어 있는데,[1] 그 속에 민공(閔公)이 아직 병석에 있다는 사실을 지적한 것으로 보아 그 때까지 완쾌되지 않았고, 따라서 그는 한 달 가량 더 치료를 받아야만 했다.[2]

하지만 문제는 민영익의 처참했던 정변의 위기 생사기로에서의 치명적 상처가 알렌의 서양 의술로 완쾌하게 된 데 있었다. 그것은 개가였다. 그리고 그것은 한국인들에게는 기사(奇事) 이적(異蹟)으로 보인 것이다. 그래서 어떤 사람은 〈바늘이 멈추어져 기계로서는 죽은 시계를 가지고 와서 다시 갈 수 있게 해 달라고〉[3] 부탁하는 일도 있었다.

민영익은 고마웠다. 그래서 알렌에게 〈형제의 의〉를 맺자고 제안하였고, 자기와 함께 여행도 하자고 하면서, 〈수많은 약속을 하고 무수한 선물들〉[4]을 보냈던 것이다. 알렌이 처음 받은 선물은 〈조그마한 회색 도자기〉였다. 〈몇몇 궁중의 시종들이 어마어마하게 받들고〉 가져온 선물이었다. 이것은 그 때 당시로서는 〈한국의 왕가가 나에게 선물할 수 있

1) 이 問題는 다음 節에서 仔細하게 다루기로 함.
2) 治療期間은 3個月. 알렌 스스로 〈3個月에 걸쳐 誠意를 다한 危險한 일〉이라 記. 朝鮮見聞記, pp. 226.
3) 朝鮮見聞記, p. 61, 226.
4) E. N. Hunt, *Protestant Pioneers in Korea*, p. 20

는 가장 높게 가상(嘉賞)되는 물건〉이었다.[5] 알렌은 후에 한국도자기에 대한 조예가 깊어지면서 그 진가를 알게 되고, 갑신정변 등 〈혁명과 약탈이 있은 뒤의 무질서한 때를 이용하여 많은 도자기를 수집〉하였던 것이다. 왕가에서 받았던 그 도자기는 후에 〈스미소니안 박물관〉에서 보관하도록 하였다.[6]

민영익은 자상을 입었을 때가 24세였고, 알렌은 26세, 그리고 원세개는 민영익과 동갑(同甲)이었다. 그리고 김옥균이 33세, 박영효(朴泳孝)가 23세였다. 20대 중반이 한국 근대사의 격동기를 살아 갔던 주역(主役)들이었다.

민영익은 〈보기 흉한 흉터와 정정(政情) 때문에 공포에 질려서〉[7] 청국에 갔다. 윤치호가 상해(上海)에 유학하고 있을 때(1885. 1. 26－1888. 9. 28) 처음 민영익이 천진(天津)에 와 있다고 하는 소문을 들은, 그 해 여름 초에 천진(天津)에 온 것이 확실하다.[8] 그리고 민영익이 상해(上海)에 왔을 때 윤치호가 찾아 가 그 해 10월 31일 만난 기록이 있다.[9] 처음에는 민영익이 수술 받은 흉터 때문에 출국하였는지는 모르나, 그 이후 불미스러운 한로밀약(韓露密約) 음모에 연루되어 도망하는 일들이 겹쳐 알렌과의 직접적인 연결과 우의(友誼)는 실질상 오래 계속되지 못하였다.

그러나 민영익의 이름이 구미(歐美) 기독교 세계에 이미 널리 알려져

---

5) 朝鮮見聞記, p. 226

6) *Loc. cit.*, 이 대부분의 도자기들이 현재〈스미소니안 博物館〉에 所藏되고 있다.
Cf. The Bernadou, Allen and Jouy Collection, *The Report of the National Museum*, 1891, pp. 429ff.

7) 朝鮮見聞記, p. 61

8) 尹致昊日記, 一, (1885. 8. 12日字), p. 162

9) *Ibid.*, 一, (1885. 10. 31日字), p. 175
閔泳翊은 1886년 7月 韓露祕密協定 및 王位廢立陰謀에 가담한 것이 탄로되어 도망, 歸國했다가 다시 1887年 6月 도망, 그리고 향후 數次 出國.

한국 문호개방의 계기가 된 사실로 기대를 걸었던 인물이기 때문에 천진에 있을 때 이미 그곳에 있었던 선교사들이 그를 방문한 것으로 기록이 남아 있다. 피어슨(Pierson)이란 미국 선교사가 민영익을 만났을 때 민공은 〈자기 조국의 번영과 발전에 관계된 모든 일에 관심을 가지고 환담〉을 나누었던 것이다. 이 두 사람은 몇 차례 서로 방문하여 진지한 이야기까지 나누게 되었던 것이다. 그런데 민역익이 피어슨 목사에게 3 4개년 동안 구미(歐美)를 여행하면서 영어와 서양과학을 배웠으면 한다고 내심을 비쳤던 것이다. 천진(天津)의 다른 선교사 스탠리(Stanley)가 안식년으로 미국에 돌아간다는 소식을 듣고 민영익은 그를 초청해, 그 스스로의 자비(自費)로 캘리포니아를 거쳐 영국에 갈 터인데 동행할 것을 요청한 일이 있었다.[10] 그 이후의 소식은 불명하다. 하지만 선교사와의 실질적이고도 직접적인 교섭은 더 이상 없었던 것으로 보인다. 다만 1887년 귀국하였을 때[11] 미국인 외아문(外衙門) 고문 데니(O. N. Denny)와 함께 자주 국가의 체면을 확보하고 외국에서 청국과는 수평적인 관계에 있다는 것을 국제 무대에서 시위하기 위하여, 구미 제국에 대한 외교 사절의 파견과 공사관 설치의 긴급 긴요함을 상주(上奏)하여 실현하게 한 공로는 높이 평가하지 않을 수 없다.

2) 閔泳翊과 포크

헐버트(H. B. Hulbert, 1863-1949)는 육영공원(育英公院) 설립 때 그 교사로 내한하였다가 감리교 선교사로 일한 반일친한(反日親韓)의 선교사

---

10) Editorial Paragraphs, *The Missionary Herold*, 1886, 2月號, p. 42
이 消聞은 尹致昊도 確認하고 있었다.
尹致昊日記,一, (1885. 12. 19日字), p. 178.

11) 李瑄根, *op. cit.*, p. 843. 여기에는 同年 5月 歸國으로 되어 있으나, 尹致昊는 上海에서 그곳 新聞에 閔泳翊이 同年 9月21日 露船으로 向 페트로스버그 消息을 들었다 함.
尹致昊日記, 一, (1887. 9. 21日字), p. 276.

였다. 그가 발행하던 *The Korea Review*는 철저한 친한(親韓)의 논조로서 일제 조선 침략의 모습들을 그 때로서는 유일하게 갈파하고 조사하고 고발하던 월간지(月刊誌)였다.

> 기독교의 원칙에 실제적으로 충실히 집착하는 길 밖에는 忠君愛國의 다른 강렬한 壘壁이란 것은 없다.[12]

이것이 그 논조(論調)의 기본 정신이었다.

그런데 이 《코리아 리뷰》에 헐버트가 죠지 포크(E. G. C. Foulk)에 대한 비교적 장황한 논문을 싣고, 그와의 관계에서 민영익을 재평가하는 아주 인상적인 중요한 글을 하나 남겼다. 그의 굳건했던 반일의 철저한 신학적 입장으로 보아, 그것이 편견이나 동정심에서 나왔던 회상록이 아니란 것을 알 수 있고, 더구나 포크에 대한 인식도(認識度)가 호암(湖岩) 문일평(文一平)과 통맥(通脈)하는 것을 미루어 보아, 그 분석이 오히려 근대사를 한 미 일 관계와 선교의 함수관계에서 그 핵심을 꿰뚫어 본 가장 예리한 해석이며 판단이라 보아서 조금도 잘못이 없다고 본다.

헐버트는 우선 포크(E. G. C. Foulk)가 이제 진취적 기상을 가지기 시작한 고종(高宗)의 깊은 신임을 받고 있었던 사실을 주목하였다. 그리고 영특한 두뇌로 한국 사정을 포괄 체계화해서 국무성에 낸 보고서가 〈한국에서 그 때까지 발표된 글중에서 가장 명석하고 총체적이며 체계적〉이어서 다시 개정(改訂) 될 필요가 없는 완전한 보고서라고 평가하고 있었다. 그리고 포크의 역사적 위치가 한국 독립을 위한 가이없는 열정과 그것을 위한 뜨거운 참여에 있다고 보았다.[13] 이것이 개화 독립당 일파와의 이심전심(以心傳心) 내통이 되어서, 심지어 갑신정변(甲申政變) 거사를 포크에게 와서 미리 의논하는 일까지 있었다는 것이다.

---

12) The New Century, (一種 創刊辭), *The Korea Review*, 1901(創刊), 1月號, p. 5.

13) George C. Foulk, *The Korea Review*, 1901, 8月號, p. 345.

정변(政變)이 실패로 끝난 뒤 포크의 위치가 보수 수구파에 의해서 용의(容疑)의 대상이 되었으리란 것은 누구나 짐작할 수 있는 일이었다. 그런데 여기 묘한 일이 전개된 것이다. 그들도 계속 포크를 신뢰하고 그의 자문(諮問)을 여전히 구하였다는 점이다.

여기 민영익파의 위상에 대한 뚜렷한 관점의 정립이 요청된다. 헐버트는 대원군과 민씨족(閔氏族)의 갈등을 중요시하고 한미수호조약 체결에 앞장 섰던 민씨계(閔氏系)의 근대화 지향에 주목한 것이다.[14] 그는 〈閔氏系에서 모든 개혁의 주도를 잡고 있었다〉고 갈파한 것이다.

이 민씨계가 보수 수구의 불찰(不察)로 지목받게 된 것이 무엇 때문이며, 언제부터인가. 이것이 문제가 되는 것은 이들이 그 때는 청의 속방(屬邦) 주장에 역겨워 구미 제국과의 수호 체결에서 조선 독립 보장의 방도를 찾고자 하고 있었기 때문이다. 그것은 이 개화 지향의 주도권을 이 민씨계에서 빼앗으려는 일파가 나타났을 때의 일이다. 헐버트는 이 점에 대해서 명백하게 이런 말을 남겼다.

> 이들 개화파들은[15] 행동적이요 지적이며 정력적이었다. 하지만 이 사실은 반드시 다 시인되어야 한다. 곧 만일 1880년대 민씨계의 보수적 진보 운동이 자유롭게 그 정치적 식견을 넓혀 나가고, 개혁의 주도가 이들 손에서 과격한 급진파의 변혁에 빼앗겨지지 아니하였더라면, 한국의 개화 진보는 훨씬 빨랐을 것이라는 사실 말이다.[16]

헐버트는 김옥균계(金玉均系)에 순수한 독립지향 동기만 있었던 것이 아니라고 분석한다. 그것은 민씨계에도 꼭같이 말할 수 있는, 일종의 상대적 개념이다. 혁명파에만 순수와 완전이 있고 기성 정치에 부패와 실정만이 있다고 말하는 역사적 이론은 환상적 정치 완전주의에만 있는

---

14) *Ibid.*, p. 348.
15) 金玉均, 朴泳孝, 徐光範, 洪英植, 徐載弼.
16) *Ibid.*, p. 348.

편견이다. 민씨계는 대원군 세도를 타도하였고, 한국을 세계 조류앞에 개방시켰던 것이다.

그런데 개화 독립당 일파는 〈일파〉라고 하기조차 힘든 〈극소수〉의 인사들로 취당(聚黨)하여, 아무 준비 없이 조정을 변혁으로 몰아 가고, 외면할 것이 확실한 민중들을 끌고 가려고 하였던 것이다. 정치권(政治圈)에 있는 사람이라면 이러한 〈극소수〉의 과격파가 구데타를 일으켜 무수한 고관 현직(高官顯職)들이 노상에서나 뜰에서 교살 타살당하는 것을 보고, 그들 기왕의 위치와 정치 이념 보존에 갑자기 예민한 신경을 쓰게 된 것은 자연스러운 일이 아닐 수 없었다. 처음은 경청(傾淸)하다가 영로(迎露)의 길을 갈 때, 그들 스스로의 내적 갈등과 비분이 없을 수 없었을 것이다. 그러나 헐버트는 단호하였다. 〈아무도 그들을 탓할 수는 없다〉.[17]

헐버트는 민씨계가 개혁의 적대 세력이 아니었다는 사실은 그들이 이들 개화 독립 일파가 구상했던 개혁들을 그 이후 거의 다 착착 진행하고, 더구나 이들과 친밀하게 지내던 포크와 함께 이 개혁을 진행한 사실로써 입증된다고 보았다. 이렇게 본다면 민영익이 진보와 개화를 자기 신념에 따라 민씨 족벌(族閥)에서 추진하고자 한 것, 〈그 이상 더 자연스러운 일〉이 어디 있겠는가고 헐버트는 반문한다. 결국 그가 말하고자 하는 것은, 〈개혁〉은 그 때 다 원했는데 누가 어느 파나 집단에서 추진하느냐 하는 파벌(派閥)의 문제인데, 그것으로 역사의 심판을 내리기는 힘들다는 판단이다. 역사를 심판하실 이는 다만 하나님 한분 밖에 없다는 신앙 없이 역사를 탐구하기는 힘들다.

헐버트와 같이 반일(反日) 신념 구성이나, 《*The History of Korea*》[18]를 저술할 정도의 사안(史眼)을 가진 선교사에게서 우리는 정견(正見)과 사

---

17) *Ibid.*, p. 349.

18) *The Korea Review*에 創刊號부터 連載.
1905年 서울 Royal Asiatic Society에서 刊行됨.

리(事理)의 균형 잡힌 사고(思考) 이외 다른 것이 나오리라 상상할 수가 없다.

나. 알렌과 宮廷과의 親近

민영익 완쾌는 알렌으로 하여금 당장 궁정(宮廷)과 친근하게 지나게 하는 여러 가지 혜택을 누리게 하였다. 민영익이 민비(閔妃)의 조카였기 때문에 궁정과의 신뢰 관계 성립은 아주 빨랐다. 〈젊은 의사로서는 더 이상 바랄 수 없는〉[19] 영광, 곧 고종과 민비의 시의(侍醫)로 곧 임명되었기 때문이다. 이로부터 〈충심(衷心)의 관계〉[20]가 형성되고, 〈선교 사업에는 실로 현실적이고 구체적인 이득(material advantage)〉[21]을 얻게 되기에 이르렀던 것이다. 이것은 실로 〈적의와 의심의 장벽을 깨트리고 복음을 받아들이게 하는 데 결정적인 역할〉[22]을 한 것이었다.

> (민영익이 사경에 헤메어 알렌이 찾아와 치료하던) 그날 밤부터 조선의 궁정은 선교사들과 앞으로 내내(for ever on) 친밀한 벗으로 지내게 되었다.[23]

궁정과의 친근은 알렌이 민비(閔妃)를 치료하기 위해서 그 거처안까지 들어간 데에서도 나타났다.[24] 그것은 외국인 남자로서는 실상 역사상 처음 가지는 특례가 아닐 수 없었다. 이렇게 해서 알렌은 대궐안을 자

---

19) 白樂濬. *op. cit.*, p. 109.

20) O. R. Avison, History of Medical Work in Korea, *op. cit.*, p. 31.

21) *Loc, cit.*
이 侍醫 任命 日字는 어디에도 分明히 記錄된 바가 없다.

22) T. S. Soltau, *Korea the Hermit Nation and Its Response to Christianity*, Toronto, World Dominion Press, 1932, p. 43.

23) F. A. McKenzie, *Korea's Fight for Freedom.* London, Hodder & Stoughton, 1920, p. 34.

24) Allen's Diary, 1885. 3. 27日字.

유룸게 드나들었고, 고종과 왕비 및 왕세자와도 마주 앉는 정상의 자리에 오를 수가 있었던 것이다.

이러한 특권과 기회는 획득하고자 목표를 두고 쌓아 올린 성취가 아니었다. 주어진 것이요 제공된 것이었다. 희생과 사랑과 충성이 반드시 그 목표 유무와는 관계없이 보상된다는 기독교의 가르침이 여기서 이렇게 엄청난 정도로 실증된 것이었다.

그러나 이러한 위치가 가지는 의미를 알렌은 하나님의 사역(使役)을 위해서 원용(援用)한 사도(使徒)로서의 직분에 충실하려 한 곳에 두었다. 그는 궁정이나 고관들과의 접촉에서 알게 된 모든 사실들을 종합하고 체계화하여서 시대적 기운(機運)을 포착하고 〈솜씨 있게 제안〉[25]을 한 것들이 다 조정과 국사에서도 공평무사의 차원을 넘어 커다란 경륜(經綸)의 자문(諮問)으로 늘 실용되었던 것이다. 알렌은 선교사업의 전개를 위한 기초를 견고히 다지고 〈앞날의 일꾼들에게 박해를 받지 않아도 된다는 보장을 마련〉[26]하여야 한다고 굳게 결심을 한 것이다. 이 기회를 고귀한 선교의 목적을 위해서 〈하나님의 영광 (Soli Deo Gloria)〉에 씌워지게 하고자 한 동기의 숭고함과 순수성은 당시 외국 고문관들 곧 묄렌도르프나 원세개(袁世凱)가 역사의 한 에피스드로 사라져 간 것과는 크게 비교되는 장엄한 것이었다.

그가 〈선교사〉라고 하는 사실이 알려져 있는 상항은 조심스러운 것이기도 하였지만, 실상은 그가 결단적인 일을 해 나가는데 한 의무(義務)로 느껴지게도 하였고, 아울러 기독교의 전도 개혁에 물증적(物證的) 보장을 확보하는 근거로서 처음 그 결행을 고귀하게 하는 배경이기도 하였다. 그는 제도와 기구의 의미를 알고 있었다. 그것은 신념과 가치의 현실적 표상(表象)이요 그 역사적 존재 양식이라 본 것이다. 진실의 증

---

25) H. G. Appenzeller's letter, 1886. 4. 2日字.
이만열, 아펜렐러, 서울 延世大學校 出版部, 1985, p. 286.

26) 해링톤, *op. cit.*, p. 46.

거요 그 미래에의 계속 보장이라 본 것이다. 알렌은 병원 설립, 한국에서의 최초의 서양문명과 기독교의 구조물, 그 조직의 서울내 존재를 왕명(王命)으로 확보하기로 한 것이다.

2. 廣惠院의 設立

가. 病院設立 請願

알렌은 기도를 많이 하고, 조심스럽게 병원 설립의 필요성과 그 이득, 그리고 장래에 대하여 조리있는 말로 다듬어 1885년 1월 27일 미국 공사관의 포크 대리공사를 경유하여 병원 설립 신청을 내었다. 독판(督辦) 교섭통상사무(交涉通商事務) 김윤식(金允植) 앞으로 그 신청서가 제출된 것이 그 날자이다.

1) 포크 經由

이 신청서를 포크를 통해서 제출한 데에 의미가 없지 아니하였다. 우리는 이미 서론 부근에서 그 인물에 대하여서나, 한국 근세사에 있어서의 그의 공적등에 대해서, 상당한 분량 언급해 두었었다. 알렌은 비교적 까다로운 사람이었지만 포크와는 오랫동안 격의없는 친분으로 지냈던 동료지간이었다. 알렌이 선교본부에 보낸 한 서한속에서 포크를 백만명중에 하나 있을까 할 만큼의 훌륭한 인물이라 찬사를 아끼지 않았던 그런 사이였다. 그리고 〈특별한 종교적 신념을 가지고 있지는 않았지만, 권리와 의무(義務)에 대한 관념이 매우 강하여, 훌륭한 일을 성취할 능력이 있는 사람이며, 세상에서 흔히 볼 수 없는 그런 부류의 사람〉[27]이라 평하고 있었다. 얼마 후에 한 선교사는 포크에 대하여 이런 인물평을 남겼다.

> 그는 남달리 同情的 성품을 가진 사람입니다. 당신은 그 사람과 마주 앉으면 그가 당신의 입장에 자기를 세워 놓고, 그 동안에는 철저히 당신 문제에 揮身하고 있다는 사실을 느끼지 않을 수 없게 됩니다. 자기를 조금도 내세우지 않는 태도라든가, 마음에 울어나오는, 뭐든 다 받아들이는, 그런 친절로 해서 그는 그의 주변에 있는 사람들을 다 매혹시킬 수가 있었습니다. ……
>
> 그는 國王의 비밀 사명을 띄고 일한 적도 여러번 있었습니다. 그때 高宗은 개화 추진에 결코 敵對하고 있지 아니하였습니다. 아마도 高宗의 信任을 그렇게까지 받고 있었던 사람은 아무도 없었을 것입니다.[28]

이것이 바로 〈알렌을 훨씬 능가하는 정치적 수완과 달필(達筆)〉의 포크상(像)이었다.

포크는 알렌의 병원 설치가 다만 〈수많은 환자들, 한국 사람이나 청국 사람들이나 치료해 줄 일정한 장소가 없어 찾아 다니면서 진료(診療)한다는 것이 이제 더 이상 가능하지 않기 때문〉[29]만이 아닌 것을 알고 있었다. 포크 역시 이 서양 기독교 기구(機構)의 서울 안 현존(現存)이 가지는 특별한 의미를 확신하고 있었던 것이다.

포크는 설립안 제출을 추천하면서 알렌이 〈미국 공사관 부속 미국인 의사〉라는 점을 명기(明記)하였다. 그리고 이 제안이 〈일을 해 낼 수 있는 정당한 통로〉를 통해서 제출된 사실을 비고(備考)하였다. 이것은 대단히 중요한 지적이었다. 미국의 선교사란 사실이 국왕 이하 모든 신료(臣僚)들에게 알려져 있는 상황에서 알렌이 천주교의 경우와 마찬가지

---

27) Foulk to Ellinwood, 1885. 2. 4日字.

28) George C. Foulk, *The Korea Review*, 1901, 1月號, p. 346.

29) H. N. Allen, Greetings, *op cit.*, p. 11.

로 지하(地下)에서 나라의 법도(法度)를 제치고 하나님의 일이라 해서 떠밀고 들어가는 방법을 미국의 선교사가 하지 않는다는 준법(遵法)과 충성의 행동상(行動像)을 보여 주었기 때문이다. 선교활동의 적법성(適法性)을 미국의 한국 선교 기치와 그 원리로 삼았다는 시위(示威)였다.[30] 더구나 포크는 이런 병원이 순수한 이타적(利他的) 기관이요, 국왕의 신민(臣民)들을 위하는 것이라 다짐하였던 것이다. 그리고 포크는 알렌의 인품과 능력을 〈최근에 있었던 성공적인 시료(施療)〉에서 노정(露呈)되었다고 강조하기를 마지 아니하였으며, 「自美國之人 有親切於貴國人民處故也〉[31]라 하여, 한미 관계 우의 돈독의 표징으로 이 병원이 서 있게 되리라 기대한다고 말하였다.

그러나 포크의 위대한 점은 알렌의 관찰한 바에 따르면, 이러한 근대식 시설을 결정하는 데 있어서 조선이 〈자주 독립의 기상으로〉[32] 의연하게 독립적으로 결정해 나가기를 바란, 강렬한 조선 자주 의식의 발로에 있었다. 포크가 이 병원 설립에 〈생생한 관심〉을 가지고 신속하게 처리하고자 한 까닭이 여기 있었다.

알렌이 제출한 병원 설립 제안 내용은 이러하였다. 그 전문을 옮긴다.

安連의 病院建設案 (原 2 册)

최근에 있었던 난리 이후에 저는 수많은 朝鮮人들의 往診 요청으로 불려가 몸안에 박힌 彈丸이나 파편을 수술하여 주고, 交戰으로 입은 상처들을 치료하였을 뿐만 아니라, 다른 원인으로 발생한 병

30) 美醫 安連의 病院設立提議에 對한 推薦, 舊韓國外交文書, 第十卷, 美案 I, p. 111. (1885. 1. 27日字).
31) *Ibid.*, p. 112.
32) H. N. Allen, Medical Work in Korea, *The Foreign Missionary*, 1886. 7月號, p. 77.

환의 치료도 여럿 하였습니다.

저는 저의 最善을 다 하였습니다. 그러나 이들 대부분이 遠距離에 살아, 가기가 힘들었고, 더구나 閔泳翊公을 治療하느라 시간이 모자라 왕래하지 못한 때가 많았습니다. 상처 입은 淸兵의 수술 치료에도 많은 시간이 필요하였습니다. 몇 사람의 경우는 富者도 있고, 또 저의 집 근처에 살고 있어서 그들을 매일 돌 볼 수는 있었습니다. 하지만 수많은 貧寒者들은 적절한 설비가 없는 관계로 그대로 되돌려 보내야만 하였습니다. 美國市民으로 저는 제가 할 수 있는 일은 무엇이든 다 할 작정입니다. 朝鮮人들을 위함에 最善과 誠實을 다 쏟겠습니다. 그래서 만일 조정이 몇 施設을 갖추게 해 준다면, 그것은 이 백성들에게 서양 과학의 기술로 施療하게 함으로써 그 果實이 반드시 빛나게 되리라 믿습니다. 거기에서 상처 받은 兵丁들도 역시 치료를 받게 될 것입니다.

그 뿐만이 아닙니다. 저는 거기에서 朝鮮 靑年들에게 서양 의학과 保健衛生의 학문을 가르치게도 될 것입니다.

모든·美國의 都市에는 한 둘의 커다란 病院이 설립되어 있습니다. 서울에도 반드시 하나 있어야 합니다. 그리고 그 곳에서는 비용을 얼마 들이지 않고 하는 방법이 講究될 것입니다.

저는 이 나라에서 세운 국립병원의 主首之任에 當하게 될 것이며 나라에서 一錢도 받지 않을 것입니다. 다만 조정에서 해 줄 일은 아주 空氣通行 잘 되는 곳에 淸幽淸潔한 집 한 채를 마련해 주고, 적절한 管理運營의 年例 예산을 지급하는 일입니다. 그 예산으로 燈燭柴炭과 助手 인건비, 간호원과 사환의 월급으로 쓰고, 빈한한 환자들의 給食費로 쓰며, 各種藥材價로 三百円($ 300.00)을 쓸 것입니다.

이 제안이 받아들여져서 병원이 설립되면 半年以內에 다른 美國人 醫師를 초빙할 예정입니다. 우리 두 사람은 朝鮮政府의 年金은

> 일체 받지 않겠습니다. 우리들은 미국에 있는 자선 기관(benevolent society)[33]에서 월급을 받게 될 것입니다. 이 기관은 현재 清國의 天津, 北京, 上海, 廣東, 그리고 다른 여러 도시에 있는 病院들을 원조해 주고 있으며, 그 중 두 곳은 李鴻章이 自辦物財로 설립된 것입니다.
>
> 이 기관이 설립되면 이는 〈朝鮮政府之病院〉[34]이라 부르게 될 것입니다. 확실히 大君主께서 그 신민들이 병고속에서 적절한 施療를 받는 것을 洞諒하시면 반드시 이를 반갑게 보시게 되리라 확신합니다. 이로써 백성들은 그들 王政에 대한 존애와 충성을 더하게 될 것이며, 또 이 백성들을 위해서 더 좋은 일이 되리라 확신합니다.[35]

여기 몇가지 주목할 사실이 지적되고 있다. 하나는 이 병원이 가난한 사람들을 위해서 처음 그 발상이 생겼다는 사실이다. 이것은 알렌이 비록 궁정(宮廷)과의 친밀을 그 자신의 영예로 알면서도 아직 민중 개념이 뚜렷하지 아니한 그 때에 이들 초근(草根)들을 위한 사업에 착수한다는 것이 기독교 한국 민중사의 면목을 천명하였다는 사실이다.

다른 하나는 이 병원을 도울 기관이 미국의 〈자선 기관〉이라 하여 그 단어를 엄선(嚴選)함으로써, 신교(信敎)의 문제가 아직 국법상 윤허되어 있지 않는 상황에서 국왕(國王)의 입장을 떠밀어 선교사의 존립을 인정하게 하고 싶지 않았다는 사실이다. 이것은 그의 선교 사업 입장의 조심스러운 자세를 밝혀 주는 것이다.

다른 하나의 주목할 만한 사실은 이홍장(李鴻章)을 언급한 사실이다.

---

33) 美國北長老敎 海外宣敎本部 指稱.

34) 英語原文에는 〈His Corean Majesty's Hospital〉로 되어 있다. 곧〈王立病院〉이다.
〈朝鮮政府之病院〉은 포크 제출의 번역本 文句.

35) 附 安連의 病院 建設案, 舊韓國外交文書, 第十卷, 美案, I, (1885. 1. 27日字), pp. 112-113.

아직도 청의 세력과 또 그 영향력의 조정과의 연대가 무시할 수 없는 상태에서, 그들의 방해나 저항이 있을 때 조정의 신임이 아무리 두텁다고 하더라도 성사가 무난하지 아니할 것을 알았기 때문이다. 더구나 중국 대도시의 큰 병원 두 곳을 이홍장 자신이 설립하여 미국 의사와 협력한다는 사실의 지적은 비범한 시대감각의 소치(所致)라 보지 않을 수 없다. 또 하나는 이 병원 사업을 통해서 다른 〈미국인〉을 초청한다는 원대한 계획이다. 이것은 두 말 할 것도 없이 이 병원의 설립이 확고하게 이루어지고 난 다음에는 미국 선교사들이나 거기 관련된 인사들을 이 기관을 통해서 입국하게 한다는 것이었다. 우리는 이제 곧 그 이상의 실현이 재촉되고, 실상 초기 선교사들이 대개 다 이 기관에 종사한다는 명목으로 일한 사실을 알게 된다.

그리고 알렌은 무엇보다도 한국과 그 나라의 미래에 서양문명의 혜택이 반드시 있어야 하고, 그것을 고종(高宗)이 백성들을 위해서 대담하게 수혜(受惠)하도록 할 때 그것이 곧 국왕의 현정(賢政)이라 아니할 수 없다는 근원적 신념을 피력하여, 그의 고종에 대한 신의를 표명하였던 것이다.

2) 묄렌도르프 經由

일단 일을 착수해서 이 서울 한복판에 서양 기독교문명의 병원을 설립하게 하고자 할 때, 사소한 부주의나 불찰(不察)로 일이 성사되기도 전에 엄청난 좌절을 자초할 수 있다는 경계심이 있었다. 개화 진보의 상징적 동력이요 조선 자주 독립의 옹호자인 미국, 특히 신임받는 포크를 통해 설립 계획을 제출하면서 알렌은 묄렌도르프를 생각하지 않을 수 없었다. 그는 기독교 신자도 아니고, 더구나 이홍장의 조선 내 실세(實勢)로서 변혁적 의미를 가진 변화에 대해서 엄격한 통제를 하고 있었던 인물이기 때문이었다. 알렌은 그것이 걱정이었다. 또 알렌은 그의 다른 흉계(凶計)도 알고 있었다. 곧 〈내가 궁중에 영향력이 있음을 알고 자기가 의학교(醫學校)를 창설하고는 나를 마음대로 부리려는 망칙한

계략을 꾸미고〉[36] 있었던 것이다.

포크와 숙의한 끝에 이 두 사람은 현명한 방법을 찾아 실천하기로 했다. 이러한 조심스런 절차와 방법이, 설립될 병원의 합법성과 타당성, 그리고 효용성을 입증해 줄 수 있다고 믿었기 때문이다. 수단이 목적의 정당성을 입증해 주도록 되어 있는 것이다. 곧 포크는 민영익에게 부탁해서 일을 성사하게 한다는 것이었고,[37] 알렌은 묄렌도르프에게 그 설립 추진에 대한 협조를 간곡히 부탁하는 일이었다. 그리고 정중한 편지를 하나 송부하였다.

폰 묄렌도르프 귀하.

전날 의료사업에 대한 귀하의 말씀은 유의하여 경청하였었습니다. 제가 오랫동안 포크(代理公便)와 의논하여 오던 病院設置件은 필경 제가 작성하여서 閔泳翊公을 통하여 (朝廷에) 제출하기로 하였습니다. 閔公이 나에게 대하여 오래 好意를 가지고 있기 때문입니다. 포크가 그 案을 漢文으로 번역시켰는데, 들어 보니 오늘 閔公에게 送付했다고 합니다. 貴下께서 아직 이를 閱覽하시지 아니하였다면 곧 보게 될 것이온 즉, 많은 協助로 成事되게 하여 주시기를 앙망하는 바 입니다. 이 계획안은 결국 貴下의 오래 품어 온 理想을 실현하는 것이 되리라 확신합니다.

1885년 1월 27일

호레이스 알렌[38]

일을 진행하는 동안에 조정의 관리들이 태만과 안일로 일 처리를 늦

---

36) Allen to Ellinwood, 1884. 10. 8日字, Allen M. S. S.

37) 白樂濬, *op cit.*, p. 111.

38) Allen Diary, 1885. 1. 27日字.
Cf. 白樂濬, *op. cit.*, p. 111.

추는 일도 있었고, 또 묄렌도르프의 동국인(同國人)인 독일 부영사 헤르만 버들러(H. Budler, 卜德樂, 1884. 4. 13－1886. 5. 17)의 반대도 있었다. 버들러는 병원 설립은 이미 묄렌도르프가 따로 진행시키고 있었기 때문에 그것 자체를 반대할 수는 없었고, 다만 그것을 〈선교사〉가 관할하는 데에 저항하였던 것이다.[39]

묄렌도르프는 병원 설립을 스스로 발설한 일이 있었기 때문에 반대하지는 못하였지만, 이 거창한 기구의 주수지임(主首之任)을 미국인이 맡았을 때 청로간(淸露間)의 세력 균형이 기운다는, 그 나름의 외교적 판단으로 그 일의 진행을 달갑게 여기지 않고 있었다.[40]

알렌이 병원 설립을 추진하던 때의 상황을 기록한 글에[41] 의하면 그 설립을 저해하는 것이 셋 있었다. 하나는 〈유력한 외국 사절들〉의 방해였다. 버들러의 이야기를 이미 언급하였지만, 이들 외교관들은 이 병원이 〈장로교 기관〉이라는 사실을 꼬집어 그 종파성(宗派性)을 훼방하고, 아울러 〈기독교인이 되지 아니하면 아무도 치료해 주지 않을 것〉이라고 중상을 하고 있었다.[42] 다른 하나는 혜민서(惠民署)의 전(前)관리들과 전국에 흩어져 있는 진료소에서[43] 일하던 인사들이다. 이들이 천명을 헤아리고 있었는데 이들이 이 병원의 설립으로 자리를 잃게 될 것이기 때문이다.[44] 그러나 혜민서(惠民署) 관계의 경우는 현실적인 이해관계가 걸린

---

39) Allen Diary, 1885. 3. 31日字.

40) Allen Diary, 1885. 2. 20日字, 9. 6日字.

41) 이 原稿本이 〈for Publication〉이라 되어 있고, 그것이 〈Medical Work in Korea〉題로 *The Foreign Missionary*, 1886年 7月號 〈vol. 44. No. 2〉에 轉載되어 있다.

이 原文을 美國 Trinity University의 Dr. D. Clark (A.D. Clark의 子)가 필라델피아의 Presbyterian Historical Society에서 入手한 것.

此後 이 文書는 Allen M. W. K.로 略記.

42) Allen M. W. K., p. 1.

43) 漢方醫들을 意味한 것. 그 一部가 惠民署와 關係되었던 것으로 解釋한 곳이 있다.

44) Allen M. W. K., p. 2.

사람들의 문제로서 행정적으로 해결될 수 있는 성질의 것이어서 별로 큰 문제가 없었다.

그러나 알렌이 걱정한 묘한 문제가 하나 있었다. 이 신설 병원이 〈기독교적〉이라든가 〈미국적〉이란 곳에 의혹과 훼방이 많아 그 인가의 지연을 걱정하고 있던 차에, 미국의 장로교 선교부와 감리교 선교부에서 각각 선교사들을 파견한 일이 있어서 그들이 입국한 문제가 바로 그것이다.[45] 장로교의 언더우드(H. G. Underwood)는 1885년 4월 5일, 감리교의 스크랜톤(W. B. Scranton)은 같은 해 5월 3일에 각각 제물포에 도착하였던 것이다.[46]

그러나 고종과 민비(閔妃)는 알렌이 선교사인 것을 알면서도 〈근대적 시설의 병원에 대한 강렬한 욕망〉[47]이 있었고, 더구나 포크에 대한 신임은 아주 두터웠을 뿐만 아니라 민영익도 도와, 이일은 마침내 성사되기에 이르렀던 것이다. 고종 자신이 이 병원 설립의 문제를 먼저 알렌에게 타진하였다는[48] 것이 사실이라면, 병원 설립은 어려운 일이 될 수가 없었다.

독판(督辦) 교섭통상사무 김윤식(金允植)이 병원 설립 신청에 대하여 회신한 글은 이러하였다.

> 貴下의 申請書는 내가 받아 보았습니다. 서울에 病院을 세우겠다는 귀하의 文書를 받았습니다. 거기 대한 우리 議政府의 回輸은 이러합니다. 이 문제에 대하여서는 美國公使에게 督辦交涉通商事務와 개인적으로 相議할 것을 제시하였으므로 여기서 다시 書面回答을 할 필요가 없다는 점을 미국공사(代理)에게 傳言하여 주시기 바랍

45) *Loc. cit.*

46) 아펜젤러(H. G. Appenzeller) 夫妻도 4月 5日 濟物浦에 到着하였으나 포크代理公使가 政情 不安을 들어 다시 日本에 돌아가게 하였다.

47) Allen M. W. K., p. 2.

48) G. W. Gilmore, *Kerea from Its Capital*, p. 295.

니다.

다른 나라들과 마찬가지로 朝鮮에 病院을 설립한다는 것은 우리가 하여야 할 일로 느끼는 터이며, 病院이 설립되어 잘 운영된다면 일반 百姓들과 우리 子孫들에게 有益이 되리라고 생각합니다. 이러한 큰 뜻을 품은 알렌 博士에게 우리는 고맙게 생각할 따름입니다.

마침 큰 집 한 채가 비어 있습니다. 고치면 병원으로 쓸 만한 큰 집입니다. 고치는 일과 설비 문제는 알렌 박사에게 알리겠고 상의도 할 것입니다.[49]

교섭통상사무의 글이었다. 그 설립 인가가 난 것이었다.

나. 廣惠院의 設立 認可

알렌은 감사와 찬송으로 하나님 앞에 무릎을 꿇었다. 그의 기도가 이루어지게 된 날이 온 것이다. 〈나는 기도로 이 일이 이루어졌다고 믿습니다〉.[50]

1885년 4월 14일자(陰曆 2月 29日)《高宗實錄》에 이런 글이 나온다.

二十九日 議政府啓 惠民 活人 兩署旣已革罰矣 其在朝家廣惠之意殊涉欠缺另設一院 以廣惠稱號 令外署專管堂郎 差出及一竝事務 竝令該衙門草記稟處 何如允之.[51]

1885년 4월 14일이 정확하게 광혜원(廣惠院) 설립의 날자이다.[52] 그것

49) *The Foreign Missionary*, 1885, 5月號, p. 527.
이 回翰의 日字 明記가 없어서 아쉽다.

50) Allen Diary, 1886. 2. 4日字.

51) 高宗實錄, 高宗二十二年 二月 二十九日(陽, 1885. 4. 14日字).
承政院日記, 1885. 4. 14日字(陰, 高宗 22. 2. 29日).
日省錄, 高宗二十二年(1885), 四. 十四日字(陽).

은 한국 근대사의 첫 페이지요, 교회사, 근대교육사, 의료사에서 지나치게 과장을 할 수 없는 대단히 중요한 역사의 전환점이 된 것이다.

이미 1882년에 혜민서(惠民署)와 활인서(活人署)가 혁파된 형편이었기 때문에 본래 이 두 기관이 하려던 일이 광혜(廣惠)이어서 광혜원(廣惠院)을 설립한다는 것이었다. 그런데 사무 관리 일체는 외서(外署)가 전관(專管)한다는 것이오, 이제 그 첫 시설이니만큼 어떻게 꾸며 나갈는지를 초기(草記)하라는 것이었다. 여기도 역시 〈미국〉이라든가 〈서양인 의사〉와 같은 말들을 피하여 조심스럽게 일을 추진해 나간 인상이다.

광혜원의 위치는 외아문(外衙門) 경내에 있었고[53], 그것은 우정국 총판(總辦)이었다가 갑신정변 와중에 타살된 홍영식(洪英植) 구저로 나라에서 몰수하였던 집이다.[54] 알렌이 처음 이 집에 가 보았을 때는 방 한 곳에 〈사람 핏자국〉이 홍건히 깔려 있었다 한다.[55] 더구나 그 집은 사람들이 역적의 집이라 하여 가산 일체를 〈완전히 떠 내갔기〉 때문에 알렌이 갔을 때에는 〈껍데기〉만 남아 있는 형편이었다.[56] 이 집을 조정이 마련해 준 $600 내지 $1,000로 수리하고 고쳐서 병원의 모양을 갖추도록

---

52) 이 設立日字에 대하여서는 혼돈이 많다. 알렌 自身도 그 日字를 2월 25일로 記. H. N. Allen, *Korea : The Fact and Fancy*, Seoul, 1904, p. 170.
O. R. Avison도 여기 따라 2월 25日字로 記. O. R. Avison, In Memoriam —Dr. Horace N. Allen, *The Korea Mission Field*, 1933. 5月號, p. 105.
해링톤은 1885년 4월 9일로 記. 해링톤, *op. cit.*, p. 49.
白樂濬은 1885년 4월 10일로 記. 白樂濬, *op. cit.*, p. 112. 그는 알렌과 헤론이 제출한 濟衆院一次年度 報告書가 4月 10日字로 된 사실을 留意하여 그 日字로 본 것.
이 廣惠院이 오늘의 延世大學校 醫科大學 附屬病院의 前身.

53) O. R. Avison, History of Medical Work in Korea, *Quarto Centennial Papers*, p. 31.

54) H. N. Allen, Medical Work in Korea, *The Foreign Missionary*, 1886. 7月號, p. 75. 漢城府 北部 齋洞 所在.

55) Allen M. W. K., p. 2.

56) *Loc. cit.*

하였던 것이다.[57]

원래 고관대작의 집이었던 이 곳은 규모가 방대하여 병원으로 개조해서 쓰는 데에는 그 때로서 별로 불편이 없었다. 그래서 구조 변경도 하고 배열도 체계적으로 해서, 환자실, 외래 진찰소, 수술실, 약국, 일반 병실, 외과 병실, 여자 병실, 특등실 등으로 설치하여서, 그 규모가 비록 작으나 축소판 종합병원의 형태를 갖추었던 것이다.[58] 병상수는 40개였다.

이제 그 병원의 구조와 배치도를 보면 뒷장과 같았다.[59]

이렇게 해서 알렌은 병원 책임자로 이 신설 근대식 병원의 의료 활동을 할 수 있게 되었던 것이다.[60] 그는 이 왕립병원(王立病院)이 〈미국 북장로교 선교본부 알렌박사의 주관하〉[61]에 있음을 명기하였던 것이다.

그 관리 운영과 의료에 대한 조정과의 협정은 조정이 병원의 건물과 제반 설비 및 관리 운영 경상비(經常費)를 책임지고, 소위 〈자선 기관〉 북장로교 해외 선교본부가 의료인을 파견한다는 조건이었다. 약재값 $300도 년간 조정이 보급한다고 약속하였다.[62] 빈곤한 환자의 경우는 치료비나 약값을 받지 않기로 한 것도 그 때 합의를 보았다. 고종과 민비는 이런 조건 이외에도 〈필요한 것이 있으면 절대 주저하지 말고 요청〉[63]하라는 당부를 하고 있었다.

이렇게 해서 한국에 기독교의 사도(使徒)가 처음 정식으로 공적 기관

---

57) *Loc. cit.*

58) 의학백년, 延世大學校 醫科大學, 醫學百年編纂委員會, 1986, pp. 18f 참조.

59) 이 配置圖는 알렌 自身이 그려 놓은 것으로 이것이 上記한 *The Foreign Missionary*, 1886, 7月號 p. 75에 轉載되어 있다.

60) Allen, M. W. K., p. 4의 配置圖에는 〈Royal Corean Hospital〉로 되어 있다.

61) *Loc. cit.*

62) *Loc. cit.*

알렌은 自己가 美國公使館 公醫요 相當한 給與를 받고 있기 때문에 北長老敎 宣敎部의 月給은 사양.

63) Allen, M. W. K., p. 3.

Cf. O. R. Avison, History of Medical Work in Korea, *Quarto Papers*, p. 31.

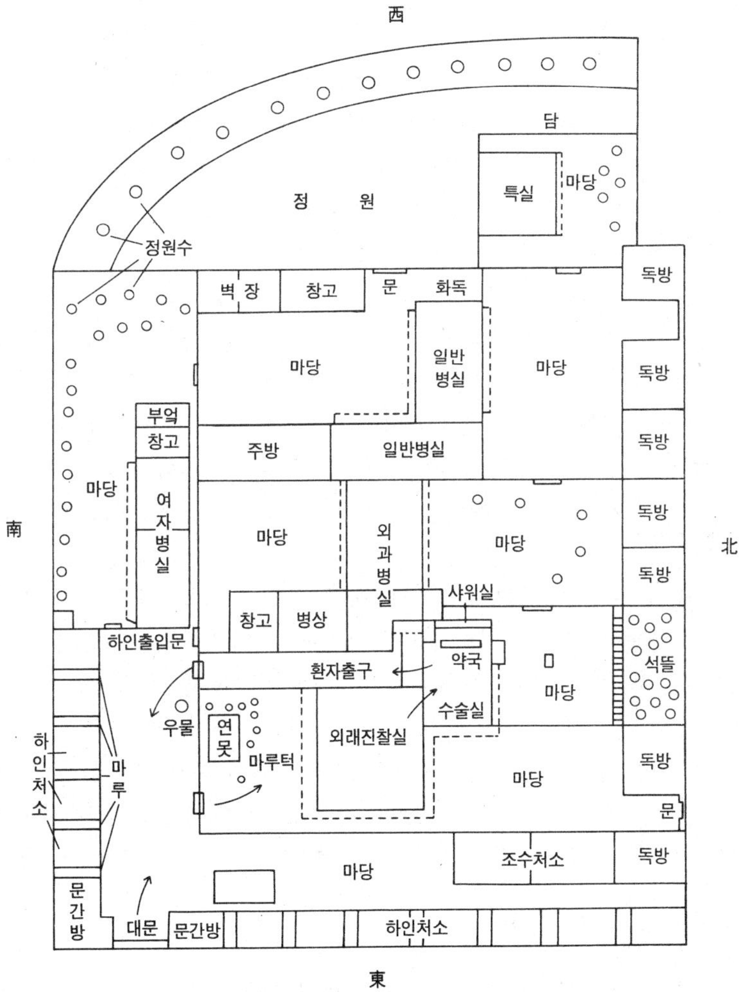
西
담
특실
마당
정 원
정원수
벽 장
창고
문
화독
독방
일반
병실
마당
마당
독방
부엌
창고
주방
일반병실
독방
마당
여
자
병
실
南
마당
외
과
병
실
마당
독방
北
독방
창고
병상
샤워실
하인출입문
환자출구
약국
마당
석뜰
우물
연
못
마루턱
외래진찰실
수술실
하
인
처
소
마
루
마당
독방
문
마당
조수처소
독방
문
간
방
대문
문간방
하인처소
東

에서 일을 하기 시작하였고, 여기서 한국교회사의 첫 장이 기록되기에 이르렀던 것이다.

이 광혜원 설립은 기독교에 대해서 반대하던 모든 요소들을 비록 암묵적이라고 할지라도 일시에 해소하고, 떳떳한 출발을 할 수 있었다는 사실에서 그 의의가 포착된다. 다시 말하면 청(淸)의 보수주의, 청로(淸露)의 세력 균형, 개화 의지에의 도전, 미국 기관의 한국 정착에 대한 저항, 일부 구주(歐洲) 외교관들의 시기, 심지어 혜민서의 관리들처럼 직업상의 반대, 이런 모든 각기 다른 동기의 반대들을 적절히 대응해서 기독교 기관의 사업 추진을 위한 대로를 확장해 나갈 수 있었다는 것에 이 병원 설립의 역사적 의미가 담겨져 있었던 것이다.

그러나 알렌의 경륜은 따로 있었다. 그는 아직도 〈정치적(政治的) 정세가 불안〉[64]하다고 판단하고 있었다. 다른 하나의 사회적 변혁이 일어날 것을 그는 예기하고 있었던 것이다. 그런 단계를 거쳐야만 기독교의 참된 발전과 선교의 날이 오리라고 기대하였던 것이다. 그래서 그는 조심하기로 하였다. 〈한국말을 배우고〉, 또 〈이 의료사업이 저들 백성들에게는 참된 복리를 위한 사업임이 확인될 때까지〉, 공세적인 복음 전도 사업은 하지 않기로 한 것이다.[65] 한국에 아직 강력한 종교가 실재하고 있지 않는 상황이었기 때문에 기운(機運)의 성숙을 기다리는 것이 현명하다고 판단한 것이었다. 이것은 그의 칼비니즘의 섭리론에 의한 경건에서 온 자세였다. 〈승리의 날〉은 하나님께서 미구에 주시리라 확신한 것이다.

광혜원이 설립되자 곧 그 운영을 위해 박준우(朴準禹), 신낙균(申洛均), 함익영(咸翊永), 김규희(金奎熙), 김양묵(金良默)을 교섭통상 사무아문의 제중원 부(附) 주사(主事)로 차하(差下)하였다.[66] 그리고 같은 해 4

64) Allen, M. W. K., p. 3.

65) *Loc. cit.*

66) 高宗實錄, 1885. 4. 21日字(陰, 高宗 22. 3. 7日).

월 26일에는 광혜원을 제중원(濟衆院)으로 개칭하였다.[67] 그리고 그 다음 날 27일에는 〈黃海 平安監營에 發關하여 濟衆院에 並設한 女病院에서 醫術을 익힐 十三歲에서 十六歲 사이의 聰明한 妓女 二, 三名을 選拔 上送〉[68]하게 하였다. 다만 여기서 기녀(妓女)의 문제는 그것이 병원의 간호원 비슷한 일을 하기 위해서였고, 아직 여병원이 세워지지 아니한 상태였기 때문에[69] 《高宗時代史》의 서술은 시간적인 차이가 좀 있다.

제중원 사무는 많아져 갔다. 일이 밀리기 시작한 것이다. 그래서 다시 조정은 1885년 4월 28일에 조정희(趙定熙)를 제중원 주사(主事)로 또 차하(差下)하였던 것이다.[70] 그리고 환자가 계속 많이 몰려 오기 때문에 호혜청(戶惠廳)으로부터 혜민서와 활인서에 획송(劃送)하여 오던 〈米錢木〉의 여러 건수들을 제중원에 이속(移屬)시켜서 공용(公用)하게 하였던 것이다.[71]

3. 濟衆院의 醫療活動과 그 運營

가. 첫 醫療活動

1) 初期醫療活動相

이렇게 병원이 개원되면서 소식 퍼져 수많은 환자들이 병원문을 메우기 시작하였다. 조수나 간호원의 도움 없이 이 막중한 일들을 알렌 혼

---

67) *Ibid.*, 1885. 4. 26日字(陰, 高宗 22. 3. 12日).

68) 高宗時代史, Ⅱ, 國史編纂委員會, 1968, p. 725.

69) 女病院 設立에 對해서는 此後 仔細히 言及할 것임.

70) 承政院日記, 1885. 4. 28日字(陰, 高宗 22. 3. 14日).

71) 高宗純宗實錄, 中, 高宗 二十二年 三月 二十日條(1885. 5. 4日字), p. 193.

자서 수행해 나간 것이다. 어떤 날은 백여 명 치료하고, 많을 때에는 265명을 진료한 일이 있었다.[72] 밤잠을 잘 수도 없었다.[73] 그래서 첫 해 한 해 동안의 치료 환자는 입원이 265명, 외과 수술을 받은 환자가 150명, 사소한 외과 치료가 394명, 이렇게 해서 총 진료자 수는 10,460명에 이르고 있었다.[74] 그러면서도 인원과 시설 미비로 되돌아간 환자가 수없이 많았다.

개원 1년이 경과하고 난 다음의 결산 보고서에 의하면 건물이나 그 건축 및 수선에 관계된 비용이나 경상비가 ＄2,171.87, 약품 및 시설비가 ＄1,012.00로서 총 ＄3,183.87을 조정에서 지급하고 있었다.[75]

이런 조정의 도움이 있었지만, 빈한한 사람의 경우를 제외하고는 유료 진료를 원칙으로 하여, 진찰권이 엽전(葉錢) 20푼(分), 약값으로는 1인당 엽전 100푼이었으며, 키니네 10그람에 엽전 500푼을 받은 것으로 되어 있다. 이 유료 진료는 수익적(收益的) 목적보다는 환자수를 제한하려는 목적에서 취하여진 조치였다.[76] 한국인들은 그 때 이 서양 병원의 소문에 따라 〈모든 종류의 병을 치료〉해 줄 것을 바라서 찾아 갔는데 〈그 병중에는 정말 아픈 것도 있었지만 아플 거라고 상상하는 것도〉 있었기 때문이다.[77]

알렌의 의료는 주로 외과(外科) 수술에서 효험(効驗)을 보고 있었다.[78]

---

72) 연세대학교 백년사, Ⅰ, p. 28.

73) F. Ohlinger, The Beginning of the Medieal Work in Korea, *The Korean Repository*, 1892, 12月號, p. 356.

74) *Ibid.*, pp. 356－357. 朝鮮見聞記, p. 201.

75) 재정사, 연세대학교 의과대학, 1972, p. 8.
이 報告書의 原本은 찾아보지 못하였다.

76) *Ibid*,. pp. 8, 9.

77) 朝鮮見聞記, p. 201.

78) F. Ohlinger, *op. cit.*, p. 357.

79) 朝鮮王室病院 年例報告書, 1886. 4. 10日字.
延世大學校 百年史, 延世大學校 出版部, 1985, Ⅰ, p. 31.

실제 외과의 환자가 많았다. 그래서 내과 환자는 사절할 수밖에 없었다.[79] 내과계의 병자들은 실제로 속효(速効)를 기대할 수 없었기 때문에 한국 환자들도 그들 전래의 무당 굿에 의존하는 경우가 많았다. 굿의 효능은 치병(治病)의 경우 한국인들 사이에서는 일종의 기신(祈神) 의식(儀式)으로 진행된 것이어서, 역신(疫神) 축사(逐邪)의 형식으로, 주로 하류층에서 시행되고 있었다.[80] 알렌은 이들 굿이 때때로 사람을 고칠 수 있다고 생각해서 그것이 잘되기를 바라는 때도 있었다.[81]

그런데 외과 수술이라 해서 다 고칠 수야 없었다. 백내장(白內障)을 몇 수술하였더니, 어떤 날 한 눈만 가지고 있는 한 노파가 찾아 와서 다른 한쪽 눈을 뜨게 해달라고 사정하였다. 알렌이 그 불가능성을 설명하였는데도 그 노파는 오히려 소리치면서 야단을 하여 제중원 병정들이 이 노파를 억지로 밖에 나가게 할 수밖에 없었다.

대개 그 때 많이 시료(施療)한 것은 키니네를 써서 회복된 병들, 마라리아 등이었고,[82] 예방 접종 방법도 보급시켜 커다란 효험을 보고 있었다.[83] 마마의 바이러스 접종은 그 주종이었다. 알렌은 마마가 한국에서는 아주 흔한 병이어서 〈완전히 곰보를 면한 사람은 극히 적은 것 같으며, 많은 사람이 아주 흉하게 얼굴에 흉터가 생겨〉[84] 있었다고 말한 일이 있다.

초기 알렌 의료활동에서 괄목할 만한 방법중의 하나가 한국의 전래 약전(藥典)이나 치료 방법에 대하여 사뭇 긍정적인 견해를 가지고 있었다는 사실이다. 굿에 대한 알렌의 생각은 전술한 바 있지만, 인삼의 약

80) H. N. Allen, Some Korean Customs, *The Korean Repository*, 1896, 4月號, p. 164.
81) 朝鮮見聞記, p. 217.
82) F. Ohlinger, *op. cit.*, p. 358.
83) *Loc, cit.*
84) 朝鮮見聞記, p. 218.
Cf. I. B. Bishop, *Korea and Her Neighbours*, 1898, p. 424.

효에 대해서 이미 상당한 견식을 가지고 있었으며, 그 효험의 실증(實證)으로 이 인삼의 전매(專賣) 수입이 1년 $500,000이란 사실을 주목하였던 것이다.[85] 서양에서 쓰이는 약들이 조선에서도 몇 쓰여지고 있었다고 하였으나 그 구체적 지적은 없다. 또 민간요법으로서의 침이나 뜸에 대해서 처음에는 불신과 경계도 하였지만,[86] 아주 절망적이던 사람이 그 요법으로 회복된 경우가 있어서, 이 요법이 〈순수하고 소박하게 실시만 된다면 서양 의학과 족히 비교될 수 있음〉[87]을 시인하였던 것이다.

여기서 우리가 한 가지 지적하고 싶은 것은 알렌이 북장로교 해외선교본부의 파송 선교사로 파견되어 와서 〈선교〉에 지장을 줄 수 있는 주한(駐韓) 외국인들에 대한 진료사업의 수행 여부의 문제에 대한 명백한 지침의 확정이었다. 일반적으로 선교부는 그 파송된 나라에 대한 선교가 주목적이기 때문에 그 곳에 와 있는 외국 거류민(居留民)들을 치료함으로써 그 본래의 목적 이외의 일에 시간을 허비한다는 데 대해서는 부정적 태도를 취하여 왔다.[88] 그러나 알렌에게는 해외 선교본부의 〈특별한 허락〉[89]이 주어져서 서울에 살고 있는 외국인들에 대한 진료가 시행되고 있었다. 이렇게 조치를 취하게 된 어떤 판단이 있었다. 그것은 이런 진료 활동이 〈아직 시험적이지만 대단히 위험한 처지에 놓여 있는 선교사업과 외국인들과의 동정과 협력 관계를 형성하여서 적당한 수준의 동반 의식이 확립되지 아니하면 선교사업에 대하여 이 외국인들이 반발할 수 있다〉고 보았기 때문이다.[90]

---

85) *Ibid.*, p. 209.
F. Ohlinger, *op. cit.*, p. 358.
86) 朝鮮見聞記, p. 216.
87) F. Ohlinger, p. 358.
88) *The Annual Report of the Board of Foreign Missions, Presbyterian Church in the U. S. A., (N. P. Report)*, 1889, p. 170.
89) *Ibid*, 1887, p. 154
90) *Loc. cit.*

이런 사업은 대단히 성과도 좋았고 그 본래의 목적도 이루어 가고 있었다.[91] 이런 진료는 향후 알렌의 뒤에 제중원에서 일하게 된 의료 선교사들도 선례를 따르게 되어, 재한 외국인들과 선교기관과의 관계는 친밀과 이해 그리고 협조로 선교사업 전개에 커다란 도움이 되었을 뿐만 아니라, 그 발전을 촉진하는 힘으로 작용할 수 있었다.[92]

거기서 나오는 재정적 수익도 상당하였다. 그것이 1890년에는 $2,570.87에 이르고 있었다. 이런 수입은 처음부터 선교부 회계(會計)에 산입(算入)하도록 되어 있었다. 이 1890년도의 수익금중에서 $1,043.22을 가옥과 터를 마련하는 데 사용한 것이다.[93] 그러나 이런 활동의 이득은 이 재정적인 면보다는 재한 외국인들의 선교사업에 대한 깊은 이해와 실질적인 협력을 보장 받았다는 데 있었다.

2) 最初 一年의 醫療活動報告

1886년 4월 10일자로 제중원의 알렌과 헤론(J. W. Heron, 1858－1890)[94] 이 북장로교 해외선교부에 제출한 최초 1차년도의 의료보고서가 《의학백년》에 전재되어 있다.[95] 그 보고서에 의하여, 몇가지 의료활동의 양상과 당시 한국인의 질병 및 그 위생 상태에 대한 언급이 있어서 그것들을 정리해 보고자 한다.

우선 이 광혜원을 한국에 옛부터 있어 온 병원 형태의 기구들을[96] 대체시킨 것으로 이해하고 있지 않았다는 사실이다. 다시 말하면 한국에 의료 시설이 없었기 때문에 병원의 근대식 설립이 필요했다는 인식을

91) *N. P. Report*, 1891, p. 135.
92) O. R. Avison, In Memoriam－Dr. Horace N. Allen, *The Korea Mission Field.*, 1933, 5月號, p. 106.
93) *N. P. Report*, 1895, p. 136.
94) 濟衆院 同役者로, 1885年 6月 21日 到着, 1890年 7月 21日 痢疾로 逝去.
95) 의학백년, 연세대학교 의과대학, 1986, pp. 29－32.
96) 惠民署, 活人署 等을 指稱.

하지 않고 있었다. 이것은 알렌의 한국에 대한 자세를 보여주는 것이라 할 수 있겠다. 그런 자세가 그의 한국 이해 전반에 걸쳐서 도처에 현저하게 나타나 있었다. 따라서 그는 이 광혜원의 개원을 요란한 획기적 사건으로 과장 확대하는 것을 주저하고, 〈하등의 예식 없이 개원하였다〉[97] 고 투박한 한마디로 그 설립 행사를 지내고자 하였던 것이다.

둘째로 중요한 점은 환자 치료는 상하 계급을 망라하였다는 점이다. 〈걸인 나환자로부터 궁전의 귀인까지 포함〉한 치료였다고 하였지만, 사실은 왕과 왕대비 및 민비를 포함한 광범위한 것이었다. 이것은 한국 사회 혁신의 조용하고도 근본적인 작용을 한 것이요, 한국의 민주주의적 평등 사상의 실천적 대역사(大役事)가 아닐 수 없었다. 민중들이나 귀인들이 이런 혁신적인 인도주의적 박애와 하나님 앞에서 만인이 평등하다는 실천 앞에서 그런 정신의 근원인 기독교에 눈을 돌리게 된 것은 너무나 당연한 일이었다. 한국에서 기독교 선교의 문호를 개방한 것은 그러기 때문에 말이 아니라, 이 사랑의 상(上)과 하(下)에 미친 행동이었다.[98] 따라서 알렌의 의료활동은 한국 사회 계층간의 간격 타파라는 사회사적 의미와 복음선교의 문호를 개방한 선교사적(宣教史的) 의미, 이 두 방면에서 평가할 수 있는 것이다.

다음은 보수 고루, 특히 민중층의 보수적 성향을 혁파한 일이다. 실상 하류 민중 계층이 사회변화에선 훨신 보수적 성향을 보이고, 개화에 대한 반응에서 지극히 조심스럽고 무감각하거나 심지어 적대적인 태도를 보였던 것이다. 이것이 알렌과의 접촉을 통해서 하층의 의식이 개화와 근대화에 호응하는 일대 혁신적 변화가 초래되었다는 사실이다.[99] 이것

97) 의학백년, p. 21.
연세대학교 백년사, 서울, 延世大學校 出版部, 1985, Ⅰ, p. 29.
98) J. S. Dennis, *Christian Missions and Social Progress, A Sociological Study of Foreign Missions*, New York, Fleming H. Revell, vol. Ⅱ, p. 414.
99) C. C. Vinton, Medical Missions in Korea, *The Missionary Review of the World*, 1988, 9月號, p. 669.

은 알렌의 활동이 궁정 중심이어서 안된다는 당시의 일부 선교사의 비판을 수정하게 할 수 있었다.

다른 하나는 진료의 행정면이다. 알렌은 진료의 무징수(無徵收) 원칙을 준행하였다. 하지만 앞서 말한 바도 있지만 모든 환자는 20푼(分)을 지불하고 우선 진찰권을 사게 하였다. 이것은 〈실상 수입의 목적이 아니라 무용의 관람자를 제한함에〉 그 목적이 있었다. 그 진찰권에 번호를 기입해서 순서대로 진료를 받게 함으로써 질서를 지키게 한 것 역시 병원에서 복음 전파의 간접적 길을 개척한 것만큼, 중요하게 조선 사회에 공헌한 것이었다.

네째로는 여자 환자의 문제였다. 남녀간의 엄격한 구별이 있었던 그 시대에 여자 환자들이 병원에 올 경우는 온 병원이 〈경계〉 태세에 들어가 남자 환자의 여러 형태의 제한 출입 통제, 남자와의 접근 조심등 문제가 한국사회 전래 풍속에 걸려 심각하였다. 이런 어려운 문제 때문에 남자들 사이에 왕래가 자유로운 기생(妓生)들을 몇 고용한 일은 앞서 잠깐 언급한 일이었다.

그러나 그 문제는 간단하지 아니하였다. 알렌은 이들이 〈간호원의 역할을 하도록 파견되었다고, 나는 적어도 그렇게 해석하고자 한다〉[100]고 확인한 것이 어색하였다. 이들 기생들은 얼마 못 있어서 원세개(袁世凱)의 지시로 옛 직업으로 돌아갈 수밖에 없었다.[101] 동원되었던 기생의 수는 5명이었다.

이들은 본래 간호의 법을 배우고 병자의 간호를 위해서 파견된 것이었으나, 〈그들이 병원에 있는 것이 병원 안에 혼란을 가져와〉 알렌의 요청에 따라 해직된 것이라고 쓴 다른 기록이 있다.[102] 기생 간호의 병원

100) 해링톤, *op. cit.*, p. 67.
101) Allen Diary, 1885. 8月 5日字.
102) H. N. Allen, Some Korean Customs, Dancing Girls, *The Korean Repository*, 1896, 10月號, p. 386.

이란 도덕성 이외에도 혼란(disorder)을 일으킬 만한 다른 면이 있었던 것이 확실하나 그 언급이 없다. 왕비는 두 말 할 것 없지만 고관 대작의 정부인(貞夫人)들 마저 진찰할 때에는 의사가 칸막이를 한 천 밑으로, 그것도 천을 다 싸고 진맥할 부위만 조금 남겨 놓은 팔을 진찰하며, 혀를 살펴야 할 때에는 칸막이에 혀가 나올 만한 구멍을 뚫어 거기에다 혀를 내밀어 진찰하게 하는 등 어려움을 생각한다면 이 〈총명한〉기생들의 동원이 우선은 급하였겠지만, 치료란 왕래가 아닌 치병이 목적인데 이런 처사가 정당하지도 못했고, 오히려 불편하였던 것이다. 이것은 곧 여자 의료 선교사의 초빙을 불가피하게 한 눈앞의 상황이었다.

다섯째로 중요한 것이 당시 한국인의 질병 실태에 대한 보고이다. 이것은 에비슨(O. R. Avison, 魚丕信) 박사가 1897년 *The Korean Repository* 에 발표한 〈한국인의 질병〉과[103] 대동소이한 보고로서 임상 환자에 대한 통계가 주요 자료였지만, 그들의 의료인으로서의 성실에 다시 한 번 경탄을 금할 수가 없다.

그 보고서에는 한국인이 〈의학에 대한 관념과 두뇌가 명석〉[104]하여 침, 뜸, 그리고 한방(漢方)에 의한 약재(藥材) 사용에 비법이 있다고 하여 이를 높이 평가하고 있었다.

그러나 〈목욕이 조선인들에게 인기가 없고, 또 실내 청결 보존이 어려워서〉 수많은 질병에 걸린다고 판단한 것이 있다. 그는 일찍이 한국이 〈불결, 태만〉[105]과 주벽(酒癖)이 심하다고 비판한 일이 있으며, 각 집마다 대문 옆에 〈퇴비를 만들려고 인분과 쓰레기를 버리는 지저분한 시궁창 구멍〉[106] 때문에 〈오물과 악취〉가 유난히 심하다고 그 생활 환경을

---

103) O. R. Avison, Disease in Korea, *The Korean Repository*, 1897, 3月號, pp. 90-94, 6月號, pp. 207-211.

104) 의학백년, p. 23.

105) Corea, Notes from the Wild Field, *The Missionary Herold*, 1885, 1月號, p. 34.

106) 朝鮮見聞記, p. 109.

평한 일이 있다. 가옥 상황에 대하여서 알렌은 또 〈사방 8피트의 작은 방에서 해로운 공기를 어떻게 호흡하며, 이 작은 방에 불을 때고 6 내지 8명의 식구가 한 방에서 잠을 자고 생명을 유지해 나갈 수 있는지 매우 신기한 일이 아닐 수 없다〉[107]고 하는 글을 남겨 놓고 있었다. 불결(不潔)과 더러운 음료수, 그리고 위생 보건이라는 개념과 그런 법률적 조치의[108] 완전한 부재가 모든 질병의 원인을 제공하고 있었던 것이다.[109] 전염병, 특히 호열자와 같은 무서운 역병(疫病)을 옮기는 도체(導體)로 알려진 쥐들이 밤새 천정에서 뜀박질을 할 정도의 번창이 방치된, 그런 생활 환경의 무방비가 질병 발생의 온상과 같은 역할을 하고 있다는 것이 그 지적이었다.[110].

그 당시의 질병으로는 학질이 〈최다(最多)〉였다. 1년간 그 치료자 수는 1,061명에 이르고 있어서, 전 환자의 10%를 차지하고 있는 비율이었다. 이 학질은 여름에 3일열과 매일열, 동계에 4일열이 통상이었다.[111] 그 다음 많은 것이 소화불량(消化不良)이었다. 나병(癩病)도 있었는데 대개가 신경라(神經癩)였고, 대다수는 절단라(切斷癩)였다. 이 나병에 매독(梅毒)이 합병한 경우가 많았다. 그래서 매독 치료가 나병 치료로 오전(誤傳)되어서 제중원이 나병까지 완치한다는 소문이 퍼진 일이 있었다.

매독 환자는 760명 치료하였다는 보고가 있었다. 서울에는 이 병이〈가경(可驚)할 만큼〉 다수 있었다.[112] 이 밖에 기생충, 각혈질병, 페이구충병,

---

107) *Ibid.*, p. 110.

108) 한국에서 衛生, 防疫, 豫防 등의 保健的 措置나 그 法律制度 및 教育은 1895年 콜레라 만염 때 高宗에 依해서 애비슨(O.R. Avison)에게 위탁, 처음 施行.
O. R. Avison, History of Medical Work in Korea, *Quarto Papers*, p. 36.

109) C. C. Vinton, Medical Mission in Korea, *op. cit.*, p. 670.

110) 朝鮮見聞記, p. 114.

111) 연세대학교 백년사, I, pp. 31－32.

112) O. R. Avison, Disease in Korea, *The Korean Repository*, 1897, 3月號, p.90
의학백년, pp. 23－24.

개선증, 두슬증, 안질 등이 지적되고 있었다.

그런데 천연두(天燃痘)의 경우는 역신(疫神)의 미신과 연결되어 아주 심각한 상태에 있었다. 어린이들 중 〈한명이라도 종두나 천연두에 걸리지 아니한 아이들이 없을 정도〉[113]였다. 〈거의 모든 성인이나 미성년자가 그 마마의 자국〉[114]을 가지고 있지 아니한 자가 없을 정도였다면 그 심각성을 가히 추측할 수 있다. 그래서 한국의 어머니들은 종두의 자국이 얼굴에 아직 없는 자식은 가족 수에 포함시키지 않고 있었다는 것이다.[115]

그러나 이들은 병에 걸렸어도 서양 의사들을 찾아 오지 않는 것이 상례였다. 그 병이 〈마마〉라는 역신(疫神)으로 오는 것이기 때문에, 에비슨의 경우 4년의 기간중에 겨우 두 건만[116] 진료하였을 정도였다. 처음 알렌은 천연두가 예방 접종밖에는 치료법이 없다고 확신하고 있었다. 그 때의 종두법은 천연두 발포의 농축액을 취하여 건강 아동 비강(鼻腔) 안에 접종케 하는 일이었다.[117] 그 때 한 조선 의가(醫家)는 한국인 사망률의 50%가 천연두였다고 밝히고 있었다.

마지막으로는 의학교육에 관한 보고였다. 그러나 그 자세한 내용은 다음 절(節) 〈의학교육〉에서 자세히 다룰 예정이어서 여기서는 그 상술을 피하고, 다만 이 의학교육은 설립 신청을 낼 때부터 이미 명확하게 착수 의사를 밝혀, 의료와 의학교육의 불가분리성을 주장했었다는 사실만을 지적하고 지나가고자 한다.

---

113) 의학백년, p. 23.
114) O. R. Avison, *op. cit.*, 6月號, p. 207.
115) *Ibid.*, p. 208.
116) *Loc. cit.*
117) 의학백년, p. 23.

나. 御醫 알렌

알렌이 민영익 치료 이후 계속 상승하는 자신의 양면(揚名)에 대해서 이런 말을 한 것이 있다. 곧,

> (민영익 치료 후)얼마 있어, 나는 한국의 궁궐와 세관, 그리고 나를 위해 개설된 병원의 의사로 임명된 이외에도 미국이 아닌 다른 나라 공사관의 참모가 되었다. 이렇게 하여 나는 한국에 정착할 수 있었고, 그 후에 오는 선교사들을 받아드릴 수도 있었으며, 도와 줄 수도 있었다.[118]

또 다른 곳에서 그는 이런 말도 하였던 것이다. 곧,

> 부상한 민영익이 회복된 것은 나에게 병원을 제공한 것 이외에도 나를 어의(御醫)로 임명되게 하였다. 궁중에서는 의술(醫術) 이외의 모든 문제에 대해서도 자연히 나에게 자문(諮問)을 구하게 되었다.[119]

알렌 자신의 입신(立身) 서술은 절정에 이른다. 〈끝내는 이 지구상에서 왕족에게만 내릴 수 있는 최고의 영광〉[120]을 차지할 수 있었다는 장담이었다.

미국 북장로교 해외 선교본부의 보고서도 승전고로 요란하였다. 그것은 순연한 기쁨과 환성이었다. 〈승리－triump〉였다.

> 고종(高宗)은 여러모로 (알렌에게) 그의 깊은 우정과 감사의 표시를 하고 있습니다. 우리의 의료 선교사, 그는 반복해서 자주 궁궐에

118) 朝鮮見聞記, p. 179.
119) *Ibid.*, p. 200.
120) *Ibid.*, p. 209.

의술의 일로 불려 다니노라 몹씨 바쁘게 지내고 있습니다.

우리 선교사에게 여러 가지 친밀한 고려(考慮)가 조선의 모든 계층에게서, 그리고 외국인들에게서 베풀어지고 있습니다.[121]

실로 〈모든 명예와 보상〉이[122] 알렌 박사에게 내려졌던 것이다. 알렌은 고종과 민비의 어의(御醫)가 되었던 것이다.[123] 그 어의가 된 날짜에 대하여서는 정확한 자료를 찾아보기 힘들다. 이것이 만일에 고종이 광혜원 설립을 윤허(允許)한 시기와 무관하지 않다고 한다면, 그런 국립기관의 설립과 그 어의 임명이 시간상 합당하다고 보았기 때문이었을 것으로 보인다.

이것은 〈지구상에서〉라는 말을 쓰기에 허물이 없는 영광의 직책이 아닐 수 없었다. 이것이 그의 공적(功績)에다가 명예를 더해 그의 인기와 소문은 〈측근(側近)〉의 후광을 얻기에 넉넉하였다. 1885년 10월에 귀국한 대원군(大院君)[124]마저도 알렌을 찾아 왔던 것이다.[125] 그 때 알렌이 만나 보지 못한 아세아의 거물은 이홍장(李鴻章) 하나 뿐이었을 것이다.

그가 어의(御醫)로서 궁궐을 출입하는데 고종은 특별히 그에게 사무실과 보수까지 주어 궁궐 안에서의 품위를 유지하게 해 주었다. 그러나 궁전 출입이 한국 궁전 법전례(法典例)를 따르지 않고는 쉽게 출입할 수 있는 것이 아니었다. 〈직위가 수여되어 있지 않았기〉 때문이다.[126]

---

121) *N. P. Report*, 1886, p. 148.

122) H. H. Underwood, Horace N. Allen, *The Korea Mission Field*, 1933, 3月號, p. 45.

123) G. W. Gilmore, *op. cit.*, p. 295.
O. R. Avison, History of Medical Work in Korea, *op. cit.*, p. 31.

124) 壬午軍亂 問題로 1882年 89月 26日 淸國에 捕囚, 丁汝昌에게 被捉되었다가 2年余만에 歸國한 것. 淸國勢力扶植위해 還國. 李瑄根, 韓國史, 最近世 篇, pp. 508, 806.

125) Allen Diary, 1885. 10. 5日, 7日, 11日字.
大院君에 대한 알렌의 印象은 대단히 좋았다.

126) 朝鮮見聞記, pp. 208－209.

이런 이유가 작용하였었는지는 모르지만, 알렌은 1886년 6월 14일 당상계통정대부(堂上階通政大夫)의 특가(特加)를[127] 받았고, 같은 해 10월 24일에는 알렌에게 가선대부(嘉善大夫)를 특수(特授)하였던 것이다.[128]

이와 같은 관직의 영예는 알렌의 공로에 대한 치하의 표이기도 하였지만, 오히려 고종이 알렌을 자주 만나 보고 싶어 하는 일이 범인의 외국인으로서는 궁궐 출입상 문제가 많았기 때문에 일종의 궁궐 통행 자격 부여 형식으로 특수(特授)되었다고 봄이 마땅할 것이다.[129]

이것이 어의(御醫) 알렌의 실질적인 모습이었다. 그는 궁정 출입을 자주하여야 할 만큼, 고종과 민비의 내궐(來闕) 요청을 많이 받았던 것이다. 그것은 반드시 의료적 목적이 방문 요건만이 아닌 경우도 많았다. 앞서 지적하였지만 〈의술 이외의 모든 문제〉[130]에 대한 자문역이 그의 방문 요건을 엄청난 비례로 차지하게 하였던 것이다. 이것은 알렌 정도의 대학교육을 받은 사람의 지적 정보나 활용 및 판단이 그 때 조선 궁정에서 필요했다는 가탄(可歎)의 말도 되지만, 동시에 〈미국인〉이란 여망 대상의 한 표징적 인물로 그 〈미국〉의 말에 의존과 기대를 하게 한 당시의 정치적 불확실성을 의미한다고 볼 수도 있었다.[131] 사실 향후에도 궁정에서 〈어의〉로서 일하게 된 여러 미국인 남녀 선교사들에게 대하여서도 왕과 왕비가 친절과 우애와 인정으로 깊이 맺어졌던 까닭은

127) 承政院日記, 高宗 二十三年 五月 十三日條 (陽, 6. 14).
高宗實錄, 同 日字.

128) 日省錄, 高宗 二十三年 九月 二十七日條 (陽. 10. 24).
高宗時代史, p. 873. 알렌日記에는 10月 25日(月)로 되어 있다.
白樂濬은 朝廷側 資料라 하여 同年 7月 19日에 參判職이 내려졌다고 하였으나 不明.

129) 알렌의 宮殿出入의 어려움에 대하여서는 Allen Diary, 1885. 4. 3日字.
白樂濬, *op. cit.*, p. 128.

130) 朝鮮見聞記, p. 200.

131) McCune, Harrison, *op. cit.*, pp. 53-54.
cf. C. C. Vinton Medical Mission in Korea, *The Missionary Review of the World*, 1898, 9月號, p. 669.

〈미국과 같은 강대국에 이들이 속해 있었다는 사실, 그리고 미국이 조선에 대하여 간섭적이거나 적대하는 행위를 하지 아니할 뿐만 아니라 오히려 위험이 닥쳐 올 때에는 동맹국이 되어 방어해 주리라 확신〉[132]하였기 때문이다. 하지만 이 〈어의〉의 직함에는 어려움이 많았다. 우선 서양의학이 탁월하다고 확신하는 왕족들을 다 혼자서 맡는다는 것이 막대한 부담을 준 것이다. 그러나 다른 커다란 문제는 그 때 궁궐 안에는 적당한 간호 시설이 없을 뿐만 아니라 위생적 조치를 취할 수 있는 메카니즘이 거의 없는 상태였다는 것이다. 거기에다가 〈외국인 의사에 밀려 자리를 빼앗긴 본토인 의사의 악의 찬 선동이 민중에 끼치는 영향은 상상할 수 없을 만큼 가증〉[133]스러운 것이었다.

그러나 알렌이 아주 어렵다고 생각한 것은 그런 것보다는 〈어린애가 새로운 장난감에 호기심을 갖는 것처럼 궁궐에서는 외국인 의사를 신기하게 생각〉[134]하는 데에 있었다. 그래서 돌보아야 할 환자가 없을 때에도 〈허약한 왕자의 구실로〉 그 신기한 어의를 불러 내었던 것이다.[135] 영예와 함께 무거운 책임, 그리고 궁정과의 개인적인 접촉 빈도의 가중(加重), 그것이 알렌이 힘들었다고 회고한 대목이다. 이제 그 난감하였던 모습을 그의 글에서 살펴보자.

> 외국인 의사에 대한 크나큰 호기심으로 인하여 우리가 겪는 어려움은 궁중(宮中)에서는 밤과 낮이 바뀐다는 사실이다. 내가 병원에서 일할 때 궁중에서는 잠을 자고 있었다. 그래서 야간 근무 시간에 권태(倦怠)로우면 나를 부르려고 생각하곤 하였다. 독재적인 임

132) L. H. Underwood, *Fifteen Years among the Top-Knots*, New York, American Tract Society, 1904, p. 28.

133) 朝鮮見聞記, p. 207.

134) *Loc. cit.*

135) 어떤 때는 病이 있는 벼슬아치와의 同伴入闕의 형식을 取하기도 하였다. Allen Diary, 1885. 4. 3日字.

금님의 대수롭지 아니한 변덕이라도 임금을 시종드는 사람에 의해 밖으로 전달되는 것이다.

흔히 한밤이나 밤중이 지나 부름을 받게 된다. 전령(傳令)에게는 호위병과 빈 가마 한 채가 따라오기 때문에 요란스러운 행차 소리가 나의 집 식구들을 깨운다. 그 뿐만이 아니라 나는 저녁 복장으로 정장(正裝)을 하지 않으면 안되었다. 이곳 관리들은 관복을 입지 않고 임금 앞에 나가지 못하는데 나의 경우에 있어서는 그 관복대신에 양복을 입도록 되어 있었기 때문이다.

밤 1시에 일어나 정해진 저녁 복장을 입고 영하의 일기에 몇 마일씩 시내를 횡단해 가면 왕자는 그 사이에 이미 잠들어 있었다. 누구도 그 잠을 방해해서는 안되며, 더구나 사실상 아프지도 않은데 아픈 것처럼 생각하다가 생긴 두통(頭痛)을 치료하러 가야 한다고 생각해 보라. 그렇게 되면 다음에는 옆방에서 오랫동안 기다려야 한다.

그 때 내가 아무리 거절을 해도 궁중의 시종(侍從)들은 잎 담배를 피우라, 샴페인을 들어라, 사탕과 과자를 먹으라고 하면서 융숭한 대접을 고집한다. 나는 나 자신이 이 피곤한 관리들에게 큰 혜택이 되는 사람이라는 것을 곧 알게 되었다. 이런 물건들은 매우 높이 평가되는 것이기 때문에, 그들은 나머지 잎 담배나 사탕 과자를 큰 소매 자락에 넣어 가지고 집에 가서 먹는다. 그들은 내가 나타나는 것을 구실로 모든 문명의 부속물을 가져오고 소비하고 있었다.… 그들은 후에 자기들의 체면을 유지하기 위해서 홍차와 커피를 추가했다.[136)]

합리적인 사회의 지식인이 한국의 전통적인 생활, 특히 궁궐의 문화에서 느낀 갈등이 이렇게 묘사되고 있었다.

---

136) 朝鮮見聞記, pp. 207－208.

하지만 알렌이 어의(御醫)로서 겪었던 아주 심각한 놀램의 경우는 민비 투약(投藥) 때의 일이다. 왕과 동시에 왕비의 어의였던 알렌은 〈몇 년이 지나서야〉 왕비를 만나 보고 〈간격 없는 대화〉를 나눌 수가 있었다.

그런데 민비의 진찰은 전술한 바도 있지만, 〈칸막이를 통하여 신중히 천으로 감싼 왕비의 팔을 내미는데, 다만 팔 위의 맥박이 1인치 정도만 보일 뿐이었고, 왕비의 혀는 칸막이에 뚫린 구멍으로 내밀어 검진(檢診)〉을 받게 되어 있었다. 어떤 때는 실 끝에 왕비의 손목을 매고 다른 끝의 실은 다른 방에 있는 의사의 손에 만져져 그 진동 감각으로 진찰하는 형편이었다.[137)]

이러한 동양 고대 전래의 진맥 진찰로는 병세를 알아 낼 수가 없었다. 더구나 민비의 신성한 몸에 〈금보다도 질이 낮은〉[138)] 쇄붙이로 옥체(玉體)를 더럽힐 수 없는 상황이기 때문에 서양 의술이 할 수 있는 일이란 지극히 제한될 수밖에 없었다. 더구나 그 옥체에 외과적인 수술을 위해 칼을 댄다는 것은 두려움은 말할 것도 없이, 시종(侍從) 관리들의 격분마저 사는 것이요, 고종도 이를 허락하지 아니하였던 것이다.[139)] 이런 정황인데 민비의 극심한 불면증을 해소시키기 위하여서 〈아편제〉를 보낸 일이 있었다. 한데 그 약을 들고 민비가 잠에서 깨어나지를 못하고 있다는 다급한 연락이 알렌에게 당도하였던 것이다. 그 소식을 전하려 온 〈궁중 복장을 착용한 고위 관리의 사납고 비타협적인 자세〉 때문에 놀랐던 알렌은 이 소식을 듣고는 〈무릎이 덜덜 떨렸다〉. 그래서 침착을 찾고는 언제 약을 드셨느냐 물어 5시에 복용한 사실을 알았다. 〈이것은 가공할 만한 일〉이 아닐 수 없었다. 왜냐하면 그 때가 다음 날 정

137) L. H. Underwood, *Fifteen Years among the Top-Knots, or Life in Korea*, New York, American Tract Society, 1904. 9. 25.

138) 朝鮮見聞記, p. 205.

139) L. H. Underwood, *Fifteen Years amoag the Top-Knots*, p. 25.

오이었기 때문이다.

> 나는 내가 있는 곳에서 2 마일 정도 떨어져 있는 이 큰 도시 가운데에서 남편과 아버지를 잃게 될 처(妻)와 어린애를 갑자기 생각했다.[140]

그런데 그는 〈기절할 것 같이 어질어질한 것을 느끼면서 완전히 기절해 쓸어지기 직전에〉 정신을 차리고 우연히 물었다. 〈어제 저녁 5시입니까〉. 그 때 그 관리의 대답이 알렌을 살려 주기도 하였지만 분노로 차게도 하였다. 〈오늘 아침 5시〉란 것이었다.

이렇게 해서 그 놀랬던 일이 안도로 바뀌었지만, 알렌은 그 쓸어질뻔한 일 때문에 화가 치밀어 통역을 통해서 〈어서 꺼지라〉고 투명스럽게 이야기하고, 왕비를 그대로 수면을 계속하게 하라고 전했던 것이다. 그 이후에 궁중에서는 이 수민제의 효력이 소문 나 상비약으로 가지고 있고 싶어 했으나, 지난번 보냈던 것이 마지막이라 하는 회답을 해 보냈던 것이다. 궁중에서는 밤새도록 남아서 정사(政事)를 보고 새벽녘이 되어야 퇴청한다는 사실을 그는 그 때 아직 모르고 있었고, 그것이 그를 그렇게 당황하게 하였던 것이다.

140) 朝鮮見聞記, p. 206.

Ⅵ. 醫療事業의 擴大와 發展

헤론 博士가 이제 왕립병원의 책임을 지게 되었습니다. 고종의 侍醫로서 그는 그가 가진 훌륭한 醫術로, 알렌이 누렸던 것과 같은 임금의 信賴을 받고 있습니다. 王妃의 侍醫는 앨러스 女士가 아직 담당하고 있습니다.

이 宮廷에서 획득한 醫術의 모든 성공은 朝鮮에서의 宣教, 그리고 모든 宣教活動과 그 目標 成就에 계속 더 큰 呼應과 恩顧를 받게 하고 있습니다. 이런 信賴와 確信에 혼란이 온다거나 우리 선교사업에 위험이 닥친다는 것은 어떤 過激한 變革이 일어나 保守派의 執權이 없는 한 절대로 있을 수 없는 일이라고 믿는 바입니다.

美國北長老敎 海外宣教本部, 1888年.

1. 醫療活動의 擴大

가. 醫療宣敎師의 增員 請聘

1) 언더우드의 同參

병원 일은 실로 산더미처럼 쌓여 갔다 그러던 때에 미국 북장로교의 선교사 언더우드(1859-1916)가 1885년 · 월 5일에 제물포에 상륙하였던 것이다. 그는 한국에 도착한 최초의 〈안수 받은 목사〉 선교사였다. 하지만 선교사업의 착수는 그 때 아주 조심스러운 일이요 더구나 외국공사관들의 경계심도 높아서 〈몸을 도사리고 있지 않을 수〉[1] 없었다. 그런데 바로 한 주일 후에 광혜원이 설립되어, 〈즉시 병원 일에 동참하게 되어 약제사(藥劑師)의 일〉을 보게 되었던 것이다.[2] 그의 관심은 본래 전도활동에 있었고, 또 한국말을 조속히 숙달해서 성서 번역을 하는 데 기울어지고 있었다.[3] 그러나 그 처음 단계에서는 그의 관심을 약제 일과 의료사업에 국한시킬 수밖에 없을 정도로[4] 한국 사정이 불안하였다.

한데, 일을 해 나가는 어간에 언더우드의 성품속에 이 의료활동에 꼭 들어 맞는 인술적(仁術的) 마음과 솜씨가 들어 있다는 것을 스스로도 알게 되고, 그것이 또한 미래 그의 선교활동에서 적용될 커다란 자원(資

1) H. G. Underwood, Reminiscences, *Quarto Papers*, p. 100
2) *Ibid.*, p. 101
3) L. H. Underwood, *Underwood of Korea*, New York, Fleming H. Revell, 1918, p. 44.
4) *Loc cit.*,
언더우드는 病院에서 手術場面을 목격하고, 그 피자국을 보고 졸도한 일도 있었다. *Ibid.*, p. 44. H. N. Allen, Greetings, *op. cit.*, p. 12.

源)이란 것을 알게 되었던 것이다.

> 그는 타고나기를 간호(看護)의 특별한 성향(性向)을 타고 난 것 같았다. 그래서 그가 일단 환자들을 돌보고 나면 언제나 그들은 언더우드가 그 병상 옆에서 간호해 주기를 바랐다. 다른 서양 의사들이 있는 면전에서 언더우드만을 불렀기 때문에 난처한 일을 겪은 일도 많았다.
>
> 그렇게 부드럽고, 점잖고, 조용하고, 늘 만일의 사태에 대비한 경륜, 환자가 요구하기도 전에 미리 알아차리고 손 써 주는 기민성(機敏性), 그러면서도 겸손한 마음과 자세, 이런 것들은 훈련을 잘 받은 어떤 간호사들과도 비교할 수 없는 것이었다.[5]

그러나 언더우드는 어학(語學)에도 비상한 자질을 갖추고 있어서 곧 한국말을 훌륭히 할 수 있었다. 그래서 고종이 그의 통역관이 되어 주도록 부탁한 일이 있었다. 그 자리가 궁정에 대한 영향력 확대의 길이란 것을 알고 있었지만, 직접적인 선교사업에 대한 깊은 사명감 때문에 그 제안을 사양하였던 것이다.[6]

언더우드는 헤론(J. W. Heron, 惠論, 1858-1890)이 도착한 1885년 6월 21일까지 대개 두 달 가량만 제중원에서 일하고, 그 다음부터는 직접적인 선교사업의 가능성을 타진하는 과감한 행동을 하기 시작하였다. 병원에서는 의학교육에 관계된 일들 중에서 일부만을 담당하였던 것이다.

알렌이 언더우드를 처음 만났을 때 〈총명하고 사무적인 것 같지만 다소 건방지고 경솔하여 장차 우리들을 곤난하게 할까 두렵다〉[7]고 한 말은 적어도 알렌과 언더우드와의 관계에 대하여서는 계속 사실로서 남아 있었던 것 같다.

---

5) L. H. Underwood, *Underwood of Korea*, p. 55.
6) G.W. Gilmore, *Korea from Its Capital*, p. 298.
7) Allen Diary, 1885. 4. 6日字.

묘하게도 미국 북장로교 해외선교본부 연례 보고서에는 언더우드의 병원 종사가 언급되어 있지 않다. 백낙준(白樂濬)은 언더우드가 갑신정변 등 아주 불안한 정치적 사태로 소식이 음울했던 한국에 들어가겠노라고 결단한 용기는 바로 이 병원에서 일하고 가르칠 수 있다는 조건에서 나갔던 것이라고 판단하고 있었다.[8] 선교본부는 확실히 언더우드가 직접적인 선교사업에 나서 주기를 바랬지만, 현장에서는 병원을 통한 입국 이외의 다른 길이 없었음을 의미한 것이었다. 미국공사 포크는 선교사 세력의 현저한 증가에 대해서 몹시 불안한 시선(視線)을 돌리고 있었다.[9] 언더우드 자신도 이 분위기를 알고 있었다. 그래서 아펜젤러나 스크랜톤의 제물포 도착 소식을 듣고는 이런 말을 하고 있었다. 곧 〈누구든지 오고 싶으면 오는 것이다. 그러나 미국 시민이란 자격 말고 딴 것은 안된다〉.[10] 이런 의미에서 선교사 한국 진출의 교두보역을 한 것이 바로 제중원(濟衆院)이었다. 처음 오는 선교사는 누구든 교파의 관계없이 알렌을 통해서 그와 함께 일하는 방법이 아니고는 들어올 수 없었던 것이다.

2) 스크랜톤과의 協力

스크랜톤(W. B. Scranton, 時奇蘭敦, 1856-1922)은 체일(滯日) 감리교 원로 선교사 맥크레이(R. S. McLay)의 권고에 따라서 아펜젤러 부처가 한

---

8) 白樂濬, *op. cit.*, p. 116.

9) Allen Diary, 1885. 4. 3日字.

10) H. G. Underwood's letter to Ellinwood, 1885. 4. 19日字.
아펜젤러는 1885년 4월 5일 언더우드와 함께 濟物浦에 도착하였다가 政情不安으로 歸日, 同年 6月 20日 스크랜톤 夫人 및 그 母親 및 헤론 부부와 함께 再入國, 아펜젤러夫婦만은 濟物浦에 1個月余 더 있다가 同年 7月 29日 서울 到着.
H. G. Appenzeller letter (nd.), 1885., 8月.
이만열, 아펜젤러-한국에 온 첫 선교사, 연세대학교 출판부, 1985, p. 272.

국에 상륙하지 못하고 일본에 되돌아오던 날, 나가사끼(長崎)를 떠나 향한(向韓), 1885년 5월 3일에 제물포(濟物浦)에 도착하였다.[11] 거기에는 도울 손길이 필요한 알렌이 내려와 있어 생전 처음 반가이 만났다.[12] 그리고 다음날 아침 7시에 떠나 오후 3시에 서울에 도착하여 알렌의 집에 머물렀던 것이다. 상경 도중 스크랜톤은 〈왕립 병원에서는 아픈 사람들을 다 고쳐 줍니다〉라는 계시판들을 볼 수 있었다. 5월 4일에는 알렌과 함께 왕립병원(제중원)을 돌아보았다.

그리고 나서 5월 7일 알렌은 조정에 제중원 의사의 증고(增雇) 요청서를 제출하고, 아울러 그 적격자를 동시에 추천하였다.

> 大朝鮮 濟衆院留醫生敖蘭(安連－알렌) 爲項者美國公使書中所言醫師 再明日將發行于美國地 二箇日後可入朝鮮 而又有美國醫一人 來到濟物浦 長留爲計 而醫術則與僕相擬者 諸般章程 亦如僕之施醫而已 不計月給者 現今此院中病太多 難以一人見病 故自願有醫相助救療者之際, 此醫適來於僕之館 僕與此醫階留相助甚好 顧大人之意何如.[13]

이 요청서에 의하면 알렌이 이미 미국에 의사를 청빙해서 2개월 후면 당도한다는 뜻이 있어 본래 사람이 필요했다는 긴박성을 보이면서,[14] 현재 미국 의사 하나가 제물포에 도착하여 장기 체류를 계획하고 있는데, 그 의술이 알렌 자신과 맞먹어 의사로서의 요건에다 맞는데, 급여를 따로 주어야 할 것도 아닌 형편에, 혼자 힘으로 감당하기 힘든 병원 일을 함께 했으면 도움이 될 것이라는 요청이었다. 이 신청은 엿새만에 빠르

11) R. S. Hall. *The Life of Rev. William James Hall. M.D.*, 1877, p. 218.

12) A Short Sketch of the Advent and Progress of Western Medicine in Korea, *The Korea Mission Field*, 1908., 7日號. p. 99.

13) 濟衆院 醫師의 增雇 要請과 適格者 推薦, 舊韓國外交文書, 第十卷, 美案 I, p. 135.

14) 사실 알렌은 美國 北長老教 海外宣教本部에 醫療宣教師의 派韓을 要請한 일이 있었다.

게 승인이 났다.

> 大朝鮮督辦交涉通商事務金(允植) 爲照會事 照得 貴國醫師時奇蘭敦 聞在仁川港 學術素著 敝處設有濟衆院 病人麕集 業欲再邀良師 偕安連共怡醫事 請煩貴代理公使 囑伊肯來該院 俾廣惠施幸甚 爲此照會 須至照會者.[15]

이런 모든 문서의 교통이 미국 공사관을 통해서 이루어져 있어서 몇 군데 정치적인 요소가 배료된 데가 있다. 스크랜톤 의사 증고(增雇)는 좋은 생각이라는 회신이었다. 여기 대한 감사의 회신에서 포크는 스크랜톤이 5월 17일에 서울에 도착해서 알렌을 돕게 된다는 내용을 밝혔다.[16] 한역문(漢譯文)에는 5월 이내 4, 5일 후에 병원에서 일하게 된다는 회신이었다.

여기 서울에 스크랜톤이 4, 5일 후에 제물포에서 온다는 글에 곡절이 있다. 그는 이미 서울에 도착하고 있었기 때문이다. 여기 문제가 있었음이 분명하다. 스크랜톤이 제물포에 내려간 것이 확실하였다. 알렌과 생각이 같지 않았던 것이 몇 있었다. 그것을 스크랜톤이 제중원에서 나가무슨 일을 하였는가에 따라 추적이 가능하겠지만, 어쨌든 갈등이 있어서 서울을 떠났던 것이 사실이다.

> 스크랜톤 의사는 당초 자기의 결심에 따라서 조정에 채용원을 제출하였는데도 불구하고, 제물포에 가 있겠노라고 마음 먹고 있다. 포크(대리공사)는 이 사건을 중요시하고 이것은 신의(信義)의 문제이니 미국측에서는 방관할 수 없는 일이라고 선언하였다. 그는 돌아오라는 공사의 명령을 받고 되돌아오기는 하였지만, 일에는 별로

15) 濟衆院 醫士 增雇承認 (1885.5. 13日字), 舊韓國外交文書, *Ibid.*, p. 137.
16) 同上回信, 發 美代理公使 福久(E. G. C. Foulk) 受 督辦交涉通商事務 金允植, *Ibid.*, p. 137.

관심이 없었다.[17)]

이렇게 해서 스크랜톤 의사는 그 해 5월 22일부터 제중원에서 일하기 시작하였다. 그 때로서는 선교사로서의 몸가짐에 각별히 조심하여야 할 때였고, 미국공사관마저도 예민한 신경을 써야 할 정세였기 때문에, 병원에서 일하지 않고 달리 무슨 일을 할 수가 없었다. 그래서 사실 스크랜톤마저도 일본에 있는 아펜젤러에게 편지를 써, 자기 부인과 모친을 함께 모시고 한국에 오라는 글을 보내면서 〈의사인 나의 친구〉[18)]로 와야 한다고 주의(注意)를 환기시켰던 것이다.

처음부터 어색하게 시작한 스크랜톤과 알렌의 협력은 한달 정도밖에 계속되지 않았다. 스크랜톤은 6월 24일[19)] 〈알렌이 필요로 하는 도움을 주고는〉, 〈나가 버리고 말았던〉것이다. 감리교 해외 선교부의 보고에 의하면 그가 떠난 이유가 이러했다. 곧,

> 그는 (병원에서) 나가서 우리들 선교부의 기지(基地)를 만들었다. 이 먼 나라 〈은자의 나라〉 한복판에서 영광받으실 그리스도의 이름을 위하여.[20)]

그래서, 예년에 없던 극심한 장마가 지나가자 마자[21)] 알렌과 결별하였던 것이다. 스크랜톤은 미국에서 탁송한 의료기기와 약품이 도착하자 마자, 왕립병원에서 일하던 두 한국 청년의 동역(同役) 요청을 받아들여, 자기 집에서 시료소(施療所)를 개설하여 〈약간의 가장 흥미로운 환자들〉을 치료하기 시작한 것이다.[22)] 이것이 후에 잘 알려진 시병원(施病

---

17) Allen Diary, 1885. 5. 29. 日字.

18) Appenzeller's letter, 1885. 6. 1.日字 E. N. Hunt. *op cit.* p. 34.

19) M. E. Report, 1886., p. 34.

20) M. E. Report, 1885, p. 237.

21) W. B. Scranton, Historical Sketch of the Korea Mission of Methodist Episcopal Church. *The Korean Repository.*, 1898. 7月號, p. 256.

22) M. E. Report, 1885, p. 238.

院)의 전신이다. 그 터는 〈미국 공사관 바로 옆 높은 곳에 있는 한국 가옥과 그 옆에 붙어 있는 땅〉[23]이었다. 1885년 9월 10일이 그 연례보고서에 나타난 〈감리교 기관으로서의 병원〉 개설 일자이다.[24]

이것은 한국에서는 처음 있는 〈사립병원(私立病源)〉의 형태였다.[25] 정부와 아무 관계없이 세워진 것이며, 따라서 이것은 의료관계 기관이지만 감리교 선교부가 선교사업에 대한 독자성을 주장한 과감한 발걸음이었다.

여기 위구와 불안이 없지 아니하였다. 포크 대리공사는 이 새로운 병원 설치 추진에 처음부터 부정적 자세로 일관했다. 그의 입장은 분명하였다. 그것이 고종을 낭패하게 할는지 모른다고 생각한 것이다. 포크는 알렌에게 그 심정과 우려를 솔직하게 토로한 바 있었다. 왕립병원에 대해서 고종과 백성들이 다 자랑 삼아 바라보고 있는데, 다른 병원이 또 하나 조정과 관계없이 세워져 환자들이 몰리면, 그것은 왕과 조야(朝野)를 아울러 체면 손상케 하는 것이기 때문에 이를 방치하지 못하는 것이 그의 괴로운 심정이란 것이었다.[26]

하지만 감리교가 대처한 저돌적인 행동을 하는 데에 그들 나름의 원칙과 사명감이 있었던 것을 부정할 수 없다. 우선 이 왕립병원이 〈선교병원〉이 아니란 사실이, 선교사업 위해 이 은둔의 나라에 무릅쓰고 온 선교사의 직분(職分)에 벗어나고, 더구나 장로교 알렌에게 감리교 스크랜톤이 황망중에 일정한 교파적 협력의 요리(要理) 없이 함께 일한다는 데에 대한 거부감이 있었다. 결국 스크랜톤의 입장에서 냉정하게 볼 때 감리교에서 파송된 선교사가 장로교 기관에서 땀 흘려 일한다는 결과로 밖에 사태가 비쳐지지 아니하였다는 것이다. 스크랜톤은 노골적으로 〈그의 선교본부가 이런 (濟衆院), 순종교적이 아닌 기관에서 일하는 것

23) *Ibid.*, 1886, p. 270.
24) *Ibid.*, 1886, p. 268.
25) G. W. Gilmore, *op. cit.*, p. 300.
26) Allen Diary, 1885. 7. 4日字.

을 인정하지 않을 것〉[27]이라고 해서, 마치 알렌이 세속적인 일을 하고 있다는 표현을 서슴없이 썼던 것이다. 이것이 알렌에게는 물정 모르는 몰지각으로 비쳤을 것으로 보인다.

그러나 북감리교 해외선교부에서는 은연중 자기들의 사업이 〈주님 영광을 위하여〉 하는 것이라 대서 특필함으로써, 마치 알렌의 왕립(王立) 제중원이 〈주님 영광〉을 위한 것이 아닌 듯한 말을 남겼던 것이다.

다른 하나는, 알렌이 가난한 사람들을 포함하여 상하 모든 환자들을 치료한다고 하지만, 시작부터 조정과의 관계, 왕실과의 친근이란 선호성(選好性)이 있었던 것이 사실일진대, 가난한 자들에 대한 기독교적 박애의 실천은 감리교가 하여야 하겠다는 확신이 있었다는 점이다. 스크랜톤이 왕립병원에서 나와 9월 10일 정식 병원 설립일까지 자기 사저(私邸)에서 치료한 환자수가 320명, 년말까지는 합계 842명이었다.

그런데 이들 거의 전부가 〈最貧層〉이거나 〈버림받은 사람들〉이었다.[28] 부자층이 전무하지는 않았지만, 이들에게서는 진료비를 받아 빈한병자(貧寒病者) 치료에 원용하도록 하였던 것이다. 〈나에게 온 병환자들은 거개가 다 하류층이요, 가장 가난한 자들〉이었다고 스크랜톤은 보고하였던 것이다.

> 1년 여러 계절에 여러 병들, 특히 전염병이 만연할 때가 있습니다. 그런 역병(疫病)에 시달리는 환자는 그들 집에서 내쫓기게 됩니다. 어떤 때는 실어다가 멀리 내버릴 때도 있습니다. 거기서 그들은 누가 급식(給食)하는 것도 아니요, 다만 짚을 뒤집어 쓰고 추위와 비를 피하다가, 누구 하나 돌보아 주는 이 없이 혼자 떠나갑니다. …
>
> 나는 어떤 날 모자(母子)가 그렇게 함께 버려져서 짚을 깔고 또

27) Allen Diary, 1885., 6. 28日字.
28) M. E. Report, 1886, pp. 268－269.

짚으로 몸을 가리운 가엾은 모습을 보았습니다.… 지게꾼을 시켜 나는 그들을 병원으로 데리고 왔습니다. 그 지게꾼은 훌륭한 사람이었습니다. 우리가 그를 돌보아 준다고 하는 것이 고마운 일이라 하며 돈 받기를 거절하였습니다. 석 주일이 지나 그 모자에게는 현저히 회복되는 모습이 보였습니다.[29]

1887년의 연례 보고서에서 스크랜톤은 감리교가 이들 가난하고 버림받은 환자들을 위해 병원을 설립해 따뜻하게 보살피고 치료하게 하는 일을 더욱 중점적으로 전개하여야 한다고 호소하고 있었다.[30] 이러한 의료 정책상의 문제가 스크랜톤의 기독교적 양식(良識)에 따라 알렌에게서 떠나게 한 것이 확실하다.

북감리교가 제중원의 치료 실적과 견주어 거의 그 수준에 도달했다고 해서 〈대단한〉 칭송을 자랑한 1886－1888년도의 업적은 다음과 같았다.

監理敎病院 診療實績表

1886		1887				1888		合計
7月－10月	10月－1月	1月－4月	4月－7月	7月－10月	10月－1月	1月－4月	4月－7月	6,867
400	378	481	678	343	1,370	1,427	1,790	

第一次年度 合計 • 1,937 : 1日平均 6.18名

第二次年度 合計 • 4,930 : 1日平均 15.75名

* 美國北監理敎年例報告書(M. E. Report), 1888, p. 341.

스크랜톤과 알렌과의 불화의 다음 이유는 그렇게도 조심스러운 정정(政情)인데 1885년 6월 20일, 아펜젤러 부부가 일본에 있던 스크랜톤의 부인과 및 그 모친(M. F. Scranton, 1833－1909)과 함께 제물포에 상륙하였기 때문이다. 알렌은 이 갑작스러운 감리교 선교사 일단의 입국이 한국

29) American Doctor's Dispensary, M. E. Report, 1886, pp. 275－276.
30) Medical Report, M. E. Report, 1887, p. 316.

에서의 기독교 사업 추진군의 시위적 진출로 인상을 주어 한국 수구(守舊) 분위기의 경화(硬化)를 가져오리라 걱정하였던 것이다.

> 우리들은 스크랜톤가(家) 때문에 커다란 곤난을 겪고 있다. 스크랜톤 부인과 그 모친이 포크가 돌려 보낸 아펜젤러 부부와 함께 배로 도착한 것이다.[31]

〈나쁜 때〉에 이들이 왔다는 것인데 그것이 스크랜톤의 연락에 의한 감행이라 보아, 그의 모험에 깊은 불안을 느끼게 되었던 것이다.

한데 그 배에는 알렌이 기다리던 장로교 선교자 헤론 부부도 함께 타고 왔던 것이다. 그 배에서 새 선교사 6명이 동시에 일단(一團)으로 한국에 밀고 들어온 것이다.

나. 알렌과 헤론

1) 헤론의 背景과 人物

미국 북장로교가 한국에 대한 선교를 시작하고자 할 때에 제일 처음으로 선교사로 임명한 것이 바로 헤론(J. W. Heron, 惠論. 1856－1890)이었다. 〈의술이 훌륭하고 헌신적 정신을 가진 젊은 의사〉가 때마침 한국에 가겠노라 자원하여 왔음으로 1884년 봄에 선교사로 임명되었던 것이다.[32] 따라서 그가 사실상 알렌보다는 서열상 앞서 있었다.[33] 다만 한국의 사정이 여의치 않아서, 우선 일본에 나가 한국말을 배우며 입국이 늦어져, 알렌, 언더우드에 이어 세번째로 입국한 것이었다. 부인 해티(Hattie Gib-

---

31) Allen Diary, 1885. 6. 21日字.

32) *The Foreign Missionary*, 1884, 6月號, p. 3.

33) S. A. Moffett, *Fifty Years of Missionary Life in Korea*, The Fiftieth Anniversary Celebration of the Korea Mission, Presbyterian Church in the U.S.A., 1934, p. 37.

son)와 동도, 1885년 6월 21일 입국한 것이다.

알렌은 그의 입국을 〈섭리로 된 것이라〉 굳게 믿었던 것이다. 그리고 헤론도 알렌의 그 이전 공적(功績)에 대하여 높이 평가하고 있었다.

> 그들 (헤론 부부)은 내가 여기 와서 그들이 들어올 수 있는 길을 마련해 놓고 있는데 대하여 사뭇 고맙게 생각하고, 내가 저들보다 먼저 한국에 도착한 것을 원망하는 눈치가 아니다.[34]

헤론이 제중원에 나가서 일을 돕기 시작한 것은 그해 6월 24일부터의 일이다. 스크란랜은 헤론이 올 때까지 한달 남짓 일한 데 불과하였다.

헤론은 알렌이 뒷날에 혹평한 것 이외에는 대개 여러 선교사들과 외국인들의 인정과 존경을 받은 것 같았다. 알렌보다는 실상 나이도 두 살이 많았다. 그는 영국에서 1856년 6월 15일에 태어났다. 그의 부친은 영국 회중교회(會衆敎會-Congregational Church)의 목사였으며, 이 아버지와 어머니는 경건과 독실한 신앙으로 알려져 있는 명문의 집안이었다. 그는 14세 되던 해에 미국에 이민(移民) 가서 테네시(Tennessee) 주의 녹스빌(Knoxville)에 정착하였다. 거기에서 그는 테네시 서부에 있는 매리빌대학(Maryville College)를 졸업하고, 내쉬빌(Nashville)에 있는 테네시대학교 의학과에 입학하여 1883년 최우등생으로 이를 졸업하였던 것이다. 그 이전에 어느 졸업생도 헤론만큼의 성적을 획득한 학생이 없었다. 그는 졸업 후 테네시의 존스보로(Jonesboro) 시에서 개업하여 18개월을 지나다가 뉴욕대학교의 의학과에 다시 진학하였던 것이다. 그는 거기서 아주 힘든 시험을 거쳐서 불랙웰 아이랜드(Blackwell Island) 병원 의료진의 한 사람으로 임명받게 되었고, 얼마 후에는 테네시대학교 의과대학 교수로 초빙을 받게 되었던 것이다.[35]

---

34) Allen Diary, 1885, 6. 23日字.

35) D. L. Gifford, John W. Heron, M. D., *The Korean Repository.* 1897, 12日字. p. 442.

하지만 헤론은 한국에 선교사로 갈 계획을 이미 가지고 있었던 터라 그 초빙을 사양하였던 것이다. 그리고 곧 해티 기브손(Hattie Gibson) 양과 결혼하고 한국을 향해 떠났던 것이다.

그는 〈친구들에 대한 몰아적(沒我的) 헌신〉이 그 인격의 한 특징이라 할 만큼 헌신적이었다. 특히 동료 선교사들에 대한 의사로서의 각별한 관심과 봉사는 그의 사별(死別)을 아쉬워한 모든 사람들의 가슴속에 기리 남아 사라지지를 아니하였다. 그것을 기포드(D. L. Gifford)[36]는 〈퓨리탄 정신과 기사도(騎士道)의 융합〉이라고 보았다.

> 그는 고귀한 원칙(原則)과 휴모아의 높은 감각을 가진 인물이었습니다. 그는 그의 사회적 책무(責務)를 다 하는데 한 치의 하자를 스스로 용납하지 않았으며, 대인관계에서는 직선적이고 공평정대하여 잘못과 차질을 은폐하지 못하였습니다. … 그는 피곤할 줄 모르는 정력과 다함 없는 정신적 자원을 갖추고 있었습니다. 그리고 스스로 의무라고 느낀 것이 있으면 거기에 그는 사력을 다 하였던 것입니다. 이것은 그의 의료활동에 여실히 반영되어 나타났던 것입니다. 헌신과 동정, 그리고 탁월한 의술로 그의 온 힘을 다 기울였던 것입니다.[37]

여기 과장은 없었다. 그의 용모에도 헤론의 인품이 뚜렷히 풍기고 있었다.

> 헤론 박사, 그는 키가 중키인데 직립(直立)이어서 강인한 인상을 주었습니다. 넓은 이마와 미남의 얼굴, 지적인 말씨, 크고 빛나는 두 눈, 예민함을 돋보이게 하는 길고 깜한 눈섭, 기민하게 쏘아 보는 듯한 맑고 깊은 두 눈동자, 때로 동정심으로 축축한 눈매, 강력

36) 1888년 10월 27일 내한 하였던 北長老教 宣教師.
37) D. L. Gifford, *op. cit.*, p. 443.

한 확신감으로 빛나는 눈속. …

그의 모습은 전체적으로 위엄있고, 영특하며 점잖고, 성실한 것, 그것입니다. 이런 그의 모습은 한국에서 그를 만났던 모든 사람의 가슴속에 삭여져 잊혀지지 아니하였습니다.[38]

이것은 헤론이 서거(逝去)한 지 7년이 지나 씌어진 글이어서, 추모의 성격을 띈 아름다움과 아쉬움의 마음으로 차 있음이 사실이다.

헤론은 사랑을 받았던 인물이다. 그는 의료사업에 종사하자 곧 〈그 시료(施療)의 경탄할 만한 효험(効驗)으로〉[39] 그 이름이 널리 알려지게 되었고, 그의 의술 특히 백내장 수술의 신기한 효험으로 서양 의술의 진가를 높이었던 것이다. 이로 해서 뒤에 따라오는 선교사들의 위치를 확고하게 할 수 있었다.

그는 북장로교 한국 선교 희년(禧年) 기념식 석상에서 〈이상적인 선교사 의사〉[40]로 칭송을 추수(追授) 받았으며, 아울러 동료 선교사들에 대한 가이 없는 돌봄과 헌신적 치료가 그 의무라 알고 살았던 친밀한 〈미국 선교사〉로서도 칭찬을 받았다. 선교사들이 한국처럼 문화시설이나 운동시설이 전무한 곳에서 피곤을 풀 길 없어 가끔 모이면 논쟁을 벌이는 심각한 사회생활 부재의 곤궁에서도 그는 말타기를 즐기며 동료 선교사들을 초대하여 궁궐에서 사용 허가를 받은 한국의 전래 말 안장을 빌려다가 승마(乘馬)를 즐기게 하는, 그런 오락과 사교의 친교(親交)를 마련하기도 하였던 낙천적 인물이었다.

헤론의 이러한 인품과 탁월한 의술은 알렌이 이미 길 터 놓은 왕실과의 친근을 더욱 긴밀하게 하였으며, 그것이 곧바로 권세층(權勢層)과의 연결과 외국 거류민들의 신뢰를 제래(齊來)하고, 아울러 부서층(婦庶層)

38) *Ibid.*, p. 441.
39) G. W. Gilmore, *Korea from Its Capital*, p. 296.
40) S. A. Moffett, *op. cit.*, p. 37.

의 사랑과 기대를 모으는 첩경이 되게 하였던 것이다.[41] 헤론이 참판(參判)[42]의 직책을 받아 정2품(正二品)의 관직까지 특사(特賜)되어[43] 왕실의 친근을 받은 곳에 그의 피와 땀, 그리고 기도와 의술의 공로가 빛나고 있었다. 헤론은 그 때 한국에 주차(駐箚)하고 있었던 청국의 감국대신(監國大臣) 원세개(袁世凱)와 그 가족들의 주치의(主治醫)로도[44] 일하고 있었다.

이러한 그의 철저한 책임감과 헌신, 그리고 희생이 그의 젊음을 요절시키고 그의 생명을 단축시켰다. 1890년 여름 그 찌는 듯한 더위에 그 자신 간호를 받아야 할 처지였지만, 그의 집이 있었던 남한산성(南漢山城)[45]에서 25마일 길을 말 타고 서울에 와 진료활동을 한 것이 무리가 되어 3주 동안의 이질(痢疾)을 앓다가 세상을 떠났던 것이다.[46] 스크랜톤과 맥길(Wm. McGill)[47]이 극진히 곁에서 그 회복에 힘 썼지만 그의 과로가 그 병세를 이미 악화시킨 뒤의 일이었다. 이렇게 헤론은 1890년 7월 26일 아침 8시 그를 아끼고 사랑하는 동료 선교사들과 젊은 아내의 눈물속에 남한산성의 한 외딴 집에서 하나님 품에 안겼던 것이다.[48] 그의 나이 32세였다. 한국에서의 성역(聖役) 5년 1개월이었다.

그의 서거(逝去)는 한국에서의 외국인 묘지(墓地)에 대한 문제를 제기하였다. 조약(條約)에 의해서 조정은 외국인 묘지를 마련하여 제공하도

41) H. G. Underwood. Reminiscences, *Quarto Papers*, p. 105.
42) S. A. Moffett, *op. cit.*, p. 37.
43) 堂士階通政大夫 特加를 말함, 承政院日記, 高宗二十三年 正月 十三日條 (陽 1886. 6. 14.日字).
44) S. A. Moffett, Fifty Years of Missiorary Life in Korea, *op. cit.*, p. 37.
45) 그의 健康惡化로 신선한 山野의 공기속에서 攝生한다 하여 이곳에서 살아왔다.
L. H. Underwood, *Fifteen Years among the Top-Knots*, p. 98.
46) L. H. Underwood, *Fifteen Years among the Top-Knots*, pp. 98-99. *N.P. Report*, 1891, p. 135.
47) 監理敎 婦人病院에서 1890년부터 일한 醫師.
48) S. A. Moffett's letter to Ellinwood, 1890. 7. 29日字.

록 되어 있었으나, 지정된 장소들이 마땅하지 않아 선교사들은 선교부가 있는 터 안에 언더우드와 헤론을 돕던 한국인 선비의 집 근처에 우선 묻겠다는 계획을 세웠다. 하지만 이 선비들의 결사적인 반대에 부딪쳐 이루어지지 못했다. 따라서 선교사들은 헤론의 집 뜰안에 매장할 수밖에 없음을 외아문(外衙門)에 통보하여 장례식을 지내려 하였으나, 역시 한국인들의 완강한 반대와 협박으로 어쩔 수 없이 시체를 매장하지 못한 채 간수할 수밖에 없었다.

이 때 선교사들은 이 한국인 기독자 선비에 대해 깊은 원망을 가지게 되었던 것이다. 〈이들은 이제 그런 미신에서는 헤어 나온 줄 알았고, 더구나 이런 일들은 오히려 자진해 비밀을 지켜줄 줄로 알았다〉[49]고 애석하게 여겼다. 외아문에 대해서 냈던 묘지 확보안은 이러하였다.

> 玆查英國條約 第四款第五節 載有朝鮮官員應在各通商處所 讓善妥善之地 作爲營葬之區 基地價及一應年租課稅等項 一律蠲免等文 而未曾有尊辦此章矣 本大臣聞知南門外南山背面有可合之地 請貴督辦同爲協力 選擇一地 定界打號 實爲欣幸. …[50]

조정이 이 문제에 신속하게 개입해서 〈한강이 내려와 보이는 넓은 땅〉[51]에 장지가 마련되었던 것이다. 당시 미국 공사관의 참찬관으로 갓 임명된[52] 알렌의 기민한 조치와 조정으로 이 복잡했던 문제가 이렇게 빨리 성사될 수 있었다.[53] 이것이 오늘날 합정동(合井洞)에 있는 양화진

---

49) L. H. Underwood, *Fifteen Years among the Top-Knots*, p. 100.

50) 外國人葬地劃定要請, 舊韓國外交文書, 第十卷, 美案, Ⅰ, (1890. 7. 24日字), pp. 514-515.

51) L. H Underwood, *Fifteen Years among the Top-Knots*, New York, American Tract Society, 1904, pp. 100.

52) 1890. 7. 9日字.

53) L. H. Underwood, *Underwood of Korea*, New York, Fleming H. Revell, 1918, p. 102.

외국인 묘지(楊花律 外國人 墓地)이다. 이 양화진은 외국인들에게 한국에 대한 새롭고도 애정 넘친 관심을 가지게 하는 새로운 장소로 등장하였던 것이다.[54)]

이렇게 해서 헤론의 죽음으로 재한 외국인의 묘지 문제가 해결되었고, 따라서 그가 그 곳에 묻힌 최초의 외국인이 된 것이다. 헤론은 그의 죽음을 통해서까지 〈하나 둘 그의 뒤를 따라 세상 떠날 그의 먼 나라 구미의 재한 외국인들이 가서 묻힐 평화로운 안식처를 준비〉해 놓았던 것이다.[55)].

2) 헤론의 濟衆院 使役

헤론은 의사로서 파한(派韓)될 때 벌써 제중원 사역(使役)이 그 임무였다. 그는 한국에 도착한 지 사흘만인 1885년 6월 24일부터 제중원에 나가 근무하였다. 그러나 의술의 활용을 위해서 한국말의 습득에[56)] 시간을 많이 활용하지 않을 수 없었다.

그런데 제중원이 왕립(王立) 기관이기 때문에 헤론 역시 일종의 관리(官吏) 형태로 사역하게 되었고, 이로 해서 역시 조정과의 접촉이 빈번해지고, 따라서 알렌이 누렸던 것과 같은 조정의 신임과 총애를 형유(亨有)할 수 있었다.[57)]

헤론은 그의 의술을 천부의 사명으로 알아 한치의 틈도 없는 완벽한 시료(施療)로 중망(衆望)을 한몸에 지녔고, 더구나 동료 선교사들의 건강 보전은 소명감으로 수행해야 할 고귀한 사역자로서의 자원(資源)이

54) Moffett's letter to Ellinwood, 1890. 7. 29日字. Cf. D. N. Clark, *Yangwhajin, Seoul Foreigners' Cemetry, Korea, An Informal History, 1890-1984*, Yongsan Library, USARSOK-C, 1984, 참조.

55) H. G. Underwood, Reminiscences, *Quarto Papers*, p. 106.

56) N. P. Report, 1886, p. 148.

57) H. G. Underwood, Reminiscences, *op. cit.*, p.105.

라 보아 정성을 아끼지 않고 지켜 주었던 것이다.[58]

이렇게 해서 그가 제중원에서 한 일은 왕립기관으로서의 제중원에서의 의료활동, 왕실과 조정 및 일반 한국인들에 대한 의료 시술(施術), 그리고 북장로교 해외선교부의 허락을 받아 우리가 앞서 말한 바대로 외국인 거류민들을 위한 치료활동, 이 세 가지였다.[59]

헤론은 알렌이 1887년 11월 주미 한국공사 박정양(朴定陽)이 워싱턴에 부임할 때 외국인 참찬관(參贊官)으로 동해함에 따라,[60] 제중원의 일을 책임지게 되었던 것이다. 1889년 3월에 귀국하여 잠시 알렌이 제중원 일을 보면서 부산(釜山)이나 제물포의 선교지 물색으로 다니다가 1890년 7월 9일에 주한 미국공사관의 참찬관(參贊官)으로 임명될 때, 제중원 책임자로 다시 일하게 되었으나, 그 때 이미 헤론은 사경을 헤메고 있었다. 헤론이 서거하고 나서 이 병원은 잠시 감리교의 의료 선교사 하디 (R. A. Hardie, 1865－1949, 河裡泳)가 1890년 10월부터 1891년 4월까지 잠시 맡아 보았으며,[61] 1891년 5월부터는 빈톤(C. C. Vinton, 1856－1936)이 1893년 11월까지 관장하고,[62] 그 다음부터는 에비슨(O. R. Avison)이 맡아 장족의 발전을 이룩할 수가 있었다.[63]

3) 헤론의 宗敎活動

헤론은 제중원의 일을 보기 시작할 때 이런 말을 남긴 일이 있었다.

58) S. A. Moffett, *Fifty Years of Missionary Life in Korea*, p. 37.
G. W. Gilmore, *op. cit.*, p. 296.

59) N. P. Report, 1889, p. 170.

60) 文一平, 韓美五十年史, 서울 探究堂, 1975, p. 181. 이 때 安連은 이미 1887年 9月에 미리 妻子와 함께 美國에 가 있었다.

61) O. R. Avison, History of Medical Work in Korea, *Quarto Papers*, 1909, pp. 33－34.

62) N.P. Report, 1892, p. 177.

63) Events of March 20, 1928, at the S.U.M.C.(Severance Union Medieal College), p. 3. *University of Toronto Monthly*, 1937, 7月號. p. 3. Doctor in Korea, The Story of Oliver A. Avison, *Varsity Graduate*, 1956, 1月號.

곧,

> 나는 〈위대한 의사〉이신 예수님에게 대하여 말하는 것이 나의 사명이요 선교란 것을 잊을 수가 없다. 내 의술을 베푸는 것만이 나의 선교가 아닌 것이다. 나는 우리 구세주(救世主)께서 이 많은 백성들을 위하여 돌아가신 말을 하고 그 구원의 길을 선포하고 싶다. 진리와 구원의 소식을 외치고 싶다.[64]

이것은 알렌과는 다른 선교 관념이었다. 헤론은 빈톤과 같은 직접 선교에 대한 소명감을 가지고 있었고, 그것을 하지 못하는 처지와 자신에 항상 자책과 좌절감을 가지고 있었다. 사실 빈톤도 제중원 의료사업에서 종교사업이 허락되지 아니하자 곧 사직하고 1891년 9월 1일부터 자기 집안에 진료소(診療所)를 마련하고 전도사업에 전심하고자 길을 트고 있었다.[65] 진료활동에 복음전파의 기회를 복합하는 형식의 의료활동이었다. 빈톤이 치료하거나 수술한 병환자의 수가 4개월 (1891. 9. 1－1892. 1. 1)간에 385명이었다. 이들 환자들이 다 〈그리스도의 구원의 말씀을 듣게 되었던 것이며, 종교 서적이 배포되거나 팔 때 사 보기도〉하였던 것이다.

> 총체적으로 분석해 보건대 빈톤 박사는 이 겨레의 신뢰와 동정을 확고한 기초 위에서 획득하게 되었으며, 의료활동은 복음의 말씀을 전할 문호 개방의 가장 확실한 방법이라는 증거를 세워 놓기에 이르렀던 것이다.[66]

따라서 미국 북장로교 해외선교본부가 이 의료사업에 대해서 내린 선교적 의미는 이러하였다. 곧,

---

64) J. W. Heron's letter to the Presbyterian Church in the U. S. A., 1885. 6. 26 日字.

65) N. P. Report, 1892, p. 177.

66) *Loc. cit.*

> 한국에서 우리가 해 온 모든 사업의 역사 전체는 복음이 몸의 병과 그 고통을 무시하는 것이 아니며, 그와 함께 죄의 악(惡)에서 구원해 준다는 사실에 확신을 가지게 한 기록이다.[67]

이런 생각을 제일 처음에 가진 사람은 실상 헤론이었다. 그러나 1885년과 이 보고서가 나온 1892년 사이에는 7년의 거리가 있고, 그것은 한국 근대사 변혁기로서는 엄청난 것이어서, 같은 시간대의 사건으로 보기가 힘들었다. 1885년은 모든 것이 다 불확실하였다.

그래서 헤론은 병원에서의 전도활동 금지 때문에 따로 종교적 사명 수행의 방편을 찾아 거기에 헌신하였다. 그의 집에 릴리아스 호튼(L. Horton)[68]과 함께 진료소를 마련하여, 하루 세 시간씩 진료한 까닭은 제중원에서 하지 못하는 전도활동을 하기 위함이었다.[69]

헤론은 우선 1887년 2월 7일에 서울에서 재한 선교사들, 곧 언더우드, 아펜젤러, 스크랜톤, 헤론이 스스로 조직한 〈성서번역위원회(Committee of Translating or Supervising Translation of the Bible into the Korean Language)〉에서 성서번역 일을 도왔다. 선교사 수 전체가 네 명밖에 없었기 때문에 일은 벅찼다.[70] 그러나 성서번역 사업은 언더우드와 아펜젤러에게 주로 부과된 일이었다.

헤론은 우리 나라 기독교 출판사업의 효시를 이룬 〈대한성교서회(大韓聖教書會)〉의 창설을 기획한 최초의 인물이었다.[71] 그 〈창설의 생각 자

67) *Loc. cit.*
68) 1889년 북장로교의 언더우드(H. G. Underwood)와 結婚.
69) L. H. Underwood, *Fifteen Years among Top-Knots*, pp. 6-7.
70) Translations of Scriptures, *The Korean Repository*, 1895, 5月號, p. 195.
W. D. Reynolds, Translation of the Scriptures into Korean, *The Korea Review*, 1906, p. 166.
71) The Korean Religious Tract Society. *The Korean Repository*, 1896, 10月號, p. 414. 〈very active in the formation of the Society〉
72) D. L. Gifford, John W. Heron, M. D., *The Korean Repository*, 1897, 12月號, p. 443.
James E. Adams, Roll of the Missions Dead, *Quarto Papers*, p. 112.

체가 헤론의 머리〉[72]에서 나왔던 것이다. 이 서회 창립을 위한 첫 모임은 1889년 가을, 언더우드의 집에서 모였고,[73] 그 헌장은 1890년 6월 25일에 채택되었던 것이다.[74] 이것은 실로 기독교가 이 땅에 문을 연지 5년만에 〈젊은 선교사들에 의한 야망 찬 사업〉으로, 한국말 학습을 많이 했어야 3년인 선교사들의 문서전도에 대한 의욕적 출발이었다.[75]

다음은 헤론의 종교활동은 장로교 선교사들의 협력 기구 조직에 관계된 것이다. 헤론이 한국에 왔을 때에는 한국에 알렌 부부, 언더우드, 그리고 헤론 부부, 이렇게 다섯 명의 북장로교 선교사들이 있었다. 이들이 북장로교 해외선교본부의 지시에 따라서 1885년 10월에 〈미국 북장로회 선교회〉[76]를 조직하였는데, 알렌이 회장, 헤론이 서기, 그리고 언더우드가 회계(會計)였다.[77] 그러다가 호주(濠州) 빅토리아에서 선교사 데이비스(J. H. Davies 1857－1890)가 1889년 10월에 내한하게 되자,[78] 〈미국 북장로회 미션과 빅토리아 미션 연합공의회(聯合公議會)〉를 창설하였던 것이다.[79] 회장에 헤론, 서기에 호주의 데이비스였고, 그 창립회원은 언더우드, 기포드(D. L. Gifford) 및 알렌이었다. 이 공의회는 3·4차 회집하여 몇 가지 중요한 일들을 결의하기도 하였던 것이다. 그러나 1890년 4월에 데이비스가 별세하고 또 그 해 7월 21일에 헤론마저 세상을 떠나서 이 공의회는 1893년까지 해체된 상태로 지날 수밖에 없었다.[80] 릴리아스

---

73) G. Bonwick, The Birth of the Korean Religious Tract Society. *The Korea Mission Field*, 1914, 1月號, p. 12.

74) The First Annual Report of the Korean Religious Tract Society, *The Korean Repository*, 1895, 2月號, p. 75.

75) H. A. Rhodes, Fifty Years of Christian Literature in the Korea Mission, Presbyterian Church U.S.A, *The Fiftieth Anniversary Papers*, p. 69.

76) 郭安連 編著, 長老敎會史典彙集, 서울, 朝鮮耶蘇敎書會, 1918, p. 10.

77) E. N. Hunt, *op, city.*, P. 37.
Cf. Allen Diary, 1885. 10. 27日字.

78) E. A. Kerr, G. Anderson, *The Austrarian Presbyterian Mission in Korea*, Austrarian Presbyterian Board of Missions, 1970, p. 7.

79) 郭安連, *op. cit.*, pp. 14－15.

호튼(L. Horton)이 선교사 세력의 약화로 그 증원의 위급함을 선교본부에 호소한 때가 바로 이 때였다.[81]

4) 알렌과의 不和

우리는 헤론의 완벽한 성품과 그의 심원한 원칙, 그리고 고귀한 삶의 자세, 모든 일에 한 치도 하자를 남기지 않는 부지런함, 이런 성품들을 살피고 지나 왔다. 그것이 알렌과 같은 엄격하고 약간 자만에 찬 보스형(型)의 인품과 한 장소에서 계속 일할 때, 선교사지간이지만 때에 따라 불화(不和)와 논쟁이 있었으리라는 것은 인간 상정(常情)으로 짐작이 가고도 남는다. 우리들은 설사 이들에게 갈등과 섭섭한 마음을 가지게 하는 언행(言行)이 있었다 할지라도, 그것이 음모와 술수, 그리고 의도적인 것들이 아니고, 대개 인격적인 특징의 차이, 즉각적인 반응의 표현 같은 곳에서 나타난 지극히 소박한 것들이었음을 알 수 있고, 따라서 그러한 불화의 원인이 오히려 이들 관계 이외 다른 곳에 있었으리라는 생각을 굳히지 않을 수 없다. 알렌은 처음 헤론을 〈끝없이 신뢰할 수 있는 착한 사람〉이라 하면서도, 〈좋은 사람이지만 예의가 없다〉[82]는 말을 서슴치 않을 만큼 사이가 벌어졌던 것이다. 더구나 이런 개인적인 문제들이 바다 건너 각각 선교본부에 문서로 써서 보고서 형식으로 제출되어 그것들이 지워지지 않는 기록으로 남게 되면, 문제가 쉽게 잊혀지거나 용서되는 것도 아니다.

알렌의 기록에 따르면 1885년 9월 1일, 알렌이 병원에서 헤론에게 아

80) 1893年 1月 22日, 長老會 선교사들은 長老會治理機構遵行宣教公議會(Council of Missions Holding Presbyterian Form of Government)로 發展, 빈톤家에서 創設.

81) L. H. Underwood, Death of Dr. Heron—the Need of More Helpers in this Field, Korea, Missionary Correspondence from All Parts, *The Missionary Review of the World*, 1890, 12月號, p. 342.

82) Allen Diary, 1885. 8. 12日字.

침에는 나오지 말고 한국말 공부를 하라고 한 말 때문에 두 사람 사이가 터지게 된 것처럼 보인다.[83] 헤론은 이 말이 자기를 병원에서 필요로 하지 않는다는 말로 받아드리고, 오히려 병원에 더 일찍 나가서 알렌이 해야 할 일까지 다 해치우게 되었던 것이다. 곁들여서 헤론의 하인에 대한 알렌의 불평이 도화선이 되어 알렌 스스로 격분하여 선교사업을 다 집어치우겠다는 말을 하게까지 그 격정을 다스리지 못하는 일이 벌어진 것이다. 나흘이 지나 9월 5일 국왕과 왕비가 제중원 의사들을 궁중에 불러 연회를 베풀었는데, 헤론은 너무 늦게 도착하여 이미 고종과 민비가 자리를 뜨고 난 다음 참석하게 되었던 것도 알렌의 분노를 격발시켰던 것이다.

> 나의 알선으로 헤론과 그의 부인이 이 궁중 연회에 초청을 받아 오게 되었던 것이다. 그런데 그들은 너무 늦게 참석하였기 때문에 국왕을 만나 뵈올 수가 없었다.
>
> 헤론은 신자(信者) 답지 못한 행동을 하였다. 그 사람처럼 투기심이 많은 사람은 처음 보았다. 그 사람과는 아무래도 함께 일을 해 나가기가 힘들 것 같다.[84]

헤론의 경우는 그 부인이 이 문제를 선교본부에 써 보내 알렌의 선교사직(職) 부적격성을 광고하면서 알렌에게 훨씬 가슴 아픈 공격 자세를 취한 형편이다.[85] 그 부인은 알렌이 조선에 〈돈벌이〉로 와 있다는 말을 불사(不辭)하였으며, 그렇다면 다른 일이 훨신 적격일 것이라고 면전 공박하였던 것이다.

이러한 선교사들간의 불화는 미국 공사관에서도 수치로 여겼다. 포크는 알렌의 처지를 이해하고 있었다. 그래서 헤론 부처 때문에 서울에서

83) Allen Diary, 1885. 9. 1日字.

84) Allen Diary, 1885. 9. 5日字.

85) 해링톤, *op, cit.*, p. 78.

선교사업을 위한 병원이 훼손을 받을는지도 모른다고 걱정하고 있었다. 이들의 불화는 헤론이 세상을 떠날 때까지 지속되었으리만큼 지리하고도 고통스러운 것이었다.

알렌은 스스로 이 처절한 흙탕속에서 빠져 나오는 것이 상책이라고 생각하였던 것이다. 그래서 1885년 9월 2일에 이미 뉴욕의 선교본부에 긴 사연을 담아, 제중원 자리에서 해임되고 부산에 가서 일할 수 있도록 조치해 줄 것을 요청한 바도 있었다. 〈거기 가면 조용히 선교사업에 몰두할 수 있으며, 형제 선교사들의 투기(妬忌)의 대상도 되지 않게〉되리라고 생각하였던 것이다. 그리고 멀리서 선교사들간의 갈등을 연구 분석하고 싶다고 그의 심정을 토로하였던 것이다.[86]

선교사들을 인간적으로 사회학적인 분석을 통해 객관적으로 연구하겠노라는 이 생각은 그 사태의 배경 여하와 관계없이, 한국교회사에서는 혁신적인 발상이 아닐 수 없었다. 그는 1885년 가을에 벌써 선교사의 비신화화(非神話化)에 대한 절실한 필요성을 체휼(體恤) 하였던 인물이다.

그는 1900년에 《*Things Korean*》을 쓰면서 선교사 문제에 대한 예민한 관찰을 몇 가지 해 놓았다. 그것은 1907년의 평양 대부흥운동에서의 선교사들의 참회(懺悔)에 관계된 것이었다.

> 선교사 자신들이 자기들을 위하여 규정하였던 엄격한 이상(理想)에서 연유되는 사소한 실수를 시인하기 시작하였으며, 어떤 선교사는 실제로 자신의 성격적 결점을 자인(自認)하고 한국에서 선교사업을 포기하고 떠나야만 했다.[87]

이것이 알렌의 인간으로서의 진실성과 그리고 위대성을 들어내 보여주는 것이다. 선교사들도 다 원죄(原罪)에 시달리는 하나의 인간이란 사

86) Allen Diary, 1885. 9. 2日字.
87) 朝鮮見聞記, p. 182.

실을 인정하자는 간곡한 호소였다. 그는 한국에 나와 있는 미국 선교사들이 자질과 학력과 신앙 훈련에서 아주 훌륭한 일단의 집단임을 자랑하고 있었다.[88] 하지만 〈일을 하다 보면 약간의 예외가 생길 수밖에 없다〉고 시인하였다.[89] 그리고 그런 실수나 잘못이 〈희생〉의 불가피한 결과라고 자위하는 데 대하여 저항하였다. 〈본국에 있어도 직책상 이동할 때는 가족과 친구와 헤어져야 한다〉는 것이었다. 그렇다고 그것이 〈희생이라 하여 할 일을 안하지는 않는다〉[90]고 해명하였던 것이다.

또 하나, 그는 이른바 〈신출내기 선교사들〉의 현명치 못한 행동에 선배 선교사로서의 교훈이 있어야 한다고 보았다. 〈그들은 자신이 꽤나 대단한 인물로 오판〉[91]을 하고 있었다고 비난하였다. 자기들의 뜻과 맞지 않는 일이 있을 때 〈너무 젊고 경험이 부족하기 때문에〉 자비스러운 감정을 가지지 못한다는 것이었다. 그는 경험과 연륜의 필요성을 절감한 것 같았다.

> 다행이 시간이 좀 경과하면 생소한 생활에서 벗어나게 되며 눈에 띄도록 도전적이고 건방져 보이던 것도 없어지고, 그 대신에 자비의 마음과 형제애가 나타나게 된다. …
>
> 그리고 자신을 자제할 수만 있다면 그들은 사물에 대한 좀더 좋은 견해를 얻을 수 있고, 그들 자신과 동료들에게 불쾌한 일이 없도록 할 수 있을 것이다.[92]

하지만 그는 한국을 떠나(1904), 미국에서 산 지 4년만에 글을 쓰면서 회오(悔悟)와 성찰(省察)로 옛 일을 돌아 보며, 그러나 가장 소중한 것

88) *Ibid.*, p. 183.
89) *Ibid.*, p. 184.
90) *Ibid.*, p. 187.
91) *Ibid.*, p. 191.
92) *Ibid.*, p. 192.

은 〈남을 깊이 이해하고, 인생을 폭 넓게 바라보며, 자신을 남들에게 환영 받도록〉[93]하는 것이라고 눈물로 글을 남겼다. 〈자비스러운 마음을 가진다는 것은 자기에게 맡겨진 사명을 다 하는 사람에게는 매우 중요〉한 필수적 요건이란 것을 알게 될 때, 비로소 〈인간 본연의 마음〉에 이르게 되는 것이라고 보았다.

우리는 해링톤(F. H. Harrington)[94]이나 헌트(E. N, Hunt)[95]가 알렌에게 초기 선교사들 불화의 원인을 돌릴 만큼 그 성격적 결함이 있고, 그 싸움의 범위도 알렌권(圈)에 있었다고 보아 그에게 모든 책임을 돌리는 듯한 자료 동원에 이의(異意)를 제기한다. 그것은 알렌이나 헤론, 심지어 언더우드 등 초기 선교사들 전체에 가해진 어떤 엄청난 영향력이 있었고, 그것이 그들을 선교사(宣敎史)의 한 희생으로 만들었다는 생각이 있기 때문이다.

우선 그 불화의 가능한 소인(素因)들을 몇 살펴볼 수 있다. 그 하나는 초기 한국에 온 선교사들 거의가 다 〈청교도적인 엄격한 윤리 감각과 철저한 보수주의 신학, 성서영감축자설(聖書靈感逐字說)〉[96]의 신앙을 가졌던 이들로서, 타협과 양보의 미덕보다는 엄격성과 경건이 그 특징이었다는 사실을 들 수 있을 것이다. 아서 부라운은 이 신앙 유형 때문에 〈함께 일해 나가기가 어려운 마음의 자세〉[97]를 가지게 되고, 따라서 한국의 장로교 선교사들은 〈아주 거친 길〉을 갈 수밖에 없었다고 보았던 것이다.

다음은 이들 초기 선교사들의 연령이다. 알렌이 내한할 때 26세, 스크랜톤이 28세, 헤론이 역시 28세, 언더우드가 25세, 아펜젤러가 26세였다.

93) *Ibid.*, p. 191.
94) 해링톤, *op, cit.*, p. 37.
95) E. N. Hunt, *op, cit.*, p. 37.
96) A. J. Browm, *The Mastery of the Far East*, New York, Charles Scribners, 1919, p. 540.
97) *Loc, cit.*

다 대학이나 신학교 및 의과대학을 졸업하고 앞길이 창창하며 야심에 불타는 연령층의 젊은이들이었다. 누구 하나 훨씬 연장자가 있어서, 일본에서 맥크레이(R. S. McLay)가 그 원로(元老)로서 발휘하던 지도력과 같은 존경을 받은 사람이 없었던 것이 다른 하나의 원인일 수 있었다. 알렌이 〈경험과 자비, 및 지혜〉[98]를 말한 까닭이 여기 있었다.

또 다른 하나는 선교방법과 정치철학에 대한 이견(異見) 때문이었다. 이것은 자세히 취급할 기회가 다시 있지만, 한국의 정정(政情)이나 전통(正統)의 자칫 반기독교적 소란의 폭발을 예기하지 않을 수 없는 형편에서는 우선 정치적 노선이 혁신과 개화 그리고 보수 수구적 자세로 자연 양분될 수밖에 없었고, 한 걸음 더 나아가 선교 방법도 의료나 교육을 통한 점진적(漸進的) 내지는 성육신적(成肉身的) 선교와, 직접적인 복음의 전파란 방법의 신학적 대결로, 예각화할 수밖에 없었다.

다음, 가능한 원인으로서는 그들 생활의 정도가 호화스러운가 사치스러운가 하는 문제였다. 그 당시의 한국 실정으로 보았을 때 물론 그들 선교사의 생활은 비교할 수 없을 정도로 〈사치스럽다〉고 해도 과언이 아니었다.

그러나 이 문제는 간단하게 일도양단(一刀兩斷) 식으로 단정할 수 없는 문제들이 많다. 그들이 그래도 문명사회에서 살다가 악취와 불결, 해충과 전염병, 극심한 더위와 추위, 사회적 불안과 끊임없는 전쟁의 위협과 전쟁, 봉기와 의거, 식품 구득의 어려움과 불편한 교통, 이 모든 일들을 다 나열하기는 힘든데, 그 속에서 일생을 지내야 한다고 생각했을 때의 어려움을 상상하기 어렵지 않다.

선교사들이 비교적 잘 살았다는 것은 로마 가톨릭 신부와의 생활양식 비교에서 완연히 들어나 있었다. 그들은 실로 가진 것 없이 빈곤과 위험속에서 방랑과 은거로 보내고 있었기 때문이다.

---

98) 朝鮮見聞記, p. 192.

선교사들이 〈잘 산다〉는 개념은 두 가지로 나누어 생각해 볼 수 있다. 하나는 선교 사업에 충실하기 위해서 사소한 임금으로 대행시킬 수 있는 가사(家事)나 그 이외 잡 일들을 선교사 자신이 두루 다 손 댈 필요가 없었다는 점이다. 〈미화로 일개월에 3불이면 하인을 고용할 수 있고, 그들을 먹여 줄 수 있는 나라에서, 적은 비용으로 하인을 시키며 더 잘 할 수 있는 일을 하느라고 선교사나 부인이 아까운 시간을 소비한다는 것은 어리석은 일이다〉[99]라고 알렌은 생각하고 있었던 것이다.

다른 하나는 기독교의 문명 혜택 부여의 영향력을 과시한다는 신학적인 생각도 거기 있었다. 가난과 퇴영(退嬰) 속에서 시달리던 조선 사람들이 선교사들의 넉넉하고 안락한 생활과 그 얼굴에서 풍기는 밝고 활기찬 환희를 보았을 때, 그 까닭이 무엇일까 묻지 않을 수 없었다. 그리고 이 모든 기쁨과 행복과 안락이 기독교 문명의 결실이라는 사실을 알았을 때, 〈기독교는 그들에게 거대한 힘으로 호소〉[100]할 수 있었던 것이다. 한 선교사 부인의 심정이 이러했다.

> 밴드빌트(市)의 부자집들에 비하면 우리가 사는 곳은 수수한 편이다. 그러나 천하다고 할 수는 없다. 본국의 기독교인들의 생활에 비하면 우리는 낮게 쳐도 아주 편리하고 안락한 생활을 하고 있다. 우리가 봉사하기 위해 온 여기 사람들에 비하면 우리는 귀족이나 백만장자들에 흡사한 생활을 하고 있다.
>
> 이렇게 살 때 본국 기독교인들에게 우리가 빚진 것은 무엇이고, 우리가 섬기려 온 이곳 사람들에게 빚진 것은 무엇이며, 우리 동료 선교사들에게 빚져서 결국 해야 할 일은 무엇인가.[101]

이래서 북장로교의 해외선교본부는 재한 선교사들의 봉급을 인상하여

99) 朝鮮見聞記, p. 187.

100) G. W. Gilmore, *Korea from lts Capital*, pp. 315−317.

101) W. M. Baird, The Relations of Wives of Missionaries to Mission Work, *The Korean Repository*, 1895, 11月號, p. 418.

생활의 넉넉함을 보장하여, 한국인 누구와 접촉하더라도 힘과 호소와 감동으로 할 수 있게 조치하였던 것이다.

그러나 그래도 선교사들 피차간에 때로 차이가 있기 마련이고, 그것은 알렌처럼 여러 기관에 공의(公醫)로 일하는 사람의 경우 언더우드처럼 그 집안이 부호인 경우, 그리고 대학교수 초빙을 거절하고 나온 헤론의 경우 처럼 다 정도의 차이가 있기 마련이고, 그것이 개인적인 비난으로서가 아니라, 선교사적 자세에 대한 원리론으로 비화하여 서로 상처를 주는 일들이 적지 아니하였다.[102]

이밖에 개인적인 성격의 차이 등 여러 가지가 있을 것이다. 하지만 가장 중요한 것이 따로 있다. 우리가 앞서 잠시 언급하였지만 그것은 그들에게 똑같이 작용한 외적인 거대한 영향력이었다. 그것을 언더우드 부인(릴리아스 호튼)이 여자의 예민한 감각으로 포착하여 글로 남겼다. 그것이 장황하지만 여기 옮긴다.

> 선교사들은 멀고도 깊은 내지(內地), 외로운 스테이션[103]에서 사노라면 한 해에 잠시 쉴 때도 있고, 또 매(每) 5년마다 안식년 같은, 그런 변화가 있어야 한다. 그래야만 〈깨져 버리지〉 않는다.
>
> 자 이제, 이 서울에 있는 초기 단계의 이 불쌍한 젊은 선교사들은 전에 몰랐던 시련의 조건 아래에서, 때로 피차 오해도 하게 되고, 심지어는 실제 쓰디쓴 대결까지도 하게 되었다. 이것은 본국(本國-美國)에 있는 사람들이 선교사들은 다 초인(超人)이라 해서 불가능한 정도의 높은 이상으로 바라보던 이들에게는 알아서 괴롭고 경악스러운 일이 아닐 수 없을 것이다. 나는 선교사들이 항상 과평가(過評價)되고 오해 받고 있는 것을 애석한 일이라 생각한다. …

102) S. A. Moffett, Fifty Years of Missionary Life in Korea, *The Fiftieth Anniversary Papers*, 1934, p. 37.

103) 선교사들이 지방 본거지로 삼은 곳을 이름.

> 첫날에는 마음을 다 털어 놓을 만한 친밀한 우정이란 것이 없었다. 서양식 가옥들도 없었다. 위생 조건이란 여기 표현해 놓기도 힘들었다. 미국사람들이 그 때껏 누려와서 익숙해 있었던 이기(利器)들은 찾아볼 수 없었다. 우편은 부정기적(不定期的)이고, 그래서 초기 개척 선교사들은 남달리 외롭고, 격리되어 있었고, 겪어야 할 시련들이 많았다.
>
> 선교사들이라 한들, 다른 실제 현재 있는 기독교인과 다른 바 있을 수 없는 것이다. 더 낫지도 않고 더 나쁘지도 않은 것이다. 나는 선교지에 도착하면 우리는 다 좀 특별히 나아지리라 생각하고 있었다. 그러나 그렇지가 않았다. 본국에 있을 때와 달라진 것이 없었다. 거룩했던 이는 계속 그렇게 거룩하고, 공의로웠던 이 역시 그대로 공의로웠다. …
>
> 우리들(선교사) 더러는 군림하려 하였고, 더러는 일을 다 좋도록 해나가고 싶어 하였다. 어떤 이는 조급하였고, 더러는 이기적이며, 어떤 이는 옹졸하고 편협하였다. …
>
> 우리는 다 잘 해 보려고 애들을 썼다. 선한 일을 찾아서 해 냈고, 선교 사업에 충실하려고 애썼다. 그리고 비도덕적인 비기독교 세계 안에서 빛나는 일들을 많이 하였다. 그런데도 우리는 파쟁과 갈등에 휘말려들지 않을 수 없었다. 우리는 이 사실을 가슴 아프게 생각한다. … 확실한 것은 이 젊은 사람들의 잘못이 아니다. 그 때의 환경과 상황이 책망을 받아야 한다는 사실이다.[104]

우리는 이 말의 간곡함에 가슴이 메인다. 특히 이 글에 한국의 여름 더위와 겨울 추위에 대하여 참을 수 없었음을 말하면서 〈그것을 겪고 나면 다들 탈진, 소모, 굴복의 모습이 역력〉하였다는 말에 이르면, 그 때 선교사들의 환난과 질고가 얼마나 하였으랴 하는 생각에 인간적 정분에

---

104) L. H. Underwood, *Underwood of Korea*, 1918, pp. 40-43.

사로잡히지 않을 수가 없다.

헤론의 1890년 여름 병사, 호주 데이비스(J. H. Davies, 1857-1890)와 미국 감리교 홀(W. J. Hall, 1860-1890)의 병사, 캐나다 맥켄지(W. J. McKenzie, 1861-1895)의 자살, 이것은 다 그들의 과로와 낯선 땅의 고독, 불결한 위생 환경이 그 원인이었다.

이사벨 비숍 여사는 한국 초기 선교사들의 갈등을 알고 있는 듯하였다. 그는 세계의 145 선교 스테이션을 다 돌아보고, 그 선교사들의 고충이 무엇인가를 묘하게 분석하였는데, 그것이 우리 초창기의 선교사들 문제에 기막히게 적중하는 것들이었다. 그는 게일과는 달리,[105] 선교사들의 고통과 시련이 물리적인 것이 아니라 정신적이란 사실을 주목하였다. 곧 첫째가 정신과 사업에서의 궤도성(軌道性), 요새 말로 〈루틴성(性)〉이다. 그리고 둘째가 다른 선교사가 쓰는 방법과 그 사업에 성공이 따를 때 이를 시기하기 쉬운 유혹인데, 이것은 〈마음과 영혼의 기를 죽이는〉 파괴적 고통이란 것이었다. 셋째가 기껏해야 2, 3인의 동료로 매일 매일 꼭 같이 만나 살아야 하는 데서 오는 권태와 경색이 엄청났다는 것이다. 그리고 그 다음이 환경이 끼쳐 주는 〈죽을 것만 같은〉 고통스러운 영향이다. 다섯째로는 각 개인의 사생활에 대한 사소한 비판이 이교국(異教國)이란 특수 환경 때문에 육체적 고통에는 비교할 수도 없는 상처를 받게 된다는 것이었다.[106]

그런데 특히 여자 선교사의 경우는 그 천성이 훨씬 예민한 데다가 남자들처럼 자유롭게 순회 전도도 나갈 수 없어, 집안에나 일터에 갇혀 지나다가 사소한 것이 인간적인 문제로까지 확대되어 마침내 엄청난 감정 문제로 폭발한다는 해석이었다.[107]

---

105) J. S. Gale, *Korea in Transition*, New York, Young People's Missionary Movement of the U.S. and Canada, 1909, pp.166ff.

106) I. B. Bishop, Missionary Hardships, *The Korean Repository*, 1898, 1月號, pp. 20-21.

107) *Ibid.*, p. 21.

우리는 이런 질고와 고독속에서 살아간 초기 선교사들의 불화를, 낯선 땅에서 인내와 용기로 뚫고 간 순례, 그리고 한 인간으로서의 애환(哀歡)을 노정(露呈)한 인간 역대기(歷代記)의 한 감동의 서사시로 찬양하여야 마땅하다고 믿는다.

다. 女子部의 設置

제중원이 세워졌지만 여자 환자들의 치료는 용이하지도, 많지도 않았다. 조선 전통사회에서 여자가 남자 의사의 진찰, 수술, 시료를 받기가 쉬운 것이 아니었다. 더러는 용기도 내고 어쩔 수 없이 찾아 왔지만, 수많은 환자들이 그 소문난 서양 의술의 혜택을 받을 수가 없었다.[108] 그래서 기생 다섯 명이 조정의 사령(辭令)을 받고 와서 이 어려운 문제를 해결하려 하였지만, 문제가 더 얽혀 기생직에 다시 복귀된 일은 전술한 바 있다. 여자 의사가 없을 때는 어쩔 수 없이 알렌이나 헤론이 여자 환자들을 치료할 수밖에 없었다. 한 여자 환자는 초기에 제중원에 입원했다가 병사한 일이 있었다. 알렌이 고요히 〈저 건너편 나라, 아픔과 슬픔이 없는 밝은 나라〉를 말해 줄 때, 그 여자는 웃음을 지으며 〈저 위해, 저 위해〉 하고는 세상을 떠났던 것이다.[109] 많은 여자 환자들은 때로 이들 의료 선교사의 집에 찾아가기도 하였던 것이다.

이런 상황이어서 여자 의사의 필요성이 높아지고 더구나 민비(閔妃)가, 고종에게 어의(御醫)가 있음 같이, 저에게도 선교사 어의를 간절히 소망하고 있었기 때문에,[110] 북장로교 선교부가 여자 의사 엘러스(Annie

108) 朝鮮見聞記, p. 220. 남자의사에게 병 고쳐 달라고 할 수 없어 病死한 女人의 기록이 있다.
109) L. H. Underwood, Woman's Work in Korea, *The Korean Repository*, 1896, 2月號, p. 63.
110) O. R. Avison, History of Medical Work in Korea, *Quarto Papers*, p. 32.

J. Ellers)를 파견하게 되었던 것이다.[111] 의사 엘러스는 1886년 7월 4일에 입국하였다. 그리고 초가을에 알렌과 동행하여 민비를 알현하고 동시에 고종과 태자(太子)를 만났다. 민비가 바로 그 때 며칠동안 신병(身病)에 시달리던 때였다.

> 민비는 웃을 때에는 대단히 아름다웠다. 그는 압도하는 힘을 가진 여인이었다. 그는 강한 의지를 가지고, 위대한 개성의 힘을 가진 절세의 여걸이란 인상을 풍기고 있었다.[112]

이것이 엘러스가 민비를 처음 만나고 나서 받은 강렬한 인상이었다. 민비의 친절과 사랑으로 자주 만날 것을 처음부터 부탁받은 엘러스는 이처럼 〈도착하자마자 선교사들 집단이나 외국인들 사이에서 뿐만 아니라, 왕비와 궁중의 귀부인들 및 고관 부인들의 뜨겁게 반기는 환영〉을 받았던 것이다. 엘러스는 〈거의 즉시(almost immediately)〉 민비와 궁정의 〈특별한 신임과 우정〉을 충심으로 받으면서 일에 착수할 수 있었던 것이다.[113] 이것이 놀라우신 하나님의 섭리가 아니고 무엇이었겠는가.

간호원으로서 훈련을 받았지만 동시에 거의 완벽한 의학교육 과정을 필한 엘러스는[114] 이렇게 해서 왕비의 어의로 활동을 시작하였고, 제중원 여자부에 몰려드는 여자 환자들을 신앙과 의술로 치료하기에 정성을 다하였던 것이다. 언더우드 부인은 엘러스가 관직(官職)까지 받았었다고 하였는데,[115] 이것은 어의(御醫)들에게 입궐을 가능하게 하는 관제(官制)상의 편의를 위한 직함이었음에 틀림없다.

그런데 이 제중원 여자부는 실질적으로 엘러스의 내한을 계기로 하여

---

111) N. P. Report, 1887, p. 154.

112) A. J. Ellers, My First Visit to Her Majesty the Queen, *The Korean Repository*, 1895, 10月號, p. 374.

113) N. P. Report, 1887, p. 154.

114) O.R. Avison, *op, cit.*, p. 32.

115) L. H. Underwood, *Fifteen Years among the Top-Knots*, p. 6.

1886년 7월부터 완전 가동된 것이 사실이지만, 그 부처는 헤론이 이미 설치했던 것으로 전문(傳聞)된다.[116] 알렌 부인이 이 부서에서 좀 도운 것으로 되어 있고, 헤론 부인 역시 함께 일한 것으로 되어 있다. 하지만 북장로교 해외선교본부의 연례보고서에는 〈제중원의 여자부가 엘러스 박사의 도착 후에 신설되어 문을 열었는데, 그 비용 역시 조정에서 감당하고 있다〉는 기록이 있다.[117] 따라서 길모아가 헤론이 여자부를 설치하였다는 말은 여자들도 치료하였다는 넓은 뜻으로 이해할 수 있으리라 본다. 북장로교 해외선교본부는 엘러스의 이 급작스러운 성공과 궁정과의 친밀[118]에 경탄하여 마지 않았다. 이런 모든 왕실의 총애와 대중들에게서의 신뢰가 복음 전파의 길을 터 놓은 것이라 확신하였기 때문이다.[119] 이 신뢰감과 선교 전망에 대한 어떤 위험이나 훼손도 그 때로서는 보수파의 친정(親政) 구데타가 아니면 따로 있을 수 없다고 단언할 수 있었다. 이것은 부녀사업의 중대성을 의미하는 것이라 보아도 좋다. 여자들이 이런 기관에 드나들면서 다른 세계에 뚫린 길을 보게 되고, 한 인격으로 대우받는다는 자의식을 가지게 되며, 인간 생명의 존엄성에 대한 의식이 환기되어 새로운 생의 보람, 해방의 감격을 맛 볼 수 있었기 때문이다.

이렇게 해서 수천의 부녀자들이 치료를 받게 되었다는 것은 〈복음 전파에서 가장 위대한 요소〉[120]로 작용할 수 있었던 것이다. 기독교가 이 나라에서 한 일들과 실제로 은택을 끼친 일들이 허다하였지만, 이 여자

116) G. W. Gilmore, *op, cit.*, p. 314.

117) N. P. Report, 1887, p. 156.
Cf. A Short Sketch of the Advent and Progress of Western Medicine in Korea, *The Korea Mission Field* 1908, 7月號, p. 99.

118) L. H. Underwood, *Fifteen Years*, p. 6.
閔妃가 값비싼 膳物을 여럿 주고, 자주 만나기를 要請.

119) N. P. Report, 1888, p. 168.

120) J. S. Gale, *Korea in Transition*, New York, Yonng People's Missionary Movement of the United States and Canada, 1909, pp. 47, 48, 180, 881.

의료사업이야 말로 그 공로가 우뚝 솟은 업적이 아닐 수 없었다.

> 우리는 수많은 여인네들이 의료의 도움을 받는 것을 보았습니다. 그리고 그와 함께 하나님의 말씀을 받는 것도 보았습니다.[121]

치료 받은 여인들은 신앙의 자유를 알게 되고, 한 가족의 떳떳한 식구중의 하나이며, 이름을 환자 명단에 쓰면서 〈한 개인〉으로 서게 되는 경험을 하게 되고, 몸과 행동의 자유를 감지(感知)하게 되어 마침내 하나님의 사랑이 지대(至大)하심을 알고, 자아의식을 은연중 드높이게 되는 체험을 안고 돌아설 수 있게 되었던 것이다.[122]

1887년 말에 엘러스는 감리교의 선교사이며 육영공원(育英公院)의 교사였던 번커(D. A. Bunker, 1853-1932)[123]와 결혼하여 그 직책을 수행할 수 없어서, 북장로교는 릴리아스 호튼을 그 후임으로 파송하였던 것이다. 호튼은 1888년 3월 27일에 입국하여 곧 제중원 여자부와 궁정 왕비어의(御醫)의 일을 계승하였던 것이다.

호튼이 입국 한 지 몇 일이 되지 않아 민비가 사람을 보내어 〈환영의 뜻을 전하면서 여행의 안부〉를 물었다.[124] 그리고 나서 민비와 호튼과의 관계는 깊고도 가까운 신뢰와 사랑으로 굳어져 갔다. 고종과 민비는 홀톤이 궁정의 접견실에 들어올 때 〈자리에서 일어나〉, 호튼에게 〈앉으라〉고 권했고,[125] 은근과 친절로 인정 넘친 말을 주고 받았던 것이다. 호튼은 민비에 대해서 여러 말을 들어 왔던 터라 그 인물을 유심히 관찰

121) L. H. Underwood, Woman's Work in Korea, *The Korean Repository*, 1896, 2月號, p. 62.

122) M. Best, Fifty Years of Woman's Work, *The Fiftieth Anniversary Papers*, p. 90.

123) 1883年 Oberlin大學 卒, 1886年 뉴욕 Union Theological Seminary 卒, 同年 7月 4日 着韓, 1894年 2月 辭職, 얼마 후 培材學堂 敎師.

124) L. H. Underwood, *Fifteen Years among the Top-Knots*, p. 10.

125) 궁궐에서 누구든지 앉을 수 있는 사람이 없었기 때문에 이 고종의 하명에 여러번 거절해야만 하였다. 한국 高官의 질투를 두려워 하였기 때문이다. *Ibid.*, p. 23.

하였다.

> 왕비(王妃)는 약간 창백하고 야윈 모습이었다. 그리고 어딘지 날카로운 인상을 주었으며, 그 눈빛은 꿰뚫어 보는 듯하였다. 그에게는 힘이 있었고, 지성미(知性美)와 개성의 압도하는 힘이 있었다. 이야기하는 동안 왕비는 활기차고 소박하였으며, 위트가 넘치고, 그 모습 전체에 신비스러운 매력을 풍기고 있었다. 나는 민비가 대단히 아름다운(positively beautiful) 분이라 본다.
>
> 민비는 고도(高度)의 정신적 자질을 가지고 있었다. 그는 비록 한문 고전을 주로 연구하였지만, 매우 지적인 판단력으로 세계 사정에 통달한 듯하였다. 민비는 섬세하고 기묘하여 유능한 외교적(外交的) 자질을 가지고 있었으며, 날카로운 논쟁자들을 항상 압도할 수 있었다.[126]
>
> 더구나 민비는 광활하고 진취적인 정책의 통치자요, 애국자이며, 나라의 최선의 이익을 찾아 헌신하는 왕비이어서, 통상 동양의 어떤 왕비에게서 기대할 수 없는 넓이와 깊이로 백성들의 선을 추구하고 있다. 거기 더하여 그는 따뜻한 마음을 가지고 있으며, 어린이들에 대한 부드러운 사랑, 측근자들에 대한 깊은 사려와 이해를 가지고 있다. 민비는 서구 왕실의 모습을 본 일이 없지만, 나는 그 분이 완벽한 왕비의 모습을 가지고 있음을 보았다.[127]

1894년 크리스마스 전날, 언더우드 부인은 민비를 만나 크리스마스에 대한 민비의 자세한 질문에 다 대답을 하고는 미국에 대해서 자상한 소

---

126) 高宗이 〈尹똑똑이〉라 부르던 尹致昊도 閔妃와의 對話에서 압도되었던 일을 黃玹이 이렇게 記錄했다.
…中宮(閔妃)大笑屈脂計之曰 詩曰… 書曰… 易曰… 因應擧古書者不一而曰, 汝眞無識矣 致昊赧然不能對, 中宮之以聰達自命也如此.
黃玹, 梅泉野錄, p. 152.

127) L. H. Underwood, *Fifteen Years among the Top-knots*, p. 24.

식을 전하여 주었다. 그 때 민비는 〈슬픈 모습으로〉, 〈아, 한국도 미국처럼 행복하고 힘 있고, 자유로운 나라가 되었으면!〉 탄식하듯 말하였다 한다. 그 때 언더우드 부인은 〈빛나고 높은 나라, 평화와 안식의 나라〉를 일러 주고, 하나님 나라의 소식을 전할 수 있었다.[128)]

> 나는 그 날 민비에게 복음의 말씀을 전하였다. 〈하나님, 이 일이 자주 그리고 영속되기를!〉 그 때 고종과 민비는 우리 미국 선교사들이 하는 훌륭한 일들에 대하여 감사하였다.[129)]

이 말을 들었을 때 민비는 그 얼굴에 수심이 애처럽게 스쳐 갔다고 한다. 나라의 실정이 너무 어두웠고 시련이 끝이지 않았기 때문이다. 그러고 나서 민비는 열 달 후에 일본 낭인(浪人)들에 의해서 그의 침전에서 무참히 자살(刺殺)되었던 것이다.

다시 호튼의 의료사업에 되돌아가서 보면, 호튼은 처음 헤론 부처와 함께 살았는데, 헤론 집의 햇빛 잘 드는 방에 진료소를 하나 마련하여 제중원에서 보내는 세 시간 외의 남어지 시간을 이 진료소에서 여자 환자를 만나 시료(施療)하였다.[130)] 그 이유에 대한 정확한 지적은 없지만 제중원과 같은 왕립 기관에서는 알렌의 입장도 있고 해서 전도를 할 수 없어, 환자 치료와 전도 병행의 방법으로 이런 진료소 시료가 발전된 것으로 보인다.

호튼은 1889년 3월 13일에 호레이스 언더우드(H. G. Underwood)와 결혼하였다. 그리고 신혼 기념 여행을 서북쪽으로 전도하는 형식으로 떠났던 것이다.[131)] 이 때 언더우드 부인은 〈수천의 여자들〉을 만났다. 그

---

128) *Ibid.*, p. 115.
Cf, L. H. Underwood, Woman's Work in Korea, *The Korean Repository*, 1896, 2月號, p. 63.

129) *Loc. cit.*

130) *Ibid.*, pp. 6－7.

131) 舊韓國外交文書, 第 十 卷, 美案, 1, p. 423.

때 책과 약(藥)을 널리 퍼트릴 수가 있었다.[132] 원세개(袁世凱)의 부인도 언더우드 부인을 날마다 만나야 했던 환자중의 하나였다.[133]

언더우드 부인은 1893년에는 뉴욕의 휴 오닐(Hugh O'Niel) 여사가 그의 외아들의 죽음을 기념해서 희사한 돈으로 모화관(慕華館) 근처에[134] 〈휴 오닐 2세 기념진료소(The Hugh O'Niel Jr. Memorial Dispensary)〉를 차려 놓고 부녀자 및 아동 환자의 진료에 심혈을 기울이고 있었다.[135]

같은 해 언더우드는 그의 형 프레데릭(Frederick Underwood)을 기념하여 충정로 산등성이에 〈포레데릭 언더우드 진료소〉[136]를 마련하여 〈길가에 버려진 불쌍한 환자들〉을 위한 진료 활동을 하였다.[137] 그래서 이들에게 기쁨과 건강을 돌려 주고, 죽었을 때에는 품위있는 장례식을 지내주었던 것이다.[138]

라. 醫學敎育의 始作

알렌이 1885년 초에 신청한 〈병원 건설안〉에 이미 〈且有朝鮮生徒 亦學而洋醫法 能識用藥之法 又 覺調理之節〉[139]한다 하여, 의학교육 및 간호교육이 병원과 함께 병행해야 함을 역설한 일이 있었다. 하지만 시설

---

132) L. H. Underwood, Woman's Work in Korea, *The Korean Repository*, 1896, 2月號, p. 63.

133) L. H. Underwood, *Fifteen Years*, p. 7.

134) O. R. Avison, History of Medical Work in Korea, *Quarto Papers*, 1909, p. 33. 閔妃 御醫로 있으면서 여기서 貧寒婦庶層 治療로 크게 民衆의 사랑을 받음.

135) L. H. Underwood, *Underwood of Korea*, p. 131. 이곳에서 施療, 投藥, 聖書頒布 및 傳道가 並行.

136) *Ibid.*, pp. 130-131.

137) The Shelter, *The Korean Repository*, 1895, 10月號, p. 376.

138) L. H. Underwood, *Underwood of Korea*, p. 131. 朝廷에서는 이 때부터 환자들을 길거리에 내다 버리지 못하게 하는 法令을 공포, 실시하였다.

139) 舊韓國外交文書 第 十 卷, 美案, 1, p. 113.

의 불비는 말할 것도 없지만 가르칠 사람이 없어 미루다가, 언더우드와 헤론의 입국이 있고 자리도 잡혀, 1886년 4월 10일, 개원 1년 후에 의학교육의 뜻깊은 첫 문이 열리게 되었던 것이다.[140]

교수진은 알렌을 필두로 헤론과 언더우드로 구성되어 있었고, 우선은 영어를 가르쳐 영문을 해독(解讀)하게 함으로써, 영어로 된 의학 교과서를 읽으며 교수하는 방법을 채택할 수밖에 없었다. 이렇게 해서 산술(算術)을 가르치고 그 다음에는 영어 원전(原典)으로 해부학(解剖學)과 생리학을 가르쳤던 것이다.[141] 본래 이러한 의학교육의 목표는 그 첫단계에서 병원 조수(助手)와 간호역(看護役)의 손길을 얻고자 함에 있었다.

이런 단계가 지나 때가 되어 〈적극적인 기독교인 젊은이들〉을 모집해서 의학의 기초를 이루는 과학적 제원칙을 교수하게 되었고, 마침내 의사로서의 시료(施療)를 독자로 수행할 자격을 가진 이들의 교육, 그리고 또 그런 사람들을 가르칠 교수의 배출을 위한 의학교육에로 점차적 발전을 시도할 수 있었다.[142] 이것이 세브란스 의학전문학교로 발전하였다가 오늘의 연세대학교 의과대학이 된 것이다.

이 의학교 그 날의 교명(校名)은 〈왕립 조선 의학교(Royal Korean Medical College)〉[143]이었다고 기억하고 기록에 남긴 이가 릴리아스 호튼이다. 그는 언더우드의 부인이 된 사람으로 그 첫날의 상황을 여자로서의 예민성과 기억력으로 훌륭하게 체계화하여 소중한 저서를 몇 권 남겼던 역사적 의식이 강한 선교사였다. 그 교명이 정확하다고 할 수 있는 근

140) O. R. Avison, History of Medical Work in Korea, *Quarto Papears*, 1909, p. 32. N. P. Report, 1887, p. 156.
연세대학교 백년사, 1, p. 35에는 그 創設日字가 1886년 3월 29일로 되어 있다.
Cf. 해링톤, *op, cit.*, p. 53.

141) O. R. Avison, *History of Medical Work in Korea*, p. 32.

142) O. R. Avison, in Memoriam—Dr. Horace N. Allen, *The Korea Mission Field.*, 1939, 5月號, p. 102.

143) L. H. Underwood, *Underwood of Korea*, p. 44.

거는 호튼이 그 이름이 〈그 때 너무 길었다〉고 정확히 써 놓고 있기 때문이다.

이 의학교에서 언더우드가 남긴 공헌 역시 적지 아니하였다. 알렌은 어의, 공의, 그리고 시료(施療)에 바빴고, 또 한국말이 서틀러 그 초창기 의학교육에서는 한국말을 유창하게 구사한 언더우드만큼 학생들과 접촉하기가 힘들었다. 언더우드는 또 그 때로서는 심장이 약해서 외과 수술 때에 피를 보고는 졸도한 일이 두번씩이나 있어서, 직접 시료에서보다는 진료소에서 조제하는 일만 하던 때여서, 학생들 영어교육에 힘쓸 수 있었고, 물리학과 화학 강의를 한국말로 할 수 있었던 것이다[144] 여기서 자신을 얻어 언더우드는 고아학교의 설립을 서둘러 결국 우리 나라 최초의 근대식 학교를 하나 따로 세울 수 있었다.[145] 그것이 오늘의 경신학교(儆新學校) 전신이다.

초기 의학교육에 관해서는 《연세대학교 백년사》에 그 윤곽이 잡힐 수 있는 자료들이 자세히 기술되어 있다. 곧 이 의학교에서는 정선(精選)하여 16명의 학생들을 받아들여 교육하였는데 일정 기간을 지나 12명만 다시 진급시켜 본과생으로 교수하였고, 이런 식으로 본과생 12명의 의학교육 과정을 잠정 실시한 것으로 되어 있다. 이것은 외무아문(外務衙門)과의 정식 합의에 의한 인가 형식으로 착수되었던 것이다.[146]

학생들은 전원 관비생(官費生)으로 수업료와 기숙사비가 제공되었으며, 소정의 과정을 필하면 조정의 주사(主事)로 임명되어 의료사업에 봉사케도 하고, 한국 해군 함정이 최초로 취역(就役)하면 그 군의관(軍醫官)으로 탑승하게 하는 기획이 있었다.[147] 하지만 그 이후의 소식을 더듬

144) G. W. Gilmore, *op, cit.*, p. 297.
Cf. L. H. Underwood, *Underwood of Korea*, p. 44.

145) *Loc, cit.* N. P. Report, 1887, p. 156.

146) 연세대학교 백년사, 1, p. 41.

147) 의학백년, pp. 40－41.
연세대학교 백년사, 1, p. 41.

어 그 역사를 구성할 만한 자료를 찾아보기가 힘들다. 이 의학교가 1899년에 정식으로 우리 나라의 정규 의학교로 발전하였던 것이다.[148)]

감리교의 스크랜톤도 1888년 가을에 〈의학도들을 위한 학교〉를 창설하였다.[149)] 지원생들은 〈당연히〉 소수였다. 그들은 대개 감리교 시병원(施病院)에서 스크랜톤을 도와 일하던 약국의 조수들이었고, 이들에게 의학 이론과 시료(施療) 방법을 가르치는 정도의 수준이었다. 첫날의 시작이 처음부터 완벽할 수는 없었겠지만 다만 이런 교수로도 〈의학교〉라 자칭한 데에는 선교 〈보고〉의 성격도 있었겠지만, 미래지향적인 포부와 웅지의 효시로서의 긍지도 있었으리라 믿는다.

2. 初期 醫療活動의 試練과 貢獻

가. 濟衆院의 移轉

제중원의 의료활동이 격증함에 따라서 재동(齋洞) 북부의 옛 홍영식 집터에 개량해 세웠던 병원이 협소하고 또 불편하였다. 그래서 지금 을지로 2가 외환은행이 서 있는 자리 구리개(銅峴)에 병원을 이전하게 되었던 것이다.[150)] 그 부근 교통이 훨씬 편하고 또 길도 넓어서 병원으로서의 위치로서는 적합하였다.[151)] 이전한 날짜는 1886년 가을이었다. 그런데 스크랜톤의 회상록(回想錄)에 제중원을 〈외무아문(外務衙門) 병원〉이

148) 의학백년, p. 41.
149) M. E. Report, 1888, p. 339.
150) W. B. Scranton, A Short Sketch of the Advent and Progress of Western Medicine in Korea, *The Korea Mission Field*, 1908, 7月號, p. 99.
151) H. N. Allen, Greetings, *Quarto Papers*, p. 12.

라 지칭한 곳이 있는데, 그것은 제중원이 재동에 있을 때 외무아문의 구내(構內)에[152] 있었기 때문에 그렇게 알았던 것으로 짐작된다.

병원 이전에 대한 이유와 그 요청은 다음과 같았다. 곧

> 大朝鮮國交涉通商事務衙門 署理督辦 徐相雨大人閣下
>
> 大朝鮮公立病院 善爲成様 其間治病者 一萬五千餘人[153] 而間或有難治者 院舍陜少僻陋 水玉(土?)不美 腐傷處割斷後 去惡生新之道難治 而況四方病人 往來稍遠 亦甚不便 故僕敢請新占廣潤 高陽正中之地 則見今南別宮可合也 望須許施 以爲從便治療之地
>
> 西曆一千八百八十六年 八月 十四日
>
> 醫士 安連 頓[154]

거간 1만 5천여의 환자를 치료해 왔지만 병원이 좁고 누추할 뿐만 아니라, 땅과 물이 좋지 않아 수술한 다음에 치료에 지장이 있을 때가 많다. 더구나 사방에서 환자들이 찾아 오는데 멀고 또 불편하여, 이제 새로운 곳으로 이전하여야 하는데, 넓고 햇빛이 잘 드는 곳이어야 할 것이다. 보건대 남별궁이 가합하니 여기 옮기도록 하여 치료함에 편하도록 해 달라는, 그런 요청이었다. 이런 요청에 대한 외무아문(外務衙門)의 회신이 없어 그 이후의 전개를 정확하게 추적하기 어렵지만, 남별궁(南別宮) 터로 그 해 가을 이전해 간 것이 확실하다. 다만 그 이전 일자가 1887년으로 된 곳이 많이 있으나,[155] 올링거 여사의 자세한 의료사업 보고 형식의 논문속에 그 이전 일자가 〈콜레라가 치성하였고 그 때 병원

152) 白樂濬, *op, cit.*, p. 126.
W. B. Scranton, A Short Sketch, *op, cit.*, p. 99.

153) 英語原文에는 〈some fifty thousands patients〉로 되어 있다.

154) 公立病院 移轉擴張에 對한 建議, 舊韓國外交文書, 第十卷, 美案 I, (1886. 8. 14日字.) p. 239.

155) W. B. Scranton, A Short Sketch of the Advent and Progress of the Western Medicine in Korea, *The Korea Mission Field*, 1908, 7月號, p. 99.

이 오늘의 그 중심지에 이전하였다〉[156]는 기록으로 보아, 그 콜레라의 창궐이 1886년이었기 때문에 1886년 이전(移轉)이 정확한 것으로 단정할 수 있겠다.

나. 1886年의 虎列剌 蔓延과 宣教師들의 獻身

1) 宣教師들의 獻身的 施療

1886년 7월 초순, 한국의 전형적인 무더위와 긴 장마속에서 호열자(虎列剌)가 무섭게 전국을 휩쓸며 만연(蔓延)하였다.[157] 오랜 장마가 계속되고, 또 일상생활에서의 불결, 비위생적 하수도 사정, 이런 것이 다 얽혀서 사태는 더욱 심각하였다.[158]

정확한 통계를 마련할 길이 그 당시로서는 전혀 없었기 때문에 어떤 통계가 근사(近似)한 것인지 잘 알 수 없지만, 아펜젤러는 개인교사인 송씨(宋氏)의 말을 빌어서 7월 23일 하루에 서대문을 통해 실려 나간 시체가 151구(具), 그 전날인 22일에는 2백의 시체가 실려 나갔다고 기록하였다.[159] 그리고 대개 하루 평균 5백 구의 시체가 동소문이나[160] 서대문을 통하여 장송(葬送)되었다고 하였다. 하지만 이 때 직접 뛰어다녔던 언더우드는 매일 천 명 이상의 시체가 실려 나갔고, 그것도 서대문

---

156) F. Ohlinger, The Beginning of Medical Work in Korea, *The Korean Repository*, 1892, 12月號, p. 356.

157) H. N. Allen, Korea : *The Fact and Fancy, Being Publication of the Two Books Entitled "Korean Tales" and "A Chronological lndex"*, Seoul, Methodist Publishing House, 1904, p. 175.

158) 이 때의 衛生環境에 대하여서는
L. H. Underwood, *Underwood of Korea*, p. 41.
J. H. Wells, Medical Impressions, *The Korean Repository*, 1896, 3月號, pp. 238－239.

159) 1886년 7월 24일字 日記. 이만열, 아펜젤러, p. 288.

160) 東大門의 水口門을 指稱한 듯하다.

과 동소문을 통해 나간 것만 계정(計定)한 것이라 부기(附記)하였던 것이다.[161)]

서울의 하늘은 눈물과 울음으로 가득 차 있다. 우리 집과 바로 붙어 있는 성벽을 통해서 곡(哭)소리가 들려오고 있다.[162)]

아펜젤러의 생생한 그 날의 일기의 마지막 구절이다. 알렌은, 들것 하나에 시체 3구(具)가 실려 나갔고, 심지어는 5구를 운반해서 〈얕은 구멍 속에〉 묻어 버리는 모습을 흔히 볼 수 있었다〉[163)]고 할 만큼, 그 때의 이 전염병은 가공할 만하였다. 더구나 격식을 차려서 장례를 지낼 형편이 못되어, 어쩔 수 없이 급하게 매장을 하였기 때문에 〈후에 곧 비가 와서 흙이 씻기고 일부 썩은 시체가 들어난 모습〉을 도처에서 목격할 수 있었다.[164)] 황현(黃玹)은 그 참혹함을 철종(哲宗) 11년의 전염병 만연과 비교하고 있었다.

自五月至七月(陰) 通國大疫 名曰恠疾人死數百萬 往往有闔戶者 大略減一道戶口之數 化哲宗庚申尤酷.[165)]

6월부터 3개월에 걸쳐 전국에 이 병이 퍼져 수백만 명이 병사하였는데 사람 죽어 문 닫은 집이 여럿 있었고, 죽은 사람의 수는 한 도(道)의 호구(戶口)가 없어진 것 만큼 컸다는 보고였다. 실로 주민들은 〈파리처럼 죽어 갔으며 하도 빨리 죽어 갔기 때문에 산 사람들이 죽은 이들의 무덤을 팔 시간도 없었던〉[166)]것이다. 미국 공사관에는 서울에서만 전부 7천 명 이상이 죽었다고 기록하였던 것이다. 병에 심하게 걸린 사람은

161) H. G. Underwood, Reminiscences, *Quarto Papers*, p. 102.
162) 1886년 7월 24일字 日記. 이만열, op, cit., p. 288.
163) 朝鮮見聞記, p. 221.
164) 알렌, 朝鮮見聞記, p. 221.
165) 黃玹, 梅泉野錄, 甲午以前, p. 86.
166) 해링톤, *op, cit.*, p. 70.

한 시간 안에 죽은 일도 있었다.[167] 시체가 길거리나 골목 도처에 깔려 있는 것이 무리가 아니었다. 언더우드 집에서 일하던 한국인 요리사는 부엌에서 쓸어져 죽어 갔던 것이다.[168]

선교사들은 이 시기를 서양 의술의 진가를 보여 주고, 한걸음 더 나아가 예수의 종교의 소산(所產)인 사랑과 헌신의 진수를 희생과 봉사로 내 보여 줄 수 있는 계기로 삼고자 하였다.[169] 그것은 쉬운 일이 아니었다. 우선 콜레라 특효약을 비상용으로 알렌이 각 선교사들에게 공급하였고,[170] 의료 선교사들이 알렌, 헤론, 스크랜톤, 그리고 갓 도착한 엘러스에 불과하였고, 또 그 밖에 목사 선교사로 언더우드와 아펜젤러, 여자 선교사로 스크란톤 부인과 그 시어머니 스크랜톤(M. F. Scranton), 아펜젤라 부인, 이들에 불과하였지만, 밤낮 쉼이 없이 환자들을 간호하고 죽은 자들을 될수록 품위있게 장례지내 주는 일들을 희생적으로 수행해 나간 것이다.

한가지 특기할 만한 것은 이 때, 이전깨지 전혀 교섭이 없었을 뿐만 아니라 서로 경계하고 심지어 적의로까지 대하였던 가톨릭 신부들에 대해서 알렌이 찾아가 난국 타개를 위한 협력을 요청하고, 그래서 신 구교 함께 이 전율할 만한 무방비 상태의 전염병과의 투쟁을 손잡고 훌륭하게 수행해 나갔던 것이다.[171] 알렌이 남긴 글에 이런 것이 있다.

> 프랑스 신부들이 그 때 많은 양의 예방약을 가져다가 그들의 신자들을 위해 나를 성공적으로 도와 주었다.[172]

167) L. H. Underwood, *Underwood of Korea*, p. 56.
M. E. Report, 1886, p. 269.
168) L. H. Underwood, *op, cit.*, p. 56.
169) O. R. Avison, History of Medical Work in Korea, *Quarto Papers*, p. 32.
170) L. H. Underwood, *Underwood of Korea*, p. 56.
Cf. H. G. Underwood, Reminiscences, *op, cit.*, p. 102.
171) 이런 運動이 意義있는 것이었음에도 불구하고 宣教報告書 어디에도 이 事實 言及된 곳이 없다.
172) 朝鮮見聞記, p. 221.

이것은 한국 역사상 최초의 이른바 에큐메니칼 운동의 한 원초적 현상이라 볼 수 있었다. 그러나 이 고귀하였던 협력은 1970년대 이전에는 다시 확인된 적도 수행된 적도 없었다.

이 호열자의 치료와 방역(防疫)에서 선교사들은 전혀 새로운 방법으로 서양 의술의 탁월함을 보여 주었다. 알렌은 고종(高宗)의 허락을 받아 내어, 포고령(布告令)을 전국에 내려, 반드시 물을 끓여 먹게 하고, 유황(硫黃)을 태우며, 집 안팎을 청결케 하고, 석회(石灰)를 뿌리는 일이었다. 하수도 주위나 집 둘레에 석회를 뿌려 전염의 통로를 차단하는 처치였다.[173] 한국인들은 이 호열자가 쥐가 사람이 잘 때 품속에 들어와 물기 때문에 발생하는 것이라 믿고 있었고, 더러는 이 병이 역신(疫神)에 의해서 생기는 것이기 때문에 석회를 뿌리려면 구석지고 더러운 곳에 뿌릴 것이 아니라, 집앞 대문과 그 벽에 잘 보이도록 칠해야 한다고 주장하고 있었다.

알렌은 또 이러한 전염병이나 그 전염병의 전파 경로 및 사망자의 통계나 치료일지의 보존 같은 것을 조정에 요청하여 통계 자료의 확보와 보존을 강력하게 요청한 바 있었다.[174] 이런 자료의 부재와 불찰(不察) 때문에 미국 공사관은 그 사망자를 7천으로 본 데에 반해서 황현(黃玹)은 〈수백만〉이라 헤아리는 엄청난 차이와 혼란이 있었던 것이다.

그런데 이 무서운 질병과 그 엄청난 죽음의 공포 앞에서 이 몇 사람 되지 아니하는 선교사들의 군단(軍團)이, 실질적으로 아무의 도움을 받지 못하고 또 받을 수도 없이, 이 위기를 용기와 희생과 확신으로 뚫고 나갔던 것이다. 이 희생의 경건의 모습을 우리 겨레는 눈앞에서 본 것이다. 이 봉사의 근원에 깔린 기독교 신앙의 불 타는 사랑, 그 십자가의

173) 朝鮮見聞記, p. 221.
Cf 해링톤, *op, cit.*, p. 71.
174) M. E. Report, 1886, p. 276.

사랑을 목격한 것이다.[175] 이 백성들의 마음 한복판에서 이들 선교사와 그들이 고백하는 신앙의 진실을 보지 못할 사람은 없었을 것이다.

조선에 처음 들어온 선교사는 의료 선교사였습니다. 일을 처음 착수한 이도 의료 선교사였습니다. 이 땅에서 처음 죽은 이도 의료 선교사였습니다. 이 의료 선교사의 생(生)은 끝없는 싸움이었습니다. 지프테리아, 나병(癩病), 천연두, 콜레라, 그리고 지금까지 인류를 침범하고 깨치고 비탄을 안겨다 준 모든 무서운 질병과 끝없이, 끝없이 싸워야 하는 시간의 연속이었습니다. 그의 소명은 병고와 비참의 곡성(哭聲)으로 가득찬 고통의 자리에 들어가 거기서 생을 살아가는 것이며, 빈곤과 범죄, 무지와 미신(迷信)이 득실거리는 소굴속에 들어가 살아가면서, 이 죽어가는 자들에게 친절한 표현을 다 해가며, 가슴속에서 솟구치는 인민(隣憫)과 사랑을 보여 주는 것이었습니다. …

사랑하는 사람, 몸 받치는 사람, 그들이 바로 백성의 마음을 사로잡을 수 있는 사람들입니다. 하지만 의료 선교사들이 한 일은 이것 말고도 또 있습니다. 그들은 비기독교 국가의 무지와 불합리성(不合理性)을 깨치는 데에 결정적인 도움을 준 사람들입니다. 그들이야말로 동양 세계가 수십 세기에 걸쳐 무관하여 온 인과(因果)의 법칙의 대사역(大使役)들입니다. 그들은 위생(衛生)의 제 1 법칙을 가르쳐 주었습니다. 그들은 기독교적 사상의 세계가 앞서 있는 모습을 현시(顯示)한 대표적 인물들이었습니다.…

하지만 이 의료인들도 역시 병사(兵士)처럼 전쟁터에서 쓸어졌습니다.[176]

---

175) L. H. Underwood, *Underwood of Korea*, p. 57.
Cf. J. S. Dennis, *Christian Missions and Social Progress*, 1897, Ⅱ, pp. 56, 414, 467.

176) J. S. Gale, *Korea in Transition*, 1909, pp. 177～178, 179.

선교는 사람들의 마음을 붙잡지 않고는 성취될 수 없을 것이다. 그것은 진실과 사랑의 통로 이외는 왕래가 안되는 엄격한 선별성(選別性)을 가지고 있다. 백성의 이해와 사랑를 받지 못하는 선교사는 가공할 만한 존재로 끝나고 만다. 그것은 악마가 타락한 천사라는 이론과 상통하는 것이다.

그러나 사랑과 존경과 흠모를 받게 된다면 그 때는 오순절(五旬節) 역사가 따로 있는 것이 아니다. 대중이 선교사들의 교리(敎理)와 그들의 전하는 복음(福音)에 젖고, 해가 뜰 때부터 지고, 다시 다음 날이 오고 해도, 수많은 구도자들이 길을 메우게 될 것이다. 1886년의 여름은 아픔과 비애로 지샜지만, 선교사들의 헌신은 〈조선의 미래와 희망은 선교사들에게 있다〉[177]는 확신을 위로와 감격으로 그 눈물로 젖은 가슴속에 안겨 주었던 것이다.

하지만 때는 아직 이르지 않고 있었다. 기독교는 의료인의 모습속에서, 들어온 지 1년 10개월에 채 이르지 못하고 있었고, 이 이교(異敎) 수천 년의 문화속에서 조심스러워 복음을 직접 외친 일이 없었던 터이라, 기독교에 대한 이해는 아직도 부분적이고 그리고 이 〈사랑〉 이외 다른 아무 선교도, 전파도, 없었던 것이다.

그렇지만 이제 알렌과 선교사들은 무언가 대담하고 확실한 단계를 하나 거쳐야 한다는 것을 알고 있었다. 기독교 그것을 예배 형식으로 이 땅에서 어떤 형태로든 확보해야 한다는 의식이 굳혀진 것이었다.

2) 첫 洗禮와 첫 禮拜

이 호열자 만연의 혼란 와중에서 종교적 사건이 두 가지 진행되었다. 그 하나가 7월 18일 진행된 우리 나라 최초의 신자인 노도사(魯道士, 魯春景)의 세례이다. 여기에 대해서는 이미 앞서 상술하였기 때문에 반복

177) H. N. Allen, Greetings, *Quarto Papers*, p. 12.

을 피하지만, 그 대담한 종교 의식을 물론 비밀리에 진행하기는 하였지만, 이 역병(疫病) 창궐 때에 진행하였다는 데에 구명해야 할 의의가 있다고 본다. 호튼(언더우드 부인)의 글에는 노도사가 진리를 깨닫고 〈두려움 없이 그 신앙에 따라 살고 죽겠노라〉[178]는 고백을 하고, 곧 세례를 받고 싶어한 것으로 되어 있다. 그렇게 해서 그는 세례를 언더우드에게서 받았던 것이다. 위기의식과 혼란의 때에 눈을 피할 수 있었기 때문에, 이 때 세례식을 베풀었다는 생각을 할 수 있을 것이다. 이 세례 의식은 헤론 의사의 집에서 집례되었고, 그날 헤론의 딸 사라 앤(Sarah Anne)도 함께 세례를 받았다.[179] 알렌이 여기 참석했다는 기록은 없다.

다른 또 하나의 중요한 사건은 이 괴질 만연 와중에서 〈서울의 외국인들〉이 미국 공사관 사무실에서 7월 23일이 지난 주일(主日)부터 매주일날 오전 11시에 예배를 드리게 되었다는 사실이다.

> 自今爲始 每(日)曜日 上午十一点鍾 則外國人民在京內者 禮拜于上帝次 將合于此署 而事從容做行 其時祝文 將而京內 病患苦楚之意奉祝.[180]

이 예배는 아주 조용히 진행될 것이고, 그 시간에는 서울에 있는 병환고초(病患苦楚)의 여러 사람들을 위하여 기도가 드려질 것이라는 점이 강조되었다. 그러나 조정의 회답은 반기는 기색이 없었다.

> 日曜禮拜一事 非大臣所宜知 京內病患祈禳 自有本部典例 不敢煩代祝.[181]

예배는 교섭통상사무에서 관할하여 알바 아니고, 병환자 기도 역시

---

178) L. H. Underwood, *Underwood of Korea*, p. 54.

179) 1887. 7. 24日字 아펜젤러 日記, 이만열, *op, cit.*, p. 287－288.

180) 在京外國人禮拜祈禱施行에 關한 件, 舊韓國外交文書, 第十卷, 美案, 1, (1886. 7. 23日字) p. 234.

181) 同上回答, *Ibid.*, (1886, 7. 25日字), p. 235.

우리 나라에도 본래 그런 전례(典例)가 있으니 따로 할 까닭이 있겠느냐 하는 정중한 회신이었다.

미국공사관에서 병환의 시련기에 그 사람들을 위해서 기도하겠노라는 조건을 부친 이 종교의식의 감행 의지는 1886년, 바로 그해 6월 4일에 체결된 한불수호조약(韓佛修好條約)에 교회(敎誨)란 문구가 들어 있었고, 거슬러 올라가 1883년 11월 체결의 한영 및 한독수호조약에는 조약국 〈국민들 자신의 종교 예배 집행을 허락한다〉는 글귀가 명기되어 있었던 데에서[182] 나올 수 있었다.

그러나 알렌과 미국 선교사들은 이러한 전염병의 시련기에 기도의 힘이 필요한 것을 절감하였고, 이런 때야 말로 기독교 선교의 첫발을 내딛을 수 있을 만큼 민심(民心)의 대세가 선교사들의 신앙에 기울어져 있다고 판단하였기 때문이었다. 죽음의 공포 앞에서 구원(救援)의 확신과 그 첩경을 보여 주어야 한다는 절박감도 함께 작용한 것이 틀림없다.

조심스럽기 그지없는 선교의 길이었다. 선교사들은 1887년 9월 새문안교회가 정식으로 세워져서 예배를 볼 때까지,[183] 언더우드 집에서 장감 미국 선교사들이 매주일 함께 모여 이 때로부터 계속 정기 예배로 모이고 있었다.[184]

다음 장(章)으로 건너가기 전에 당시 제중원의 의료진과 그 변화를 약술하고 지나가고자 한다.

---

182) 韓英修好條約 第四款, 《They shall be allowed the free exercise of their religions》.

183) H. G. Underwood's letter, *The Church at Home and Abroad*, 1888, 2月號, p. 196.

184) 1886. 7. 24日字 아펜젤라日記, 이만열, *op, cit.*, p. 288.

初期 濟衆院 醫療陣

⊙알렌 (1885.4−1887.8) — 스크랜톤 (1885.5−1885.6) — 헤론 (1885.6−1890.6) — 알렌 (1890.6−1890.7) — 하디 (1890.10−1891.4)

언더우드 (1885.4−1887)

빈톤 (1891.4−1893.7) — 에비슨 (1893.7−1932)

웰즈 (1895.6−1895.8)

샤록스 (1899.9−?)

⊙女子部 헤론부인 알렌부인 — 엘러스 (1886.7−1887.7) — 호튼(언더우드 부인) (1883.3−1895.10) — 위팅 (1895.4−1900.2)

제이콥슨 (1895.4−1897.1)

쉴즈 (1897.10−)

필드 (1897.10−)

Ⅶ. 알렌에 있어서의 醫療와 宣敎의 問題

현재 선교에 대한 문호가 열렸다고 생각해서는 절대 안됩니다. 언더우드 씨, 당신은 백방 조심하고 주의를 기울여야 합니다.

엘링우드(美北長老敎 海外宣敎本部 總務)
1885年 6月.

알렌 博士는 의료 선교사이기는 하였지만 선교사 명단에서 그의 이름은 사실상 제거되고 있었다고 나는 생각해 마지 않았다.

제임스 게일, (1809年).

1. 알렌의 宣教神學

가. 福音傳道의 猶豫

알렌이 철저한 칼비니즘적인 역사관을 가지고 있었다고 하는 것이 그의 초기 선교신학에 명백하게 나타나 있었다. 그는 자신의 역사적 소명의 특수한 성격, 다시 말하면 그가 의사로서 한국에 들어와 조정과 민초(民草)의 사랑과 신뢰를 받게 된 것은 결국 그 뒤에 따라 들어오는 선교사들의 길목을 터 주는 데 있다는 사실, 그리고 그 사명 이상의 어떠한 행동이나 자처는 신의(神意)에 거역하는 것이 된다는 철저한 섭리신앙(攝理信仰)에 충실하였던 것이다.

더구나 그는 한국의 반만년 역사의 이교성(異敎性)과 갑신정변(甲申政變)이라는 구체적 사건의 온건 보수주의적 반격의 역사 현장에 뛰어들었다는 상황 인식을 조금도 무디지 아니하였다. 개화지향적 대세를 몰고 올 과격한 혁신운동으로서의 기독교 전도 활동의 적시성(適時性)을 그는 회의하고 있었고, 더구나 국법으로는 아직 금교조치(禁敎措置)가 뚜렷하여서 유교권(儒敎圈)의 예민한 현장에 서양문명의 연수(淵藪)인 기독교 복음의 직접 전도가 초래할 과격한 반기독교적 적대감정의 민중차원 폭발을 그는 두려워하고 있었다. 궁정과 하루가 멀게 접촉하고 있어서 한국 정치의 핵심부에서 그 동향을 포착하고 있었던 알렌에게서 이 판단은 객관적이고도 타당한 것이었다.

우리는 알렌의 선교신학의 역사성과 그 신학적 깊이를 새삼 검토할 시기가 따로 있어야 한다고 믿는다. 선교(宣敎, mission)와 복음 전도(福音傳道, evangelism)의 신학적 차이가 여기서 그 씨앗을 내고 싹이 나기 시작한 것으로 보이기 때문이다. 알렌의 신조(信條)는 〈착한 사마리아 사람〉의 모형에 충실하고 있었다.[1] 다시 말하면 선한 행위가 〈말〉보다도 중요하고, 따라서 선행하여야 한다고 믿었고, 선교지 상황(missionary situation)에서는 우선 행위와 봉사가 저절로 선교가 된다는,[2] 실로 현대 에큐메니즘의 신학을 앞선 탁월한 신조에 충실하고 있었다. 이것은 선교에서 사회개혁이 선행하여야 하느냐, 아니면 복음 전도가 선도적(先導的)인가 하는 문제의[3] 이원론(二元論)을 극복하는 성육신론적(成肉身論的) 선교신학이다.

이런 역사적 민감성을 가진 선교의식은 심지어 사태가 호전되기 이전의 선교사들의 급작스러운 입국을 꺼리는 조심성으로까지 발전하고 있었다.[4] 광혜원(廣惠院) 설립 직전에도 그 설립 신청이 〈다른 교파 선교사들의 부적시(不適時)의 도래(到來)〉로 무산될 것을 염려하고 있었던 알렌이다.[5]

미국의 북장로교 해외선교본부의 총무 엘린우드(F. F. Ellinwood)의 조심성도 마찬가지였다. 한국 도상(途上)의 언더우드가 아직 일본에 있을 때 엘린우드는 3월 이런 글을 내고 있었던 것이다.

> 나에게는 아직 모든 것이 불확실하다는 것, 그것이다. 현재로서는 의료선교의 일이 길을 조금 트고 있을 뿐이다. 알렌 박사는 이 문제를 해결해 나가고 있지만, 언더우드, 당신의 경우까지 해결할 것은 아니다.[6]

---

1) 해링톤, *op. cit.*, p. 82.
2) J. A. MacKay, *Ecumenics, The Science of the Church Universal*, Englewood, Prentice Hall, 1965, p. 178f.
3) A. J. Brown, *The Mastery of The Far East*, p. 541.
4) Allen Diary, 1885. 4. 3日字.
5) H. N. Allen, *Medical Work in Korea*, 1885. Allen MSS., Philadelphia, Presbyterian Historical Society.
6) Ellinwood's letter to Underwood, 1885. 3. 23日字.

의료의 선교, 그 길은 열려 있었고, 갈망되고 있었다. 알렌이 그 길을 텄지만 헤론이나 스크랜톤은 입국하자마자 왕궁의 알현으로 반겨지고 엘러스나 호튼 역시 민비의 극진한 총애를 그 도착시부터 받고 있었다. 하지만 순전히 목사로서 복음 전도의 사명만을 가지고 입국한 언더우드나 아펜젤러의 경우는 문제가 달랐고, 또 심각할 만큼 걱정스러웠다. 이들은 알렌이나 스크랜톤의 동료(同侶) 사역자로 입국하여 그 첫 활동을 정당화할 수 있었을 따름이다.

이런 조심성과 종교 전파의 자제(自制) 문제는 미국정부와 주한 미국 공사관의 절실한 문제이기도 하였다. 수호조약의 내용에서 종교 전파의 항목이 명시되어 있지 않은 상태에서 외교관계를 갓 시작한 미국이 그 시민인 선교사들의 대거 입국과 전도 활동을 제한하는 공식적인 입장을 오래 지속할 수밖에 없었다.[7] 따라서 선교사들은 〈이 백성들을 개종(改宗)시킬 목적으로 하는 공세적인 전도 전술은 펴지 아니하였던〉 것이다.[8]

그런데 1888년에는 커다란 사건이 겹쳤던 것이다. 천주교회에서 〈교회(教誨)〉란 글을 한불수호조약에 묘하게 삽입시킨 것을 기회로 명동(明洞)에다가 엄청난 크기의 성당을 짓기 시작하였는데, 그것이 궁정을 내려다 보이는 장소일 뿐만 아니라 사당(祠堂)이 있는 곳과 근접하여, 조정과 주민들이 건축 중지를 종용하였으나 이를 무시하고 그 시공을 진행하였기 때문에,[9] 필경 조정이 금교령(禁教令)을 내렸던 것이다. 1888년 4월 22일의 일이다.

> 大朝鮮督辦交涉通商事務趙(秉式) 爲照會事 照得 本政府明知耶蘇學布教人與或傳道人 在京相繼誨其乖異教家之道于大君主陛下臣民夫教耶蘇之道 與學堂之無論何種 不在條約中立目 故不問何等新教

7) G. W. Gilmore, *op. cit.*, pp. 301, 302, 310.
8) *Ibid.*, p. 302.
9) L. H. Underwood, *Underwood of Korea*, p. 70.

何種學堂 惟朝鮮國政府所授權指令者外痛禁 而不許此後設置于京城部內及或朝鮮之內 請煩貴公使訓戒何美利加傳道人輩 順政府欲行之事 勿致重大苦端之或因是提起可也.[10)]

우리 조정이 명지(明知)하고 있는 바는 전도인 선교사들이 서울에서 계속하여 이가지도(異家之道) 곧 기독교를 전파하고 있는데, 기독교든지 학당에서의 교육이든지, 다 조약중 하도록 되어 있는 항목이 없은 즉, 누구라도 허락 없이는 이런 일이 금지되어 있는 것이다. 그러니 서울이나 조선 어디에서나 미국 전도인들을 훈계해서 그런 일이 다시는 없도록 경계해 달라는 요청이었다.

그런데 그 해 5월에 들어서면서부터는 음흉한 악성 류머가 퍼져 나갔다. 미국 사람들이 어린이를 잡아다가 그 아이를 요리해 먹고, 그 눈은 의약품으로 쓰며,[11)] 때로는 카메라 눈으로도 사용한다는 허무맹랑한 소문이 그것이다.[12)] 이것은 대개 청국의 원세개(袁世凱)가 비등하는 미국 선교사에 대한 인기를 격하시켜 다시금 청의 세력을 만회하려고 한 날조의 유언비어였다.[13)]

이 풍문은 외국인 집단, 특히 선교사들에게는 일대 위기가 아닐 수 없었다.[14)] 지방 순회 전도에 나갔던 선교사들이 급거 서울에 귀한하는 조치가 취해지게 되었고 피난 갈 준비를 갖추고 있다가, 신호가 떨어지

---

10) 耶蘇教傳道禁止의 件, 舊韓國外交文書, 第十卷, 美案, I, (1888. 4. 22日字), p. 353.

11) O. R. Avison, History of Medical Work in Koera, *Quarto Papers*, p. 32.
D. L. Gifford, *Every-Day Life in Korea*, New York, Fleming H. Revell, 1898, p. 130. 朝鮮見聞記, p. 245.

12) M. E. Report, 1888, p. 340.

13) 朝鮮見聞記, p. 245.
H. B. Hulbert, Modern Korea, Korea History, *The Korea Review*, 1904, 4月號, p. 191.

14) O. R. Avison, History of Medical Work in Korea, *Quarto Papers*, p. 32.

면 다 공사관에 모여 자위책을 강구하기로 하였으며,[15] 심지어 미국공사는 제물포에 있는 미 해병을 급히 입경시켜 공사관 방어를 맡아야만 할 만큼 사태가 긴박하였던 것이다.[16]

이 소란속에서 미국공사 딘스모어(H. A. Dinsmore, 丹時謨)가 조정에 해혹(解惑) 조치 요구를 한 것이다.

> 大美合衆國欽命駐紮朝鮮管理本國事宜兼總領事丹(時謨) 爲照會事 쇼셜이 갑작이 나기을 外國人等(이) 어린 아희들을 ᄌᆞ바다가 살마 먹고 써 먹는다고 空然헌 쇼셜이 나ᄆᆡ 이 쇼셜 탄평헐 계교를 告達하ᄋᆞᆸᄂᆡ이다. 이 虛한 쇼문으로 허여금 朝鮮政府가 괴로울가 허ᄋᆞᆸᄂᆡ이다. 貴督辦과 여러 有智헌 官人들은 이 쇼셜이 허탄ᄒᆞ고 미들거시 안닐쥴 아실 듯하ᄋᆞᆸ기에 造(告?)達 ᄒᆞᄋᆞᆸ난니 그즁 노픈 政府로서 榜을 만드러 官印을 盖之하여 各處며 城外ᄡᅧ진 부치ᄉᆞ 이 쇼셜리 올치 안니허물 이릅쇼셔. 貴督辦께서 이 일을 아른체 허시면 쇼셜이 ᄋᆞᆸ슬가 허외다.[17]

이러고 나서 다음날 곧 1888년 6월 19일에는 미국, 영국, 독일, 불란서, 러서아 및 일본의 각 공사들이 연서(連署)로 항의문을 조정에 제출했던 것이다.[18]

이렇게 하여 미국공사관에서는 종교활동의 자행과 지방 확산이 혹시 이 허설(虛說)의 진원일 수 있다고 보아 지방순회 선교사들을 급거 귀

15) L. H. Underwood, *Underwood of Korea*, p. 76.

16) L. H. Underwood, *Fifteen Years among the Top-Knots*, p. 16.
H. G. Underwood, Reminiscences, *Quarto Papers*, p. 106.

17) 兒童捕食虛說에 對한 解惑措處要求, 舊韓國外交文書, 第十卷, 美案, Ⅰ, (1888. 6. 18日字), p. 366.

18) 同上各國公使共同草稿의 公示文抄呈 및 外人에 對한 暴行嚴飭要請, *Ibid.*, (1888. 6. 19日字), p. 366.

경하게 하였던 것이다.[19] 이로 해서 그 해 5월부터 9월까지 학교에서의 예배 그리고 주일예배를 포함한 모든 종교활동을 전폐한 일이 있었던 것이다.[20]

> 대군주(大君主)의 명령이라 하여 한국 외무아문으로부터 공한을 받았는데 … 미국 선교사들이 여러 가지 방법으로 그리스도 교리(教理)를 전파하고 있는 것은 조약상 인정(認定)이 없는 것인 즉, 이러한 행동의 중지를 요구하는 공한을 받았다. 나는 주한(駐韓) 미국 공사로서 선교사들이 한국인들에게 그리스도교의 전파 및 종교의식과 규례의 집행을 중지하도록 청하는 직무를 행사한다.[21]

이 소문은 새로 건축된 배재학당(培材學堂)의 지하실이 바로 어린이들을 잡아다가 죽여서 저장하는 비밀 창고라고 하는 구체성까지 띠게 되었고, 따라서 어떤 사람이 뛰어 와서 그 창고를 확인하는 일까지 있었다. 사실 그런 구체성을 띤 소문이라면 이 때처럼 해명하기가 훨씬 쉬웠던 것이다.[22]

이런 금교령(禁教令) 때문에 지방에서는 예수교 관계 문서들을 다 스스로 불태워 없이 한 일조차 있어서, 선교사업이 한때 있었던 흔적이 전혀 사라진 곳도 있었다.[23]

알렌의 선교방법이 현명한 것이었음이 입증된 셈이다. 미국 북장로교 해외선교 본부에서도 알렌의 생각에 대개 동감하고 있었다. 1887년에 해외선교 본부는 이런 보고를 내고 있었다. 곧,

19) M. E. Report, 1888, pp. 337, 338.
20) *Ibid.*, 1888, p. 337.
21) *Loc. cit.* Cf. G. W. Gilmore, *op. cit.*, p. 310.
22) W. B. Scranton, Historical Sketch of the Korea Mission of the Methodist Episcopal Church, *The Korean Repository*, 1898, 7月號, p. 261.
23) W. B. Scranton's Report, *The Annual Report of the British and Foreign Bible Society*, 1889, p. 282.

> 그러나 정세는 아직 위태롭다. 그리고 사상의 자유는 아직 제한되어 있어서, 통계표를 요란히 작성한다든가, 직접적인 기독교 조직을 서두는 공개적인 절차는 아직 밟지 않는 것이 좋다.[24)]

감리교의 경우 역시 조심스럽기는 마찬가지였다. 아펜젤러가 한국에 향하려 할 때 미국 북감리교 해외선교부의 총무 리드(J. M. Reid)는 이런 조짐을 하였던 것이다. 곧,

> 한국의 법률이나 이 민족들의 특수한 선업 주견에 대해서 대단한 조심을 하며, 주의깊게 일을 해 나가야 합니다. 그렇게 함으로써 참 하나님의 성전을 한국안에 그 기초로 놓을 수 있게 될 것입니다.[25)]

그리고 그 구체적 방안을 제시하였다.

> 당신의 선교 사업을 시작하는 일은 주로 가르치는 일과 의료사업의 선(線)에 따라야 할 것입니다. 따라서 조정 관리들과의 외교적인 문제들을 조심과 슬기로 풀어 나가야 할 것입니다.[26)]

한국에 온 아펜젤러가 그 첫해에 본국에 보낸 보고서에는 이러한 본부의 의지가 반영된 것이 엿보인다. 곧,

> 현재 한국의 사회적 정치적 조건은 우리 선교사들이 공개적인 복음 전도에 나서서는 안된다는 것이 일치된 판단입니다.[27)]

의료와 교육을 통한 민심 확보의 길이 가장 효과적이란 아펜젤라의

24) N. P. Report, 1887. p. 156.
25) Reid's letter to Appenzeller, 1885. 1. 15日字.
26) Reid's letter to Appenzeller, 1884. 12. 20日字.
27) M. E. Report, 1886, p. 267.

보고[28] 역시 리드의 식견이 탁월하였음을 보여준 것이었다.

1888년 장로교의 조심성도 지극하였다.

> 기독교의 선교를 위해서나 조정의 입장을 위해서나 모두 다 안정(安定)과 평화를 도처 외치고 있다. 지금 필요한 것은 이 현상의 최소한도의 유지이다. 그래서 정치적 혼란을 예방하고 외교관계의 혼잡(混雜)을 막는 일이다. 평화와 고요가 있어서 몇 년이 안되어 기독교 문명의 진전(進展)과 기독교회의 확립이 기약될 수 있는 것이다.[29]

따라서 그런 정황에서는 의료 사업의 추진이 가장 적절한 선교방법이라고 강조하였던 것이다.[30] 그것은 두 가지 의미에서 그렇다고 본 것이다. 곧 첫째는 그 시료(施療)가 복음의 진리를 위한 길을 뚫어 놓는다는 것이요, 둘째로는 〈동시에 그 의료 자체가 훌륭한 것이기〉 때문이었다고 보았다.[31] 이것은 획기적인 단언이었다. 의료가 그 자체로 선교일 수 있다는 새로운 신학적 전망이 처음 표현이었기 때문이다. 알렌의 신학이 이제 그 확고한 정책적 지지를 받게 된 셈이었다. 복음 전도를 강력하게 추진하던 언더우드(H. G. Underwood)조차도 그 때를 회고하며 이런 글을 남겼던 것이다.

> 조정과 민중들의 태도가 우리로서는 알 만한 처지에 놓여 있지 않았기 때문에, 우리의 현존(現存)이나 할 일들을 될수록 널리 광고하지 않아야 하겠다는 생각을 굳히게 되었던 것이다. 굉장한 불안감이 외국인들 사이에 퍼져 있었고, 더구나 외교권(外交圈)에서는 지난 12월의 정변(甲申政變)과 같은 것이 다시 재발되지는 아니할

28) *Loc. cit.*
29) N. P. Report, 1888, p. 170.
30) *Ibid.*, 1886, pp. 148－149.
31) *Ibid.*, 1886, p. 149.

까 하는 긴박한 불안감에 휩쌓여 있었다.[32)]

1888년의 금교령과 그것이 전국에 끼친 흥분 상태 때문에 언더우드와 비슷한 생각을 가졌던 헤론(J. W. Heron)도 그 자세의 변동이 와 조심하게 되고, 따라서 〈보수적〉 경향을 띠게 되었던 것이다.[33)] 〈비교적 조용한 사업의 정책〉을 적용하게 되었다는 것이다.

그러나 중요한 것은 시세와 기운(機運) 때문에 불가피하게 늦추는 선교정책의 현명도(賢明度)는 의료선교 자체가 〈선교적〉 의미가 있다는 신학과는 거리가 멀다는 사실이다. 선교가 모름지기 현지인의 사랑을 받아야 그 때 비로소 전도의 길이 열린다는 이 전제가 반드시 확립되지 아니하면 안되는 것이다. 알렌은 선교사의 자질과 선교의 첩경으로 〈자비와 형재애〉[34)]를 들었고, 〈남에게 환영 받는〉 헌신적 자세를 돌었다.[35)] 〈참다운 도움〉[36)]을 줄 수 있는 인간, 그것이 먼저 되어야 한다는 것이 그의 소견(素見)이었다. 〈인간적인 동정과 동감, 그리고 환영〉[37)]을 받지 않고 선교의 길을 결코 열리지 않고, 이 백성에게 〈심대한 누를 끼치는〉 일밖에 하지 못하게 된다고 보았다. 게일(J. S. Gale)도 이런 말을 한 일이 있었다. 〈현지에서 그곳 사람들의 사랑을 받지 못하는 선교사처럼 무섭고 불쌍한 존재가 어디 따로 있으랴〉.[38)] 이 사랑은 헌신과 진실의 모습 이외에서 결코 얻어지지 아니하는 것이요,[39)] 기독교는 그 내심 깊이의 진실이 도달하기 이전에는 아무 호소도 할 수 없는 종교인 것을

32) H. G. Underwood, Reminiscences, *Quarto Papers*, p. 100.

33) D. L. Gifford, John W. Heron, M.D., *The Korean Repository*, 1897, 12月號, p. 443.

34) 朝鮮見聞記, p. 192.

35) *Ibid.*, p. 191.

36) *Ibid.*, p. 189.

37) *Ibid.*, p. 188, 189.

38) J. S. Gale, *Korea in Transition*, p. 172.

39) 朝鮮見聞記, p. 189.

알렌은 확신하고 있었다.

하지만 그의 칼비니즘은 선교가 하나님의 일이란 것을 새삼 믿게 한 것이다. 우리는 우리의 소명(召命)에 충실하면 된다. 우리가 다른 무슨 말을 해야 한다고 생각하는 것은 과욕이다.[40] 그가 궁정의 총애와 신임을 받게 된 것은 전혀 섭리의 소이(所以)였고, 그가 계획하거나 목표로 한 일은 아니었던 것이다.[41] 한국에 들어온 첫 선교사가 철저한 칼비니즘의 신앙인이었다는 것은 한국근대사 이해에서는 아주 중요한 전이해(前理解)의 틀이 되는 것이다.

나. 알렌의 宗教活動

독특한 칼비니즘적 선교신학을 가진 알렌이었지만 그에게 종교활동이 전혀 없지 아니하였다.

우리가 앞서 말한 노도사의 세례 문제는 알렌과 타 선교사들과의 관계를 상징적으로 묘사한 사건이라 할 수 있었다. 노도사는 알렌의 집에서 어학을 가르치면서 그 곳에 있는 한역본(韓譯本) 성서들을 보고 기독교 신앙에 인도되었다. 신앙은 알렌가(家)에서 생겼던 것이다. 그러나 그는 알렌의 신학을 알았음인지 언더우드와 아펜젤러를 찾아가 결국 1886년 7월 세례를 받았던 것이다.[42]

알렌은 조약에 의해 외국인 자신들간의 종교의식 집행이 인정된 것을 알고 1885년 6월 28일 주일(主日)에 선교사들 몇이 함께 알렌 집에서 예배를 드렸던 것이다.

> 오늘 저녁 식사 후 여덟시에 최초의 공식 주일예배가 있었다. 참

---

40) *Ibid.*, p. 173.

41) 朝鮮見聞記, p. 179.

42) H. N. Allen, Greetings, *Quarto Papers*, p. 7. Cf. H. G. Underwood, *The Call of Korea*, New York, Fleming H. Revell, 1908, p. 105.

> 석한 사람들은 헤론 부처(夫妻), 스크랜톤 의사의 모친, 그리고 나와 내 아내였다.[43]

알렌의 기록에 보면, 우리 나라 최초의 세례의식(洗禮儀式)도 외국 선교사들만 모여 1886년 4월 25일 집례되었다.

> 오늘 한국에서 처음으로 개신교 세례의식이 진행되었다. 스크랜톤 박사와 아펜젤러 목사의 어린 딸, 그리고 일본 공사관의 영어 통역관이 세례를 받았다.[44]

이런 일이 있고 나서, 1886년 콜렐라 만연 후반기 7월에 서울의 외국인들이 다수 참석하여 주일예배를 드렸던 것이다. 미국공사 파커(Wm. H. Parker)가 미국공사관 건물안에서 예배를 보도록 조치하였던 것이다.[45] 여기 참석자의 성명은 명기되어 있지 않지만 〈알렌의 소망(所望)에〉[46] 따라서 그 공사관이 쓰여지게 되었고, 더구나 그 때의 〈병환자들을 위한 기도가 중심〉이란 사실을 미루어 이것이 알렌 선도의 개척적 예배였다는 사실을 주목하지 않을 수 없다. 그는 〈때가 이르렀을 때〉에는 결단과 소명으로 전도의 앞장에 섰던 인물이다.

알렌이 1885년 6월 제중원에서 한 여인의 임종시에 전도한 일은 이미 살펴보았다. 통역 신낙균을 통해 〈날빛보다도 밝은 세상〉을 일러 주었고, 그 여인은 〈행복과 미소〉[47]로 세상을 떠났을 때 그는 보람으로 울먹

43) Allen Diary 1885. 1. 28日字. 여기 스크랜톤 부처가 不參.
44) Allen Diary, 1886. 4. 25日字.
45) E. W. Lawrence, Mission in Korea, *The Gospel in All Lands*, 1887. 6月號, p. 974.
참석人員 15—20名. 朝廷의 반대가 정중한 方法으로 있었음이 指摘되고 있다.
46) 해링톤, *op. cit.*, p. 53.
47) L. H. Underwood, Woman's Work in Korea, *The Korean Repository*, 1896, 2月號, p. 63.

였었다. 〈의술도 그 때는 할 수 있는 일이 없었다〉. 이것이 알렌의 회고였다.[48)]

알렌은 환자들을 위하하여 기도하고 있었다. 한번은 소변(小便)이 불통인 어떤 양반 환자를 위해 집에서 〈열심히 이에 대하여 기도〉하였다. 그 이후 그 환자가 치료된 것을 목격한 일이 있었다.[49)]

또 알렌은 외국인들과 함께 예배 보는 일을 적극 추진하고, 함께 모인 외국인들에게는 〈기독교로 인도하는〉[50)] 전도활동을 하였던 것이다.[51)]

어째튼 선교사들 틈에서는 비교적 냉담한 자세로 복음전도 활동을 대하던 알렌이었지만, 밖에 나가서는 역시 선교사로서의 책무(責務)에 기회와 정력을 다 기울였음이 나타난다. 그는 한국의 최초 주미(駐美) 공사관의 찬참관(參贊官)으로 미국 워싱턴에 체재하고 있었던 1889년 4월 부활주일에 워싱턴의 한국인 외교관 전원을[52)] 예배에 참석하게 하는, 거대한 선교 사업을 수행할 수 있었다.[53)] 이것은 실로 미국 기독교국에 상설공사관을 설치한 만큼의 획기적 〈전도〉가 아닐 수 없었다.

---

48) H. N. Allen, Greetings, *Quarto Papers*, 1909, p. 12.

49) Allen Diary, 1885. 3. 22日字.

50) 아펜젤러 저, 노종해 역, 자유와 빛을 주소서－ 아펜젤러의 日記, 서울, 大韓基督教書會, 1988, p. 17.

51) 그러나 아펜젤러가 중심으로 진행된 재한 외국인의 聯合教會(Union Church) (1886. 6. 10)에는 관여하지 않았다.
자유와 빛을 주소서, (1886. 11. 6日字 日記), p. 17.

52) 公使 朴定陽, 親軍後營文案. 李商在等 全員十名.

53) Allen's letter to Dr. Hamlin, 1889. 4. 20日字. 해링톤, *op. cit.*, p. 90에서

2. 알렌과 美國 宣教師들의 葛藤

가. 宣教師들의 알렌 批判

알렌에 동조하는 세력은 미국의 선교본부와 주한 미국 공사관, 그리고 물론 한국 조정의 온건 보수파들이었다. 하지만 장로교의 언더우드와 헤론, 감리교의 스크랜톤과 아펜젤러 등 초기 선교사들은 교파의 차이에도 불구하고 반(反) 알렌의 보조에는 일치하고 있었다. 이들은 알렌이 그 좋은 기회를 누리고 있음에도 불구하고 선교사업에 나서지 않고 있음을 비판하고 있었다.

우리는 이러한 갈등에 대해서 이미 상술한 바가 있지만, 그 원인이 신학적인 차이에 더 무게가 있었는지, 아니면 인간적인 성격적 차이에 더 큰 책임이 있었는지, 그것을 분석적으로 단정해서 말하기는 아주 힘들게 되어 있다. 대개 이 선교사들이 중산층 이상의 지식인들로서 그 가문(家門)에 대한 긍지도 높았던 점들을 생각하면 교양의 부족으로 암투가 생겼다고 보기는 힘들고, 따라서 결국 이들 갈등은 언더우드 부인의 해석과 마찬가지로 낮선 이교국(異教國)에서의 급작스러운 생활 환경 변화에서 온 상상 이상의 차원 깊은 충격, 고독감, 생활의 급격한 불편과 생활환경의 도전성, 이런 것들이 문제였고, 그리고 나서 신학적인 차이가 그 근원적 원인들이었다고 봄이 옳을 것이다. 해링톤은 순전히 이들 갈등을 인간성의 결함으로 한정한 독특한 방법론 때문에 그의 글 전체가 풍자와 냉소로 일관한 듯한 인상을 주고 있고, 어느 한 사람 신앙과 동기의 고귀성으로 관찰하지 아니하였기 때문에, 피차(彼此) 모두가 악역(惡役)으로만 보이게 한 커다란 편향성(偏向性)을 극복하지 못하였다.

그 신학적인 문제란 것은 어렵고도 심각한 결단을 내려 미국에서의 모든 전망(前望)을 포기하고, 목숨 다 받쳐 그리스도의 복음 전파를 사명으로 이 땅에 입국한 이들에게는 〈때를 기다린다〉거나 전도의 사명과는 그 때로서는 무관한 병원에서 치료하고 또 글을 학교에서 가르치는 일에 기약없는 세월을 보내고 있을 수 없는 〈절박감〉, 이런 문제에 집중되고 있었다.

그런데 이들 복음주의 선교사들에게 있어서 1888년의 금교령과 그 해의 〈어린이 소동(騷動, Baby Riot)〉은 하나의 전기(轉機)라고 판단되었다. 〈조심〉, 〈조용히〉, 〈그럴 권리 없다〉, 이런 모든 경계와 위기감이 1888년에 결정적으로 터진 것이고, 그것이 진정되었을 때에는 더 이상의 조심과 종용이 의미없게 된 것이라는 시대의식(時代意識)이었다.[54] 이것은 헤론의 반응과는 정반대되는 것이었다. 헤론은 이 1888년을 계기로 좀더 보수적이 된 사실을 직전에 살펴보았다.

어쨌든 복음전도 중심의 선교사들은 이제 〈조심성은 버리지 아니하였지만 그러나 사과하면서 다니지는 아니〉하였다. 〈이제 무엇인가는 해야 한다〉는 선교의식이 불 타고 있었다.

이런 시대의식을 가지게 된 동기는 언더우드가 지방 여행에서 미국공사의 소환 명령으로 서울에 도착하자마자 조정의 고관들과 고명한 양반들로 구성된 한 위원회에서 관립학교의 책임을 맡으라 하면서 후한 급료와 함께 〈학생들에게 기독교를 아무 주저없이 가르쳐도 된다〉는 조건을 내세운 사실을 들었다.[55] 이 제안을 복음전도 중추의 신학을 가진 언더우드에 의해서 사양되었지만, 그 제안 자체는 〈우리들에 대해서 한국인들이 가지고 있다는 불쾌감이나 경계심〉이 근거없다는 사실을 입증한

54) W. B. Scranton, Historical Sketch of the Korea Mission of Methodist Episcopal Church, *The Korean Repository*, 1898, 7月號, p. 257.

55) L. H. Underwood, *Fifteen Years among the Top-Knots*, pp. 13－14.

것이라고 보여졌던 것이다.[56] 이 글은 물론 언더우드의 부인이 쓴 글이라, 객관성 구성에 차질이 있을지 모르나, 그 때 사실(史實)은 조작된 것이 아니었다.

전도를 강력히 주장한 그룹은 언더우드 부처와 아펜젤러 부처, 이 네 사람으로 지목되고 있다. 대개 그 이외는 알렌의 방법과 공사관의 지시에 따른 것으로 되어 있다.

> 우리 네 사람은 이번 금교령(禁敎令)이 우리들을 겨냥한 것이라고는 절대 생각하지 않는다. 그러나 설사 그렇다고 할지라도 우리는 그보다도 높은 법의 명령 아래 있다. 조선 왕보다 높으신 이의 법 아래 있다. 우리의 의무는 설교하는 것이요, 그 결과를 취하는 데에 있다. … 비통속에서 지금 일을 중단하는 것이 최선의 방법으로 믿는 사람도 있을 것이다. 그러나 우리는 계속해서 가르치고 설교하고 전파할 것이다. 공개적으로나 사적으로 그렇게 할 것이다. 찬송을 소리 높이 불러 원근(遠近)에 울리게 할 것이요, 적은 고을에서나 대로에서도 부를 것이다.
>
> 보라. 아무도 우리를 저지할 일이 없다. 기독교인들은 와서 예배보고 돌아갔지만 아무 지장을 받지 않았다.[57]

복음주의 선교사들은 조정의 기독교에 대한 실질적인 대응 자세를 파악하고 있다고 생각하였다. 곧 조정은 이 서양 기독교가 〈정부에 대한 반역〉의 소지(素地)가 되지나 않을까 해서 결국 경계하고 있다고 판단하였고, 따라서 기독교가 정치적 역학권(力學圈) 안에 휘말려 들지 않는다는 것이 보이는 이상, 탄압과 통제는 가하지 않는다는 확신이었다.[58]

한데 이 확신이 사실은 알렌에 대한 비판을 가중시킨 것이다. 알렌이

56) *Ibid.*, p. 14.
57) *Ibid.*, pp. 14－15.
58) G. W. Gilmore, *op. cit.*, pp. 302, 304.

오히려 정치적 세력권 안에서 복음의 진수를 흐리게 한다고 생각하고 있었다. 여기 대한 반발로 감리교는 〈가난하고 불쌍한 자들〉에 대한 선교 지향 정책을 썼고,[59] 장로교는 중산층 지향의 선교정책을 채택하게 되었던 것이다.[60] 그러나 장로교가 채택한 〈네비우스 방법〉 의 원칙안에는 〈모든 계층에 공평하게 접근하고 관리나 선비들을 개종시키는 일을 무시하지 말라〉[61]고 되어 있었다.

시간적으로는 약간 후일에 속하지만 장로교의 선교공의회(宣教公議會)는 대개 빈톤(C. C. Vinton)의 생각이 반영된 의료선교에 대한 선교방법을 다음과 같이 결의하였던 것이다. 1893년 1월의 공의회 선교정책 10항중 1, 9, 10항만 옮기면 다음과 같았다.

1) 전도의 목표를 상류층보다 근로계급(하류층)의 귀도(歸道)에 두는 것이 낫다.

9) 선교사 의사들의 사업이 좋은 성과를 얻으려면 환자를 병실이나 환자의 집에서 오래 개별적으로 시료(施療)하면서 전도도 하려니와, 의사가 본보기가 되어 환자가 마음속에 깊이 감동을 받을 수 있는 기회를 가지게 하여야 할 것이다. 외래 환자 진료소 사업은 그런 의미에서 성과가 없다.

10) 지방에서 와서 장기간 입원하였다가 퇴원한 환자들은 그들의 주소로 심방(尋訪)하여 사후 상황을 계속하여 돌보아야 한다. 그들이 병원에서 받은 온정적(溫情的) 대우는 전도사가 접촉할 수 있는 기틀이 될 수 있기 때문이다.[62]

---

59) M. E. Report, 1886, pp. 69, 271, 277.

60) H. G. Underwood, *The Call of Korea*, pp. 109, 110.

61) C. A. Clark, *The Church and the Nevius Methods*, New York, Fleming H. Revell, 1930, p. 20.

62) C. C. Vinton, Presbyterian Mission Work in Korea, *The Missionary Review of the World*, 1893, 9月號, p. 671.

이것은 알렌을 의식한 정책 입안이란 인상이 짙다. 환자에게 전도할 기회가 없을 때는 〈성과 없다〉로 판단한 것은 의료사업이 전도에 기회로 주어지지 않을 때 무의미하다는 것이었다. 이것은 신학적으로는 논란의 여지가 있다 할지라도, 의료사업이 한국에서 선교사 입국의 어려운 길을 텄다는 〈역사〉의 구조적 선교를 무시할 빈톤의 단견(短見)이었음에 틀림없다.

나. 宣教師들의 福音傳道

본국의 해외선교 본부와 재한 미국 공사관, 그리고 처음 입국해 천행으로 조정과 친근 관계를 형성하여 선교사들 입국의 길을 마련한 첫 선교사 알렌, 이런 여러 곳에서의 조심과 경계에 대한 경고가 있었음에도 불구하고 언더우드나 아펜젤러 및 스크랜톤은 직접적인 복음전도에 임하고 있었다.

가령 언더우드는 〈소리 치는 감리교 목사(roaring methodist)〉[63] 혹은 〈장로교 선교부의 감리교 목사〉[64]라는 말을 들을 만큼 감리교적인 부흥운동적 열정을 가진 전도 선교사였다. 그는 1886년 7월 18일에 노도사에게 세례를 비밀리에 베풀었으며, 1887년 9월에는 새문안 교회를 창설하였던 것이다.[65] 더구나 그는 대담하게도 복음전도를 목적으로 내륙(內陸) 지방에 순회를 단행하기로 하고 1887년 10월 하순, 황해도와 평안도

63) 神學校 다닐 때의 別名, L. H. Underwood, *Underwood of Korea*, p. 71.

64) W. B. Scranton, Historical Sketch of the Korea Mission of the Methodist Episcopal Church, *op. cit.*, p. 257.

65) J. Ross, The Christian Dawn in Korea, *The Missionary Review of the Wrold*, 1890, 4月號, p. 247.
이 論文은 김정현, 한국의 첫 선교사, 大邱, 啓明大學校 出版部, 1982, pp. 213－222에 轉載되어 있다.

에 〈欲前往〉한다는 명분으로 호조(護照)를 신청하였고,[66] 다시 1888년 봄에는 아펜젤러와 함께 〈좀 자랑스런 복음전도 여행〉[67]을 위해 의주(義州), 함흥(咸興), 원산(元山)을 거쳐 평양에 가, 며칠 쉬는 사이에 미국 공사의 귀경 명령으로 급히 서울에 돌아왔던 일이 있다.[68]

이 여행 도중 황해도의 솔내(松川)에 이르러서는 그 전해(1887. 9) 새문안교회 창설 예배 때에 참석하였던 서상륜(徐相崙)을 만나 그의 인도로 세워진 교회에서 7명의 새 신도들에게 세례를 베풀기도 하였던 것이다. 언더우드는 이 곳에서 열흘 동안 머물며 이들의 신앙을 시험하고 문답해서 〈첫 열매〉의 확실성을 기하려 하였던 것이다.[69]

이 때 서울 외교계(外交界)에서는 알렌을 포함하여 1888년 4월의 금교령이 〈이 철 없는 두 풋내기 선교사의 부질없는 내륙 전도 여행〉으로 촉발된 것이라 비판하는 소리가 높았다[70] 〈기다리자, 너무 서둘러 모험하지 말자〉. 이런 의논이 분분하고 있었다.[71]

바로 이 때 언더우드의 부인이 될 호튼이 민비의 부름을 받았다. 다들 민비에게 종교문제를 거론하지 말 것을 귀뜸하여 주었다. 그것은 그 시대의 정황으로 보아서 당연한 경계였다. 호튼의 가슴은 이와 달랐지만, 그 때에는 〈한국에 온 목적인 그 주제〉에 대하여는 입 밖에 내지 않았다.[72] 참았던 것이다.

---

66) 美人元德愚의 護照申請, 舊韓國外交文書, 第十卷, 美案, I, (1887. 10. 25 日字), p. 325.

67) The Opening of Mission Work in Pyeng Yang, Editorial Department, *The Korean Repository*, 1897, 9月號, p. 352.

68) L. H. Underwood, *Underwood of Korea*, p. 70.

69) L. H. Underwood, *Fifteen Years among the Top-Knots*, p. 33.

70) *Loc. cit.*

71) L. H. Underwood, *Fifteen Years among the Top-Knots*, p. 19.

72) *Ibid.*, pp. 18, 19.
언더우드 夫人이 되고 나서야 호튼은 1894년 크리스마스에 閔妃에게 傳道試圖. *Ibid*, p. 115.

1889년 3월 14일에 언더우드와 호튼은 결혼을 하고 그 신혼여행으로 황해도와 평안도에 〈즐기고 안식하려〉 간다고 해서 호조(護照)를 신청하였던 것이다.[73] 이들은 송도(松都)를 거쳐 평양, 강계(江界)를 경유하여 의주(義州)에까지 이르러 〈복음을 전파〉하고,[74] 만주땅에 건너가 백여 명의 수세(受洗) 지원자중에서 30명을 선택하여 세례를 주고 돌아온 일이 있었다. 〈미국 공사가 한국땅에서 세례를 주지 말라고 하명(下命)하였기 때문에 그 법적 조치가 무관한 만주 땅〉에서 세례를 베풀었던 것이다.[75] 이들 부부가 서울에 무사히 귀경한 것은 그 해 5월 중순, 2개월만의 일이었다. 여행 거리 천여 마일에 6백여 환자들을 치료하고, 그 만한 수의 사람들을 기독교에 인도하면서 성서와 소책자들을 배포하였던 것이다.[76]

아펜젤러도 내륙 전도여행에 힘을 기울이고 있었다. 1886년 여름 (6월 8일)부터 배재학당(培材學堂)을 시작하고,[77] 1887년에는 루네상스식 건물이 완공되어[78] 고종이 그 교명(校名)까지 하사하였기[79] 때문에, 그의 관심이 지방 전도로 쏠린 것이다. 현판까지 왕명으로 세워졌고, 그 이름이

73) 元德愚 新婚旅行의 護照 및 保護閱文申請, 舊韓國外交文書, 第十卷, 美案, Ⅰ, (1889. 3. 7日字), p. 423.
英文에는 〈a visit of pleasure and recreation〉으로 記. 韓譯에는 다만 〈欲前往……〉으로 記.

74) L. H. Underwood, *Underwood of Korea*, pp. 82, 89.

75) *Ibid.*, pp. 89－90.

76) *Ibid.*, p. 93.
모페트(S. A. Moffett)나 게일(J. S. Gale)이 얼마 후 이곳을 방문하였을 때 언더우드의 복음전도가 남긴 놀라운 결실들을 목격할 수 있었다.

77) 아펜젤러 日記, 1886. 7. 24日字. 노종해, *op. cit.*, p. 11.

78) W. C. Swearer, Memoir of Rev. Henry G. Appenzeller, *The Korea Review*, 1902, 6月號, p. 255.

79) 1887年 2月 21日字 下賜. 학교 현판은 높이 5피트, 넓이 2피트, 王의 색깔인 金色, 赤色, 靑色으로 揮筆. 아펜젤러 日記, 1887. 2. 21日字, 노종해, *op. cit.*, p. 26.

고종이 하사한 것이면, 그것은 아펜젤러가 하는 일을 왕이 시인한 것이 된다고 보았기 때문이다.[80]

그는 언더우드가 내륙으로 가던 해(1887) 4월에, 이미 평양에 다녀왔고,[81] 1888년 3월에는 언더우드와 동행하여 서북에 편력하였으며, 다시 1889년 10월에는 평양 경유 의주까지 갔다가 그 역시 7인의 신청자에게 세례를 베풀었던 것이다.[82] 1888년에서 1890년까지 아펜젤러는 전국 8도 중 6도를 여행하여 해주(海州), 공주(公州), 부산(釜山)을 편력하여 일천 팔백 마일을 여행하였던 것이다.[83]

아펜젤러는 배재학당을 세우고 우리 나라 최초의 양식 교회당인 정동(貞洞)교회를 건축하며 연합교회(Union Church)의 창설자였지만, 그는 무엇보다도 〈복음전파에 헌신〉[84]하였던 인물로 추앙되었다.

1887년 7월 24일에 그는 기독교에 입교한 신자중 한 사람에게 세례를 베풀었다.

> 오늘 나는 내 집에서 우리의 첫번 개종자에게 세례를 주었다. 그의 이름은 박즁상이다. 우리 학교(培材學堂) 학생이며 진지하고 지적인 젊은이이다. 그는 일본에서 처음으로 기독교에 관해서 들었다. …
>
> 이것이 여기에서의 우리 사업의 시작이다. 나는 완전히 주(主)의 손으로 그에게 세례를 주었다. 주의 손안에서만 그가 구원을 받을 수 있기 때문이다. 그는 언약의 사람이다.[85]

---

80) E. N. Hunt, *Protestant Pioneers in Korea*, p. 69.

81) 美人 亞扁薛羅等 遊覽護照의 申請, **舊韓國外交文書**, 第十卷, 美案, I, (1887. 4. 11日字), p. 281.

82) The Opening of Mission Work in Pyeng-Yang, *The Korean Repository*, 1897, 9月號, p. 352.

83) W. C. Shwearer, *op. cit.*, p. 256.

84) *Loc. cit.*

85) 아펜젤러 日記, 1887. 7. 24日字, 노종해, *op. cit.*, p. 69.

그리고 1887년 10월 2일에는 두번째로 한용경이란 배재 학생에게 세례를 베풀었고,[86] 그 해 10월 16일에는 〈우리 나라에서 개신교 선교사로부터 세례를 받은 최초의 여성〉 최씨 부인에게 세례를 주었던 것이다.[87]

> 우리 감리교가 안방까지 진출한 것이 기쁘다. 말씀을 받은 여성들이 또 있다. 이 첫 열매들을 축복하소서.

이러고 나서 그 해 10월 23일 주일에 한국 감리교 최초의 성찬식이 거행되었던 것이다.[88] 이것이 정동 감리교회에서 드려진 최초의 성찬예식일 것이다. 언더우드가 그의 집에서 드린 성찬예식으로 〈뚜렷한 기록〉에 남은 것은 1887년 12월에 7인의 세례교인과 함께 드려진 것이었다.[89]

언더우드와 아펜젤러는 이처럼 조심스로운 조건 아래에서 심지어 내륙지방에 다니면서까지 전도활동을 벌였고, 언더우드가 국법을 어길세라 만주땅에 건너 가서 세례를 주었지만, 아펜젤러는 대담하게 국내에서 1887년 7월 24일에 세례식을 거행하였던 것이다.[90] 더구나 이들은 1888년의 〈어린이 소동〉과 금교령의 심각한 위기에서 다들 〈조심〉하고 있을 때, 그 풍운이 잔잔해지자 곧 그들 학교에서 종교활동을 개시하여 〈찬송가를 소리 높이 불러 한 마일 밖에서도 들릴〉 만큼 고창(高唱)하였던 것이다.[91] 아펜젤러는 그 해 3월 14일에는 그의 집에서 한용경과 과부 박씨를 부부로 맺어 주는 〈한국 최초의 개신교 결혼식〉[92]을 주례

86) 아펜젤러의 日記, 1887. 10. 11日字, 노종해, *op. cit.*, p. 79.

87) *Ibid.*, 1887. 10. 31日字. 노종해, *op. cit.*, p. 81.

88) *Loc. cit.* 참석한 韓國人은 5名, 아펜젤러와 스크랜톤, 이렇게 7명 참례.

89) L. H. Underwood., *Underwood of Korea*, p. 55.

90) 1886년 7월 18일의 魯道士洗禮는 一種의 敎派 聯合的 行事로 長老敎, 監理敎 선교사가 함께 참석하고 있었다.

91) L. H. Underwood, *Underwood of Korea*, p. 71.

92) 아펜젤러 日記, 1888. 3. 15日字. 노종해, *op. cit.*, p. 87. 결혼식 후 케이크와 아이스크림, 그리고 茶로 피로연.

한 바도 있었다.

배재학당이 채 다 완공하기 전에 아펜젤러는 미국의 와렌(H. W. Warren) 감독의 내한을 계기로 조정의 고관들과 언더우드를 초청하여 9월 13일에 〈개관식〉을 거행하였던 것이다. 이것은 〈한국에서는 최초의 공개적인 종교의식적 행사〉[93]였다.

미국의 선교본부에서도 한국에서의 복음 전파사업에 고무되어, 더 많은 선교사 파한(派韓)의 긴급성을 강조하고 있었다. 북감리교의 1888년 연례보고서에는 이런 글이 있었다.

> 한국은 이제 즐거이 복음을 듣고 받아드리고 있다. 우리는 이미 학교와 병원을 시작하고 있다. 여기서 일한 결과를 보면 수십만의 사람들만이 아니라 1,200만을 위한 구원의 미래에 대한 〈위대한 약속(greatest promise)〉이 밝히 보이고 있다. …… 그들은 우리가 상상할 수 없으리 만큼, 우리 구주(救主) 예수 그리스도를 필요로 하고 있다.[94]

장로교 선교본부의 경우도 다름이 없었다.

> 목사인 언더우드 선교사의 전도 사업은 대단한 발전의 기약으로 차 있으며, 그것은 눈여겨 볼 만한 일이 아닐 수 없다. 교회는 이제 그 교인들이 30명을 넘어 〈기적적인 빠른 속도로〉 성장하고 있음이 눈 띄인다. 교회 활동에 대한 조심성이 없지 않다. 그러나 기독교의 영향력은 서울을 넘어가, 여러 지방에서 예수교에 대한 문의가 쇄도하고 있다.[95]

한국 교회의 초창기 발전에 〈기적적〉이란 말과 〈위대한 약속〉이란 글

---

93) 아펜젤러 日記, 1887. 9. 17日字. 노종해, *op. cit.*, p. 77.
94) M. E. Report, 1888, p. 336.
95) N. P. Report, 1888, p. 170.

이 이렇게 해서 씌어지기 시작한 것이다. 그리고 선교사가(宣教史家)들은 한국 교회 성장을 〈로만스에 차 있고 영감에 넘치는〉[96] 획기적 사건이라 말하게 되는 기초가 여기서 이렇게 잡혀 가고 있었다. 게이드너는 한국이 〈동방의 모라비안들〉[97]이라고도 말하였다. 1910년의 에딘버러 국제 선교협의회는 감격과 치사로 이런 글을 남기고 있었다.

> 한국에서의 기독교 선교는 근대사의 한 기사(奇事)이다. 그리스도의 교회로 보았을 때 그것은 고귀하고 숭고한 노력의 더 할 수 없는 영감(靈感)이 되는 것이다.[98]

우리는 이들 목사 선교사들, 특히 언더우드나 아펜젤러의 대담한 지방 순회전도의 결단과 그 용단에 이러한 기적적 발전의 공로를 돌리는데 인색하지 않다.

그러나 알렌과 이들과의 선교 전략상의 문제를 비교하고 그것을 분석적으로 검토하는 과정에서는, 알렌이 이 장구한 이교문화의 거대한 장벽을 뚫어 그 곳으로 전도의 길이 들어가도록 한 그 어마어마한 역사적이고도 구조적인 공헌과 그 피땀 위에서 이런 행각의 길이 환영과 친애와 수용으로 펴 나간 사실을 결코 간과(看過)해서는 안된다는 점을 재삼 확인하고 싶다.

다만 우리는 역사의 소명론(召命論)을 믿기 때문에 알렌의 〈때〉가 있고 그것이 지난 것으로 보고, 따라서 그 〈때〉는 아펜젤러나 언더우드 그리고 모페트나 존스 같은 이들에게 넘겨지는 현격한 시차(時差)로 남아 있게 된 사실을 보게 된다. 그래서 그는 가야 했다.

---

96) C. H. Robinson, *History of Christian Missions*, Edinburgh, T. & T. Clark, 1915, p. 247.

97) W. H. T. Gairdner, *Edinburgh 1910*, Edinburgh, Oliphant Anderson & Ferrior, 1910, p. 85.

98) *Report of the Commission* Ⅰ, World Missionary Conference, 1910, Edinburgh, Oliphant Anderson & Ferrior, p. 71.

그러나 가기 전 한 가지는 명시하고 갈 것이 있었다. 의료 선교 그것은 선교에서 어떤 위치를 차지하고 있는가 하는 것, 그것을 밝히고 떠나야 했다.

3. 宣教神學의 發展過程

가. 醫療와 傳道의 二元論

알렌의 개인적인 성격의 문제와 기타 미국 선교사들의 성격적인 차이가 있어서 그러했을 수도 있었겠지만, 초창기 한국교회에서 의료와 선교는 전혀 다른 길을 가는 이원적(二元的) 구조를 가지고 있었다고 할 수 있다. 알렌은 알렌대로 의료사업과 그 소명(召命)에 철저하려 하였고, 다른 선교사들도 처음 입국해서 기회가 분명하지 않아 병원 일을 도우면서 그것이 복음전도의 시간을 침식하는, 말하자면 시간 허비로 보고 있었던 것이 사실이다. 이것이 대개 우리가 지금까지 살펴 온 내용의 핵심이었다. 헤론 부인이 알렌이 의료사업에 종사하고 있는 것을 보고 선교사의 자격이 없다고 한 말이[99] 바로 그 당시 목사 선교사들의 가슴 깊이 박힌 생각이었다.

이런 생각을 가장 체계적으로, 그리고 중요하게 전개시킨 사람이 1891년 4월부터 제중원의 책임을 맡았던 빈톤(C. C. Vinton)이었다. 그는 미국공사 씰(J. M. B. Sill, 施逸)이 〈불만족스러운 존재〉라고 여겼던 선교사였다.[100] 종교적으로 열정적이면서 보수주의자였던 빈톤은 우리가

99) Allen Diary, 1885. 5. 7日字, 6. 17日字, 9.1日字 等.

100) 〈one not proving satisfactory〉. 舊韓國外交文書, 第十一卷, 美案, Ⅱ, (1894. 5. 10日字), p. 28.
Cf. 해링톤, *op. cit.*, p. 100.

앞서 살펴본 바와 마찬가지로 1893년 장로교 선교공의회에서 의료사업을 〈전도용〉으로 국한시켜 그 활동을 제한하려 하였던 것이요,[101] 그 병원조차도 종교기관으로 구조 변경하려는 생각을 굳히고 있었던 것이다. 그러나 그것이 여의치 않을 때에 병원 구내에 교회를 하나 세우려 하였지만 그것이 반대에 부딪치자 병원 문을 한때 닫았던 그런 열성의 복음주의자였다.[102]

조정에서도 그의 이런 의도를 알고 있었음이 확실하다. 빈톤이 제중원 경비를 자유로이 사용해서 항목 이외에 지출하는 데 대한 항의가 있었다. 그것이 그의 종교활동과 관련되었으이라는 것은 의심할 여지도 없다.

> 按查敝邦所建濟衆院一切事務 自有句管堂郎 而乃於貴國醫士惠論身故後 仍延貴國醫師杉敦代充其任 務望勤行審診矣 玆據該醫師禀稱本院經用各節 準付自由 乃便視事等語 據此 查該院係 是朝家設置 凡屬定章不可擅改 且浩多施濟 勢難暫曠 特此函佈 希貴大臣轉諭該醫師 俾卽照前視事 倘以不能自由院務 如或無意 再來 須卽確明是否 以便延他醫師 免致休曠可也[103]

병원 운영 관리와 그 예산이 그 관장하는 사람에 의해 법대로 사용하게 되어 있는데, 그것을 빈톤이 자유롭게 변형 지출 사용하고자 함은 도리에 어긋남이 있으니, 이 점 빈톤 의사에게 확인시키고, 아울러 그 자리에서 떠나게 함이 어떤가 하는 것이었다. 이 문제는 미국공사 하드(A. Heard, 何德)와 독판(督辦) 교섭통상사무 민종묵(閔鍾默)이 잘 교섭해

101) 本書 第 Ⅶ 章 2節 가項 참조.
102) 해링톤, *op. cit.*, pp. 99, 100.
103) 濟衆院 經費自由使用不許와 및 醫師 彬敦 去就의 件, 舊韓國外交文書, 第十卷, 美案, Ⅰ, (1891. 6. 27日字), p. 591.

서 일단 마무리는 되었다.[104] 확실히 빈톤의 마음은 다른 데에 가 있었다.

그런데 묘한 것이 있었다. 병원 이외에 진료소(診療所, dispensary)란 것이 따로 있었는데, 그것이 의료사업에서의 복음전도 문제와 유관하였다는 판단이었다. 빈톤은 병원에서의 종교활동이 여의치 않게 되었을 때 1892년 9월 1일부터 자기 집 방 하나를 진료소로 꾸며 운영한 것이다.[105] 진료소의 기능이 어떤 것이었는가 하는 것은 여기에서 자명(自明)해진다. 그것은 의료활동에다가 복음전파를 병행하는 이중 기능 구조였다. 〈복음전파의 문호를 확보하는데 이 의료진료소는 가치가 있다〉.[106] 이것이 북장로교 해외 선교본부의 생각이었다.

진료소는 이처럼 진료 및 시료(施療)와 복음 전파가 병행된 독특한 기구였다.[107] 시료중이거나 기다리는 시간에 복음을 전파한 것이 이 진료소였다.[108]

하지만 북장로교 해외선교본부는 그 선교신학이 포괄적이고 훨씬 성육신적(成肉身的)이었다.

> 우리들 조선에서의 사업의 전 역사는 복음이 결코 인간의 신체적 병약(病弱)을 무시하지 않고, 죄의 악과 마찬가지로 육신의 고초(苦楚)를 함께 걸머지고 간다는 그런 확신을 안겨다 주고 있다.[109]

---

104) 이 때 알렌이 美國公使館 參贊官으로 協商解決.

105) Medical Work, *N. P. Report,* 1892, p. 177.
Cf. A. D. Clark, *Avison of Korea, The Life of Oliver R. Avison*, Seoul, Yonsei University Press, 1979, p. 104.

106) *Loc. cit.*

107) *The Annual Report of the Executive Committee of Foreign Missions of the Presbyterian Church in the U.S.A.*, 1895, p. 25; 1896, p. 39.
Cf. E. A. Kerr & G. A. Anderson, *Australian Presbyterian Mission in Korea*, p. 74.

108) *N. P. Report,* 1894, p. 156.

109) Medical Work, *N. P. Report,* 1892, p. 177.

선교본부의 신학적 해석은 한국 현지의 복음주의 선교사들보다는 광활하였던 것이 여기서 들어나고, 그것은 알렌의 선교에 대한 선교본부의 간접적인 재가(裁可)를 의미하고 있었다.

빈톤은 결국 제중원에 대한 책임 수행보다는 자기의 진료소에 더 충실하고 원근 각 지방에 순회와 왕진(往診)을 다니며 결국 〈의료 사업〉에서는 몸을 빼내기 시작하다가, 〈다른 소명감이 더 그를 매혹하였기 때문에〉 의료사업에서는 완전히 손을 끊고 말았다. 에비슨은 한마디 했다. 〈그 사람, 그 일에는 특별히 자질이 있는 것 같았다〉. 복음 전도를 하기 위해 의료사업을 떠난 의사 빈톤을 두고 한 말이었다.

그러나 이것은 위기였다. 빈톤은 복음주의 선교사들의 〈잘못된 권유〉[110]를 받아서 병원 일에서 손을 떼려 하였지만, 그것은 이 병원을 다른 기관에 가져다가 바치는 결과가 될 뻔하였기 때문이다. 그 때 성공회(聖公會)측에서 민첩하게 이 기회를 잡아 그 병원 감독권의 이양을 조정에 요청하였었기 때문이다.[111] 그 때 알렌이 서울에 없었던들, 이 제중원은 영국의 국교(國敎)에 고스란히 이관될 수밖에 없었다.

이러한 빈톤의 행동은 재한(在韓) 현지 선교부의 정책을 대변한 것으로서, 만일 알렌이나 미국공사관의 강력한 개입과 에비슨의 적시(適時)의 취임이 아니었던들, 일대 손실을 가져 올 수 있었던 모험이요, 위기이기도 하였다.[112]

하지만 1893년에 사태는 수습되고 의료사업에는 커다란 전기가 마련되었다.

---

110) 해링톤, *op. cit.*, p. 99.
111) *Ibid.*, p. 100.
112) Allen to F. F. Ellintwood, 1891. 7. 3日字.

나. 에비슨의 病院改革과 傳道問題

1) 에비슨의 病院改革

1895년 빈톤의 선교보고서에는 〈그 때까지 적대적 관리(官吏)들의 간섭이 빈번하였지만 새로운 합의에 의해서 선교부가 통제력을 강력하게 행사하게 되면서 의료와 복음전도 양쪽에 다 좋은 결과가 나오게 되었다〉[113]는 의미 깊은 글이 하나 나온다. 이 〈새로운 합의〉라는 것이 무엇인가. 그것이 바로 새로 제중원의 책임자로 1893년 7월에 부임한 에비슨(O. R. Avison, 魚丕信)의 병원 개혁에 대한 조정과 에비슨과의 합의이다.

토론토 대학교의 의과대학 교수이던 에비슨이 그 가족과 함께 서울에 부임한 것은 1893년 7월,[114] 곧 제중원 책임자로 병원에 가서 발견한 것이 경영관리를 맡고 있는 조선 관리들의 불필요한 숫자와, 그들의 부패, 예산의 낭비, 그런 것이었다. 조정에서 지급하는 병원 경영비의 80%가 이들 관리들 손에서 낭비되고, 다만 그 20%만이 운영과 투약비로 조달되고 있는 한심한 형편이었다.[115]

그러나 에비슨으로서 더욱 가슴 아팠던 것은 이런 형편에서 치료 시술(施術)이 빈약과 비능률로 거의 폐장(廢場) 지경에 와 있어서 〈비 안 오는 날이나 몇 환자가 약을 타러 오고, 걸어 다닐 수 있을 정도의 환자만 시료(施療)하며, 수술 시설은 전혀 없게 된〉[116] 병원 실태였다. 빈톤이 이렇게 포기하고 있었던 것이다. 에비슨이 전문인(專門人) 의사 빈톤에게 느낀 격노(激怒) 같은 것이 없었을까.

---

113) C. C. Vinton, The Presbyterien Mission, *op. cit.*, p. 21.

114) Korea Mission, N. P. Report, 1894, p. 154.

115) O. R. Avison, History of Medical Work in Korea, *Quarto Papers*, p. 35.
A. D. Clark, *Avison of Korea, The Life of Oliver A. Avison, M.D.*, Seoul, Yonsei University Press, 1979, p. 84. 朝廷支給額은 1年 $1,500.

116) O. R. Avison, History of Medical Work in Korea, *Quarto Papers* p. 32.

에비슨은 일대 개혁, 아니면 자퇴(自退)를 각오하고, 향후 9개월이 걸리는 조정과의 개혁안 실현을 절충하기 시작한 것이다. 일이 더디어짐에 따라서 에비슨은 알렌과[117] 의논하고 사퇴(辭退)를 조정에 알렸다.

> 濟衆院宜士芮斐信稟稱 自今以後定不幹務 并擬覔還自辦一百二十五元買來之藥料等語 …… 再以該院之瘕起言之 由本署洎閔台泳翊共同協力 至蒙允旨者也 …… 一等高明人芮斐信充代其任 貴國之設此病院 廣時惠政 本國所慕仰 而豈意有結末之若是 本大臣爲之憐惜 亦無奈何 惟認該宜之自退 寔出充當 ……[118]

에비슨이 그동안 자비로 충당한 돈을 가지고 병원 일을 그만 두고 나오기로 하였는데, 본래 이 병원은 미국 공사관과 민영익이 함께 합력해 왕의 허락으로 세운 병원이다. 그런데 고명한 에비슨이 그 책임을 맡아 백성이 다 흠모하는 바가 되었지만 결말이 이렇게 되다니 애석하기가 그지 없다는 말이었다.

그런데 3개월 20일이 지나서 조정이 에비슨의 잉류(仍留)를 요청하는 글을 보낸 것이다.

> 醫士懿丕信 藝本精專 宜仍留濟衆院 治療病人之事 濟衆院現屬內務府 改稱衛生局 一切事宜 與該局長妥商辦理 寔合便宜[119]

제중원의 에비슨이 그 의술로 계속 제중원에 남아 있어 주기를 바라며, 제중원이 속해 있는 내무부가 위생국으로 바뀌어 그 국장과 향후 잘 타협이 이루어졌으면 한다는 양해 각서였다.

---

117) A. D. Clark, *op. cit.*, p. 90.

118) 濟衆院醫師 芮斐信 自退의 件, 舊韓國外交文書, 第十一卷, 美案, Ⅱ, (1894. 5. 10日字), p. 28.

119) 陸軍教師 茶伊 醫士 懿丕信의 仍留要請, 舊韓國外交文書, 第十一卷, 美案, Ⅱ, (1894. 8. 13日字), p. 54.

에비슨은 곧 요구조건을 외무대신 김윤식에게 미국공사관 경유 제출하였다.

> 該醫士(芮斐信) 所陳各情 開列如左 濟衆院一切事務 由該醫士專管辦理 而用外國人作爲幇助人員 貴政府亦可派送主事數員 住接該院一處代辨 而但不得干涉院內凡百事務 該院內所用葯料及差役等月給各項經費 由該醫士自應辦用 院內房屋 亦由該醫士任便修理 亦可建造醫士所住一個屋子於院內空地 以屬該院 至該院之專管事務 定限幾年或無定限 但貴政府勿論何時 可以還取該院 而一個年前 先爲知照 該醫士所住屋子建造費暨 該院修理實用經費 由貴政府償還於該醫士 或代辦等因 據此 查該醫士所陳諸條 甚爲妥當 若以右陳各條辦理 則貴政府無用經費 而將設置一等病院 且免前日貴政府之艱窘於該院經費再查前日該醫士自退之由 則該院設有三十二主事暨差役人等 所有略干經費 此等人員濫用已盡 且病人所居房子外 盡爲該員等所據 所以該醫士不能幹務矣 嗣後該醫士看事之際 肯聽貴政府訓勸 且由貴政府有尋過於該醫士 則本大臣亦可探聽 若貴大臣允準右陳各條 則隨其示覆 該醫士從速視務.[120]

에비슨이 병원 사무 관장을 총괄한다는 조건으로 주사(主事)[121] 몇 사람을 임명하되, 병원 안에서 간섭을 못하며, 따로 정해진 곳에 살 수 있고, 에비슨 역시 공터에 집을 짓고 살되, 병원을 용도에 따라 적의 변경하며, 조정이 병원을 언제나 환수할 수 있으되 1년 전에 미리 통지해야 하며, 병원 건조에 든 경비 일체를 그 때 에비슨에게 상환해야 한다. 에비슨은 조정의 불평이 있을 때에는 언제나 거기 경청한다. 이런 것이 대개 그 조건이었다.

---

120) 濟衆院醫士 懿丕信要求各條의 承認要請, *Ibid.*, (1894. 9. 7日字), p. 55.
121) 主事 32人이 配置되어 있었다.

조정은 닷새가 지난 9월 13일 곧 회신을 내어 에비슨이 요구한 조건, 곧 제중원 사무 일체를 전관(專管)하며, 그것이 조건인 이상 주사(主事)를 파견하지 않을 것이라는 조건을 전달하여 왔다.[122] 〈凡一切事務 由該醫士專管辦理〉. 에비슨의 재량에 모든 것이 위임된 병영 체제로 변경된 것이 이렇게 해서 1894년 9월 13일부터의 일이었다.[123] 이것은 실로 알렌이 이 땅에서 그 의술로 조야(朝野)의 신임을 받아 병원을 세운 일만큼의 중대한 의미를 가지는 획기적 사건이 아닐 수 없었다. 그 병원의 전관(專管)이 그의 손에 달려 있게 된 것이다.

1895년 북장로교 해외선교본부의 연례보고서에는 안도와 희망이 구비치고 있었다.

> 한국에서의 의료사업으로서는 지난 한 해가 아주 사건이 많았던 해입니다. 조선 왕립병원의 책임자로 부임한 에비슨은 지난 해 초에 병원에서 세력을 장악하고 있는 조선 관리들의 부패로 일을 해 나갈 수가 없었기 때문에 그 자리에서 물러나 앉고 말았습니다. 그 관리(主事)들은 조정에서 지급한 예산을 횡령하여 사용(私用)하고, 책임지고 있는 선교사를 구박(驅迫)하였던 것입니다. 에비슨은 이런 악풍이 시정되지 아니하는 한, 다시 관계를 맺을 생각이 추호도 없었습니다.
>
> 그러나 오래지 않아 일본이 서울의 평온을 되찾게 한 후,[124] 병원

---

122) 濟衆院 芮斐信提出條件의 承認, *Ibid.*, (1894. 9. 13日字), p. 57.

123) 濟衆院과 美國 北長老敎 宣敎會와의 관계는 그 시대성을 고려할 때 바로 이해할 수 있게 되어 있다. 초기에는 濟衆院이 선교회 기관이란 공식적인 문서상의 기록이 별로 없다. 그런 기구로서의 존립이 그 시대적 여건으로는 가능하지가 않았다. 따라서 濟衆院이 선교기관이라는 사실의 立證은 그 時代의 行政 通念의 文書에서가 아니라, 그 창설, 관리, 의료, 의료진, 그 운영 방침과 정신, 그런 것에 의해서 판단되어야 한다. 알렌과 그 이후의 의료선교사들은 濟衆院에 관련된 어떠한 官職도 가진 일이 없었다.

124) 淸日戰爭의 混亂에서 서울이 어느 程度 安定된 것을 意味.

> 의 설립 때부터 그 발전을 위해 일 다하여 온 국왕(國王)이 개혁을 할 만한 일들을 지원함으로써 새로운 격려를 주게 되고, 미국 공사관, 특히 알렌의 개인적인 적극적 관여로 에비슨이 병원을 전관(專管)하도록 하는 조치가 취하여진 것입니다. 알렌은 국왕이나 조정의 고관들과 아주 친밀하여서 개혁추진에 결정적인 도움을 받아 낼 수가 있었습니다.
>
> 이 때 확약된 보장과 합의에 의하여 병원안에 거주하며 병원 공금을 횡령하던 부패 관리들이 다 퇴거(退去)되고, 병원 운영에 절대 전관(專管)이 이 선교사 의사에게 일임된 것입니다.[125]

이로써 보건대 복음전도만 주장하던 의사 빈톤은 실로 알렌이 이루어 놓은 그 개척적인 거대한 출발을 온통 파탄 지경에까지 끌고 가 병원의 존재까지 위태롭게 한, 방관과 포기로, 참된 선교의 길을 구조적으로 경색시킨 몽매로 질타되어 마땅하다고 본다. 병원의 그 황폐상은 그 때 부패 관리들만의 책임이 아니었다.

한 십 년 전(1885), 알렌과 기타의 복음주의 선교사들이 겪었던 대결이 그 선교신학 이해에서 다시 에비슨과 빈톤으로 이행(移行)된 듯한 인상을 준다.

1894년 9월의 이 획기적 개혁은 고종이 에비슨을 그의 착임 즉시 어의(御醫)로 임명한 데에서 나타난 바와 마찬가지로, 조정의 신임을 새삼 확인한 것이었다. 그것은 그의 전문직(專門職)에 대한 충성과 헌신 그리고 책임감을 높이 평가한 결과 때문이었다.

한가지 부기(附記)할 것은 이 제중원의 행정 체제의 문제이다. 조정이 〈濟衆院一切事務 由該(에비슨)醫士專管辦理〉의 조건이나, 〈該院內所用葯料及差役等月給各項經費 由該醫士自應辦用〉 및 〈院內房屋 亦由該醫士任便修理〉의 조건은 다 수용하고, 〈該院之專管事務 定限幾年〉은 조정의

125) Medical Work, N. P. Report, 1895, p. 123.

〈勿論何時 可以還取該院〉인데 다만 1년의 예고가 있어야 한다는,[126] 이런 합의(合意)는 병원 관리권이 완전히 선교부에 이관된 것으로 해석할 수 있을 뚜렷한 근거가 된다.[127]

그러나 병원측에서 〈肯聽貴政府訓勸〉[128]한다든가 하는 항목은 어떤 형태든지 조정이 발언권이 있다는 유보(留保)로 해석할 수 있다고 보아진다. 그런 의미에서 1896년의 북장로교 해외선교본부 연례보고서에는 〈Government Hospital〉[129]로 명기하고 있으며, 1897년에는 재삼 정확하게 〈Royal Korean Hospital〉[130]로 표기하고 있었던 것이다. 다만 1901년에 와서야 〈The Hospital〉[131]로 표기한 이래 뚜렷한 병원명이 없다가 1903년에 〈Severance Memorial Hospital〉[132]로 표기하고 향후 내내 그렇게 하는 것을 볼 수 있다.

따라서 우리는 전관판리(專管辦理)가 일체 에비슨에게 일임된 것이 사실이지만, 국립병원 혹은 왕립병원의 명의는 그대로 보존하다가 세브란스(L. H. Severance)의 거금 회사로 병원이 이전되고 건립되면서부터 그 모든 관계가 끊어진 것으로 정립할 수 있을 것이다.

2) 病院에서의 宗敎活動 準許

그러나 이 병원 개혁은 실로 놀랄 만한 결과를 하나 수반하였다. 종교 활동의 자유가 실질적으로 준허(準許)된 것이다. 이것은 알렌이 피와 땀과 희생으로 지금껏 쌓아 올린 그 정신의 한 역사적 보상이라 해서

126) 舊韓國外交文書, 第十二卷, 美案, Ⅱ, (1894. 9. 7), pp. 56－57.
127) 濟衆院 芮斐信 提出 條件의 承認, *Ibid.*, (1894. 9. 26日字), pp. 57－58.
128) *Loc. cit.*
129) Medical Work, N. P. Report, 1896, p. 164.
Cf. *Ibid.*, 1900, p. 168.
130) *Ibid.*, 1897, p. 141.
131) *Ibid.*, 1901, p. 216.
132) Medical, Seoul Station, N. P. Report, 1903, p. 212.

과언이 아니었다. 의료와 전문직에의 성실한 기독교적 자세가 마침내 숙원이던 전도활동의 자유를 획득하게 한 것이었다.

조정에서는 공식 문서의 공람(公覽)은 없었지만 〈이 병원과 관계된 종교 교회(敎誨)에 대하여 이를 준허(準許)하고 그런 기회를 시인〉[133] 하게 된 것이었다. 한국교회사가 1895년 을미사변(乙未事變)을 계기로 획기적 민족교회 형성으로 발전된 것과 마찬가지로,[134] 의료선교에서는 의료 자체의 선교적 차원이 실증(實證)되어 의료선교사(醫療宣敎史)가 실질적으로 출발된 것이 1894년이 된 것이다.

이런 변화가 어떤 경로로 재래(齊來)되었던가. 그것은 전도사업 명분으로 병원 일을 속사(俗事)로 여겨 방관과 방기(放棄)로 떠난 빈톤에게서 이루어진 것이 아니었다. 병원의 의술과 시료에 충실하고 그 수행을 충실로 진행하기 위하여 9개월에 걸친 개혁 운동을 전개한 의사 에비슨에게 이 종교 전파운동의 자유와 기회가 부여되었던 것이다. 이 역사의 실험(實驗)이 선교사(宣敎史)와 선교신학에 주는 교훈은 실로 막대하다.

이제 제중원 곧 왕립병원에서의 종교 활동은 기정 사실이 된 것이다.

> 에비슨 박사는 조정 고관들의 신임을 두텁게 받게 되어서, 종교 활동에 가해졌던 모든 제약이 전부 제거되었다. 이제 이 병원에서는 마치 그것이 선교기관인 것과 마찬가지로, 기독교의 가르침과 영향을 위해서 충분한 활동을 할 수 있게 될 것이다. ……
>
> 주일날에는 아침 예배가 병동(病棟)안에서 드리워진다. 프라카드를 도처에 붙여 예배 안내가 광고되었다. 그러나 관변(官邊)에서는 아무 이의가 제기되지 않고 있다. 입원 환자들에게는 찾아가 복음을 전도하기도 한다.[135]

133) Medical Work, N. P. Report, 1894, p. 157.

134) 여기 對해서는 拙著, 大韓예수敎長老會百年史, 서울, 大韓예수敎長老會總會, 1984, 第三章 第一節, 참조.

135) Medical Work, N. P. Report, 1896, p. 164.

1897년에 이르면 종교활동을 정규적(定規的)이 되고 정기적(定期的)이 된다.

> 기독교 사업과 활동은 병원에서 이제 정례적(定例的)으로 진행된다. 아침 경건회, 삼일 기도회, 그리고 정기적인 주일 아침 예배가 그중 중요한 종교 활동들이다. 환자들이 약 처방을 기다리는 그 짧막한 시간에도 기회만 닿으면 전도(傳道)된다. 이제 매우 건전한 종교적 영향력이 이 병원의 모든 활동을 특색 짓게 된 것이다. 국왕과 고위 관리들이 이 병원의 뚜렷한 종교적 입장을 알면서도 정중한 신임과 동정(同情)을 가지게 된 사실에 감사하지 않을 수 없다. 병원에서는 종교적 교훈과 그 영향에 대해서 공명(公明)하고도 적극적인 자세를 취하여 오고 있다.[136]

1900년에 이르면 병원에서 공개적으로 반시간 동안의 성서 연구반이 정기적으로 열리게 된다.[137]

병원에서의 전도 활동은 이제 공개적인 것이 되고 또 정례적인 것이 된 것이다. 하지만 이것은 아직도 의료와 전도의 이원론적(二元論的) 신학이었다.

3) 빈톤의 傳道神學

빈톤은 1895년 선교분부에 이런 보고를 낸 바 있었다. 〈의료 사업이 물론 선교사들을 위한 길을 열어 놓은 것이 사실이다〉.[138] 이것은 묘한 표현이었다. 그리고 병원사업에 관한 글에서는 〈복음을 전국 방방곡곡에 전파할 수 있는 기회〉라고 하면서, 그 사업의 의미를 다만 전도 개념

136) Medical Work, N. P. Report, 1897, p. 141.

137) N. P. Report, 1900, pp. 168－169.

138) C. C. Vinton, The Presbyterian Mission, Missionary Review of the Year, *The Korean Repository*, 1895, 1月號, p. 21.

으로 국한해서 사용하고 있었다. 이것은 서울 스테이션[139]에서 주장한 〈의료와 전도의 병행〉[140] 이상의 과격한 전도지상(至上)의 복음주의적 열정이었다.

그는 1897년 가을 자기 집과 러시아 공사관 마당 사이를 가르는 담 축조를 인부들이 주일(主日)에 하는 데 대하여 격분한 나머지, 이 일꾼들을 〈때려 몰아내고〉, 그 도구들을 다 거두어 창고속에 집어 넣고 잠가 버린 일이 있었다.[141] 한국에서 그 때 일본과 중요 경쟁국이던 러시아 공사관이 이런 무모를 참지는 않았다. 이 때 미국 공사이던 알렌의 조정으로 일이 일단은 해결되었으나 빈톤은 그만한 열정적 보수주의자였다.

서울 스테이션에서 빈톤은 그 때의 북장로교 선교사들과 기맥을 상통한 것으로 보인다. 1896년 그들은 의료사업이 반드시 〈참된 의미의 복음 전도〉[142]가 되지 않으면 안된다고 지적하였던 것이다.

> 조선 어디에서나 우리들의 의료사업은 충실한 기독교적 교훈과 영향을 반드시 수반한다.[143]

이것은 의료사업의 성격과 그 한계에 대한 명확하고도 의도적인 발언이 아닐 수 없었다. 1898년 빈톤은 〈조선에서의 의료 사업〉이라는 1700여 자의 장문의 논문을 《세계선교리뷰》지에 기고하였다. 이런 논문은 그 《리뷰》지에서는 예외적인 글이었다.

---

139) 朝鮮內 宣教의 地方中心本部를 意味.

140) *The Annual Report of the Executive Committee of Foreign Missions of the Presbyterian Church in the U.S.A.*, 1895, p. 25, 1896, p. 39.
Cf. E. A. Kerr & G. A. Anderson, *Australian Presbyterian Mission in Korea*, p. 74.

141) Allen Diary, 1897. 9. 26日字, 當時 러시아公使는 Alexis Speyer.

142) Report to the Annual Meeting of The Presbyterian North, *The Korean Repository*, 1896, 12月號, p. 485.

143) Medical Work, N. P. Report, 1897, pp. 141, 142.

그는 우선 알렌이 〈역사적 인물〉이란 표현의 조심성을 잃지 않았다. 하지만 한국에서의 의료사업사(醫療事業史)가 〈다른 선교지에서 진행된 일들과 견주어 실질적으로 별 다른 것이 없다〉[144]고 하여 그 업적을 교묘히 절하시키려 하였다.

더구나 그는 한국교회의 교인들중 의료 사업에서 기독교 신앙으로 인도된 사람의 수는 눈 뜨고 보아도(in any perceptible degree) 별무하다고 잘라 말하기를 서슴지 않았다.[145] 그는 조선에는 다른 나라와 달리 의료선교사의 수가 성직(聖職) 선교사의 수보다 비율로 보아서 훨씬 많다는 사실을 비판적으로 지적하였다.[146]

조선에서는 오랜 외국 종교 금제(禁制) 때문에 처음 선교사들은 〈의료사업을 위장하고야〉 들어올 수 있었고, 〈의료선교사의 바늘 끝을 타고야〉 들어왔다는 자조(自嘲)까지 불사하였다.

그는 이제 세상이 달라졌고, 일백의 선교사들이 기독교를 교회(教誨)하기 위하여 와 있다는 사실이 공공연히 알려져 있는 처지에, 〈의료사업의 구실 아래〉 더 이상 암암리에 기독교를 전파할 필요가 없게 되었다고 단언하였다. 고종 조차도 기독교 신문[147] 10부를 정기 구독(購讀)하면서 그중 8부를 조정에서 읽게 할 뿐만 아니라, 〈저명한 신학자로 어전(御前)에서 설교할 수 있도록〉 미국공사관에 공식 요청한 사실을[148] 들어, 〈이제 기독교가 의료사업이 팔 안에 얼굴을 숨기고〉 활동할 필요가 없게 되었다고 독특한 해석을 내렸다. 그는 〈의사는 조선에 향후 더

---

144) C. C. Vinton, Medical Missions in Korea, *The Missionary Review of the World*, 1898, 9月號, p. 669.

145) *Loc. cit.*

146) *Ibid.*, p. 673.

147) 그 때 기독교 定期紙로는 週刊 《죠션 크리스도인회보》(아펜젤러 編輯發行)과 週刊 《그리스도신문》(언더우드 編輯, 빈톤 事務), 두 가지가 있었다. 論調로 보아 빈톤의 《그리스도신문》 購讀可能性.

148) 알렌은 이것이 빈톤의 要請이라고 보고 있었다. 朝鮮見聞記, p. 185.

필요한가〉라는 문제까지 제기되어야 한다고 믿었다.[149] 그 문제에 한 대답은 〈예〉였다. 곧 조선에 선교사들이 많이 와 있으니 그들의 건강을 돌보기 위하여서는 의료 선교사가 필요하다는 말이었다. 조선 도처에 복음의 말씀이 퍼져 나가 교회가 성장하게 되는 것은 〈어떤 수준에서도 의료 사업의 직접적 공헌 때문이 아니라, 개개 교회인들이 전파한 복음의 위로(慰勞)에 작용하는 성령(聖靈)에 전적으로 연유한다〉[150]고 단언하여 마지 않았다. 복음 전파 사업에만 성령이 함께 하신다는 지극히 독단적인 발언이요, 심지어 의료 사업을 성령의 역사(役事)에 대립시키는 방자함도 거기 있었다.

우리는 그의 정신의 부실(不實)을 한국인에 대한 악평에서 다시 보게 되어 씁쓸한 마음을 금할 수 없다. 의학교육에 언급하면서 그는 정황하게 한국인이 과학적 교육을 받을 만한 〈두뇌 조직〉이 안되어 있다고 서슴없이 매도하였던 것이다.[151] 알렌이 한때 한 말이 있었다. 〈선교사들 가운데 차라리 없었으면 좋을 사람이 몇 섞여 있었다〉.[152] 확실히 빈톤이 거기 첫 손가락에 꼽혔을 것이다.

4) 韓國 現地 北美長老敎 宣敎部의 政策

1890년 1월 25일에 우리 나라 교회의 보수주의 구조를 결정적으로 굳혀 놓은 모페트(S. A. Moffett, 1864-1939)가 입국하였다. 그는 서울에 잠시 머물면서 빈톤과 접촉하고 알렌의 의료사업에 불신하는 여러 가지 중요한 정책 방향을 제시하고 평양에 가 정착해서, 서북교회(西北敎會) 대세의 한국 신앙 유형을 형성하게 된다.[153]

149) *Loc. cit.*
150) *Ibid.*, p. 669.
151) *Ibid.*, p. 672.
152) Allen's letter to the Secretary of State, 1901. 1. 5日字, 해링톤, *op. cit.*, p. 110에서. 朝鮮見聞記, p. 185.
153) 이 點에 대하여서는 다음 4節 참조.

모페트와 빈톤 유형의 신학이 서울 스테이션에도 자리를 잡아서 에비슨의 개혁 이후의 서울 선교 분위기를 압도하고 있었다. 1903년의 재한 선교부 의료분과위원회의 정책 결의 사항을 보자.

> 우리는 우리 선교부가 의료사업에 거대하고 또 증대하는 비용이 든다는 사실을 주시(注視)하도록 요청한다. 우리들 모든 사업의 궁극적인 목표는 사람들에게 예수그리스도의 지식에 이르게 하는 데 있고, 그 안에서 자라게 하는 데 있다. 따라서 우리 모든 일의 가치는 그것이 이 목표에 어느만큼 직접 기여하였느냐에 따라서 판단되지 않으면 안된다. 다른 선교 활동의 분야와 비교했을 때 만일 조심을 하지 않는다면, 의료사업이 장차 그 재정배정(財政配定)에서 적격선 이상의 비율로 책정될 가능성이 높다.[154)]

의료 사업은 복음 전파의 기회가 주어질 때까지의 잠정적이요 예비적 방편, 그리고 복음 전도를 위한 선행적 개척적 사업, 그 정도 이상의 소임을 다 할 수 없다는 정책적 조정이었다. 1904년 10월 1일 채택된 현지 장로교 선교부 실행 규칙에도 이 점이 명시되어 있었다. 곧,

> 11조. 의료사업
>
> 1) 의료사업의 최우선 목표는 복음 전도(evangelistic)이다. 모든 사업은 이 백성들이 즐겨 복음을 청종할 수 있게 준비하는 데 중점을 두고 수행되어야 한다. 다른 혜택을 준다고 할지라도 항상 종교적 진리가 시여(施與)되어야 하며, 의료 선교사는 병원안에서의 모든 전도 사업을 주관하고 또 거기 앞장 서야 한다.

154) Report of Medical Committee, *Minutes of Korea Mission Presbyterian Church in the U.S.A.*, 1903, p. 44. 그 委員은 C. C. Vinton, W. L. Swallon, C. E. Sharp. 濟衆院長 에비슨이 빠지고 빈톤이 들어 있다.

2) 최선의 복음 전파는 최선의 의료사업에서라야 가능하기 때문에 시설이 잘 갖추어졌을 때에만 병원과 진료소를 개설하고, 한 의사가 그 기능을 잘 수행할 수 있는 정도의 설비의 크기로 설립하다는 것 (to be of such a size that one physician shall under ordinary circumstances be able to perform all the medical work required)이 선교부의 정책이다.

3) 시료비(施療費) 수입의 방법. (略).

4) 조수(助手)

i. 필요할 때에는 조선인 조수를 채용할 수 있다. 그 때에는 될수록 기독교인으로 한다.

ii. 조선인 기독자가 있어서 의학을 공부하려고 하면, 그 의료선교사는 그 학생에게 그들이 봉사할 만큼, 그리고 직접적인 복음 전도가 방해를 받지 않는 한도 안에서 교수할 수 있다. 그들을 〈학생 조수〉라 규정할 터인데 그 수는 선교부가 결정한다.

6) 비용, 기부 등 일체의 회계(會計)는 회계직을 맡은 선교사를 통해서 일괄 처리 보고된다.[155]

그런데 성직 선교사와 의료 선교사의 수적 비율은 북장로교의 경우 초기(1885－1908)에는 대개 다음 표와 같았다.

1891년 빈톤이 제중원의 책임을 맡으면서부터 선교 사업의 비중이 의료 선교에서 복음 전파에로 확실히 기울어지기 시작한 현상이 눈 띄인다. 이것은 빈톤 개인의 문제와 함께[156] 선교부 자체안에서 의료 사업에 대한 선교 활동안에서의 비중 문제가 심각하게 논의되었다는 증좌가 될

155) Standing Rules and By-Laws of the Korea Mission of the Presbyterian Church in the U.S.A., Adopted as Working Basis for One Year, October 1, 1904, *Minutes of the Korea Mission*, 1904, pp. 91－94.

156) 1892년 4월부터 就任하였으나 9月頃 病院의 門을 폐쇄.

聖職, 醫療宣教師의 數

年度 / 區分	1885	1888	1890	1891	1895	1897	1900	1901	1903	1905	1907	1908
牧師	1	2	4	5	9	13	18	22	25	29	30	35
醫師	2	3	2	3	4	8	9	9	12	12	12	13
女子및夫人	2	3	6	7	15	21	28	31	36	40	47	54

※韓國北長老教宣教部 1908年 統計에 依함.

것이다. 1911년에도 다시 이런 문제가 확인된 것 같았다. 서울 스테이션의 의료 보고서에 이런 글이 있었다.

> 커다란 목표는 모든 사업을 통하여 그리스도의 마음을 예증(例證)하여 주어서 환자들에게서 기독자들을 산출(產出)하는 것이다. 그렇게 하여 이 땅에 하나님의 나라를 속히 건설하는 데 있다.[157]

이러한 자세가 수정되어서 의료나 교육이나 전도가 다 그 나름대로의 〈선교〉적 의미와 공헌이 있다고 본 것은 1920년대에 들어서서 인 것 같다. 그 신학적 변화에 에비슨의 줄기 찬 공헌과 노력이 있었던 것이다. 한국교회 신앙사(信仰史)에서 보았을 때, 서울의 연희전문학교 창설에 얽힌 문제가[158] 바로 알렌이나 에비슨이 직면하였던 문제, 그 유형(類型)과 꼭 같았다. 그 때에도 복음주의 전도 지상(至上)의 서북교회권(西北教會圈)에서 서울의 연희 설립을 세속 교육 실시의 비신앙성을 들어 반대하여 10여 년에 이르고 있었다. 한국에서 실로 의료나 교육이 기독교적 정신으로 수행되었을 때 그것이 바로 선교 곧 〈Missio Dei〉가 된다는

157) Medical Work, Seoul Station, N. P. Report, 1911, pp. 12, 14.
Cf. Syen Chun Station, *Ibid.*, p. 55.

158) 이 問題에 대하여서는 H. H. Underwood, *Modern Education in Korea*, New York, International Press, 1926, chap. Ⅵ 참조.

심오한 선교 신학은 알렌, 에비슨, 그리고 언더우드를 연결하는 계보(系譜)에서 온갖 굴곡을 겪어 가며 성실하게 지켜 왔다는 사실을 다시금 감격으로 일독(一讀)하지 않을 수 없다.

다. 에비슨의 알렌宣教神學 理解

알렌이나 에비슨에게 그 전도 문제로 대항하였던 인물들이 크게는 대개 헤론과 빈톤으로, 둘 다 의사였다는 사실이 주목을 끈다. 스크랜톤도 초기에 알렌에게 저항하였었지만 그 역시 의사였다. 그들 의사가 의료 선교의 의미를 절하시키거나 인식하지 못한 데에 우리의 관심이 집중된다. 그것을 우리는 역사의 커다란 두 중추(中樞)의 불가피한 교섭이라 보고 싶다. 선교와 전도, 행동과 말씀, 이런 유형의 문제는 역사의 흐름으로 파악하여야 그 진수가 음미되고 그 중심이 파악되는 것이다.

그러나 일언이폐지하고 의료 선교사들에 의해서 수행된 봉사와 자선적 사업은 무수한 개인들의 삶에 지대한 영향을 미쳤을 뿐만 아니라, 교회의 발전에도 심대한 영향을 끼쳤던 것이다. 1920년대의 통계에 의하면 그 때까지 이런 직접적 과정을 통해서 설립된 교회 수는 〈수백〉에 이르고 있었다.[159)]

에비슨, 그는 이제 이 의료 선교의 중요성과 그 가치를 선양하고 계몽시켜야 하는 중차대한 사명을 걸머진 유일한 사람이 되었다. 그가 알렌의 정신과 그 신학을 계승하고 창달해야 하는 엄숙한 사명을 수행해야 할 위치에 놓이게 된 것이다.

그가 알렌을 보는 시각은 빈톤과는 전혀 달랐다.

알렌은 처음으로 이 나라를 기독교에 문을 열게 하되, 아주 놀라

---

159) T. S. Stanley, *Korea the Hermit Nation and Its Response to Christianity*, Toronto, World Daminion Press, 1932, p. 43.

운 방식으로 하였습니다. 하나님께서는 그의 일을 여러 다양한 방법으로, 다양한 도구를 써서, 하실 수 있습니다. 그러나 알렌의 경우, 바로 그 한 사람을 높이 들어서 이 나라를 개방하는 데 쓰셨고, 그의 동료 선교사들을 다 들어오게 하여 곧바로 백성들의 사랑을 받게 하고, 복음의 말씀을 전해 들을 소지(素地)를 그 마음속에 미리 준비시켜 놓았습니다.

그러나 그가 한 일을 단순히 이 나라를 개방한 일만이 아니었습니다. 그는 우리들을 곧바로 궁정(宮廷)에 접근할 길을 터 놓아 주었고, 따라서 그런 길이 아니었다면 생겼을, 수 없는 오해와 곤경을 방지할 수 있게 하였던 것입니다. ……

더구나 우리들은 의료인들로서 서울의 여러 외국 공관이나 상사(商社)에 공의(公醫)로 봉사할 수 있어서, 그들과 우정 관계가 굳어지게 된 것은 당연하였고, 그래서 여기서 형성된 이해와 동정이 우리들 선교 사업을 지켜 주는 힘이 되었고, 견실하게 발전하는 데 큰 도움을 주었던 것입니다.

질고와 아픔에서 구제 받은 수천 수만의 사람들이 있습니다. 의료로 생명이 연장된 일도 있습니다. 그리고 우리 주님을 아는 지식에 인도된 사람들이 많이 있습니다. 이들에 대하여 우리가 무슨 말을 할 수 있습니까.[160]

〈그리스도의 복음과 그의 실제적인 사랑의 외연(外延), 이 두 가지를 사람의 마음에서 어떻게 분리할 수 있겠습니까〉.[161] 에비슨은 알렌의 의료에 대해서 이렇게 외치고 있었다. 에비슨은 알렌 의료 선교의 공헌, 그래서 그의 정신이 전통(傳統)이 된 의료 사업의 공헌에 대하여 다섯 가지를 조목별로 들었다. 첫째 질병이 역신(疫神)의 소행이라는 미신에

160) O. R. Avison, History of Medical Work in Korea, *Quarto Papers*, 1909, p. 41.

161) *Ibid.*, p. 31.

서의 인간 해방, 둘째, 의료 보급에 의한 어린이 사망률의 현저한 감소, 셋째, 남 돕는 정신, 그것을 구현(俱現)해서, 그런 구제 사업을 실천해 나갈 수 있는 동력원(動力源)을 교육 훈련시킬 수 있었다는 것, 넷째, 육체적 건강이나 질병의 치료와 함께 기독교의 신앙이 전파되고 정착되었다는 사실, 다시 말하면 이러한 의술의 과학성과 기술성에서 기독교의 복음이 함께 정착하였다는 것은 기독교의 합리성과 그 신앙의 정당성이 필연 입증되었다는 것, 다섯째, 의학 교재의 번역 및 저술 간행을 통하여 과학교육에서 영구적인 공헌을 남길 수 있었다는 것 등이다.[162] 이처럼 에비슨의 한국 초기 의료사(醫療史)에 대한 모든 칭송은 필경 알렌, 그 인물과 업적에 대한 상찬(賞讚)이었던 것이다.[163]

에비슨은 의료와 전도 문제에 대하여 비판적인 말을 할 만한 시간이 되었다고 보았을 때, 복음주의 성직 선교사들의 불찰(不察)을 질타하기 시작하였던 것이다. 알렌이 두고 두고 하고 싶었던 충정이 거기 시원하게 피로되었던 것이다.

> 처음 선교사로 나간 사람치고 예수 그리스도의 구원의 복음을 순수하고 소박하게 전파하고자 하는 마음 이외 다른 의도로 외지(外地)에 가는 사람이 있었다고 보는가. 그러나 선교지에 가 보면 설교 이상의 무엇을 하여야 할 필요가 있다는 것을 알게 된다. 그들은 우리 주님이 이 땅에 계실 때 하신 것과 마찬가지로, 사람들을 그들 현재의 참상(慘狀)에서 구출해 주는 실질적인 동정을 우선 보여주지 않으면 안되는 것이다. ……
>
> 한데 (일부 선교사들은) 의료 사업을 복음 전파의 액세서리 정도로 간주하고, 선포해야 할 교리(教理)의 일과 의료 사업이 동등해지

162) *Ibid.*, pp. 41－43.

163) O. R. Avison In Memoriam－Dr. Horace N. Allen, *The Korea Mission Field*, 1933, 5月號, p. 106.

거나 오히려 더 값 있는 것이라 여겨지는 것이 두려워서, 의료 선교사의 숫자와 그들 봉사의 영역을 좁히는 일련의 정책을 도모해 왔다. 그리고 의료 사업은 다만 문고리를 여는 역할, 아니면 장차 복음이 전해질 때 용이하게 귀를 기울이도록 만드는 예열(豫熱) 작용 정도로 그 활동과 의미를 제한하려고 하였던 것이다.

하지만 그의 전 생(生)을 선교 사업에 투신하기 위해서 나온 의료 선교사들은 그들 의료 봉사를 그 자체로서 그리스도의 복음의 일부분인 것으로 믿고 헌신하여 온 것이다.[164]

에비슨은 그 성서적 전거(典據)로서 세례 요한이 사람을 보내어 예수에게 〈오실 그이가 당신이오니까〉 질문한 누가복음 11장 19－23절을 인용하였다. 그리고 초기 단계에서 의료 선교사들과 성직(聖職) 선교사들 간의 가이없던 알력을 통분의 심정으로 회고하였던 것이다. 이 성직 선교사들이 결국 한국에서의 의료 사업과 그 인원을 제한하는 계책을 사용한 데 대한 에비슨의 회고는 울분과 엇섞여 있었다. 그는 1904년 10월 1일 한국 북장로교 선교부 의료분과위원회의 결의를[165] 정면 비판하였던 것이다.

이들은 의료 선교사가 이 의료분과위원회의 위원이 되지 못하게 하는 방식으로 의료 활동을 위축시키고자 하였던 것이다.[166]

그러나 에비슨은 변화가 온 것을 목격하였다. 정확한 일시(日時)는 명기되어 있지 않았지만, 〈조금씩 조금씩〉 생각이 바뀌어 〈좀더 포괄적인〉 선교 신학이 정착되어, 〈예수 그리스도의 정신을 나타내 주는 것이면 그것이 의료든지 교육이든지 설교이든지, 사랑과 유용한 봉사의 형

164) O. R. Avison, Contribution of Medical Work of the Christian Movement, *The Fiftieth Anniversary Celebration Papers*, 1934, p. 169.

165) 本章 3節 나項 4) 참조.

166) O. R. Avison, Contribution of Medical Work, *op. cit.*, p. 170.

태로 표현되는 한, 선교정신의 합법적인 표시〉[167]로 간주하게 된 때가 도래하였던 것이다.

이것이 의료의 전문성과 시료의 효율성 제고와 밀접히 연결되었다. 에비슨은 〈최고의 표준〉의 의술 실현이 바로 선교 그것이라고 확신한 것이다. 이것이 바로 알렌의 깊은 성찰(省察)이요 소신(所信)이었다. 이 최고 수준의 의술은 반드시 최고 수준의 의학교육과 병행하는 것이라 믿었다. 그리고 그것이 그 자체로 바로 선교라 확신하였던 것이다. 예수 그리스도의 구원의 복음이 병원에서는 이들 의료나 또 전도인에 의해서 반드시 전파되어야 한다는 그 정신만 뚜렷하면, 의료 사업은 선교로서 훌륭하게 그 직책을 다함이 되는 것이었다. 하지만 그것이 시료나 의술의 전제 조건의 형태로 개재하여서는 안된다고 단언하였다. 1885년 알렌이 병원 설립을 추진할 때 그 설립을 반대하던 외교집단 특히 청국과 독일이 〈예수 믿는다고 하여야만 치료를 받게 해 준다〉는 유언비어를 퍼뜨려 그 악평으로 설립을 저해하려 했던 고사(故事)가[168] 하필 복음주의 선교사들의 의료 사업 매도에 방법론상 그대로 적용되었던 것이다.

에비슨은 이러한 포괄적 선교신학의 정착에 알렌의 공헌이 지대하였음을 재삼 소리 높여 확인하였던 것이다.

> 알렌 박사, 그의 몸과 행실에는 늘 복음 전파의 열의가 배어 있어 그것이 그의 인품의 특징이 되어 왔습니다. 그것으로써 알렌 박사는 여러 환자들에게 복음 메시지를 전할 실질상의 기회를 풍부하게 가지고 있었습니다.[169]

알렌의 참 모습은 이렇게 해서 에비슨을 통해 바로 평가되고 창달되

---

167) *Loc. cit.*

168) H. N. Allen, Medical Work in Korea, *The Foreign Missionary*, 1885, 7月號, p. 74.

169) O. R. Avison, Contribution of Medical Work, *op. cit.*, p. 171.

어, 한국 의료선교사(醫療宣敎史)에 광휘 있는 기념탑으로 높이 솟아 있게 된 것이다.

4. 宣敎師로서의 알렌의 試練과 遍歷

가. 1887年 以前의 試練

알렌이 제중원 첫날부터 동료 선교사들과 갈등이 있어 왔다는 것은 이미 살펴본 바와 같다.[170] 이런 격동 때문에 알렌은 1885년 6월부터 부산(釜山)에 전근(轉勤)되었으면 하여, 이를 뉴욕의 선교본부에 요청한 일이 있었지만 허락받지 못하였던 것이다.[171]

그의 선교사들과의 불화는 이들 선교사 특히 헤론 부부와 같은 사람들이 〈비기독교적인 인물들〉이라는 생각이 굳혀지면서 그들과의 동역(同役)의 구차함을 절감하였기 때문이다. 그는 1886년에 이르러서는 외국인 상대의 개인 병원 개업도 고려하기를 마지 않았던 것이다.[172] 그것은 가슴 아픈 발상이었지만, 그만큼 그의 내적 번민이 극에 이르고 있었던 것이다.

그런데 이 지음에 재한 미국인 외교관이나 거류민들이 알렌을 외교관(外交官)으로 일할 수 있도록 미국 국무성에 추천한 일이 있었다. 이를 강력히 추천한 사람이 그 때 미국 공사관 임시 대리공사였던 포크(E. G. C. Foulk)였다.[173] 1887년 초반 4개월간 임시 대리공사였던 동양통(東洋

170) 그의 日記에는 1885년 5월 7일부터 이런 不和가 記錄되기 始作.

171) Allen Diary, 1885. 6. 21日字, 同 9. 1日字.

172) 해링톤, *op. cit.*, p. 87.

173) Foulk to the Secretary of State, 1886. 11. 12日字, Allen Diary, 1885, 12. 22日字.

通) 록힐(W. W. Rookhill)과 1887년 4월부터 1890년까지 변리공사(辨理公使) 일을 보았던 딘스모어(H. A. Dinsmore) 역시 알렌의 조정 친근을 들어 그의 외교관 전직을 찬성하였던 것이다.[174] 알렌이 제물포의 미국 영사직(領事職)을 맡을 마음이 생긴 것이 바로 이 때였다.[175]

인간 관계의 불편과 불목(不睦)이 얼마나 고통스러운 것인가 하는 사실이 알렌의 번민과 방황에서 여실이 들어난다. 이 틈을 비집고 여러 유혹이 손을 뻗쳤다. 그 하나가 1885년 9월 1일에 묄렌도르프(P. G. von Möllendorff, 穆麟德)의 권유였다. 그는 년봉 $7,200의 세관(稅關) 일을 맡아 달라고 꾀였던 것이다.[176] 하지만 알렌은 묄렌도르프가 한노밀약(韓露密約) 음모로 이미 이홍장에 의하여 그 해(1885) 7월 27일에 외무협판(外務協辦)직에서 해임되어 그 권세의 몰락이 눈앞에 있었음을 직시하고 있었던 터이라,[177] 알렌을 내세워 그 실세를 만회하려고 한 권모술수의 묄렌도르프 함정에 빠질 리가 만무하였다. 실제 알렌을 유혹하고 나서 나흘 후 9월 5일 묄렌도르프는 해관총세무사(海關總稅務司)직에서 해임되고 10월 30일에 미국인 헨리 메릴(H. F. Merrill, 墨賢理)이 격하된 해관세무사(海關稅務司)로 부임하였던 것이다.[178]

그런데 알렌으로 하여금 외교직(外交職)에 가게 하는 첫 길이 묘한 데서 트인 것이다. 조정이 자주 외교의 실현 방책으로 1887년 8월 주미(駐美) 한국 공사관을 설치하기로 하고, 내무협판(內務協辦) 박정양(朴定

174) Rockhill to the Secretary of State, 1886. 12. 20日字, 해링톤, *op. cit.*, p. 87에서.

175) Allen to the Secretary of State, 1887. 5. 7日字.

176) 白樂濬, *op. cit.*, p. 126.

177) Allen Diary, 1885. 7. 29日字.

178) W. E. Griffis, *Corea the Hermit Nation*, 申福龍 譯, 隱者의 나라 韓國, 서울, 探究堂, 1976, Ⅲ, p. 227. 1885. 9. 5일부터 10. 30日까지는 獨逸人 A. B. Stripling이 臨時代理.

陽)을 8월 18일자로 그 초대 전권대신(全權大臣)으로 임명하면서,[179] 알렌을 공사 차석인 참찬관(參贊官)으로 임명하였던 것이다.[180] 〈안내역 및 경험 있는 조언자〉로서였다.[181] 이것은 고종이 알렌에 대한 더 없이 깊은 신뢰와 기대를 의미하는 처사였다.[182] 알렌은 조선에 대한 모든 유익과 번영, 그리고 안전과 그 자주(自主)를 위해 헌신할 것을 다짐하면서, 1887년 10월 초 미리 떠나 교섭하기 위하여, 처자와 함께 제물포항을 떠났던 것이다.[183]

우리는 알렌의 외교관으로서의 활동에 대하여 앞으로 상술할 것이다. 그러나 그 년보(年譜)를 일단 정리해 그 행적(行蹟)을 따르는 데 무리가 없도록 하고자 한다.

알렌 年譜(1884－1887)

1884. 9. 22－濟物浦 經由 서울 着
1884. 9. －美國公使官 公醫
1884. 12. 4－閔泳翊 治療
1885. 4. 14－廣惠院 設立
1885. 4. 46－濟衆院으로 改稱
1887. 8. －駐美韓國公使館 參贊官
1889. 6. －任務 끝내고 歸國
北長老敎 宣敎師로 再任命

179) 駐美全權大臣 朴定陽 新任의 件, 舊韓國外交文書 第十卷, 美案, Ⅰ, (1887. 9. 16日字), p. 316.
180) S. J. Palmer, *Korean-American Relations*, Vol. Ⅰ, University of California Press, 1963, No. 53, Dinsmore to Bayard, (1887. 9. 30日字).
181) H. H. Underwood, Horace N. Allen, *The Korea Mission Field*, 1933, 3月號, p. 46.
182) Mission in Korea, N. P. Report, 1890, p. 132.
183) 文一平, 韓美五十年史, p. 181.

1889. 9. －釜山에 定着企圖

1890. －濟物浦 居住 病院醫療

1890. 6. －濟衆院長 再任命

1890. 7. 9 －美國公使館 參贊官

나. 宣敎師로 再任命된 알렌의 遍歷

1889년 6월[184] 주미 한국공사관의 참찬관 직책을 마치고 귀국한 알렌의 한국 체재 향후 1년간은 파란과 곡절이 많았다. 그는 미국에서 떠날 때 이미 미국 북장로교의 선교사로 재임명되어 부산에 선교 스테이션 개척의 사명을 띠고 돌아왔던 것이다.[185] 그런데 부산에는 게일(J. S. Gale)이 그 해 8월부터 와 있어 〈토론토의 의과대학생 Y.M.C.A.〉의 영구한 선교 중심지로 만들 생각을 하고 있었다.[186] 그런데 1890년 5월 부산 세관장(稅關長) 헌트(J. H. Hunt)가 신병에 걸려 헤론을 불렀을 때, 헤론이 여기 5월에 다녀 간 일이 있다. 그 때 게일의 사는 형편이 너무 초라하여서 상심하여[187] 그를 서울에 함께 가자고 권유했던 것이다. 그러나 게일은 계속 부산에서 어려운 살림과 일을 꾸며 나가고 있었고, 캐나다의 하디(R. A. Hardie)가 1890년 9월 30일에[188] 입국했을 때 그와 함께 일

---

184) 前後 日程으로 보아 이 때의 歸韓이 確實.

185) Mission in Korea, N. P. Report, 1890, p. 132.

186) *Biographical Sketch of Rev. William Scott, M. A., D. D.*, United Church of Canada, Board of Foreign Mission, 1975, p. 18.

187) R. Rutt, *James Scarth Gale and his History of the Korean People*, Seoul, Royal Asiatic Society, 1972, p. 18.
럿트는 게일이 헤론을 따라 서울에 5月에 상경하여 헤론家에 머물렀다고 했다.

188) Y. S. Yoo, *Earlier Canadian Missionaries in Korea, A Study in History 1888－1895*. Mississauga, The Society for Korean and Related Studies, 1987, p. 58.

하도록 되어 있었다.[189] 하지만 8월 중순경에 게일은 서울에 올라가, 안식년으로 떠나게 된 언더우드 대신 그가 설립한 고아학교를 돌보아야만 했다.[190] 고아학교의 책임자는 그 때 모페트였다. 모페트는 이런 교육이 불필요하다고 보았다. 그런 것은 다만 선교 사업을 위한 문호 개방만이 목적인데,[191] 그 목표가 지금 완성되었다고 보았기 때문이다. 헤론이나 빈톤의 생각과 같았다.

어쨌든 게일은 이렇게 해서 서울에서 장로교 기관에서 일하게 됨으로 〈실질적으로 장로교 선교부 선교사 일〉을 하고 있었고,[192] 1891년 12월에는 정식으로 미국 북장로교 선교사로 전적(轉籍)하였던 것이다.[193]

게일은 1년간에 걸린 그의 부산 생활에 대하여 아무 기록도 남기지 않았다.[194] 어느 기록에도 그 상황이 언급된 곳이 없다. 이것은 아마 그의 비참한 생활의 곤경, 의미 없었던 부산 생활을 지시하는 것이라 볼 수 있을 것이다.[195]

그런 곳에 알렌이 갔었고, 그 역시 부산에서 어려움을 많이 겪은 것 같다. 거기서 그는 〈적당한 집을 살 수도 없었고, 또 심지어 빌릴 수도 없어서 선교본부의 승인을 받아 제물포〉로 옮겨 갔던 것이다.[196] 제물포

189) Moffett to Ellinwood, 1890. 8. 12日字.

190) Moffett to Ellinwood, 1890. 10. 20日字. 게일이 이 고아학교에서 3個月 가량 일하고 있었다고 했다면 8月 中旬頃 上京이 된다. N. P. Report, 1891, p. 136.

191) *Loc. cit.*, What is now the object of the orphanage and is it accomplished that object? It has done good and accomplished its object for which it was established, viz. to help open the country for our work.

192) Moffett to Ellinwood, 1890. 11. 17日字.

193) *Annual Report of University of Toronto Young Men's Christian Association, 1893–1894*, Toronto, Blackett Robinson, 1894, p. 2.

194) R. Rutt, *op. cit.*, p. 16.

195) 그의 文人 助手 이창직이 同行同居하고 있었다.

196) N. P. Report, 1890, p. 132.
Cf. *Annual Report of the Presbyterian Missionary Union*, 1898, p. 127.

에서는 선교본부의 허락으로 외국인들 사이에서 그의 의술을 펼 수 있게 하였으나, 그 곳 체재는 〈잠정적인 것〉으로서 다만 그 지역이 장차 선교 스테이션으로 정착할 수 있을는지의 여부를 연구하여 뉴욕 선교본부에 보고하도록 되어 있었다.[197]

이 〈잠정적〉 조치는 선교본부가 그 해 5월 10일에 재한 선교사들에게 알렌의 임지(任地) 문제를 문의한 데서 발단하였던 것이다. 선교본부가 부산에 〈집을 구할 수 없고 세(貰)들 곳도 없어서 불가피하게 제물포〉에 가게 된 알렌 입장을 연례보고서에 명기하여야 할 필요가 여기 있었다. 서울 선교사들이 알렌 임지를 부산(釜山)으로 고집하고 있었기 때문이다. 그 주도 인물이 모페트였다.

모페트는 1890년 1월 25일 서울에 도착하여 그 임지를 물색하고 있는 중이었다. 그의 편지 내용을 옮긴다.

> 나는 글을 솔직하게 자유스럽게 씁니다. 알렌을 서울에 오게 하지 마십시요. 우리는 지금 서울에서 아주 화목하게 조화를 이루어 가며, 우리 선교의 성취를 하루 하루 목도하면서 지내고 있는데, 알렌이 되돌아 옴으로써, 애써 극복한 알력과 분쟁의 불목(不睦)에 다시 휘말리고 싶지 않습니다. 알렌 박사는 지금껏 정치권(政治圈)에 휘말려 왔습니다. 따라서 정치적인 적수(敵手)들도 많이 있습니다. 따라서 그의 서울 부임(赴任)은 당장 그에게 적대적인 모든 사람들과 집단의 역학권(力學圈) 안에 우리 선교사들을 몰고 들어갈 것이며, 우리 기독교의 입지가 이로 해서 받을 영향이 엄청나다고 봅니다.
>
> 서울은 정치적인 소용돌이입니다. 우리 선교사들이 그 물결에 휘말려서 정치적 대결과 타협에 곁들다가 겪어야 할 피해가 얼마나 큰 것인가 하는 것은 재론할 여지도 없습니다. 조선 사람들은 예수

197) Mission in Korea, N. P. Report, 1890, p. 132.

회(耶蘇會 Jesuits)와 우리 기독교와의 큰 차이가 우리들이 정치에 휘말리지 아니한 데 있다고 보고 있습니다. 우리의 목표는 영적인 선교(Spiritual Mission)에 강조를 반드시 두어야 한다고 확신합니다.

이런 형편인데 알렌 박사가 부산에 남아 있지 않게 된 데에 커다란 실망을 감출 길이 없습니다. 우리들 전부의 생각은 제물포는 선교 스테이션으로 적합한 지리적 요충지가 아니라는 사실입니다. 부산에는 토론토 녹스 대학(Knox College) Y.M.C.A.의 게일(J. S. Gale)이 이미 10개월째 있으면서 전초적인 사업이 진행되고 있는 곳입니다.[198]

지금 헤론 의사가 와병(臥病) 중이라 알렌 박사를 다시 불러들일 생각이 있는 것 같지만, 나로써는 그러지 말고 그 병원 책임자 자리를 잠시 비워 두어서, 다시 헤론이 건강을 회복하면 그 자리를 차지하여 그 병원을 통채 폐쇄해 버리는 기회를 가지게 하든가, 아니면 그의 최소한도의 시간만을 병원 일에 쓰게 하여야 합니다. 나는 이 병원이 우리들에게 큰 봉사를 하였다고 생각합니다. 한데 그 봉사가 이제 다 성취되었으니 헤론이 쾌차하게 되면 〈우리들만이 할 수 있는 일〉을 힘 다해 하여야 합니다.[199]

우리는 이런 편지를 쓴 모페트가 제중원을 고아학교의 〈기독교 전도 전초적 역할〉과 같이 생각하여, 고아학교와 함께 제중원의 폐쇄까지 고려했던 인물로, 서울에서 알렌과 어떤 얼굴을 하고 만났을까 하는 생각에, 역사는 결국 죄인들의 역사구나 하는 심증(心證)을 굳힐 수밖에 없다.

198) 리챠드 럿트(R. Rutt)는 게일이 1885年 5月 서울에 移舍해서 헤론家에 있었다고 하였다. 서울 滯在中이던 모페트가 이 事實을 몰랐을 理가 없다.

199) Moffett to Ellinwood, 1890. 7. 24日字.
사무엘 모페트 박사의 宣教日誌(1890－1891), 教會와 神學, 서울, 長老會神學大學, 第 Ⅷ 輯, 1975에 이 書簡들이 收錄되어 있다.

모페트는 1890년 8월 29일 아펜젤러와 함께 평양을 방문하고,[200] 10월에 귀경하고는 대담한 파격적인 말을 하였다.

> 나는 우리가 잘못된 방향에서 일을 시작하였다고 믿습니다. 우리는 일본이나 중국에서와 마찬가지로 충분한 복음전도의 년수(年數)를 거치지 않고 학교나 병원 같은 기관들을 세웠습니다.[201]

따라서 자신은 전혀 다른 기초 위에서 출발하겠노라고 다짐하였던 것이다. 이것이 바로 알렌이 〈신출내기〉라 말한 경험 없는 선교사들의 오판(誤判)과 교만이었을 것이다.[202] 알렌이나 모페트가 서로 만났다는 기록은 없다.

이런 상황인데 알렌은 헤론의 중병 때문에 제중원의 원장으로 6월 하순에 서울에 되돌아 오게 된 것이다. 그리고 그를 기피하는 선교사들 틈에서 제중원 일을 묵묵히 진행시켜 나간 것이다. 헤론과 그의 부인은 여전히 알렌을 기피하고 비난하였으며, 헤론 병사 후에 그 부인은 훨씬 더 신경이 날카로워질 수밖에 없었다. 알렌이 서울 왔을 때는 거처가 없어 고아학교 경내 교사안에 머물고자 하였지만 그것도 거절되는 형편이었다. 헤론의 병사에 대하여 알렌이 〈과거의 행위에 대한 어떤 벌〉[203]의 형태로 생각하였다면 그의 심리적 고통이 얼마나 하였으랴 하는 생각이 깊어진다. 서울에서의 모든 선교사들간의 불화는 만일 있었다면 헤론 부인의 가누지 못하는 남편 사별의 충격에서 온 감정 폭발이 그 발단이라 해도 과언이 아니었다.[204] 그 때 알렌은 신학적으로 고립하였고, 인간적으로 지극히 외로웠다.

---

200) The Opening of the Mission Work in Pyeng-Yang, *The Korean Repository*, 1897, 9月號, p. 352.
201) Moffett to Ellingwood, 1890. 10. 20日字.
202) 朝鮮見聞記, pp. 191, 192.
203) Allen to Ellinwood, 1890. 8. 13日字.
204) Moffett to Ellinwood, 1891. 7. 21日字.

그러나 알렌의 새 생애의 전기(轉機)가 닥아온 것이다. 그의 공헌이 지금까지의 병원 설립을 통한 선교 문호의 개방이었다면 이제 미국과 한국, 그리고 그 기독교와의 관계를 조정할 막중하고도 새로운 사명으로 제2의 새로운 역사적 공헌을 할 시기가 그에게 닥아온 것이었다. 1890년 7월 9일 그는 주한 미국 공사관의 참찬관(參贊官)으로 임명을 받았던 것이다.[205]

近者我大統領 以醫師安連差定本署參贊官 該員已接任視務[206]

독판(督辦) 교섭통상사무의 민종묵(閔種默)에게 조회한 것이 7월 24일이나 〈已接任視務〉에서와 마찬가지로 발령은 7월 9일이었다.[207]

하지만 제중원을 그대로 두고 떠날 수는 없었다. 그 때에는 일본이나 천주교 및 성공회에서 이미 상당한 의료진과 설비를 갖추고 이 왕립병원 인수를 〈전력을 기울여〉[208] 계획하고 운동하고 있었기 때문이다. 캐나다의 하디(R. A. Hardie)가 1890년 9월 도착해서 제중원 책임을 맡게 된 것이 이 급박한 사정 때문이었다. 빈톤이 도착해서 일을 맡아 보게 된 것은 다음해 4월부터의 일이다.

> 나는 서울의 북장로교 선교부와 일을 함께 손 잡고 할 수 없다는 것을 알고 끝내 사임 통지서를 보냅니다. 나의 다른 편지에서 보시는 바와 같이 나는 이 새로 온 신임 선교사들[209]에게서 모욕을 받아 왔습니다. 그 전 헤론의 버릇이 꽉 차 있고 그것을 헤론 부인이 조종하고 있습니다. 그들의 고자질은 앞으로도 계속될 것입니다. 나는

205) Mission in Korea, N. P. Report, 1891, p. 135.
206) 醫師安連 參贊官 新任의 件, 舊韓國外交文書, 第十卷, 美案, I, (1890. 7. 24日字), p. 515.
207) 金源模 編著, 近代韓國外交史年表, 서울, 檀大出版部, 1984, p. 271.
208) Allen to Ellinwood, 1891. 7. 23日字.
209) 그 中 하나가 모페트임이 確實.

그들과 일을 같이 하노라 어리석게 시간을 낭비하고 싶지 않습니다. 내가 후회할는지는 모르지만 나는 그러한 자세는 선교사로서는 가질 자세가 아니라고 확신합니다. 나는 그런 사람들과 관계를 유지하고 싶지가 않습니다. 그래서 내가 사임하는 것입니다. … 번커(D. A. Bunker) 부처는[210] 나와 같은 견해를 가지고 있습니다. 여기서 벌어지고 있는 장로교 선교부의 창피한 싸움은 헤론 부인이 여기 남아 있는 한 계속될 것이라 보고 있습니다.[211]

모페트는 이런 기회에 알렌이 완전히 선교부와 손을 떼는 것이 마땅하다고 강조하였다.

만일 알렌 박사가 정치적인 위치에 가 있게 된다면 선교부와의 모든 관계는 단절되어야 옳습니다. 이 자리는 조선 조정의 자리도 아니기 때문에 우리들과 한국 사람들과의 관계를 증진시키지는 못할망정, 오히려 문제를 약화시킬 조짐이 있습니다. 미국 공사관에 있으면 더구나 우리의 입장에 선악(善惡)간에 정치적 영향을 미칠 위험이 큽니다. 정치와 선교가 엇섞이게 되면 반드시 선교쪽에서 타협함으로 잃는 것이 더 많게 되는 것입니다. 반드시 이 점을 알렌 박사에게 천명하여야 합니다. 곧 선교사라고 하면 순수하고 담백한 선교사가 되는 것이요, 그렇지 아니하면 선교부와의 모든 공적인 관계는 단절되어야 한다는 사실을 밝혀 주어야 합니다.

우리로 하여금 모든 외적인 것의 타협과 그 복합(複合)에서 벗어나 자유롭게 순진한 선교 사업만을 할 수 있는 기회를, 바라건대, 꼭 주시기 바라는 바입니다.[212]

---

210) 감리교 牧師, 宣教師, 本來 育英公院教師로 來韓, 애니 엘러스가 그의 夫人.

211) Allen to Ellinwood, 1890. 8. 13日字.

212) Moffett to Ellinwood, 1890. 7. 25日字, 모페트는 이 上申에 私見이 있음을 시인하였다.

알렌을 선교부에서 깨끗이 〈축출〉하겠다는 심산이었다.

하지만 알렌은 쉽게 선교부와의 관계를 단절하기가 정서적으로나, 그리고 훨씬 고차적으로 기독교의 확장을 위한 미래를 위해서나, 용이한 일이 아님을 알았다. 생각하면 알렌인들 이렇듯 사방에서 그를 비판하고 모욕하는 그룹들과 어떤 형태로든 관계 지속을 바랄 정신이 있었겠는가.

> 내, 선교부에 몸을 담고 있든, 미국 국가 기관에 몸을 담고 있든, 나는 선교사로서의 정신과 사명감을 그대로 지켜 나갈 것입니다. 과거와 마찬가지로 장차에도 우리는 서로 생각을 같이 하면서 이심전심(以心傳心) 일을 해 나갈 것입니다. 그것은 변함이 없을 것입니다.[213)]

막상 선교부에서 떠나고자 몸을 돌려 뒤돌아 보니, 거기 저 멀리 발자욱들이 피와 눈물, 그리고 땀으로 배어 있는 모습에 가슴이 메었다. 그것은 이제는 떠나는 발자욱이 아니라 미국의 깃발 아래에서 그렇게 땀 흘려 길 터 놓은 조선과 그 교회를 위해서 일해 나갈 더 넓고 확실한 길로 옮겨 딛는 발자욱인 것을 그는 알고 있었다. 의사의 길은 떠났다. 그러나 그를 받아 주고 사랑해 주고 믿어 온 이 조선과 그 겨레에 대한 하나님의 사자(使者)로서의 선교사의 길을 떠난 것은 아니었다. 알렌, 그는 조선의 기울어 가는 20세기 초의 비운을 떠받쳐 자주 독립의 길을 가게 하려던 포크와 데니(O. N. Denny)가 가고 나서, 그 사명을 기도와 땀으로 버티어 간 한말(韓末) 최후의 미국인이었다.

---

213) Allen to Wm. Dulles, 1889. 10. 10日字.

Ⅷ. 韓國 自主를 위한 美國 外交官

帝國主義的 國家主義의 見地에서 보았을 때 알렌 博士는 너무 韓國의 利益에 치중하였다는 인상을 준다. 그는 韓國을 거의 〈歸化한 나라〉로 생각하고 있었으며, 美合衆國 公使로서의 모든 職權을 다 하여서 百方 韓國의 利益을 위해 진력하였다.

호레이스 H. 언더우드, 1933年.

1. 韓國 外交官으로서의 알렌

가. 駐美韓國公使館 參贊官

1883년 민영익(閔泳翊)을 전권대사로 하여 미국에 보빙사절(報聘使節)을 파미(派美)할 때[1] 포크(George C. Foulk)는 미국 현지에서 민대사의 배종(陪從)으로 임명되었다가 민대사 귀국할 때에는 주한 미국공사관 무관(武官)으로 임명되었던 인물임은 전술한 바 있지만, 그는 완곡한 친한파 인물이었다. 그는 〈어떤 난관이 있을지라도 조선은 결국 독립국가가 되지 않으면 안된다〉[2]는 입장을 견지하고 있었던 것이다.

이같은 미국의 친한적 입장은 딘스모어(H. A. Dinsmore) 대리공사 때에도 역력히 승계되었던 것이다.

> 美國은 他國이 朝鮮을 干涉하고자 원한다면, 이 以上 더 他國이 朝鮮을 干涉하기를 원치 않는다. 美國은 朝鮮을 獨立된 王國으로 待遇하고 또 그렇게 看做하고 있다.[3]

이런 한미관계의 밀도(密度) 속에서 1887년 조정은 박정양(朴定陽)을 제1대 주미공사에 임명하고, 알렌을 그 참찬관[4]으로 임명하였던 것이다. 그런데 〈새로운 정치의 파도위에서 경험 없고 판단이 어려운 이 외

1) 日省錄, 一八八三年 六日初 五日(陽 7. 19)條.
2) 朴日權, *op. cit.*, p. 395.
3) S. J. Parlmer, *Korean-American Relations : The Period of Growing Influence, 1887-1895*, Berkeley, University of California Press, 1963. 〈Dinsmore to Bayard, 1887, 5, 30日字〉.
4) 〈A Foreign Secretary〉.

교사절 일행을 성공적으로 인도한 공로는 순전히 알렌 그 개인의 것〉[5] 이었다. 원세개의 조선 자주 외교에 대한 끈질긴 방해와 위협을 받으면서 던스모어와 알렌은 〈朝鮮國王의 駐美派遣公使가 貴清政府의 命令을 받아야 하는 여부의 이유를 貴下가 설명하고, … 만약 貴 清政府가 이러한 거동을 恣行하였다면 어찌 驚訝하여 마지 않겠는가〉[6] 항의하였던 것이다.

청정(清廷)의 조선 격하 책동은 그들이 요청한 영약(另約)의 3단(三端)에서도 나타나고 있었다. 조선공사는 미국에 가서,

1. 먼저 청국 외교 관저를 찾아가 보고 하고, 그의 지도로 미국 외무성에 동부(同赴)할 것.
2. 조회(朝會－공적 모임) 및 공연석이나 외교석상에서는 반드시 청사(清使)의 다음에 앉을 것.
3. 중대 사건이 있을 때에는 반드시 먼저 청사(清使)와 밀상(密商)을 할 것.[7]

이들 공사 일행은[8] 그 해 11월 16일 제물포를 떠나 부산에 기착하였다가 11월 19일 나가사키(長崎)에 도착하였다. 그리고 그 곳에서 이미와 있던 알렌과 미국 영사 및 슈펠트 해군 중위의 영접을 받았던 것이

5) The New American Minister, Editorial Department, *The Korean Repository*, 1897, 9月號, p. 350.
6) S. J. Palmer, *op. cit.*, Dinsmore to Bayard, 1887. 9. 30日字.
Cf. 文一平, 韓美五十年史, pp. 176－177.
7) *The Executive Document*, Ch. Denby to Bayard, Legation of the United States, Peking 1888. 1. 22日字.
8) 尹致昊는 誤聞으로 閔泳翊과 同行으로 記, 尹致昊日記, 一, p. 288.
이 一行中에 李商在가 있었다. 朴定陽은 그 아내와 함께 간 것으로 되어 있다. 尹致昊日記, 一, p. 363.

다.[9)]

그 해 12월 28일 산프란시스코에 도착한 일행은 다음해 1월 1일에야 상륙하여[10)] 버케트 가(街) 28번지의 〈팔레스〉호텔에 투숙하였던 것이다. 알렌의 야망에 찬 활동은 이 때부터 시작되었던 것이다. 박정양은 〈한갓 면목상의 우두머리에 지나지 않았다〉는 것이 해링톤의 판단이다. 알렌이 〈대소사에 있어서 과단성 있게 협력하면서 공사관을 통솔〉[11)] 하였기 때문이다. 주일 미국공사였던 리챠드 헙버드(R. B. Hubbard)는 이런 글을 남기고 있었다.

> 알렌은 명목상 공사관의 참찬관에 불과하였지만, 그 국왕과 그 장래의 번영을 위해 중대한 이해 관계가 있는 문제에 대해서는 어느 누구보다도 한국의 신임을 받은 요인(要人)이었다.[12)]

알렌은 실질적으로 외교에 사용하는 자금 처리의 권한과 여행 계획의 관장이나 공사관의 정책 수립 일을 관장하게 되었던 것이다. 이런 입지(立地)에서 알렌은 청정(淸廷)의 고압적 자세에 아직도 시달리고 있었던 박정양을 격려하여[13)] 청국의 간섭을 저지하고, 한국의 자주 독립국임을 주장하고 입증해야 하는 엄청난 사명을 수행해 나가야만 했다. 이것은 그가 그 일원으로 온 공사 일행에 대한 자신의 대외적 자존심을 위해서도 성취해야 할 목표였다. 그것은 만일 박정양 공사가 사전에 주미 청국공사를 예방하여 영약(另約)을 따르는 경우에는 〈자기의 임무를 사

---

9) 이 슈펠트 中尉는 슈펠트 提督의 아들. 곧 〈則初定兩國條約之人 薛斐爾之子也〉. 그는 朴定陽과의 同行을 要求하였다. 舊韓國外交文書, 第十卷, 美案 I, 附 朝鮮公使渡美同行要望의 件, p. 332.

10) 三等船客中 痘瘡이 발생하여 지연. 文一平, *op. cit.*, p. 184.

11) F. H. 해링톤, *op. cit.*, p. 246.

12) *Ibid.*, p. 247에서 引用.

13) 알렌은 朴定陽과의 關係를 父子之間, 곧 자기가 그의 養子였다고 記. 朝鮮見聞記, p. 176.

퇴〉하겠노라는 결심에 여실이 나타나 있었다.[14]

이렇게 해서 자주외교의 첫발이 내딛어졌다. 1888년 1월 11일 박정양 일행은 재뉴욕 한국 명예영사인 프레이저(E. Frazer 1835-1901, 厚禮節)[15]와 함께 국무성을 방문하여 베야드(T. Bayard) 국무장관을 접견하였으며, 국서부본(國書副本)과 그 영역본을 제출하였던 것이다. 이런 과감한 외교 절차에 힘이 되어 준 사람이 하나 있었다. 알렌의 친구 쉐리단(P. H. Sheridan, 1831-1888)[16]이었다.

이들 일행이 미 국무장관의 안내로 대통령 클리브랜드(G. Cleveland, 1837-1908)[17]을 알현하고 국서 정본을 제정한 것은 1월 17일의 일이었다. 신임장을 받은 클리브랜드는 대개 아래와 같은 답사를 하였다. 곧,

> 美合衆國政府는 韓美條約에 의하여 規定된 상호 外交交涉을 개설함으로써 兩國이 확고히 바라는 友好的 관계를 가지게 된 것을 기쁘게 여깁니다.
>
> 양국의 友誼와 紐帶를 강화하고 또한 有益한 상호관계를 발전시키기 위하여 우리들은 최선의 노력을 다 할 것입니다.[18]

이렇게 해서 우리의 자주외교가 그 첫 열매를 맺었던 것이다. 그러나 청정은 이 영약 3단의 불이행을 견책하는 이홍장(李鴻章)의 지시를 타전하고, 따라서 한청간에 시비가 크게 벌어지게 되었다.[19] 미국의 입장은 단호하였다. 국무성은 주청공사(駐淸公使) 덴비에게 이런 내용의 타

14) 朴日權, *op. cit.*, p. 442.

15) 1884年 1月 17日에 上記 名譽職에 任命됨.

16) 1853年 웨스터포인트 陸軍士官學校卒. 南北戰爭時 騎馬隊長으로 活躍, 1883年 陸軍參謀部 근무.

17) 美國 第22代 및 24代 大統領. 民主黨. 1885-1889, 1893-1897 在任.

18) *The Executive Document*, Reply of the President to the Address of Mr. Pak Chung Yang, Corean Minister. 朴日權, *op. cit.*, p. 443.

19) 高宗時代史, Ⅱ, 國史編纂委員會, 1968, p. 957.

전을 하여 이홍장을 겨냥하고 있었다.

> 本 首都에서 美合衆國과 條約關係를 맺고 있는 他國의 代表들과 外交的 同等한 資格으로 朝鮮公使 朴定陽을 接見하였음을 알린다.[20]

하지만 계속되는 원세개(袁世凱)의 위장(違章) 힐문(詰問)에 견디다 못하여 조정은 박정양의 소환을 명령하게 되었고, 박정양은 인병(因病) 가환(暇還)의 형식으로 미국을 떠났던 것이다. 1888년 11월 18일, 이상재와 동도(同途)하였다. 하지만 그의 복명(復命)은 천연을 거듭하다가 8월 20일에 가서야 이루어졌을 만큼,[21] 한미외교의 시련은 컸다. 청정(淸廷)의 무례한 간섭 때문이었다.

박정양이 소환될 때 그는 조정으로부터 알렌을 공사서리(公使署理)로 삼으라는 전문을 받았던 것이다. 그러나 그는 알렌이 외국인이라는 사실을 들어 체례(體禮)에 관계된다 하여, 서기관 이하영(李夏榮)을 주천(奏薦)하였던 것이다.[22] 알렌은 그 가족들과 함께 공사관[23] 근처에 집을 구하고 매일 공사관에 사진(仕進) 시무하였던 것이다.[24]

나. 二百萬弗借款 企圖 顚末

알렌이 미국에 남아서 한 일은 청국의 강압 횡포에 대하여 미국 언론에 그 사실을 공람, 한국의 의분을 선양하는 일이요,[25] 다른 하나는 2백만 불 차관의 주선이었다.

---

20) *The Executive Document*, Bayard to Denby, 1888. 1. 9日字.
21) 承政院日記, 高宗二六年(己丑) 七月二八日(陽 8月 20日)字.
22) 文一平, 韓美五十年史, p. 215.
23) 워싱턴 第十五街 1513番地 皮瑞屋. (Fisher Building?).
24) 文一平, *op. cit.*, p. 200.
25) *Ibid.*, p. 215,
Cf. F. H. 해링톤, *op. cit.*, p. 138.

이 2백만 불 차관의 문제는 1887년 7월 초, 알렌의 부미(赴美) 이전에 벌써 고종의 금광(金鑛) 이권에 관계된 관심에서 그 단서가 보이기 시작하였던 것이다.[26] 고종이 〈미국정부와 국민이 한국에 관심을 갖게 하고 청나라를 견제할 수 있는 방법〉을 물었을 때, 알렌은 그것이 평안도 금광의 독점권을 미국에 허여(許與)하는 일이라 진언한 바 있었다. 미국 무역상사의 모오스(J. R. Morse)나 슈펠트(R. F. Schfeldt)의 관심이 있었고, 이들로서도 한국 조정에 강력한 힘을 발휘할 수 있는 알렌과의 친분을 위해서도 백방 노력하였지만 허사였다. 그 만한 액수의 돈을 그 때 한국을 위해 출자할 곳이 없었다.

하지만 알렌은 지대한 공적을 남겼던 것이다. 미국에서 한국 최초의 한미외교의 자주성을 확립하고, 아울러 한국의 독립을 과시하는 데 결정적인 소임을 다 하여 스스로 그것을 〈자신의 성공〉으로까지 생각하는 성취감을 자랑할 수 있었다.[27] 그것은 한국 역사에서는 위대한 업적이었다.

하지만 고종은 원세개의 힐문에 불안해 하였고, 박정양 역시 그가 한 일에 소신이 없었다. 시대가 그러했을 것이다. 그래서 박정양은 필경 미국에서 한 모든 외교적 절차나 그 행동은 다 알렌에게 책임이 있다는 서류를 가지고 다니기에 이르렀던 것이다.[28] 알렌에게 그것은 실로 당혹스러운 아이러니가 아닐 수 없었다.

그의 고통을 더 해 준 사건은 차관의 실패에 겻들여 이런 좌절과, 그리고 또 하나, 박정양의 밀수사건이었다. 여송연(呂宋煙)의 말수입이 《뉴욕 헤럴드》지에 기사화되었던 것이요, 또 출국 때의 밀반출이 들어

---

26) Allen to Everett, 1887. 7. 2日字.
27) Allen to Dinsmore, 1888. 11. 21日字.
28) 朝鮮見聞記, p. 175
물론 朴定陽은 解職되고 復命은 長期間 遷延되고 있었다.
Cf. Allen to Park Chung Yang, 1888. 2月.
Allen to Min Yong Ik, 1889. 1. 19日字.

났던 것이다.[29] 해링톤은 알렌의 차관 교섭이 종당에 실패하게 된 근거가 이 박정양의 밀수사건과 또 서울에서 때마침 야기되었던 〈어린이 소동－Baby Riot〉 때문이었다고 판단하였다.[30]

다. 朴定陽과의 親近과 韓國 理解

알렌은 선교사적인 강직성을 가지되 융통성이 없을 정도의 성격적 과단성도 가지고 있었던 인물로 평을 받고 있었다. 그에게 박정양의 이런 비도덕성과 비근대성이 어떻게 비쳐졌었던가. 알렌은 배신감과 낙담으로 서울에 돌아왔던가. 그에게 인간적 갈등과 비애가 없지 아니하였을 것이다.

하지만 우리는 여기에서 알렌의 위대한 한 문명사적 선교신학과 그런 정신의 외교관으로서의 탁월한 지성을 보게 된다. 그는 박정양을 귀국 후 찾아가 자주 접촉하면서 〈그에 관하여 많은 것을 알게 되었고, 그럴수록 더욱 그를 존경하게 되고 진실된 애정으로 환대〉하게 되었던 것이다.[31] 그가 그렇게 당혹을 느꼈던 박정양(朴定陽)에게서도 〈뛰어난 자질(資質)과 고귀성〉이 있음을 알게 된 까닭이 무엇인가. 알렌은 그 단서를 줄 만한 글 하나를 남겼다.

> 그들(韓國人)의 눈에 비친 서양의 생활양식은 모두가 거꾸로 보이기 때문에… 사실상 미국에서는 나무가 거꾸로 서 있고, 나뭇잎은 땅속에서 자라며, 뿌리는 미풍에 하늘거리고 있다고 믿는다는 이야기를 들은 적이 있다.[32]

---

29) 이 密輸 문제는 해링톤의 前揭書, pp. 252－254에 실려 있다. 하지만 그 仔細한 典據는 밝히고 있지 않다.
Cf. Allen Diary, 1888. 11. 21日, 12. 9日字.

30) F. H. 해링톤, *op. cit.*, , p. 145.

31) 朝鮮見聞記, pp. 175－176.

32) *Ibid.*, p. 176.

이것은 동서양의 문명의 차이, 그 정신의 거리를 두고 한 말이다. 한국인들은 도포 바람에 미국 거리를 활보하였으며, 가슴에 패여 앞가슴이 들어난 옷을 입은 여인들이 함께 한 사교장에서 그들을 요염한 기생으로 오인하는 문화적 충격을 경험하였던 것이다.[33] 거기 문명의 차이, 격식 예의의 차이가 있었던 것이다.

알렌은 여기에 착안하였던 것이다. 그는 그 바쁜 미국 체재 1년 반의 외교관 생활 틈에 한국의 정신세계와 그 문명의 핵심을 미국에 소개할 필요를 느꼈다. 《*Korean Tales*》가 바로 그것이다.[34] 그 책에는 한국의 풍물, 민족, 조정, 서울에 대한 기초적 사실들이 문명사적 관점에서 비교적 상세하게 기술되어 있고, 곁들여 견우 직녀, 홍부 놀부, 춘향, 심청, 홍길동의 이야기들이 유창한 문체로 엮어져 있었다. 미국에서의 간행은 그것이 미국인들에게 한국에 대한 이해 촉진이라는 초기 미국 외교관의 성실한 자세 이외 따로 설명할 길이 없다.[35]

2. 시카고 博覽會와 알렌

가. 시카고 博覽會 韓國館 管理

알렌이 주한 미국공사관 부총영사(副總領事, Deputy Consul Genaral)[36]로

33) 文一平, *op. cit.*, pp. 217－218, Cf. F. H. 해링톤, *op. cit.*, p. 252.
34) 그 책과, 1901년과 1903년에 순전히 個人用으로 작성하였던 *A Chronological Index*를 합쳐서, 1904년 서울, 監理敎 出版所에서 *Korea : The Fact and Fancy*로 刊行되었다. 그의 韓國學硏究에 대해서는 本書 第Ⅸ章 참조.
35) 알렌은 워신턴 소재 스미소니미안 博物館에도 한국관계 資料들을 여럿 보내어 한국 소개에 힘썼다, Cf. 朝鮮見聞記, p. 226.
36) 舊韓國外交文書, 第十卷, 美案 Ⅰ,(1890. 11. 12日字 通知) p, 532. 上記 文書에는 〈代理總領事〉로 記.

재직중이던 1892년 2월에,[37] 그 다음해인 1893년 4월 미국 시카고에서 개최되는 〈세계박람회(The World's Columbian Exposition in Chicago)〉에 한국 출품 및 행사 관할을 위한 명예 사무대원(名譽事務大員, Honarary Commissioner)으로 일하도록 조정의 위촉을 받았던 것이다. 이 박람회는 콜럼버스의 미대륙 발견 4백 년을 축하하는 세계적 기념행사였다.[38] 공식 대표는 참의 내무부사(參議 內務府事) 정경원(鄭敬源)으로서 직함은 출품대원(出品大員)이었다.[39] 수행으로는 박용규(朴鎔奎)와 이름을 정확히 알 수 없는 안(安)모씨였다. 국악인 10명 역시 이들과 함께 가, 14명 정도가 그 일단이었다. 이들은 1893년 2월 서울을 떠났던 것이다.[40]

한국이 세계적인 단위의 행사에 출품하고 문화행사를 하였던 것이 이때가 처음이었기 때문에, 그 의의가 자못 크다고 하겠다. 세계 47개국에서 모인 이 박람회에 한국은 일본과 함께 대원(大員)을 보내어 성의를 기울였기 때문에 미국정부의 간곡한 치사(致謝)의 공한(公翰)을 받았던 것이다.[41]

이들 일행은 7, 8칸(間)의 조선식 기와집을 세워서 미화(美貨) $1,140 상당의 한국 공예 토산품을 진열하고,[42] 또 국악인으로 하여금 우리의

---

37) Editorial Notes, *The Korean Repository*, 1892. 2月號. p. 67. 여기에는 알렌을 〈Secretary〉로 誤記.

38) 舊韓國外交文書 第十一卷, 美案, Ⅱ, p. 11.

39) 高宗純宗實錄, 中, 高宗 三十年(1893) 二月 二十四日條, p. 446.

40) The New American Minister, *The Korean Repository*, 1897, 9月號, p. 350.

41) 舊韓國外交文書, 博覽會 派員에 對한 感謝, 第十一卷, 美案, Ⅱ, p. 11. 그런데 여기 日字가 1894年 4月 5日이어서 어딘가 잘못된 것으로 보인다. 그때 알렌이 送付한 이 外交文書는 알렌 직함이 署理公使이기 때문에 그 日字는 맞는다. 그러나 그 內容中 〈The People of the United States will greatly interested in the exhibits sent from Korea〉라 되어 있어서 이 글이 博覽會期間 以前에 보낸 것이 확실하다. 그러나 尹致昊日記, 三, pp. 168ff 나 承政院日記, 日省錄이 다 1893년으로 되어 있다. 따라서 舊韓國外交文書의 編纂의 하자가 있었던 것으로 보인다. 곧 〈will〉이 아니라 〈WERE〉일 것으로 보인다.

42) 出品物들은 布匹, 簾席, 螺蚰, 穀籠, 檝, 繡屛 等이었다.

전통적인 가락을 연주하게 하여, 호기심과 갈채로 한국관을 관상(觀賞) 하도록 손을 썼던 것이다.[43] 전시관에 대한 외국인들의 관심도 〈觀者가 모여들〉[44] 정도였고, 이 공산품의 전시로 〈물품 상패〉를 받았을 뿐만 아니라, 국악 연주로도 〈악공(樂工) 상패〉를 수상하였던 것이다.[45] 이 상패들은 추후에 알렌편으로 조정에 전달되었다.[46]

그런데 이 때 출품하였던 물품들은 대부분 〈各處 博物館과 各處 學校에 分送〉하였다. 알렌의 주선으로 스미소니안 박물관에 주로 보내어진 것이 확실하다.

나. 博覽會에 대한 評價 問題

이 박람회에는 시카고 시민 150만에다가 모여든 관람객 50만이란, 대성황의 찬사가 잇닿았다.[47] 미국 정부는 우리 조정에 〈本 (美)國政府 洎人民 稱謝無窮〉[48]이라 치하장을 보내 왔으며, 출품대원 정경원(鄭敬源)에게는 〈善參卒業狀〉이 송부되었던 것이다.[49] 〈美國이 我國을 顧護함이 매우 到底〉[50]한 것을 정경원은 고종에게 흥분으로 복명할 수 있었다.

하지만 이 박람회의 한국 참가에 대한 부정적이고 비관적인 평가와 성찰이 기록으로 몇 남아 있다.

그 하나는 미국인 존 코커릴(J. A. Cockerill)의 신문 기사이다. 그는 〈고종이 헐값인 한국의 폐품(廢品) 수집물들을 모아서 배편으로 성급하

43) The New American Minister, *The Korean Repository* 1897, 9月號, p. 350.
44) 高宗純宗實錄, 中, 高宗 三十年 十一月 九日(1893. 12. 16)條, p. 472.
45) 承政院日記, 上同日字, p. 762.
46) 文一平, 韓美五十年史, p. 224.
47) 尹致昊日記, 三, (1893. 9. 24 : 10. 9日字), pp. 168, 183.
48) 舊韓國外交文書, 第十一卷, 美案 Ⅱ, p. 11.
49) *Ibid.*, 1895년 ○月 ○日(原文), p. 119. 그 內容 發信者는 美國駐在韓國公使館署理 朴鎔圭.
50) 承政院日記, 高宗 三十年 十一月 九日(1893. 12. 16)條.

게 시카고로 보내서 출품〉하게 하였다는 비방적 악담을 기사로 남겼던 것이다.[51)]

다른 하나는 박람회 기간중 시카고를 방문하였던 윤치호(尹致昊)의 기록이다. 그는 두 가지로 실망하고 있었다. 하나는 그 곳에서 열린 만국종교회의(Parliament of Religions)의 기독교 상대화 작업 때문이었다.[52)] 여기에서 그 문제를 장황하게 다룰 계제가 아니기 때문에 생략하지만, 미국인들의 일본 종교에 대한 황홀, 기독교 목사 감독들의 복음적 신앙에 대한 소신 미흡을 안타까워 하며, 그들을 〈사람들을 정신적 굼뱅이로 만드는 몰상식〉으로 지탄하고, 기독교의 이름을 벗으라고 힐책하였던 것이다.[53)]

다른 하나가 바로 이 박람회에서의 한국관에 관한 것이었다. 우선 그는 정경원(鄭敬源)이 인색하고 완고한 위인(爲人)이라 판단하였고, 안씨도 〈타락한 한국인 상(像)의 전형적인 모습으로, 누추하고 게으르고 멍청하며 불결〉하다고 보았다. 박용규(朴鎔奎)가 이 셋중 최선의 인물이라 보았다.[54)] 한국의 비참을 인식하고 있을 만큼의 자의식(自意識)을 가지고 있었기 때문이다. 그가 박람회 한국관에 갔을 때의 느낌을 그대로 옮긴다.

> 조반 후 나는 박람회에 갔다. 모든 건물 위에 참가국들의 깃발이 휘날리고 있는데 한국 국기만이 없었다. 가슴이 메어졌다. 여기가 그러니 서울 가서야 오죽하랴. 한 두 달 후면[55)] 여기서 보았던 모든 건물의 아름다움과 거대함에 놀랐던 나의 심정이 땅에 떨어진듯 할

51) The New York Herold, 1895. 12. 22日字. F. H. 해링톤, *op. cit.*, p. 154에서.
52) 尹致昊日記, 三, pp. 169－179, 185－186. 여기에는 Max Müller, Ghandi, P. Schaff 等이 참가.
53) *Ibid.*, 三(1893. 10. 9日字), p. 186.
54) *Ibid.*, 三,(1893. 9. 28日字), p. 180.
55) 尹致昊는 이 때 歸國途上이었다. 尹致昊日記, 三(1893. 9. 28). p. 179.

> 것이다. …
>
> 나는 오전 11시에 한국관에 갔다.[56] 그리고 거기서 오후 다섯시까지 서 있었다. 왜, 무엇을 위해 그랬었나. 설명할 수는 없다. 그러나, 그러나, 다만 나는 그 처참한 모습에서, 내 나라의 모습에서, 눈을 돌릴 수 없었기 때문이다.[57]

한국 전시품들이 〈조잡하고, 아니 멍청해 보였기〉[58] 때문이다.

그는 성급한 개화파 인사였을 것이다. 이런 감상은 그 날의 현실적인 한국의 모습을 그대로 끌어 안을 수 없는 이상적 개화파의 자탄(自嘆)이 아닐 수 없었을 것이다. 그가 일본관에 쏠리는 미국인들의 눈길을 부러워한,[59] 그 선망의 자탄이 일제 말기 그의 전향을 앞질러 설명한다고 보아서 무리는 아닐 것이다.

윤치호는 그 때 알렌을 만나 본 일이 없다. 그런 기록이 없다. 그가 알렌 박사(Dr. Allen)이라 한 사람을 애틀랜타(Atlanta)에서 만났고,[60] 또 시카고에서 만나 9월 25일 헤어진 것으로 되어 있으나[61] 본넬 여사(Lilian Bonnell)와 함께 만난 사람이라면 그가 천진(天津) 중서학원(中西學院) 때의 스승 알렌(林樂和, 何連, L. G. Allen)[62]이었음에 틀림없다. 본넬(W. B. Bonnell, 憑)도 그 때 중서학원의 교수였는데, 이 릴리안은 그의 딸로 보여, 알렌은 동명이인으로 호레이스 알렌이 아니었다. 천진의 알렌(林樂和)은 1887년 10월 21일 청국을 떠나 귀미(歸美)하였던 것이다.[63]

---

56) 거기에는 한국 깃발이 게양되어 있었다. 尹致昊日記, 三,(1893. 9. 28日字), p. 180.
57) *Ibid.*, 三, p. 180.
58) *Ibid.*, 三, (1893. 9. 24日字), p. 169.
59) *Ibid.*, 三, pp. 169, 182.
60) *Ibid.*, 三, (1893. 9. 13日字), p. 166.
61) *Ibid.*, 三, (1893. 9. 25日字), p. 174.
62) *Ibid.*, 一, (1885. 12. 12日字), p. 134.
63) *Ibid.*, 一, p. 283.

알렌(H. N. Allen)의 대원역(大員役)은 훌륭하게 그 결실을 맺었다. 그는 회기중 아일랜드 출신 미국인을 만나 그에게 한국옷을 하나 주고 그의 귀한 고서(古書)를 얻는 소중한 일도 겪었다.[64] 만일 정경원에 대한 윤치호의 인물평이 정확하다면 박람회 출품 관리 문제 전부를 알렌이 처리할 도리밖에 없었을 것이다. 이 한국 박람회 참가의 결실이 무엇이든, 그것은 실질적으로 알렌의 업적이라 보지 않을 수 없었다.[65]

때마침 주한 미국공사관의 하드(A. Heard) 공사가 귀국 사가중(賜暇中)이라, 미국 대통령은 체미중인 시카고의 알렌에게 타전하여 임시대리공사(Chargé d' Affaires ad interim)직을 맡도록 하였다.[66] 그의 인무(印務) 접수는 8월 31일이었다.[67] 알렌이 8월 말에 한국에 돌아온 것이 확실하다.[68]

64) H. N. Allen, An Old Book on Korea, *The Korean Repository*, 1897年 1月號, pp. 14ff. 이것은 B. Hall, An *Account of a Voyage of Discovery to the West Coast of Korea and the Great Loo-Choo Island*, London, John Murray, 1818이었다.

65) The New American Minister, *op. cit.*, p. 350.

66) 舊韓國外交文書, 第十卷, 美案 Ⅰ, (1893. 8. 29日字), p. 770.

67) *Ibid.*, p. 771. 〈署理公使〉로 되어 있다.

68) 알렌이 臨時代理公使職을 맡게 된 任命日字는 정확하지 않다. 당시 임시대리공사 헤로드(J. R. Herod, 惠魯德)의 公文, 곧 알렌 任命件의 한국 朝廷通知日字가 8月 29日이란 사실 밖에는 記錄上 추적이 어렵다.

Ⅸ. 美合衆國 外交官 알렌과 韓國

지난 해 호레이스 알렌 博士는 宣敎本部와의 관계를 끊고 美合衆國 參贊官의 자리를 수락하였습니다.

美 北長老敎 海外宣敎本部, 1891年.

우리들은 衷心으로 우리들의 옛 벗이요 同僚요 同胞인 알렌 博士가 우리들의 公使로 일하게 된 것을 祝賀하는 바입니다. 그는 多年間 韓國問題 全般에 대한 最高의 權威者로 누구에게서나 인정을 받아 왔었습니다. 그의 長久하고도 성공적인 (外交)行政을 기대합니다.

The Korean Repository, 1897年.

1. 美國資本의 韓國進出 斡旋

가. 西洋文明과 〈美國利權〉의 關係

〈利權〉이란 말에 언듯 반감이 간다. 지금 우리가 보고 있는 알렌과 연결시켜서 그가 그런 소위 〈경제외교〉에 나섰었다는 사실의 음미 자체가 이 책의 전 주제와 모양새 좋게 어울리지 않는다.

그러나 우리는 기독교의 선교가 미국선교에서 결정적인 결실을 이 나라에서 보았다는 사실을 주목하지 않으면 안된다. 가톨릭의 선교가 있었다. 그것은 고귀한 순교의 전도의 역사로 세계역사의 한 기념탑으로 남았다.[1] 하지만 그 시대적 상황이나 그런 까닭에 불가피했던 지하성(地下性)으로, 복음 전달자의 생활의 극단적인 빈궁상이[2] 선교의 제한성을 자초하였던 것이라 보아도 잘못은 아닐 것이다.

신앙은 내연(內燃)에서의 자동적(自動的) 역학 관계를 가진 외연(外延)의 현상학이 있다. 신앙은 그것이 역사적 동력으로 현상화하고 사회적 혁신력으로 용솟음치게 되어 있는 것이다. 역사적으로는 서양 기독교 문명의 모든 유산이 바로 그것이다.[3]

1) S. C. Neill, *A History of Christian Missions,* a Pelican Original, Baltimore, Penguin Books, 1964, p. 414.
I. B. Bishop, *Korea and Her Neighbours,* London, John Murrary 1898, Vol. I, p. 33.

2) H. B. Drake, *Korea of the Japanese.* London, John Lane The Bodley Head, 1930, pp. 191f.
Cf. M. Warren, *Social History and Christian Mission,* London, S. C. M. Press, 1967, 第 4, 7 章 참조.

3) C. Dawson, *Progress and Religion,* Image Books. New York, Doubleday, 1960, 第六章 참조.

한국에서의 실정이 그 명백한 입증이다. 코커릴은 〈기독교와 접촉하게 된 모든 한국인들이 생활의 개선을 가져 왔다〉[4]고 관찰한 일이 있었다. 선교사들은 실제로 기독교의 구원의 복음과 아울러 그 복음의 구현(俱現)인 서양문명의 복음의 전달자이기도 하였던 것이다. 미국 선교사들은 그 출신 배경이 미국의 상당한 수출 무역업자들의 집단이었고,[5] 그 교육 배경도 다 대학출신 이상이었다.[6] 그들 선교사들 중 빈곤과 고독속에서 자살(自殺)한 캐나다의 맥켄지(W. J. MacKenzie, 1861－1895)와 같은 이가 없지 아니하였다.[7] 하지만 대개의 경우 생활의 안정과 합리성이 있었다. 요컨대 미국인 답게 산 것이다. 그리고 그 〈안락과 호사〉를 숨기려 하지 않았다. 까닭이 있었다.

> 인간생활의 현재(마저)를 좌우하고 그것을 더 기쁘고 보람있게 해 주는 종교, 다시 말하면 이 넉넉한 합리적 생활이 서양 종교의 결실이라는 것을 보여 줌으로써 기독교의 현실적 가치를 매력있게 느끼게 해 주는 것이 필요하였다.[8]

미국 선교사들에게 기독교와 문명은 성례적(聖禮的) 동량(棟樑) 관계에 있었다. 알렌은 갑신정변(甲申政變, 1884) 때의 그의 탁월한 서양 과학적 의술에 의한 민영익(閔泳翊)의 완쾌없이 〈복음에 대한 민중의 관심은 일으켜지지 아니하였을 것〉[9]이라 감격으로 회고한 일이 있었다. 앞서 우리는 그 경과를 생생하게 살펴보았다. 알렌은 이러한 문명의 혜택

---

4) J. A. Cockerill의 記事 (The New York Herold), *The Gospel in All Lands*, 1896, 1月號, p. 39에 轉載.
5) A. Hamilton, *Korea*, London, William Heineman, 1904, p. 265.
6) 알렌, 朝鮮見聞記, p. 183.
7) E. A. McCully, *A Corn of Wheat or The Life of the W.J. McKenzie of Korea*, Toronto, The Westminster, 1903, p. 222.
8) G. W. Gilmore, *Korea from Its Capital*, Presbyterian Board of Publication and Sabbath School Work, Philadelphia, 1892, p. 316.
9) H. N. Allen, Greetings, *Quarto Centennial Papers*, Pyeng Yang, 1909, p. 12.

과 그 힘의 과정을 통해 〈기독교가 한국에 정착할 수 있었고, 그 이후에 오는 선교사들을 받아 드릴 수 있게〉[10]되었던 것이라고 증언하였던 것이다. 이 근대문명의 핵심이 기독교라는 것을 선교와 함께 전달된 사실을 한국인은 포착하였던 것이다.

> 조선 사람들은 서양문명에서 최선의 것들, 사람의 힘을 환기시켜 최선의 결과를 가져 오게 하는 동력(動力)이 바로 기독교에 있다는 것을 깨닫고 있다. 기독교의 원리, 그리고 이 원리가 실천되는 것, 이 정신의 숨 쉬는 곳, 거기에 문명은 생성되고 발전이 있는 것이다.
>
> 이것이 바로 오늘날 한 조선의 정치가가 기독교만이 조선의 민족적 구원의 유일한 희망이 있다고 말한 까닭이다.[11]

엄격한 의미에서 그것은 미국화(美國化)는 아니었다. 기독교화(基督敎化)였다. 조선적인 것의 전통을 중추로 기독교화하는 것이었다.[12]
한국의 사회상을 잘 알고 있던 그리피스(W. E. Griffis)는 정곡을 찌르는 말을 한 일이 있었다.

> 조선 사람의 가슴속에 기독교가 스며들자 그들은 … 자신과 이웃의 복리증진(福利增進)을 시도하게 되었고, … 새로운 교리(基督敎)는 자유 경쟁의 사상을 도입하였으며, … 조선에 철도가 부설되어 진지한 원매자(願買者)들이 농부의 대문을 찾아들게 되었다. …

10) 朝鮮見聞記, p. 179.
Cf. O. R. Avison, History of Medical Work in Korea, *Quarto Centennial Papers*, p. 31.

11) L. H. Underwood, *Fifteen Years among the Top-Knots, or Life in Korea*, New York, American Tract Society, 1904, p. 298.
Cf. 대한그리스도인회보, 1898. 6. 1日字.

12) M. Best, Development of Work among Women, *Quarto Centennial Papers*, p. 47.

오늘날 한반도는 철도를 부설할 필요가 있다. 철도를 부설하면 철도 주변 20마일 내외의 계곡은 그 가치가 4배로 올라 갈것이다. … 287마일의 경부선(京釜線)은 조선에서 가장 비옥한 4개 도(道)를 관통하게 될 것인데, 조선 전체 가구의 70%와 전체 경작면적의 71%가 이 4개 도에 속하여 있다. 이 곳에는 매달 6회의 큰 장터가 열리는 시장(市場)이 있고, 이 교역지 근처에는 39개의 정거장이 위치하고 있다. 이 곳의 총 거래액은 조선 국내 교역의 65%를 넘는다.[13)]

알렌도 일찍이 근대화와 기독교와의 관계를 그의 장로교적인 경세관(經世觀)으로 선교사(宣教史)에서 찾아보고자 한 일이 있었다.

선교사들은 개량된 공구와 농기구를 도입함으로써 본토인(韓國)의 생활이 향상되도록 도와 주었으며, 또 공구와 농기구의 사용법을 한국인에게 가르쳐 주었으며, … 위생과 건강법과 적합한 육아법을 가르침으로써 많은 어린이의 생명을 구하였다. … 이 나라에 풍미하고 있는 새로운 생할 환경에서 초래된 쓰라린 생존 경쟁에 한국인들을 잘 적용시키기 위하여 선교사들은 그들을 가르치고 있다.[14)]

미국공사였던 씰(J. M. B. Sill)은 농사 지식에 조예가 깊어, 《그리스도신문》에 그의 글을 여러 차례 연재하고 있었다.[15)] 기계 농업의 미래 구상이 씰에 의해서 전망되기도 하였던 것이다.

상업 발전과 개혁의 동기도 기독교에서 제공된 사실이 밝혀진 일이 있었다. 켈티(J. S. Keltie)는 한국에서의 상역(商易) 개혁이 선교 발전과 함께(accord with mission progress－1885－1903) 리듬 있게 증진되었다고 보았는데, 그 기간에 한국 개항구(開港口)에서는 상역이 2배로 상승하였으

13) W. E. Griffis, *Corea the Hermit Nation*, New York, Charles Scirbners, 1907, 申福龍 譯, 隱者의 나라 韓國, 서울, 探究當, 1976, Ⅲ, pp. 191－193.

14) 朝鮮見聞記, pp. 183－184.

15) 그리스도신문, 1897. 4. 7日字, 7. 22日字 等.

며, 그 액수는 대개 $6,000,000에서 $14,000,000로 배가된 사실을 지적하고 있었다.[16] 그런데 선교사회사학자(宣教社會史學者)로 유명한 데니스(J. S. Dennis)도 일본과의 상역량 증가를 보면서 그것이 정치적, 상업적, 사회적 착취로 변질되어 가다가, 한국 민중의 사회적 경제적 몰락으로까지 가게 할 것이라 경고한 일이 있었다.[17]

나무와 열매는 별개가 아니다. 그리고 신앙과 역사도 따로 격리되지 않는다. 기독교가 있는 곳에는 기독교의 문명이 있어야 하는 것이다.

우리는 알렌에게서 이런 선교신학의 전개를 볼 수 있다. 그는 미국 문명의 한국 도입을 기독교 선교만큼 바란 것이다. 그것이 그의 미국공사관 직책으로 아주 현실적인 차원에서 진행되게 된 것이다. 그 현실이란 조선 왕궁과 그 관리들, 한·미·일, 그리고 청국과 러시아의 냉엄한 국제적 갈등, 그리고 이제 개화기에 들어선 오랜 동양적 관례(慣例)에서 힘겹게 변혁해 나가려는 역사적 현장, 이런 것들이 뒤섞인 바로 그 현실이었다. 그런 곳에서 미국 기독교 문명의 한국 도입은 미국 자본의 한국 진출이란 용어로 구체화하다가 제국주의적 용어로는 이권(利權)이란 말로, 좀 비판적인 형태로, 좋지 않게 쓰여지게 되었던 것이다. 그런 현실은 아울러 모든 권모술수와 지저분한 계략과 야심의 현장일 수 밖에 없었다. 그 속에 알렌에 뛰어 들었던 것이다.

나. 宣教와 商業의 關係의 한 誤用

현실에는 동기의 순수성만이 그 결과를 보증하는 논리가 통하지 아니

16) J. S. Keltie, *The Stateman's Year Book*, London, McMillan, 1905, p. 895. Cf. The Trade of Korea, Editorial Department, *The Korean Repository*, 1897. 10月號, pp. 411-413.

17) J. S. Dennis, *Christian Missions and Social Progress, A Sociological Study of Foreigh Missions*, New York, Fleming H. Revell, Ⅳ, 1905, p. 499.

하는 변수(變數)가 있다. 선교사들이 미국 기독교 문명에 대하여서 직접 그 이득을 설득하고자 한 상업적 의도가 따로 없었다손 치더라도, 생활과 언행에서 그러한 문명의 이기(利器)에 대한 자연스러운 언급이 때로 있어서, 필경 〈외국 상품의 소개가 있게 되고, 따라서 그것들에 대한 수요(需要)를 자극하고 생성시키는〉[18] 일이 허다하였다.

> 복음을 전파함으로써 대중을 계몽하여서 그들의 생활 수준을 높여 주는 일을 해 나가는 사람들보다 더 국제 교역의 진홍을 촉진해 줄 보통 계급의 시민은 따로 없을 것이다.[19]

그것은 알렌이 공사로 있는 입장에서 보더라도 좋은 일이라 보았고, 한걸음 더 나아가 〈높이 평가하기를 마지 아니하였던〉 것이다. 1897년 현재 한국에는 미국인이 2백 명 가량 부녀자를 포함하여 거주하였는데, 30명이 운산 금광(雲山 金鑛)과 서울-제물포 철도 건설 관계에 종사하고 있었으며, 7명이 조정의 고문관(顧問官)이나 교사로 위촉되어 일하고 있었으며, 3명이 상역(商易)에 종사하고는, 나머지 160명 가량이 선교사들로 복음 전파 사업에 전념하는 이들이었다. 따라서 선교사들의 이러한 자연스러운 문명 이기 수요 촉발적 행동의 영향력은 미국 상역 증대에 무시할 수 없는 동인(動因)으로 작용한 것이 사실이다.

그런데 알렌이 이제 직업 외교관으로서 전력(前歷) 선교사로서, 비판한 일이 하나 있었다. 그것은 소명(召命)과 생활 형태와 상업(商業)에 대한 명백한 구분의 문제였다. 미국 선교사들중 일부이지만 저러한 간접적 문명 수요의 입장에 머물러 있지를 아니하고, 〈어떤 상역 관계의 대리역(代理役 agencies)으로 일하는 관례가 늘고 있다〉고 비판한 것이

---

18) The Trade Report of the United States Consul-General, Editorial Department, *The Korean Repository*, 1898, 8月號, p. 307.

19) Are Missionaries Worthy of Diplomatic Protection, *The Foreign Missionary* 1883, p. 190.

다. 그는 미국 거류민들을 의식한 그의 〈한미 무역 보고서〉에서 이 사실을 특별히 주의하여 언급하고, 이는 〈대단히 유감스럽고 견책 받을 만하며, 더구나 선교 사업에도 막대한 지장과 손해를 끼치는 행태〉라고 엄중하게 경고하였던 것이다.[20)]

《코리아 리포지토리》의 편집 기사는 이 사실이 무엇인지 잘 모른다는 듯한 반응을 보였다. 하지만 〈선교사의 소명이란 입장에서는 돈이 관련된 세속 상역행위(商易行爲)에 대하여 관여 못한다는 것이 있다〉[21)]고 전제하고, 그런 일에 개입된 선교사가 좀(very few) 있다고 시인하고 있었다.

이들이 정확하게 누구인지, 현재로서는 좀더 궁구(窮究)해 보아야 할 여지가 있다. 빈톤(C. C. Vinton)이 그러했던 것 같으나,[22)] 역시 좀더 조사해 보아야 할 문제이다.

다만 우리가 일종의 전이해(前理解)를 가지고 살펴보아야 할 중대한 문제는 이런 사실을 대단한 치부로 들고 나와서 논급(論及)한 사람들이 대개 선교사업에 비판적인 부류의 인물들이었다는 점이다.

가령, 1889년 5월부터 1896년 10월까지 영국 주한 총영사(總領事)였던 월터 힐리어(Sir W. Hillier, 禧在明)[23)]는 이사벨 비숍(I. B. Bishop) 여사의 《*Korea and Her Neighbours*》라는 책의 서문에 이런 글을 써 놓고 있었다. 장황하지만 그 본의를 추찰(推察)하고자 옮긴다.

> 韓國에서는 물질적 진보와 개화에 대한 욕구를 일깨워 준 사람들이 바로 선교사들이다. … 이들은 도대체 할 일이 너무 많은 사람들이지만, 이들의 商易의 개척과 그 선구자로서의 有用性에 주목하고 싶다. 이들은 상인이나 스포츠맨, 여행가, 어느 누구든 찾아 와

20) *Loc. cit.*

21) *Ibid.*, Editorial Department, p. 308.

22) F. H. 해링톤, *op. cit.*, p. 112.

23) 그는 1883年 10月, 해리 파크스(Sir H. Parkes)를 따라 韓英修好條約 준비를 위해 訪韓한 일이 있고, 1884年 4月에는 혼자 와서 條約締結.

> 서 情報를 물으면, 지방 형편에 대한 지식을 많이 가지고 있기 때문에 즐겨 그들이 목적하는 바를 채워 줄 수 있으리만큼, 풍부한 지식을 갖추고 있다. 만일 상공회의소 같은 곳에서 이들 선교사들을 초빙하여 강연을 듣고 또 그들에게 문의할 것 같으면 상역 확대에 대한 가능한 모든 값 있는 정보를 얻어 낼 수 있다고 믿는다.
>
> 생산업자들은 생산업종 결정의 필요한 정보들을 그들이 알고 있는 것 이상으로 선교사들에게서 얻고 있는 것이다.[24]

이 서문은 알렌이 워싱턴에서 〈한미 무역 보고서〉[25]를 발표한지 석달 안에 쓴 글이다. 알렌의 보고서를 못 보았을 리가 없다.

다. 알렌의 外交官 行蹟

이제 우리는 알렌의 모든 행적들을 선교부의 문서에서가 아니라 외교문서에서 찾아보게 되고, 그리고 그것은 우리들에게는 감상적인 비애의 감정마저 일으켜 준다. 하지만 그와 더불어 함께 일하던 선교사들이 계속 활동하고 있는 한국에서 외교관으로 봉직하게 된 알렌에게는 궁궐과 함께 구정(舊情)을 사랑과 추억으로 간직한 여러 친구들이 있어서 그의 걸음을 멀찌감치 따라, 떠나지를 아니하였던 것이다. 그것은 그의 고립을 막아 주고, 그리고 어려움이 닥칠 때에는 가이없는 힘과 격려가 되어 주었던 것이다. 그것 이상 더 바랄 것이 무엇이 있었으랴.

알렌이 미국 외교관으로 첫 출발을 한 것은 앞서 말한 바도 있지만, 한국에 입국한 지 5년 10개월만인 1890년 7월 9일의 일이었다.[26]

---

24) Sir. W. Hillier, Preface, I. B. Bishop, *Korea and Her Neighbours*, London, John Murray, 1898, Vol. I, p. ix.

25) 1898年 6月 13日 發表.

26) H. N. Allen, *Korea : The Fact and Fancy*, Seoul. Methodist Publishing House, 1904, p. 180.

近者 我大統領 以醫師安連差定本署參贊官 該員已接任視事 擬於日間[27]

그리고 그 해 11월 12일에는 부총령사(副總領事 Deputy Consul General)에 취임하였던 것이다.[28] 알렌은 그 때 공사 하드(A. Heard, 何德)의 휴가중, 곧 1891년 10월 22일에서 꼭 한 달 동안 임시 대리대사 일을 보고, 다시 1892년 6월 23일에서 그 해 9월 4일까지 역시 임시 대리직을 맡았던 일이 있다.[29]

알렌이 한국정부의 명예대원(名譽大員)으로 시카고 만국박람회에 참가하도록 지명된 것은 1893년 2월의 일이었고, 체미중에 곧 그 해 8월 29일에 임시 대리공사로 임명을 받았던 것이다.[30] 그 직책은 4월 30일까지였다.

씰 공사가 휴가중인 1895년 9월 13일에서[31] 그 해 10월 24일까지[32] 재차 임시 대리공사직을 수행한 알렌이 대리 겸 부총영사(Vice and Deputy Consul General)로 승진한 것은 1896년 4월 6일의 일이었다.[33] 씰 공사가 병약한 노인으로 재차 일본에서 휴가중인 1896년 9월 18일에서[34] 11월

27) 醫師安連參贊官新任의 件, 舊韓國外交文書, 第十卷, 美案, Ⅰ,(1890. 7. 24日字 通知), p. 515.

28) 安連代理總領事就任의 通知, 舊韓國外交文書, *Ibid.*, (1890. 11. 20日字), p. 532. 自身의 年代表에는 本 事項이 누락되어 있다. 여러 곳에 誤記가 있다.

29) 金源模, 近代韓國外交史年表, p. 270.

30) 舊韓國外交文書, 第十卷, 美案, Ⅰ,(1893. 8. 29日字), p. 770. H. N. Allen, *Korea : The Fact and Fancy*, p. 186. 그는 이 同記事를 1892. 6. 28日字에 誤記하고 있다. p. 177.

31) 公使 休暇中 安連 代理의 件, 舊韓國外交文書, 第十一卷, 美案, Ⅱ, (1895. 9. 12日字), p. 127.

32) 歸任視務通知의 件, *Ibid.*, (1895. 10. 24日字) p. 132.

33) 參贊官 安連의 代理兼副(總)領事 陞敍의 通知, *Ibid.*, (1896. 4. 6日字), p. 148.

34) 公使 休暇中 安連 代理의 通知, *Ibid.*, (1896. 9. 18日字), p. 184.

18일까지 〈잠시 대리공사(暫時 代理公使)〉직을 수행할 때[35] 알렌은 씰 공사의 본국 귀환을 짐작하고 있었다.

그 날이 1897년 7월 27일에 온 것이다. 그 날자에 미국 대통령 맥킨리(W. McKinley, 1843-1901)[36]가 씰을 소환하면서 알렌을 주한 미국 변리공사(辨理公使) 겸 총영사(總領事)로 승진 임명하였던 것이다.[37] 그 때 관직명으로는 〈駐劄朝鮮便宜行事大臣 兼 總領事〉(Minister Resident and Consul General)이었다. 알렌의 시무(始務)는 9월 11일부터였다.[38]

물론 외교적인 발언이다. 하지만 맥킨리는 그 신임장속에서 이런 말을 남겼다.

> 그(알렌)는 우리 두 나라의 상관된 이해 관계에 대하여 누구보다도 精通하고 있을 뿐만 아니라, 우리 두 나라 사이에 그렇게 장기간 동안 흘러 내려온 交誼를 양껏 제고시키려는 우리들의 진지한 열망을 그처럼 體恤하고 있는 사람도 다시 없다고 믿습니다. 本人은 그가 高邁한 성품과 다함 없는 能力의 소유자라고 확신하기 때문에 그를 全幅的으로 신뢰하여, 그가 계속해서 우리 두 정부의 利得과 번영의 향상을 위해 전력을 다하도록 할 것이며, 그렇게 함으로써 陛下께서 嘉納할 만한 인물이 되리라 확신합니다.
>
> 그러므로 本人은 陛下께서 그가 美合衆國을 위하여 하는 말에 全的인 信賴를 베푸시며, 우리 정부가 朝鮮의 번영을 위해 최선의 祈願을 드리도록 그에게 맡긴 모든 일에 信賴를 더하여 주시기를 伏

35) 美公使施逸休暇後 仍舊視務의 件, *Ibid.*, (1896. 11. 18日字). p. 194.

36) 共和黨出身 美國 第25代 大統領(1897-1901). 1901년 9월 6일 총격피살로 副統領 Theodore Roosevelt가 大統領 承繼.

37) 美大統領 맥킨리, 安連公使任命의 信任狀(原 10册), 舊韓國外交文書, 第十一卷, 美案 Ⅱ.(1897. 7. 17日字), p. 256.

38) 施逸遞還과 安連公使新任의 件, *Ibid.*, (1897. 9. 11日字), p. 254.

望하는 바입니다.[39]

알렌을 임명하여 이처럼 한미간의 우의를 다졌던 맥킨리 대통령이 무정부주의자의 손에 총격을 맞아 쓸어져 비명에 가기 석 달 전, 1901년 6월에 알렌의 서울 공사직을 〈爲對等駐美之韓國公使〉하는 목적으로 특명전권대신(特命全權大臣－Envoy Extra-ordinary and Minister Plenipotentiary)으로 격상시켰다.[40]

그러나 전권대사를 봉직한지 꼭 3년 9개월만인 1905년 3월 29일에 미국의 루즈벨트 대통령(T. Roosevelt, 1858－1919)은 한국인의 오랜 벗인 알렌을 반일(反日)의 편향을 구실로 해직하였던 것이다.[41] 그의 후계자는 그의 예하직 찬참관이었던 모간(E. V. Morgan, 毛艮)이었다.[42]

大美特派漢城全權大臣安連　爲照會事　此貽呈卽召還本公使之國書謄本　而本公使擬於本月八日離漢城　故玆備文照會貴大臣　請煩查照奏達天陛　俾蒙陛見　奉該國書幷行辭陛爲要[43]

이제 소환 국서를 함께 보내어 이달(6月) 8일께 떠나기 앞서 황제(高宗)에게 알려서, 만나, 국서를 올리고 이별하도록 조치해 달라는 공사 최후의 외교문서였다. 주한 미국 외교관으로서는 14년 8개월만의 일이

---

39) 安連公使의 信任狀, 舊韓國外交文書, 第十一卷, 美案 Ⅱ, (1897. 7. 27日字). p. 256.

40) 全權大臣陞任職帖奉呈키 爲한 陛見要請, 舊韓國外交文書, 第十二卷 美案 Ⅲ,(1901. 8. 5日字), p. 162.
Cf. News Calendar, *The Korea Review*, 1901, 7月號, p. 310.
Cf. 金源模, *op. cit.*, p. 271.

41) 美公使召還國書進呈 및 陛見要請, 舊韓國外交文書, 第十二卷, 美案 Ⅲ, (1905. 6. 2日字), pp. 753－754.

42) 美新任公使毛玕陛見要請, *Ibid.*,(1905. 6. 22日字), p. 759. 모간은 1901－1905年 러시아大使館의 二等書記官, News Calendar, *The Korea Review*, 1901, 3月號, p. 121.

43) *Ibid.*, (1905. 6. 2日字) p. 753.

었다.

알렌은 체한 기간 20년 6개월(1884. 9－1905. 3)중에서, 다만 4년 정도만을 선교사로 일하였고, 그것도 의료 선교사로 보냈고, 선교사들과의 관계도 썩 좋은 편은 아니었다. 게일(J. S. Gale)이 알렌의 편력에 대하여 〈내 생각으로는 알렌 박사가 선교사 명부에서 그의 이름을 제거한 것으로 안다〉[44]고 하면서, 〈그는 입국할 때부터 외교관으로 일해 왔다〉[45]고 한 말은 재한 선교사들 전체의 의견이었다는 인상이다.

라. 美國資本의 韓國 進出과 基督敎

1) 美國資本 進出의 歷史的 意味

알렌이 미국 자본의 한국 진출을 외교적으로 강력하게 밀고 나간 데에는 대개 세 가지의 뚜렷한 목적이 있었던 것으로 보인다. 그 하나가 한국에서의 미국 세력의 증대가 기독교 선교에 크게 힘이 된다는 판단 때문이었다.[46] 그것은 헐버트(H. B. Hulbert, 訖法, 1863－1949)의 정치신학(政治神學)에서도 그 이론적 근거가 제공되고 있었다.[47]

> 지금 세계 각국에 문명 개화흔 나라들은 다 舊敎나 耶蘇敎를 밋는 나라인직 이걸 보거드면 그리스도교가 문명 개화ᄒᆞᄂᆞᆫ 데ᄂᆞᆫ 긴요흔 거시라.[48]

기독교국의 영향 확대와 선교의 정착과는 이만큼 밀접하였다.

---

44) J. S. Gale, *Korea in Transition*, New York, Young People's Missionary Movement of the United States and Canada, 1909, p. 163.

45) *Loc. cit.* 이것은 알렌이 入國時 푸트의 안내로 高宗을 알현했을 때 〈美國公使館의 公醫〉라 대답한 말을 主로 두고 한말.

46) 朝鮮見聞記, pp. 181－182.

47) H. B. Hulbert, Missionary Work in Korea, *The Korea Reviw*, 1906. 10月號, pp. 361－363.

48) 논설, 독립신문, 光武 元年(1897), 12. 23日字.

다른 하나는 구체적으로 미국 자본의 한국 관련이 한미관계의 밀착을 실현하는 방법이라 보아 한국측의 자발적 선도적 요청이 컸다는 사실을 알고 있었기 때문이다. 민비(閔妃)와 고종(高宗)은 미국을 동맹국으로 끌어들여, 그것을 견고하게 하는 길이 미국 자본의 한국 진출이란 것을 알고 있었기 때문에, 〈이권(利權) 하사(下賜)를 열망〉[49]하고 있었을 정도였다. 그리고 이런 생각의 구체화는 민비의 판단에 의한 것으로 전문되고 있다.

그 다음은 이 두번째 것과 연관되는 것으로서, 이러한 미국과의 밀착이 반일(反日)의 위상과 힘을 확보하게 된다는 역학관계(力學關係)를 알고 있었기 때문이다. 알렌은 왕실과 함께 한국에서의 가장 심각한 외적(外敵)이 일본이란 사실을 체험적으로 알고 있었다.[50] 그것은 1894년과 특히 1895년 민비시해(閔妃弑害)라는 엄청난 비극 때문에, 기독교와 미국의 친한적(親韓的) 이미지에 낭만적일 만큼의 기대를 걸었던 왕궁의 좌절을 바로 옆에서 몸으로 겪어 나가면서, 철저한 그의 일관된 인간적 감정과 미국 청교도적 신앙의 윤리관으로 굳혀졌던 것이다.[51] 그런 상황을 한 미국 선교사의 글에서도 엿볼 수 있다.

> 황제(皇帝)는 모든 미국인들에게 특별히 우호적이었다. 그들중 몇 사람은 고종의 아주 친밀한 벗들이 되었다. 그 분의 일관된 정책중의 하나는 미국 자본주의에 의해서 어떤 (국가적) 이득을 보자는 것이었다. 그리고 그것을 가지고 증대하는 일본의 영향력과 러시아의 침입을 제어하자는 것이었다.[52]

이런 것들이 바로 한국의 재정적 어려움과 부채가 많았다는 사실보다

49) F. H. 해링톤, *op. cit.*, p. 160.
50) Allen to A. J. Brown(美國北長老教 海外宣教本部總務), 1906. 4. 30日字.
51) 이 問題에 대하여서는 바로 다음 節을 참조.
52) A. Kenmure, A Review, *The Korea Review*, 1905, 2月號, p. 70. 이것은 W. F. Sands의 글에 대한 論評 형식의 引用이었다.

더 중요하게 미국 자본의 한국 도입을 바란 왕실의 본심이었고, 알렌이 왕실의 충실한 벗으로서 미국 상사들을 끌어들이게 되었던 까닭이다. 미국 자본의 진출은 여건이 아주 좋았던 셈이다. 다만 미국이 주저하였을 따름이거나, 전망을 밝게 보지 아니하였을 따름이었다.

미국은 1884년에 이미 미국 무역상사(American Trading Company)의 울릉도 산림채벌권을 획득한 바 있으며, 에디슨(T. Edison)이 왕실과 전등가설(電燈架設) 계약을 맺은 바도 있었다.

더구나 외교관 출신 미국인의 자본 유치 활동도 눈에 띄고 있었다. 가령 푸트(L. H. Foote, 1826-1913)는 진주 채취권을 알선하고 철도 부설권에 대하여 노력한 일이 있었다. 포크는 왕실의 전등 가설을 알선하였던 것이고, 록힐(W. Rockhill, 柔克義, 1854-1914)[53] 역시 관심이 많아 타운센드(W. T. Townsend)의 축출 위협에 군함 파견을 요청한 일도 있었다. 미국 상역(商易) 활동의 강력한 보호 의지 때문이었다.

알렌의 미국 자본 진출 알선에서 우리는 그의 기독교적 윤리관의 잠재를 무시할 수 없다는 것을 알게 된다. 그가 동료들이 거의 다 선교사인 한국에서의 활동을 기독교적 가치관에서 벗어나게 할 수 없다는 현실적인 문제 이외에도, 그의 강력한 청교도적 신앙이 떠난 일이 없었기 때문이다. 비판적이었던 게일의 말을 들어 보면 안다.

> 그(알렌)는 처음부터 그가 1905년 한국을 비통으로 떠나 그의 현란한 생애를 마칠 때까지 시종 외교관으로 살았다. 그의 이름은 한국에서는 높이 빛나고 있다. 외국인들 모두도 그렇지만 한국인들이 다 그를 존경하고 사랑하고 있다. 다년간 그가 미국과 한국 백성들

53) 美國外交官 東洋學者. 1884年 北京公使館 근무, 1886年 韓國代理公使 1896年 國務省 근무, 1899年 國際美洲局長, 1900年 義和團事件 調査特使, 1905-1909年 北京駐在公使, 선교사들에 대한 否定的 立場 견지. 알렌과도 對日政策問題로 대립. 著書로는 *China's Intercourse with Korea from the XVth Century to 1895*, London, Luzac Co., 1905.

을 성실하게 그리고 훌륭하게 봉사하였기 때문이다.[54)]

갈등이 많았고 선교사직을 사임할 때 불편하게 결별해야 했던 선교사들에게서 〈신임을 받는다〉[55)]는 것은, 한국에 있는 선교사들의 뿌리 깊은 엄격한 청교도적 보수 신앙에[56)] 의한 인정(認定)이란 차원에서 볼 때 결코 용이한 일은 아니었다.

가령 그는 1885년 화약 제조소 설치에 대한 특권의 문제에 대하여 단호히 이를 거절한 일이 있었다. 선교사 배경의 알렌이 화약(火藥)이나 무기류 공장 건설을 알선할 수는 없었다.

2) 水道工事와 社會衛生

알렌이 의사로 선교 활동을 하던 1886년 여름 콜레라가 무섭게 만연한 일이 있었다. 그 때부터 그는 심각한 사회위생의 문제로 들어난 식수문제, 곧 도랑의 시궁창과 변소 옆에 나란히 잇닿아 있는 우물의 불결한 식수가 모든 병의 원인이라는 판단이 섰던 것이다.[57)] 그래서 우선이 수도 공사에 특별한 관심과 정성으로 자본 도입을 추진하게 되었던 것이다.

알렌이 한 말이 여기 있다.

> 상수도 사업의 독점권은 콜레라가 만연되었을 때에 내가 의료에 종사하면서 특별한 관심을 가졌던 문제였다. 사람들이 길 옆 우물

54) J. S. Gale, *op. cit.*, p. 163.
55) 朝鮮見聞記, p. 199.
56) A. J. Brown, *The Mastery of the Far East*, New York, Charles Scribners, 1919, p. 540.
57) H. N. Allen, J. H. Heron, The First Annual Report of the Korean Government Hospital for the Year ending April 10th. 1886.
Cf. O. R. Avison, Deases in Korea, *The Korean Repository*, 1987, 3月號 (I), p. 90.

> 에서 음료수를 긷는 것을 종종 보았는데 우물 벽이 바로 옆에 흐르는 하수도의 벽이기도 하였다.
>
> 수도 사업은 다른 어느 것보다도 필요하면서도, 철도나 전기 사업처럼(그 이윤면에서) 잘 될 것 같지 않았다. 그래서 몇 년 동안 이 사업을 하겠다고 동조해 온 사람에게 가능한 다른 모든 특허권을 부여한 후에 마침내(이 사업에 손을 대게 하여) 일을 진행해 나갈 수 있었다.[58)]

그 동기의 숭고함이 이 이상 더 뚜렷할 수 없다.

상수도 공사의 관할이 미국 〈콜부란과 보스트윅 상사(The Collbran & Bostwick Company)〉에 위임된 것은 1898년 2월 15일의 일이었다.[59)] 이 공사는 비용이 많이 드는 것이었다.[60)] 기독교회는 이 공사에 대하여 〈특별한 관심〉을 보였다.[61)] 그리고 그 공사 진행 상황과 내용에 대하여 공지(公知)시키는 형태로 관심을 보였다. 거기 의하면 이 상수도는 뚝섬에서 하루 물을 1천만 갤런 보급하였다고 한다. 한강변에 세 곳 저수지를 마련해서 서울에 송수(送水)하도록 하였는데, 송수관은 30인치 파이프였다. 공사 규모로는 그 때 서울 인구 20만의 4.5배에 해당되는 인구를 예상한 것이었다.[62)]

기독교회는 이 공사가 그 때로서는 가장 광범위하게 그리고 막대한 예산을 들여서 한국의 개선과 발전을 위해 수행된 점에 관심을 기울였다. 다른 모든 공사와는 달리, 그리고 다른 모든 공사를 다 합친 어떤 공헌보다도, 이 상수도 공사는 의미와 가치가 있다고 찬양하였다. 까닭

58) 朝鮮見聞記, p. 254.
59) H. N. Allen, *Korea : The Fact and Fancy*, p. 203.
60) 이 工事費는 대개 時價 7백만 원. H.B. Hulbert, *The Passing of Korea*, New York, Double-day Page, 1906, p. 159.
61) The Seoul Water-works, *The Korea Review*, 1901, 9月號, p. 385.
62) *Ibid.*, pp. 385－386.

은 이것이 다른 어떤 특수 계층보다는 일반 민중 전체에 가장 직접적으로 혜택을 받게 되어 있었기 때문이다.[63] 부유한 사람들은 그들 집에 가정용 우물이 따로 있어서 청결을 지킬 수 있었다. 그러나 일반 민중들은 동네 우물이 있어서 함께 썼는데 그 위생 상태는 심각한 정도에 이르고 있었기 때문이다. 교회는 이러한 민중 차원의 봉사에 막대한 투자를 하게 한 조정(朝廷)의 근대화 지향 정책에 찬사를 아끼지 않고 있었다.[64]

3) 京仁鐵道 敷設權과 그 對日 讓渡의 意味

다음 알렌은 서울-제물포간의 철도 부설에 미국 자본이 동원되도록 하여 그 허락을 조정에서 받아 냈다.[65] 1896년 3월 29일의 일이었다. 미국인 모오스(J. Morse)에게 그 부설권이 허여(許與)되었던 것이다.[66] 교회는 이 철도 부설에서도 특별한 의미를 찾고 있었다.

> 이 세상에서 누구든지 이러케 … 이긔랴 ᄒᆞᄂᆞᆫ 영악ᄒᆞᆫ 긔운을 가지고 ᄒᆞᆫ번 하ᄂᆞ님의 발 압헤 두고 복죵ᄒᆞ면 됴흔 일군이 되리이다. 그런고로 비단 텰로ᄲᅮᆫ 아니라 하ᄂᆞ님 아바지ᄭᅴ셔 오ᄂᆞᆯ 미국으로 ᄒᆞ여금 식히시ᄂᆞᆫ 일이 만흐니 대한 사ᄅᆞᆷ은 이 텰로를 잘 보고 ᄌᆞ셰히 ᄉᆡᆼ각하시압.[67]

미국이 이 철도 부설을 하게 되는 섭리가 있다고 함이었다. 교회는 교통의 편리와 함께 상역(商易)의 증대와 교육적 자극을 생각한 것이다. 서양 과학의 지식에 대한 한국 청년 지식인의 교육열 충천이 새 한국의

63) *Ibid.*, p. 387.
64) *Loc. cit.*
65) H. N. Allen, *Korea : The Fact and Fancy*, p. 196.
Cf. 李瑄根, 韓國史, 現代篇, 서울, 乙酉文化社, 1964, p. 784.
66) 이 교섭에는 알렌과 함께, 미국 자본가들의 聯合機關을 代表하는 헌트(L. Hunt)의 공헌이 컸다.
67) 텬로도, 그리스도 신문, 1901. 7. 4日字.

모습을 건설해 나갈 것이라는 기대였다. 5백 년의 고루와 안주가 이러한 근대화로 깨져 나갈 것이라 보았던 것이다. 그리고 미국인 선교사들로서는 이러한 거대한 근대화 작업에 동원된 자국 기업에 대한 긍지와 포부 역시 적지 아니하였다.[68]

알렌은 이 철도 부설권의 준허(準許)가 민비의 비극적인 시해(弑害)와 밀접한 관련이 있다고 비고(備考)하기를 마지 아니하였다. 그것은 그 시해(1895. 10. 8)가 있었을 때 반일적인 정객 6명이 미국 공사관에 피신하여 보명(保命)한 일이 있었다.[69] 그런데 이들이 아관파천(俄館播遷, 1896. 2. 11) 이후의 격변된 정세에 따라 대개 다 입각(入閣)하게 되었고, 심지어 자신의 추천으로, 친숙한 박정양(朴定陽)이 총리대신(總理大臣)으로 임명되고 난 다음에,[70] 〈자연히 신세를 갚기 위하여 내가 서울－제물포간의 철도를 부설하는 공사를 부탁하였을 때 그들은 이를 허락〉하여 주게 되었다는 것이다.[71]

그 때 외부대신 이완용(李完用)과 농상공부대신 조병직(趙秉稷)이 연서(聯署)해서 모오스에게 교부한 〈京仁間鐵路合同〉의 내용중에는, 조약체결 후 12개월 이내의 공사 착공과, 착공 3년 이내의 준공, 그리고 준공 이후 15년이 지난 다음에야 한국 정부가 자점(自占)할 의사를 밝힐 수 있으되 그런 의사가 없으면 10년 간격으로 재조정한다는 것 등이 들어 있었다.[72] 조약문은 영어가 공용정문(公用正文)이었다.[73]

---

68) Railroad between Seoul and Chemulpo, Editorial Department, *The Korean Repository*, 1896, 4月號, pp. 169, 178.

69) 李完用, 李夏榮, 李允用, 閔商鎬, 李采淵, 玄興澤. 朝鮮見聞記, p. 2.

70) 朝鮮見聞記, p. 252. 이 때 尹致昊가 學部協辦으로, 李商在가 學部參書官으로 任命, 尹致昊日記, 四, p. 143.

71) *Loc. cit.*

72) 金源模, *op. cit.*, pp. 64－68.

73) 朝鮮鐵道史, 朝鮮總督府 鐵道局, 第一卷, 1937年版, pp. 55－56. 日帝는 알렌이 이 때 皇室에 10萬弗, 關係大臣에 5萬弗씩 헌납하였다고 記. 尹致昊는 李完用이 알렌에게 $4,000을 준 것으로 記. 그러나 그 用途에 疑惑이 있었던 것으로 記, 尹致昊日記, 四, pp. 143, 147, 150.

알렌은 모오스가 이 거대한 공사의 착수에 전력을 다 하도록 격려하고 후원해 준 것이 확실하다. 자금 조달차 귀미(歸美)한 모오스가 불참한 가운데 1897년 3월 22일, 제물포의 우각리(牛角里)에서, 알렌, 타운센드, 기관사(機關師) 칼리이(Carley), 타운센트 회사의 데쉴러(Deshler), 제물포 해관(海關)의 라포트(Laporte) 및 이채연(李采淵), 제물포 시장 및 한국인 수백 명이 운집하여서 기공식까지 올리고 실제 일꾼들이 일을 착수하기까지 하였다.[74] 그리고 모오스가 내한할 때는 다시 정식으로 대역사(大役事)의 장본인과 함께 눈부신 기공식을 하리라 기약하기도 하였던 것이다. 샴페인이 터지고 사진기의 셔터는 계속 눌러졌다.

그러나 미국의 은행가(銀行街)에서는 한국 정정(政情)이 기업 전망에 보장을 주지 못한다고 분석하고는 늦장을 부렸다. 별 다른 방편을 찾지 못하고 한국에 오던 모오스가 일본에 들렀을 때 그는 계약 위반의 강력한 문책과 함께 그 양도 유혹을 거세게 일본측에서 받았다. 일본 외무성의 미국인 고문 데니슨(H. W. Denison)이 그 알선역이었다. 결국 일본은 5만 불을 지불하고 그 철도 부설권을 양도 받고,[75] 1897년 5월 8일에는 시부자와(澁澤榮一)를 대표자로 한 일본인 경인철도 인수조합(京仁鐵道引受組合)과 양도 계약을 맺을 수밖에 없었다. 그리고 1900년 1월에는 기왕의 공사비 변상조로 일화(日貨) 170여 만원을 받고 경인철도에 관계된 모든 권한을 완전히 양도해 버리고 말았던 것이다.[76]

이것은 근대사의 한 비극적 심볼이 되었다. 한국은 일본을 의식하여 미국의 힘에 의존해서 독립 자주의 지상(至上) 과제를 수행한다는 민족사적 차원에서 이 막대한 이권의 사업을 미국인에게 허여하였던 것이

---

74) The Seoul-Chemulpo Railroad, Editorial Department, *The Korean Repository*, 1897, 3月號, p. 113.

75) Allen to the Secretary of State, U. S. A. 1898. 5. 23日字.

76) 朝鮮鐵道史, 朝鮮總督府 鐵道局, 第一卷, 1929, pp. 207－233.

다. 철도 건설 〈자체로서의 절대 필요성〉[77]을 차치(且置)하고 말이다. 따라서 미국인은 명예를 걸고 이 사업의 〈미국 형태〉를 견지하여야만 했다. 물론 우리는 미국 정부와 그런 약속을 맺었던 것은 아니다. 미국 자본주의의 개인 회사와 연결을 맺었으나 알렌이란 외교관의 특수한 위치와 황실의 친밀감과 신뢰를 바탕으로 하여서 그들 개인의 회사들과 약속을 맺었던 것이다.

그런데 그런 기대와 약속을 추진한 바로 그 배경 세력의 위협인 일본에게 그 사업이 한국의 개재나 의사 없이 양도된 것이다. 이런 모형이 바로 근대사의 한·미·일 관계의 뼈아픈 구조가 아니던가. 거기 배제된 것은 실상 한국뿐이 아니었다. 친한적인 알렌, 그리고 미국의 선교사들이 역시 배제되고 있었다. 알렌과 선교사들은 그것을 〈명예의 문제〉[78]로 생각하였다. 〈자존심의 문제〉로 생각하였다.

미국은 우리들에게 하나가 아니었다. 기독교적인 미국과 친일적인 미국 정부, 이들이 따로 있었다. 알렌은 하고 싶은 말이 있었다. 그리고 그것이 예언자적 역사 의식에서 나온 것이었다고 믿어서 숨기지를 않았다.

> 일본은 제 마음대로 마치 복수심에 불 타는 사나이처럼 한국 문제를 처리하려 하고 있다. … 미국의(한국을 위한 노력이나 자신의 권익) 모든 것 역시 시간이 흐를수록 일본의 손에 표류해 빨려 들어가고 말 것이며, 마침내 한국은 일본을 추종하는 무리들의 뜻대로 될 것이다. …
>
> 미국은 한국을 일본에 넘겨 줌에 있어서 미국 시민들이 미국의 상업적 권익을 위하여 획득한 우월한 입장이 얼마나 값진 것이었나

77) 朝鮮見聞記, p. 253.
78) *Loc. cit.*

하는 것을 이해하지 못하였기 때문에, 신중하게 생각해 보지도 않고 이를 포기했던 것으로 보인다. … 영국이 그러한 입장이었다면 그들은 계속해서 그 권익을 견지하기 위해서 격심한 투쟁을 불사하였을 것이며, 깊이 생각하지 아니하고서는 이를 포기하지 않았을 것이다.[79]

〈매우 완만하기 때문에 거의 눈에 띄지 않았던〉[80] 일본의 미국 세력 제거의 과정은 한국의 상하가 겪은 미국의 냉담과 함께, 이 철도 권익의 문제처럼, 우리 기대의 엄청난 역류 현상으로 나타나기 시작한 것이다. 다만 기독교의 영향력이 워낙 커서 미국 이미지의 도말이 유보되고 있었을 따름이다. 거기 바로 알렌의 살아지지 아니하는 한국 근대사에서의 영광된 발자국이 남는 것이다. 한국의 치열한 반일(反日)의 감정 앞에서 짐짓 친일(親日)로 기울어져 가던 미국 워싱턴의 정치적 회오리 속에서도 그 기독교적 이미지의 고귀성을 이토록 보존시킨 힘이 알렌, 바로 그에게서 지탱되고 있었다.

4) 電氣事業, 電車敷設과 基督敎의 危機

전기 사업, 특히 전차(電車)의 궤도 부설 및 경영은 1898년 2월 29일자로 콜부란 보스트윅사(社)와 한국 황실(皇室)[81]과의 공동 사업 형식으로 계약이 체결되어 위촉되었다.[82] 이 전기 철로 곧 전차의 궤도(軌道)는 서울－제물포(濟物浦) 철도의 서울 정거장(停車場)에서 시발하여 남대문을 거쳐 종각(鐘閣)을 경유하여서 동대문(東大門)을 지나 명성왕후

79) *Ibid.*, pp. 236－239.
80) *Ibid.*, p. 257.
81) 1897年 10月, 朝鮮이 大韓帝國으로 國號를 고치고 高宗은 皇帝로 卽位,
82) 그 會社名은 本來 American Oriental Construction Company. The Seoul Electric Street Railroad, Editorial Department, *The Korean Repository*, 1898, 3月號, p. 117.

(明成王后)의 무덤이 있는 홍능(洪陵)[83]까지 이르는 단행(單行) 선로로서, 총연장 거리가 6마일에 이르고 있었다. 이 회사의 자본금은 150만원 이상으로 하고, 이 자본주(資本株)의 반은 한국 황실에 귀속되고 다른 절반은 콜부란 보스트윅에게 돌아가도록 되어 있었다. 계약 기간은 15년간이었다.[84] 회사의 명칭은 우선 〈한성 전기회사(漢城電氣會社)〉로 하였다가 미구에 〈한미 전기회사(韓美 電氣會社)〉로 개칭한다는 전제였다.

이 건설 공사는 1898년 10월 17일에 기공(起工)하여 그 해 12월 25일까지는 서대문 홍능간의 궤도 부설 및 가선(架線) 공사가 준공되었다. 그리고 다음해 1899년 5월 17일 성대한 개통식이 거행되었다. 전차는 반개(半開) 반폐(半閉)의 구조로 좌석을 배열하여 승객에 따라 2등급(等級)으로 탑승케 하였고, 또 여자석이 따로 마련되어 있었다.[85]

이 때 황실 전용차도 하나 준비하였다. 고종의 홍능 행차 때문이었다.

設電車于洪陵 以上數行幸 備迅捷也[86]

황현(黃玹)의 관찰이었다.

이 전차(電車)는 선교사나 기독교에는 각별한 관계가 있었다. 알렌과 황실과의 친밀은 그의 입국 바로 그 첫날부터의 일이요, 민비(閔妃)와의 관계 역시 선교사들과 선교사 부인 및 여자 선교사들에게서 잊혀질 수 없는 인간의 정애로 굳혀져 있었다. 여기 반일(反日)의 주도로 몰려 시해된 민비, 그리고 고종의 민비에 대한 가이없는 추모, 그래서 그에게 홍능행의 편의를 마련하고 아울러 서울의 교통을 편의하게 한, 다른 하

83) 高宗의 洪陵 展墓가 빈번하여서, 그 便宜를 설득하여 그 궤도 부설이 착수되었다는 說이 있다. 李瑄根, *op. cit.*, p. 794.

84) 京城電氣株式會社 二十年沿革史, 京城電氣株式會社, 1929, 第六章 참조.

85) *Loc. cit.*
Cf. 李瑄根, *op. cit.*, p. 796付 화보.

86) 黃玹, 梅泉野錄, 卷之三, 光武 三年 己亥, 國史編纂委員會, 1971, p. 237.

나의 근대화가, 인정과 사연의 인간관계 틈에서 진행된 데에 근대 한국의 여유와 감격이 없을 수 없었다.

또 하나, 교회는 이 전차에서 한 종교적 메타포를 눈여겨 보았다.

> 형뎨ᄌᆞᄆᆡ들이여 … 뎐로 우회(위)로 ᄃᆞ니ᄂᆞᆫ 뎐기챠ᄅᆞᆯ 보지 아니ᄒᆞᄂᆞ뇨 … 이거ᄉᆞᆯ 보고 ᄉᆡᆼ각ᄒᆞ면 셩경 리치가 더욱 명ᄇᆡᆨ지 아니ᄒᆞ냐. 비컨ᄃᆡ 이 수레ᄂᆞᆫ 밋ᄂᆞᆫ 쟈ᄅᆞᆯ ᄀᆞ르침이오, 가ᄂᆞᆫ 길은 쥬의 도ᄅᆞᆯ ᄀᆞ르침이오, 우헤 잇ᄂᆞᆫ 쇠줄은 하ᄂᆞ님 아바지로 더브러 소식을 서로 통ᄒᆞᆫ 길을 ᄀᆞ르침이니 곳 긔도를 응ᄒᆞᆷ이오, 이샹히 녁이면서도 긔운을 눈으로 보지 못ᄒᆞᄂᆞᆫ 거ᄉᆞᆫ 졍신을 ᄀᆞ르침이오, 긔운을 예비ᄒᆞᄂᆞᆫ 뎐기회샤 집은 하ᄂᆞᆯ을 ᄀᆞ르침이니 곳 쥬ᄭᅴ셔 계신 ᄃᆡᄅᆞᆯ 응ᄒᆞᆷ이라.[87]

그러나 이 전차의 부설이 뜻밖에 기독교에 한때 심각한 위기감을 준 일이 있었다.

그런 일은 이 전차의 개통한지 일주일만에 탑동공원(塔洞公園) 앞에서 궤도에 뛰어든 다섯 살 어린이를 역살(轢殺)한 데에 그 까닭이 일부 있었던 것 같다.

> 車甚駛 童兒爲轢斃者 日數人[88]

이 사고를 낸 차는 그 운전수가 일본인이었는데 이 역살 사고를 내고도 그대로 질주하고자 함에, 군중들이 흥분하여 달려들어 운전수와 차장을 힐문하려 하자, 그들이 달아남으로 전차에 투석하고 마침내 방화 소각하고, 때마침 뒤쫓던 다른 전차도 역시 소각해 버리고 말았던 것이다.[89]

---

87) 뎐긔론, 그리스도신문, 1901. 7. 18日字.

88) 黃玹, 梅泉野錄, p. 237.

89) 京城電氣株式會社 沿革二十年史, pp. 56－58.

그런데 이 전차에 대한 일반의 인식은 급작스러운 외국 자본의 도입, 그로 인한 근대적 시설의 실질적 확장, 그래서 〈좋았던 옛날〉이 살아져가고, 국민들의 생활은 위협을 받으며 재원은 외국인들에게 수탈된다는 생각이었던 것 같다.

그런데 5월 18일에 다른 불상사가 또 일어났다. 술 취한 승객이 돈 없이 탑승하였다가 차장이 접근하자 뛰어 내려 부상한 사건이다. 피는 흘렸지만 대단한 것은 아니었다. 차는 서행하고 있었기 때문이다. 그런데 이 광경을 본 군중들이 그 곳에 있던 정거장과 전차 세 대를 파괴하기 시작한 것이다. 때마침 미국인 기사 어윈 (Ewing)이 다른 전차로 여기 접근하다가 이 광경을 보고 습격을 받으면서도 이 전차들의 완파를 막을 수 있었다. 어윈은 코뼈가 부러지고 다리에 〈지독한 상처〉를 입었다. 그런데 문제는 곁에 병정들이 서 있으면서 개입하지 않았다는 사실에 있었다. 그것은 이런 때 경찰 병정이 곧 사태를 수습한다는 전 약속을 불이행한 것이었다. 알렌은 경무사(警務使)의 직접 현장 출동을 요청하였던 것이다.

알렌은 이 회사가 비록 미국인 관할 아래 있지만, 제 1 차적으로는 한국의 재산이요 한국의 재원(財源)이 투입된 사실을 지적하였던 것이다. 그래서 한국의 막대한 재산과 부상을 입으면서까지 방어한 어윈에 대한 포상(褒賞)을 요청하였던 것이다.[90]

이런 일이 겹치다가 승객이 많아지게 되매, 군부대신(軍部大臣) 이근택(李根澤)[91]과 내장원경(內藏院卿) 이용익(李容翊)이 전차 잉존(仍存)이면 재원이 반드시 고갈된다고 하여 시민 승차를 저지하게 하는 건의가

90) 電車保護 및 保護功勞者 美人의 褒賞要求, 舊韓國外交文書 第十一卷, 美案 Ⅱ,(1900. 5. 19日字), pp. 777－778.
Cf. 褒賞措置承認件, *Ibid.*, (1900. 5. 25日字), p. 782.

91) 李根澤은 李容翊과 함께 철저한 親露派.
H. B. Hulbert, History of Korea, *The Korea Review*, 1904. 10月號, p. 480.

있었다. 이 때 공사 알렌이 고종에게 주달(奏達)하여서 그런 일이 없으리라고 엄칙(嚴勅)하게 한 일이 있었다.[92] 이용익은 실제 〈운수조합의[93] 악의를 자극하여 심한 가뭄이 일어나자 전선(電線) 때문에 가뭄이 왔다는 것을 믿게 하여 폭동〉[94]을 유발하였던 인물이다. 그는 주도권을 가지고 전차 폭도들을 조직한 전형적인 반미(反美) 인물이었다.[95]

이런 이용익이 이근택(李根澤)과 모의하여 기독교인들과 서양인들을 병멸(並滅)할 계획으로 기독교의 피해를 역거(曆擧)하여서 고종에게 무주(誣奏)하여 칙교(勅教)를 받아 내었던 것이다.[96] 거사 일자는 그 해 12월 초하루로 잡혀 있었다. 그 칙교가 전국에 밀포(密布)되어, 유교 불교인들이 특정한 곳에 집결해서 기독교인과 그들의 집, 학교, 교회를 진멸한다는 음모였다.[97] 이 위기는 1900년 6월 청국 산동(山東)에서 봉기된 의화단(義和團-the Boxer)의[98] 배외운동에 자극을 받았음이 확실하였다.[99]

이 소식을 처음 알게 된 사람은 언더우드 부부로서 그들은 그 때 서북지방을 선교 여행중이었고, 해주(海州)에 들렀을 때 은율(殷栗)에서

---

92) 朝鮮예수教長老會史記, 上, 車載明 編, 서울, 新門內教會堂, 1928, pp. 79-80.

93) 人力車꾼들을 意味.

94) 朝鮮見聞記, p. 255.

95) Letters from Allen to his Sons, 1900. 5. 20 ; 7. 15日字.

96) 언더우드 夫人(L. H. Underwood)은 이 두사람이 佛教人임을 注目.
L. H. Underwood, *Underwood of Korea*, New York, Fleming H. Revell, 1918, p. 200.

97) L. H. Underwood, *Fifteen Years among the Top-Knots*, p. 251.

98) 義和團은 1796-1820에 山東地方에서 일어난 一種의 邪教團體. 〈義和拳〉이라는 術法을 믿어 神靈이 임하면 銃彈도 피한다고 迷信. 俗稱 〈團匪〉, 〈拳匪〉. 外國人 殺害로 北清事變의 原因.

99) Mission in Korea, *The Annual Report of the Board of Foreign Missions, Presbyterian Church in the U. S. A.*, 1920, p. 202.

달려 온 한 기독자의 고지(告知)로 알게 되었던 것이다.[100] 그 때 이들은 실제 그 칙교문(勅敎文)을 눈으로 보았던 것이다.[101] 사실이었다. 사태의 심각을 안 언더우드는 이 사실을 즉시 서울의 의료 선교사 에비슨(O. R. Avison)에게 전보로 타전하되, 만일의 경우 그 내용의 누설을 꺼려 라틴어(羅典語)로 꾸며 보냈던 것이다. 이것이 미국 공사 알렌에게 즉시 전달되었고, 알렌은 촌각을 다투어 외부(外部)를 찾아, 처음 시치미를 떼는 대신(大臣) 박제순(朴齊純)에게서 사건의 전모를 실토 받을 수 있었던 것이다.[102] 알렌은 급거 상주(上奏)하여 황제의 엄준한 칙전(勅電)을 각도에 급송하여, 오히려 외국인과 교인들을 보호하게 하는 조치가 취해질 수 있었다.[103] 언더우드 부인의 말로는 이들 곧 이용익 등이 체포되어 처벌을 받았다고 되어 있으나, 입증할 길이 없다.[104] 언더우드는 이 때 만일의 경우를 위해서 이 사태의 발전에 관한 뉴스를 강화도(江華島)와 평안도 및 황해도에 인편으로 급거 송달하였고, 특히 황해도에 있는 가톨릭 신부들에게도 알렸으며, 서울의 외교 공관들에서는 교민(敎民) 보호의 칙전 송달 여부를 직접 확인하기도 하였던 것이다.[105]

이 일의 해결에서 알렌의 신속한 대처와 황제와의 폐현(陛見)은 구약시대 모르드게의 역할과 방불함이 있다고 한국교회는 칭송하였고,[106] 미국 북장로교회는 미국 국무성에 서한을 띄워, 알렌의 신속하고도 적절한 조치로 선교사와 교인의 위기가 제거된 데에 대한 깊은 감사와 예찬

100) 朝鮮예수敎長老會史記, 上, p. 80에는 〈觀察府屬中 1人〉이라 하였으나, 언더우드 부인은 그 현장에 있었던 사람이 그곳 말단 관리였다고 記. L. H. Underwood, *Fifteen Years among the Top-Knots*, p. 249.

101) *Loc. cit.*

102) L. H. Underwood, *Underwood of Korea*, p. 200.

103) 朝鮮예수敎長老會史記, 上, p. 80.

104) L. H. Underwood, *Fifteen Years among the Top-Knots*, p. 250. 李容翊은 1903年 11月 現在도 內藏院卿이었다.

105) L. H. Underwood, *Underwood of Korea*, p. 201.

106) 朝鮮예수敎長老會史記, 上, p. 80.

을 아끼지 아니하였던 것이다.[107)]

그런데 그 시간 관계가 묘하게 엇섞인, 다른 하나의 기독교 음해 사건이 있었다. 1900년 9월 10일자로 평양의 모페트가 북한 지역에서의 기독교인의 구류 및 힐난(詰難)에 대하여 미국 공사 알렌에게 보고하였고, 여기에 따라 알렌은 조정에 대하여 9월 14일자로 〈선교사 및 교민(敎民) 보호〉를 요청하게 되었던 것이다.[108)] 알렌의 글에 의하면 교회 도멸(屠滅)의 거사 일자는 12월이었다. 이 날자는 언더우드의 정보와 꼭 맞는다.

그런데 북한 지역의 감리(監理)가 교민 보호의 지시를, 외부에서 보냈다고 하지만, 받지 못하였다고 한다는 말이 모페트의 보고 일자 9월 10일에 있다고 한다면,[109)] 언더우드와의 일자 연결이 어렵게 된다. 언더우드 부인의 여행기(旅行記)는 그 일자 기록이 제대로 되어 있지 않기 때문에, 그 일정(日程)을 정확히 파악하기가 어렵지만, 그들이 9월 26일에 평양을 떠난 기록을[110)] 더듬어 나가면 해주(海州)에는 대개 10월 중순이후에 도착한 것으로 짐작할 수 있다. 평양을 떠난 것이 9월 26일이라면 모페트에게서 그런 소식을 이미 듣지 못하였을 리가 없다. 따라서 이 북한 지역에서의 기독교 박해는 전혀 다른 배경을 가진 음해였다고 보는 것이 옳을 것이다.

모페트(S. A. Moffett, 馬布三悅)에 의하면 서북 지방의 기독교인의 시련

---

107) The Missions in Korea, N. P. Annual Report, 1900, p. 202.

108) 알렌은 이 文書에서 모페트(S. A. Moffett)를 〈한 가장 信賴할 만한 美國人 宣敎師〉라 칭하였다. 1890년 7월 알렌을 강하게 비판하였던 모페트였다.
宣敎師 및 敎民保護要請, 舊韓國外交文書, 第十二卷, 美案 Ⅲ, (1900. 9. 14日字), p. 13.

109) 모페트 報告書(基督敎士, 敎民의 拘留 및 詰難風聞), *Ibid.*, (1900. 9. 10日字), p. 14.

110) L. H. Underwood, *Fifteen Years among the Top-Knots*, p. 237.
平壤－鎭南浦－殷栗－豊川－松川－白翎－長淵－海州의 路程

은 다음과 같았다.

1. 운산 금광(雲山金鑛) 서쪽에 있는 구성(龜城)에 있는 지방 관리가 기독교인들을 구금하고 태형을 가하며, 추수가 지난 다음 모든 서양인과 기독교인들은 다 살해되고 추방될 것이라 위협.
2. 구성, 의주(義州), 용청(龍川) 지역에서는 12월에 보부상(褓負商)과 동학(東學)패들이 거사하여 모든 기독교인과 서양인들을 도륙(屠戮)할 것이라 위협.
3. 동학도들이 북변(北邊) 지역에서 예수교인을 가장해서 사람들을 모이게 하고 자신들의 교리를 주입시킬 계획.
4. 청국 변경의 의화권(義和拳)들이 천주교도와 개신교도 누구든 잡아 오는 한국인에게 15냥(兩)을 보상한다는 선전.
5. 외부(外部)에서는 기독교인 보호를 지시하는 포고문을 보냈다고 하지만, 의주(義州) 관리들은 서울에서 그런 지시가 하달된 일이 없다고 주장.
6. 용천(龍川)에서는 한 떼가 교회를 공격하고, 교인 10인을 붙잡아 무섭게 매질하고는 감리(監理)에게 예수교인들 진멸을 소청(訴請)하였던 바, 〈서양인들과 서학(西學)〉 비류(匪類)들을 어찌 도륙하지 않을 수 있는가〉[111] 회답.

앞서 말한 바처럼 일정(日程) 전후 관계의 연결은 다시 따로 구명(究明)해야 할 것이다. 그러나 1900년 말, 서울, 황해도, 평안도, 이 3대 기독교 핵심 지역에서의 기독교에 대한 위협과 소란은 시사하는 바가 많다. 황해도에서의 위기 소식은 은율(殷栗)에서였다. 그렇다면 모두가 다 서양 자본의 한국 투자와 상역(商易)의 중심지 다시 말하면 전차(電車), 그리고 금광(金鑛)의 지역 배경이란 분모(分母)가 보인다. 거기에 불교,

111) 모페트報告書, *Ibid.*, (1900. 9. 10日字), p. 14.

유교, 동학과 보부상(褓負商)이란 보수세력, 그리고 의화단의 소문이 겹쳐, 한국 근대사 마지막 일대 반기독교 운동의 분출을 보게 되었던 것이다. 묘한 것은 이 지역이 기독교의 가장 유력한 지역이요, 동시에 미국 자본이 가장 활발하게 투자되던 곳이란 특수성을 가지는 것으로 보이는 사실이다. 그래서 반발이 이 지역에서 더욱 그 시점(1900)에서는 현저하였을 것이다. 우리는 이 점을 면밀히 살피기 위해 운산(雲山) 금광 문제를 검토하여야 할 것이다.

마. 雲山 金鑛과 西北基督教

1) 雲山 鑛區와 美國 採鑛

운산 금광에 대하여 알렌은 이런 말을 한 일이 있었다.

> 아세아에서 가장 크고 성공적인 금광은 한국에서 미국인이 채굴권을 가지고 있다. 이 광산에서는 채광, 쇄금, 전기 시설, 수송, 그리고 큰 광산을 성공적으로 이끌어 나가는 데 필요한 많은 부대 시설을 운영하기 위해서 50명 이상의 백인과 수천 명의 아세아인을 고용하고 있다.[112)]

이 광산의 우수성과 실익성은 엄청났던 것으로 알려지고 있었다.[113)] 그 실상은 미국인이 철저하게 보안(保安)했기 때문에 잘 알려져 있지 아니하였으나, 1902년도 일본측 조사에 의하면 1년간 그 지금(地金)을 일본에 수출한 금액이 1,255,700여 원의 거액이었다. 그것을 계약 조건 등과 잘 환산하면 년간 생산 150만 원 내외로 상상할 수가 있다. 이것

112) 朝鮮見聞記, p. 230.
113) 韓國 鑛山과 그 情況 및 實益性에 대하여서는, K. Nishiwada, Useful Minerals in Korea, *The Korean Repository*, 1897, 9月號, pp. 325−329 참조.

을 임금과 경영비로 60만 원 썼다 하더라도 년간 순익(純益)이 90여만 원에 이른다고 볼 수 있었다.[114] 해링톤은 그 년간 수출액을 30만 불로 보았고, 그리고 톤당(噸當) 150불의 실익성이 있다고 보았다.[115] 그러나 교회는 그것이 50만 불 내지 3백만 불일 것이라고 짐작하였다. 미국 신문에 난 기사에서 그렇게 추산하였던 것이다.[116] 추상이 어려웠던 까닭은 해관(海關)에서의 면세로 그 정액을 언명(言明)할 필요가 없었기 때문이다. 그러나 어쨌든 1897년에는 그것이 누계 $11,000,000이었다.[117]

이러한 〈노다지〉[118] 운산 광구(雲山 鑛區)의 채광권이 미국인에게 허여된 데 대하여 그 알선을 맡았던 알렌 자신의 말을 여기 옮긴다. 미국과 한국의 이익을 증진시켜야 하는 일에 대해서 언급하다가 한 말이다.

> 그런 일은 미국을 대표하는 사람(外交官)이 해야 할 분야인 듯하였으며, 적어도 내가 우연히 궁궐에 대하여 영향을 줄 수 있는 절대적인 위치를 차지하고 있는 한국에서는 더욱 그렇게 여겨졌다.
>
> 내가 단지 공사관의 일개 참찬관에 불과하였을 때의 어느 날 밤,[119] 나는 궁중에 있었다. 나는 이전에 궁궐에서 의사와 고문(顧問)으로 근무한 일이 있었기 때문에 약간 낯이 익은 편이었다. … 나는 한국의 개발에 미국의 자본을 끌어들이는 것이 좋겠다고 암시하였다. 이것에 대하여는 꾀 오래 토론을 거쳐 내가 금광 지구의

114) 德永勳美, 韓國總覽, 서울, 博文館, 1907, pp. 969-971.

115) F. H. 해링톤, *op. cit.*, p. 134. 李瑄根은 噸當 750불로 記, 李瑄根, *op. cit.*, p. 789.

116) J. H. Wells, Gold Mines and Mining, *The Korean Repository*, 1897, 8月號, p. 291.

117) Editor, *Ibid.*, p. 293.

118) 이 말은 실질상 이 雲山 金鑛에서 노무자들이 金石에 손 대지 말라는 〈NO TOUCH〉란 말에서 由來.

119) 해링톤은 그것을 1887년으로 보고 있다. 그것은 알렌이 駐美韓國公使館의 參贊官 때의 일이다. 따라서 그는 韓國의 利益을 먼저 생각한 발언을 한 것이다. F. H. 해링톤, *op. cit.*, p. 135.

> 양도를 처리하도록 낙착되었다.
>
> 나는 금광의 소유를 특히 원하는 사람이나 금광을 취급할 줄 아는 사람을 알고 있지 못하였기 때문에 일본에 있는 미국인 실업가(모오스)로서 한국에 관심을 가진 사람으로 내가 깊이 존경하는 사람의 명의로 양도를 받았다. 그는 그의 아침 우편물과 함께 그렇게 중요한 서류가 자기 책상위에 놓여 있는 것을 보고 크게 놀랐다. 왜냐하면 그는 금광 사업에 왕과 함께 동업하게 되리라고는 전혀 예기하지 못하였기 때문이다.
>
> 그는 곧 자기가 인수 받은 것을 다른 미국인(L. S. J. Hunt)에게 처분했다. 이것을 인수한 그 미국인은 아세아에서 뛰어난 상업상의 성공을 이루었다.[120]

이 운산 광구의 대 미국인 계약이 체결된 것은 민비의 시해 80여 일 전 특별히 민비의 관여로, 1895년 7월 2일[121] 궁내부 대신과 알렌 사이에서였다. 하지만 민비시해, 아관파천, 단발령 소동 등, 전국적인 흥분과 소란속에서 계약안에 명시된 〈1년 이내 착수〉가 불가능하였다.[122] 그러다가 사정이 호전되어서 1896년 4월 17일에 다시 계약을 갱신하였다.[123] 그 해 4월에는 헌트(L. S. J. Hunt)가 이미 서울에 와서 운산 광구의 채산성을 조사하고 있었다. 그리고 헌트는 이미 사업에 의욕을 잃은 모오스에게 제안해서 이 이권을 3만 불에 양도 받았던 것이다. 1897년의 일이

120) 朝鮮見聞記, p. 251.

121) 謨於時 金鑛條約期日의 改定要請, 舊韓國外交文書, 第十一卷, 美案 Ⅱ, (1896. 4. 14日字), p. 149.
Cf. Editor, Gold Mines and Mining *The Korean Repository*, 1897, 8月號, p. 293.

122) 排日騷擾로 各地方 美人의 暫時 漢城 歸還要請, 舊韓國外交文書, 第十一卷, 美案 Ⅱ,(1896. 2. 18日字), p. 146.
Cf. *Ibid.*, p. 150.

123) 謨於時 金鑛條約期日 改訂要請의 允準通知, *Ibid.*,(1896. 4. 19日字), p. 152.
Cf. 金源模, *op. cit.* pp. 70－71.

었다.[124]

헌트는 곧 버지니아에 화세트(J. S. Fassett)와 함께 〈동양광업개발주식회사(東洋鑛業開發株式會社, Oriental Consolidated Mining Company)〉를 자본금 5백만 불로 설립하고 헌트 자신은 부사장직에 머물고 사장에는 파킨즈(H. C. Perkins), 화세트는 이사직에서 일을 시작하였다.

운산의 광약(鑛約)은 1896년 4월 16일에 체결될 때, 그 채광권은 25년간이고, 평안도 운산 군내(郡內) 경내를 전행(專行)할 수 있으며,[125] 회사 자본중 25고분(股分)을 궁내부(宮內部)에 내서 군주 폐하에게 진상하고, 광산, 그 땅, 기기, 소산금 및 소용 물건에 대하여서도 면세하며, 분묘의 준허(準許) 없는 이굴(移掘)을 금한다는 것들을 골자로 한 20개조의 계약이었다.[126]

그런데 이 금광이 헌트계 회사에 이양될 때에는 제11조의 이익 분배항이 수정되어, 일시금으로 우선 20만 원을 황실에 헌납하고, 손익에 관계없이 매월 6천 원씩 1개년에 72,000원을 상납하고, 전신세(電信稅)로 1개년에 3,500원, 이렇게 해서 매해 총액 75,500원을 상납하기로 하였던 것이다.[127]

알렌은 헌트의 부재중 대신 이 일에 많은 관심을 쏟았으며,[128] 1900년에는 $12,500을 황제에게 진상하면서 그 이권을 15년간 연장시키고, 여기에 더하여 15년을 더 연장할 수 있도록 하였다.[129] 이것은 확실히 알렌을 제외하고는 어느 누구도 획득할 수 없었던 〈최대의 외교적 성취〉

124) F. H. 해링톤 *op. cit.*, pp. 166, 169. 皇帝, 皇室이란 用語를 使用한 것을 보아, 光武年號를 사용하고 高宗이 大皇帝로 칭호한 1897年 10月 14日 以後가 확실.

125) 그 境內는 25-20마일이었다. 朝鮮見聞記, p. 252.

126) 雲山鑛約, (宮內部所訂), 宮內部大臣 李載純. 金源模, *op. cit.*, pp. 70-75에 轉載되어 있다.

127) 李瑄根, *op. cit.*, pp. 788-789.

128) F. H. 해링톤, *op. cit.*, pp. 170.

129) Allen to L. S. J. Hunt, 1900. 4. 16日字.

였다.[130)]

2) 韓國勞務者와 알렌

1898년 1월 29일자 공사 알렌의 보고서에 이런 글이 있었다. 한국 노무자에 대한 평이었다.

> 한국 노무자(鑛夫)들은 대단히 훌륭한 것으로 알고 있다. 그들은 인내력이 강하고, 강직하며, 참을성이 있고, 교섭하기가 매우 쉽다. 그들 임금은 일당으로 40센트(銀)[131)]이며, 인원 모집에도 어려움이 없다. 회사와 이들과의 관계는 아주 양호하며, 따라서 그 곳에서 일하는데 생명과 재산의 위협은 전혀 없다. 아주 안전하다.[132)]

해링톤은 그의 냉소적 논조로 어느 때나 마찬가지로 알렌의 한국 노무자에 대한 태도의 냉담을 악평하고 있엇다. 〈이권 획득자의 입장에서 일을 처리〉[133)]하였다는 판단이었다.

하지만 이것은 해링톤이 처음부터 관점에 속한 문제로 다시금 검토되어야 할 문제이다. 3천의 노무자의 집단속에 문제가 없을 수는 없다. 그 상황에서는 〈불행했던〉 일들만이 기록에나 기억에 남기 마련이다. 선교사 웰즈는 이 운산을 여행하고 나서, 노무자들의 수익이 20센트에서 일당 $2에 이르는 이들이 많음을 입증한 일이 있으며, 그 회사의 운영이 노사(勞使) 피차에 〈상호 이익〉을 증진하고 있다는 말을 보고할 수 있었던 것이다.[134)] 1918년의 《*The Korea Mission Field*》는 한국 광부들의 성실과 총명을 예찬한 바 있고, 그들이 받는 혜택의 전망을 예상한 일도

130) F. H. 해링톤, *op. cit.*, pp. 180, 186, 193.
131) 金으로는 20센트에 해당.
132) U. S. Gold Mining Concession, *The Korean Repository* 1898, 4月號, p. 149.
133) F. H. 해링톤, *op. cit.*, pp. 173－174.
134) J. H. Wells, Gold Mines and Mining, *The Korean Repository*, 1897, 8月號, p. 292.

있다.[135] 우리는 그 때 처음 진행되는 근대적 작업에서 우리가 오늘날 알고 있는 노사관계라든가 노무자 복지 문제의 모델을 적용해서 말하기는 힘들다는 점을 분명히 하여 두는 것이 옳을 것이다.[136]

알렌의 기독교적 윤리관이 이들 노무자들에게 한 일이 금주(禁酒) 조치의 실시 의도였다. 금주 조치의 이유로서 알렌은 한국인이나 백인이 그들 직책 수행을 마비시키고, 시간은 물론 금액을 손실(損失)케 하며, 잦은 싸움과 소란을 야기시킨다는 사실들을 열거하였다.[137] 실제 얼마 전에 한 백인이 구타당해 사망한 일이 있었다. 따라서 금주령을 이 일대에 실시하는 법의 제정을 외부(外部)에 요청하였던 것이다. 그 법의 실시로 한국인의 근면과 번영이 약속될 것이라 보았기 때문이다.[138]

여기 대해서 외부대신(外部大臣) 박제순(朴齊純)은 우리 나라에 금주법의 선례가 없다고 하면서, 필요한 경우에는 그곳 관찰사(觀察使)나 군수(郡守)가 〈一時設禁〉할 수 있으며, 그것으로 〈無盡兩便之方可〉[139]할 수 있을 것이라고 회신하였던 것이다.

3) 西北에서의 基督教 發展

한국 서북에서의 기독교의 급속한 발전은 세계적 경이였다. 장로교회의 설립을 통계적으로 보더라도 1885년부터 1900년까지 평안남도에 88, 평안북도에 24, 황해도에 64였으며, 함경남도에 14, 경기도에 4, 전라북도에 4, 전라남도에 4, 경상북도 3, 경상남도에 6개소였다.[140] 총 211개소

135) A Miner, The Korean as a Miner, *The Korea Mission Field*, 1918, 1月號, pp. 15-16.

136) 가령 그 때 日曜日 休業 제도는 없었던 것으로 보인다. *Ibid.*, p. 15.

137) 雲山金鑛會社 所在地域 禁酒令 實施 提議, 舊韓國外交文書, 第十二卷, 美案 Ⅲ,(1900. 11. 5日字), p. 38

138) *Ibid.*, p. 40.

139) 雲山金鑛地域 禁酒令에 對한 回答, *Ibid.*,(1900. 12. 5日字), pp. 50-51.

140) 朝鮮여수教長老會史記, 上, 1885-1900 年度에 依據.

중 서북이 176개소로 84%를 차지하고 있었다. 당시 미국 북장로교 해외선교 본부의 총무였던 스피어(R. E. Speer) 박사는 이런 말을 남기고 있었다.

> 서북지방에서 전개되고 있는 교회의 발전은 세계 어느 곳에서도 볼 수 없으리 만큼 확대되었다. 교회당들은 초만원을 이루고 확장의 기회는 무제한적이다.[141]

1891년에 모페트가 의주(義州)에 전도하고, 1893년부터 모페트, 그레함 리(G. Lee) 및 스왈론(W. L. Swallon)을 평양 상주 선교사로 임명한지[142] 7년에 그만한 교회 발전이 있었다. 1897년 한 해에만도 평양에서 173명의 수세(受洗), 그래서 교인수는 2,100명에 이르고 있었다.[143] 1903년에는 평안북도만의 기독교인이 4,537명에 이르고, 주일 예배를 보는 곳이 47개소나 되었다. 평양 기독교회는 1903년을 〈최선의 해〉[144]라고 자찬하고 있었다.

교육면에서도 서북의 추진력은 압도적이었다. 1910년 7월 현재 학부(學部)에서 조사한 학교의 통계에 의하면 사립학교의 경우 각종(各種) 및 종교계 학교가 황해도 251, 평안남도 414, 평안북도 367교로서 이 3도의 합계가 1,032개교였다. 이것은 그 때 학교 총수 2,237교의 46%에 해당하는 것이었다.[145]

이러한 서북 기독교의 경이적 발전의 동력과 배경이 무엇인가 하는

141) The Missions in Korea, N. P. Report, 1898, p. 158.

142) W. N. Baird, Union of Presbyterian Missions in Korea, *The Missionary Review of the World*, 1893, 7月號, p. 532.

143) The Missions in Korea, N. P. Report, 1898, p. 158.

144) *Ibid.*, 1903, p. 216.

145) 官報 第4756號, 1910. 8. 13日刊. 彙報欄 所載. 李光麟, 開化期 關西地方과 基督教, 韓國近代化와 基督教, 崇田大學校, 韓國基督教文化研究所, 1983, p. 34에서.

것이 우리들의 문제이다. 그 하나는 서북인들의 일반적인 개방성과 진취성이다. 1890년에 내한하여 5년간 영남 지방에서 전도 활동을 하다가 1896년 평양에 파견되었던 베이드(W. N. Baird, 裵偉良, 1862-1932)는 서북인에 대하여 이런 분석을 하고 있었다.

> 여행하고 나서 나는 이들 서북인의 독립심과 남성적인 진취적 성품과 정신에 강렬한 인상을 받았다. 서북인들은 남한의 사람들보다 훨씬 남성적인 것 같다. 이 까닭이 무엇인가 하는 것을 탐색하다가 나는 그것이 이 지역에 이른바 양반계급(gentle-man class)이 없다는 사실을 알아 냈다. 남쪽 지방에서는 상류층과 아랫 것들의 가난 사이에서, 위세 당당한 양반과 허리를 굽히고 아첨만 하는 농노(農奴)들 사이에서 독립적인 중산층(independent middle class)은 짓눌러 버리고 만다.
>
> 서북 지방은 밝은 미래가 빛난다. 중산층이 뚜렷하게 존재하여서 자기 자신들을 위하여 힘을 쓰고, 머리를 써서 생활을 더 값 있게 꾸며 나가기 때문이다. 논(畓)은 서북이 다 그렇지만 별로 없다. 그래서 수수, 보리, 콩, 밀, 메밀 등이 경작된다. 남쪽 사람들은 북쪽에 쌀이 없으니 사람 살 곳이 못된다고 무시한다.
>
> 그래, 쌀은 없을 것이다. 그러나 지식이 넘치는 활동적인, 힘에 넘치는 인간, 그것이 더 바람직한 것이 아니겠는가.[146]

스왈론은 다른 한 보고서에도 〈서북인은 전국을 통하여 가장 훌륭한 개성과 성품을 가진 것으로 인정 받고 있다〉[147]고 지적한 일이 있었다.

---

146) W. M. Baird, Notes on a Trip into Northern Korea, *The Independent*(獨立新聞, 英文版), 1897, 5. 20日字. Northern and Southern Korea, Editorial Department, *The Korean Repository*, 1897, 5月號, p. 196에 轉載.

147) Exacts from Several Reports, The Presbyterian Annual Meeting, *The Korean Repository*, 1897, 9月號, p. 344.

18세기에 이르러 조정은 서북인들의 상업 활동에 주목한 일이 있다. 〈관서(關西) 지방에는 토산물(土産物)이 3남(三南) 지방에 미치지 못하고, 밭이 논보다 많아 상인이 농민보다 많고, 사람들은 근본 곧 농업에 힘 쓰는 일이 적고, 말기(末技) 곧 상업에 종사함을 좋아 하는 형편〉[148] 이란 관찰이었다. 웰즈(J. H. Wells) 박사도 1897년 초에 이런 글을 남기고 있었다.

> 평양에는 고대의 영광과 영화가 이제 다 사라져, 간 데가 없다. 그러나 그의 업업적 주도성(主導性)은 가능한 미래를 약속하는 것이다. 서울의 한 저명한 인사로 정세에 정통한 사람은 평양이 그런 의미에서 이 나라의 수도(首都)가 다시 된다고 하여도 놀랄 것이 없다고, 몇 달 전에 나에게 고(告)한 일이 있었다.[149]

서북 사람들이 상업에 대개 종사했다는 사실은 그들의 자립적이고 독립적인 기상과 생활 정신을 의미하는 것이었다. 더구나 양반 세력 부재의 사회에서 그것은 시민적 정신으로까지 발전할 수 있는 소지(素地)이기도 하였다.[150]

기독교 발전의 근거도, 자치와 자율 그리고 자립을 강조한 〈네비우스 방법〉의 채택으로 자립적 교회상을 건설해 나갈 기초가 이미 확실하게 제공되고 있었다.[151] 권력 구조의 핵심인 서울에서의 거리와, 신분제의 해이가 뚜렷했던 자유 분망의 사회에서는, 이러한 교회의 자립적 지도력 발휘의 기회는 확실히 새로운 도전이 아닐 수 없었

148) 承政院日記, 正祖 十二(1788)年 八月 十八日條.
Cf. 備邊司謄錄, 哲宗, 七(1856)年 三月 五日條.

149) J. H. Wells, Pyeng Yang, *The Korean Repository*, 1897, 2月號, p. 59.

150) 拙書, 敎會와 民族, 서울, 大韓基督敎出版社, 1981, 第三篇 第一章 참조.

151) The Characteristics of Korean Churches, *The International Review of Missions*, Vol. Ⅰ, No. 3,(1912), pp. 416-419.

다.[152] 헐버트(H.B. Hulbert)는 이런 글을 남긴 일이 있다.

> 장로교 선교부의 서북 스테이션(station)[153]에서는 사람이 해 낼 수 있는 수준에서는 이 세계에서 가장 성공적인 선교 스테이션으로서 세계의 주목을 받게 되었다. 그것은 단지 수많은 사람들이 교회와 관계를 맺어 신앙심을 가지게 된 데 그 까닭이 있는 것이 아니라, 자립과 자조의 원칙에 따라 독립적인 기독교 사업으로 그만한 결과를 초래하였다는 사실 때문이었다.[154]

다음, 이 지역에서의 특수한 역사적 상황을 들 수 있을 것이다. 스피어 박사는 〈세계에 견주어 볼 수 없는 교회의 경이적 성장〉의 원인으로서 세 가지 요인을 들었다.

하나는 옛 생활에 대한 편만한 불만이 빈궁과 압제 때문에 널리 퍼져나간 사실, 둘째로 서구 문명의 힘을 도입해서 대국(大國) 청나라를 격파한 일본의 승리(1895), 그리고 마지막으로는 종교적인 것으로 성령(聖靈)에 의해서 자극되었다고 밖에는 볼 수 없는 죄(罪)의식, 이런 세 가지 원인을 들었다.[155] 청일전쟁과 노일전쟁이 각각 다 서북에서 주로 치루어지고, 그만큼 전쟁의 가공할 만한 피해를 입어야 했던 그들에게, 어떤 막연한 역사의식과 함께 강렬한 자아의식의 환기가 체험되지 않을 수 없었을 것이다.

> 우리 基督教가 일즉 啓發의 時代에 處하여셔난 傳道의 門路가 오

---

152) C. A. Clark, *The Korean Church and the Nevius Methods*, New York, Fleming H. Revell, 1930, pp. 32-34.

153) 宣教의 地域 中心地를 말함.

154) H. B. Hulbert, Korean History, *The Korea Review*, 1904, 9月號, pp. 431-432.
Cf. *Ibid.*, 1904, 12月號, p. 574. 〈One of the most successful in the world〉.

155) Glimpse of Mission Work, *The Korean Repository*, 1898, 8月號, p. 300.
Cf. Mr. Robert E. Speer on Korea, *Ibid.*, 1898, 3月號, p. 96.

> 히려 狹小하더니 此時에는 機會가 大闢에 發展이 迅速한지라. 其原因을 推究컨대… 兵亂의 經過로 因함이니 我邦은 三百年來로 外交도 不知하고 戰術도 不聞이다가 日淸戰時를 據當하야 關門 洞開에 外人이 擁入하난지라. 砲聲이 耳를 震하고 劒光이 目을 驚함에 비로소 自尊主意를 抛棄하고 宗教公行을 覺悟하야 上下男女가 幡然히 改悟하야 福音을 信從하엿으니 此等 機會난 眞神의 啓導라.[156]

한국교회는 〈我族의 頑夢이 砲聲中에 始覺하고 迷想이 劒光理에 隨消〉[157]하게 되었다고 보고, 그것이 전능지대(全能至大)하신 하나님의 경영(經營)이라 찬송한 것이다.[158]

다음, 이 경이적 발전의 배경은 서북지역의 풍부한 지하자원이었다. 이것이 서북인의 상업 활동과도 밀접한 관련이 있겠지만, 거기에는 금, 석탄, 산림의 광대한 자원이 있어서 그 지역 발전의 강력한 잠재력으로 작용하고 있었던 것이다.[159]

우리는 이 시점에서 이런 서북 기독교의 발전과 운산 광구와의 관계를 살펴보고자 한다. 존스(G. H. Jones, 趙元時, 1807-1919)라는 선교사(監理教)는 1901년을 한국의 새 세기(the New Century)라고 보았다. 그리고 상업과 교육 및 농공업에서의 발전을 선교 상황과 함께 검토하다가 지난 20년간(1880—1900)의 한국의 근대화 지향의 본질적 발전이 대단하였다는 점을 지적하였다.[160] 그것은 기독교의 선교 착수 기간에 해당되는 것이었다. 그리고 미국은 한국과의 국교를 맺은 그 첫날부터 〈무관한

156) 朝鮮예수教長老會史記, 上, pp. 18-19.
157) *Ibid.*, p. 29.
158) W. F. Bull, Era of Great Things in Korea, *The Missionary*, 1905, 9月號, p. 455.
159) J. H. Wells, Pyeng Yang, *Ibid.*, p. 59.
Cf. Northern and Southern Korea, *The Korean Repository*, 1897, 5月號, p. 196.
160) G. H. J., The New Century, *The Korea Review*, 1901, 1月號, p. 6.

관심(disinterested interest)〉을 가지고 한국의 권익에 관여하여 온 사실을 강조하였다. 그 하나로서 그는 금광 문제를 하나 예증하였다.

> 이 (광산) 사업은 한국에 막대한 액수의 자본이 흘러 들어오게 하였으며, 더 나아가 수 천 명의 한국인들에게 직장을 마련하게 할 수 있어서 좋았다. 이 한국인들은 서양인들에게서 산업과 근면의 정신을 배우게 되었던 것이다.[161)]

이 운산 광구에서의 거대한 기업이 〈한국인들의 눈을 뜨게 하여서 그들 조국의 가능성에 대한 진실한 이상을 가지게〉[162)] 한 사실은 무시할 수 없었다. 더구나 서북인들의 근세 초기 상업 활동을 성공으로 이끌고 간 것은 이 광산 지역을 중심으로 해서 흘러 들어온 막대한 금융과 노무자들에게 매달 지불되어 유통되던 통화량의 직접적 영향 때문이었다.[163)] 다시 말하면 이 기업 때문에 이 지역의 물질적인 혜택이 구체적으로 형유(亨有)되고, 사람이 일을 잘 하기만 하면 그 결과가 손에 잡힌다는 근대적 정신도 터득할 수 있었던 것이다. 이런 것이 직접적으로 서북교회의 자립적 발전의 한 사회경제적 요소이었음을 부인할 수 없다.[164)] 기독교는 이 서북에서의 상업과 광업 그리고 기독교의 선교가 한국인들 전체에게 부여될 물질적 정신적 혜택의 한 싸인에 불과하며, 그것은 그런 미래의 소박한 첫 출발에 불과하다는 사실을 확실히 믿고 있었다.[165)]

서북에서도 북쪽으로 더 갈수록 주민들 생활은 더 풍요한 것으로 나타났다. 가령 순천(順川)의 기독교인들을 평양 주민의 반수에도 미달하였지만 교회 헌금액은 평양교회의 2배에 이르고 있었다.[166)] 금광에서 매

161) *Ibid.*, p. 5.
162) The New Century, *Ibid.*, 2月號, p. 50.
163) *Ibid.*, pp. 58, 59.
164) 구체적으로는 서북지역의 광산회사에서는 웰즈(J. A. Wells)博士經營의 평양基督病院에 每年 $250씩 희사하고 있었다. *Ibid.*, p. 58.
165) *Loc. cit.*
166) J. H. Wells, Northern Korean, *The Korea Review*, 1905, 4月號, p. 140.

월 지급되는 수천 불의 봉급이 곧장 유통된다는 증좌였다. 서북에서는 뭔가 큼직하게 돌아 가고 있었다. 옛과 다른 새 기운(機運)이 몰려 오고 사람들은 새 자극과 충동으로 영감을 얻으며 활발히 움직이고 있었다.

> 이제 한국인들은 나라 밖에서나 안에서의 참을 수 없는 정치적 상황을 이겨 나갈 힘을 갖추게 될 것이다. 그리고 인간 운명의 커다란 문제들을 누구의 방해나 개입을 받지 않고 자유로이 자기 힘으로 해결해 나갈 때가 올 것이다.[167)]

서북에서는 이처럼 상업과 금광과 기독교가 서구 기독교 문명의 한 구현(具現)으로서 엉켜 새로운 한국의 시대를 열어가고 있었다.

2. 乙未事變과 알렌의 對應

가. 乙未事變의 背景

민비시해의 을미사변은 몇 가지 직접적인 배경이 있는 것으로 그 때 주장되었다. 그 하나가 우선 대원군(大院君, 李昰應, 1820－1898)의 야심과 민척(閔戚)에 대한 적개심이다. 그는 그 단 하나의 손자 이준용(李埈鎔)이 박영효(朴泳孝)의 고발로, 동학과 내통해서 대원군을 옹립하려 하였다는 역모로 유배된 참사에 격분을 감추지 못하고 있었다.[168)] 이 충격으로 민비시해의 암계(暗計)에 말려들었던 것이다.

다른 하나는 일본식으로 신식 훈련을 받은 훈련대(訓練隊)의 해산 계

167) The New Century, *Ibid.*, 1901. 2月號, pp. 59－60.

168) H. B. Hulbert, *The Passing of Korea*, New York, Double-day Page, 1906, p. 132.

획으로, 그 훈련대원들이 앙심을 품고 변란을 일으켰다는 주장이다.[169] 이들 중 우범선(禹範善), 이두황(李斗璜), 이진호(李軫鎬)는 일본의 거사 음모에 주구(走狗)로 밀약(密躍)하고 있었다.[170] 유길준(兪吉濬)이나[171] 미우라(三浦悟樓) 일본공사 역시 사변 원인과 책임을 거기 돌리고 있었다.[172] 그러나 그것은 하수인역(下手人役) 정도에 끝나고 있었다. 이것들은 대개 일본계(日本系)에서 주장한 것들이었다. 따라서 그 원인은 근원적으로 다른 곳에 있었다.

그것은 곧 이노우에(井上馨) 공사가 이임하고 군인 출신 불교인 미우라(三浦悟樓)가 조선주재 일본공사로 부임해 온 사실과 연결된 것이다. 이 인사 교체에 이미 음모의 일단이 엿보였다.

그러나 이노우에가 가기 전에 하여야 할 일이 하나 있었다. 그것은 완강한 민비의 대일 경계심을 해이(解弛)시키는 일이었다. 민비는 의구(疑懼)로 이노우에를 만나지 않고 있었다. 그래서 알렌을 통해 민비와의 접견을 추진하였다. 알렌은 순수한 마음에서 그 중재를 섰다. 그것은 커다란 실책이었다. 그리고 그것은 일본에게는 결정적 기회를 제공하였던 것이다.

이노우에는 7월 25일 이후 고종과 민비를 세 번 알현하였다. 그리고 그는 기왕의 일본의 소위 의혹을 살 만한 일에 대하여 해명을 하고, 마지막 이런 기만적 보장을 한 것이다.

우리는 朝鮮國의 獨立을 鞏固히 하며, 同時에 王室의 安全을 圖

---

169) Copy of the Decision of the Japanese Court of Preliminary Inquiries, *The Korean Repository*, 1896, 3月號, p. 122.
Cf. 訓練隊의 嚴罰과 宮闕護衛充當說의 撤回 要請, 舊韓國外交文書, 第三卷, 日案, Ⅲ, (1895. 10. 9日字), p. 351.

170) 尹致昊日記, 四,(1895. 10. 30, 11. 6日字), pp. 83, 84.

171) *Ibid.*, pp. 74, 77, 83, 88.

172) 訓練隊의 嚴罰要請, *op. cit.*, p. 352.

謀코자 함에 있으니, 今後 이 나라 王室에 對하여 朝鮮王族이나 臣民으로서 萬一에라도 叛逆을 陰圖하는 者가 있을 경우, 과연 日本政府는 兵力을 使用해서라고 王室을 保護하며 貴國의 無事安寧을 圖謀할 것이다. 이것이 우리 天皇과 政府의 誠心誠意이다.[173]

이 때 〈兩陛下는 喜悅하고 謁見 거듭할수록 全然 虛心坦懷〉[174]하였다 한다. 일본의 음모는 이제 대통이 보장된 셈이었다. 이노우에의 〈거짓말〉[175]에 왕실의 경계심이 흐터졌기 때문이다.

나. 閔妃弑害史

1) 三浦悟樓의 發想과 計劃

미우리 공사의 서울 부임은 9월 1일이었다. 그는 도착 〈즉시 유효한 대처를 할 결정〉을 내렸다.[176] 그리고 반민척(反閔戚)의 대원군을 끌어들여 거사하기로 하고, 10월 3일 일본 공사관에서 스기무라(杉村濬) 서기관 및 오까모도(岡本柳之助) 한국 궁내부 고문과 밀의하여,[177] 대원군의 입궐(入闕)을 성사시키고, 그 〈기회가 민비 시해의 적기(適期)로 삼는다〉는 방침을 굳혔던 것이다.[178]

서울의 일본 공사관 우찌다(內田定槌) 영사가 11월 5일자 본국 외무성

---

173) 日本外交文書, 日本外務省, 第二八卷, pp. 371－374 井上馨이 西園寺 外務大臣 臨時代理에게 보낸 文書.
Cf. I. B. Bishop, *Korea and Her Neighbours*, p. 270. H. B. Hulbert, *The Passing of Korea*, p. 130.

174) 日本外交文書, 第二八卷, p. 374.
Cf. F. A. McKenzie, *The Tragedy of Korea*, p. 58.

175) H. B. Hulbert, *The Passing of Korea*, p. 136.

176) Copy of the Decision of the Japanese Court of the Preliminary Inquiries, *op. cit.*, p. 122.

177) 鄭喬, 韓國季年史, 國史編纂委員會, 第二卷, 高宗三十三年八月條.

178) Copy of the Decision of the Japanese Court, *op. cit.*, p. 122.

(外務省)에 송부한 보고서에는 다음과 같은 구체적 내용이 들어 있었다.

> 其關係者는 朝鮮人中에도 現軍部大臣 趙羲淵, 訓練隊 大隊長 禹範善, 李斗璜을 위시하여 其他 大小의 人員 數 많았다. 한데 本邦人(日本)中에도 亦是 公使館員 領事館員 守備隊 將校 朝鮮政府 雇官吏 및 居留人民의 一部 여기에 關係한 것이 사실이다.
>
> 日本人이 여기 關係하게 된 것은 모름지기 다 直接 間接으로 三浦公使의 敎唆에 基한 것으로 그 사이에 서서 가장 斡旋의 努力을 執行한 者는 杉村(濬) 書記官이다. 同書記官은 三浦公使와 여기 使役된 本邦人 사이에서 盡力하였을 뿐만 아니라, 同公使와 有力한 朝鮮人과의 사이에 奔走한 것으로, 國分 通譯官은 10月 6日 以後 同書記官과 金弘集 및 其他 사람들 사이에 2, 3回 通辨으로 使役된 것으로 되어 있다. 또 大院君과 三浦公使 사이를 도맡아 往復協議한 者는 前記와 같이 岡本柳之助(宮內部 日本人顧問)으로서 掘口九萬一(領事舘補)도 역시 大院君과 公使 사이를 연결하였고, 柴四郎(著述家)는 三浦公使의 股肱이 되어서 모든 計劃에 參與하고 壯士輩의 操縱에 從事하였다.[179)]

2) 閔妃弑害

사태는 10월 7일부터 음산하였다. 그리고 어떤 위기감을 주는 소문도 들렸다. 민비는 겁을 먹었다. 그러나 정병하(鄭秉夏)가 민비 측근에서 무사를 확인시켰고, 따라서 도망갈 필요가 없다고 안심시켰다.[180)] 이것은 반역이었다. 그는 이미 일본과 내통하고 있었다.

---

179) 市川正明 編, 日韓外交史料, 韓國王妃弑害事件, 東京, 原書店, 1981, p. 20.

180) Official Report on the Matters Connected with the Events of October 8th, 1895, and the Death of the Queen, *The Korean Repository*, 1896, 1月號, p. 121.

행동대원들은 10월 8일 새벽 3시에 움직이기 시작하였다. 安達謙藏 인솔의 일단은 용산을 거쳐 마포 공덕리에서 대원군 입궐 작전을 시작하였고, 國友重章 일단은 대원군 호위 작전, 그리고 진고개 일본 거류지의 경찰들은 荻原秀次郎 경부(警部)의 지휘 아래 궁성을 향해 일제히 행군을 시작하였다. 이들은 평복을 착용하고 있었으나, 궁궐에 돌입하자 총순(總巡) 순검(巡檢) 등의 제복 제모를 탈취해서 일본 경찰관들로 착용케 하였다.[181] 총수 대개 60명이었다.[182]

이들이 궁궐에 이른 것은 대개 새벽 4시경이었다. 이들 접근 소식을 듣고 훈련대장 홍계훈(洪啓薰)이 달려 와서 저지하고자 하였으나 총격을 맞아 숨졌고, 〈미친 듯〉[183] 민비를 찾고 있는 장사배들 앞에서 왕궁의 존엄을 지키려 손 벌려 저지하던 이경직(李耕稙) 궁내부 대신이 살해되었다. 그리고 이들은 건청궁(乾淸宮)을 거쳐 국왕의 침전인 곤녕전(坤寧殿)과 왕비의 침전인 옥호루(玉壺樓)에 다달았다. 다음 기사는 《開國五百四年 八月事變報告書》에서 그대로 옮긴다.

> 大君主와 王后께서 臨御하셨던 殿宇는 光化門에서 距離가 英里(로) 四分之一쯤 되고, 殿庭이 狹小한지라 日兵이 吶喊放咆하며 光化門으로 入하다가 宮內護衛하던 朝鮮兵丁을 逢하야, 如干 殺傷을 加하니, 朝鮮兵丁이 抵抗치 못하매, 日兵이 連續히 入去하여 大君主와 王后臨御하신 殿閣에 至하야, 日本士官의 令으로 軍伍를 整列하여 還圍하고 閣門을 把守함은, 同伴한 日本刺客의 王后陛下를 搜索하여 弑害하기에 兇猛함을 助力함이라.
>
> 日本刺客 二·三十名이 日人頭目 一人의 引導함을 從하야, 刀를

181) 市川正明, *op. cit.*, p. 17.

182) 朴殷植, 韓國痛史, 하와이, 권업동맹단, 1917, p. 162.
Cf. I. B. Bishop, *op. cit.*, p. 278. 日本軍兵丁을 除外한 數字로 記.

183) The Assassination of the Queen of Korea, Editorial Department, *The Korean Repository*, 1895, 10月號, p. 388.

빼 들고 殿堂에 突入하여, 密室까지 尋覓하며, 內人을 만나는 대로 頭髮을 捽하고, 毆打하며, 王后 계신 處所를 尋問하니, 此를 大君主陛下 護衛次로 其 殿廷에 暫留하던 外國人 士巴津 (Sabatin, 露人)과 外也衆人의 目覩한 바이라. 日本 將官等이 渠軍을 號令하여, 여러 宮女에게 行悖하고, 또한 王后 계신 處所를 士巴津에게도 屢次 訪問하되 指示치 아니함으로, 其性命이 幾乎危險할 境에 至한지라. …

그 刺客(들)이 各房에 尋覓하더니, 畢竟에 王后陛下를 稍深한 房에 避하시려던 處에서 尋出하여, 刀刃으로 斫下하였는데, 當場에는 被弑하신 줄은 丁寧치 못하였으나, 緞屬單衾로 싸서 松板上에 奉하여, 殿庭에 移出하였더니, 卽其他에 刺客의 指揮로, 近處에 在한 鹿園樹林中으로 再移하여, 石油를 其上에 灌하고 木柴를 其上에 加하고, 火로써 燒하매, 燒火한 後 다만 骸骨幾片만 余存하였고, 王后陛下 弑害를 任한 日本刺客이 渠等의 擔當한 事를 竣完코자 하여 諸宮女를 索出하여 王后陛下의 屍體되심이 眞的함을 驗問하고, 또한 朝鮮의 逆臣等도 日兵을 補助하여 王后께서 避身치 못하시도록 預出準備하였다 하니, 이러므로 我王太子의 慈母되시는 尊重하신 我王后陛下께서 凶慘히 被弑하시고 體魄까지 被燒하시게 함은 其形跡을 掩코자 함이라.[184]

우찌다(內田定槌)의 판단으로는 민비 시해자는 〈我陸軍士官〉, 아니면 다나까(田中賢道) 그리고 호리구찌(掘口九萬一) 중의 누구 하나 일 것이라고 보았다.[185] 그러나 그 시해자의 이름이 정확히 밝혀진 곳은 없다.

거사 후 대원군이 시해 소식을 듣자 〈손벽을 치며 웃고 만족을 표명〉[186]

---

184) Official Report on Matters Connected with the Events of October 8th, 1895, and the Death of the Queen, *The Korean Repository*, 1896, 3月號, pp. 125-126, 承政院日記, 高宗三二年 八月二十日字, 日省錄, 上同日字.

185) 市川正明, *op. cit.*, pp. 20, 462.

186) *Ibid.*, p. 19.

하였다 하였고, 외부대신 김윤식(金允植)은 〈大事成矣〉[187]라 소리쳤다는 것이다.

민비시해에 대한 자료로서 가장 직접적인 것은 그 날 수비대의 영관(領官)으로 봉변을 당했던 현흥택(玄興澤)이 그 목격 사실들을 기록하여 알렌에게 수교한 것일 것이다.[188]

이 비변(悲變)이 남긴 불신과 적대감은 엄청났다. 그 때 외무협판(外務協辦)이던 윤치호는 이렇게 외쳤던 것이다.

> 한국과 일본 사이에는 이제 건너 갈 수 없는 무서운 심연이 가로놓이게 되었다. 그 사이에는 다만 한국 왕비의 낭자한 피로 물들여지고 어두워진 시컴한 탁류가 불신과 편견의 물결 소리를 내며 성난듯 흘러 가고 있을 뿐이다.[189]

이런 상처와 불신감은 아물기가 힘들었다.

3) 日本과 國內 親日內閣의 處事

일본공사관의 무관(武官) 구스노세(楠瀨幸彥)가 대원군과 훈련대의 입궐 사실을 본국에 간단하게 타전한 것이 당일 8일 오전 8시 50분이었다.[190] 그리고 오전 9시 반에는 〈국왕 무사, 왕비 살해된 듯〉[191]이라 하였고, 오전 11시에는 미우라가 일본 외무성에 〈왕비 소재 불명〉이라 하다가, 9일 아침 9시에야 〈王妃 露舘에 간 흔적 없고 살해된 것이 거의 확

---

187) 尹致昊日記, 四, (1895. 12. 11日字), p. 103.

188) 맥켄지는 대개 이 資料에 依據 弑害史 編成. F. A. McKenzie, *The Tragedy of Korea*, p. 64.

189) 尹致昊日記, 四, (1895. 12. 4日字), p. 101.

190) 大院君入闕ニ關スル 報告ノ件, 楠瀨 在韓公使舘付 武官ヨリ 川上陸軍參謀總長宛, 市川正明, *op. cit.*, p. 72.

191) 三浦悟樓文書, 日本國會圖書館 憲政硏究室 所藏.

실〉[192]이라 기만하였다. 일본이 민비시해 사실을 시인한 것은 사태 수습차 급파된 일본의 외무성 정무국장 고무라(小村壽太郎)가 변리공사로 부임하고 나서 처음 보낸 10월 17일자 전보였다.[193] 그 음흉이 한 국가의 이름으로 진행된 표본이다. 일본은 마침내 10월 17일 미우라를 해임하고,[194] 18일에는 혐의 있는 자들의 퇴한(退韓)을 명령하였다. 그리고 23일에는 인천(仁川)에서 48명이 떠났다. 다들 〈훈장을 탄다고 웃어대며 환호성 높이〉[195] 갔다고 한다.

이들은 히로시마(廣島) 재판소에서 재판을 받았다. 그러나 예상대로 1896년 1월 20일 전부 〈증거 불충분〉으로 무죄 석방이 되었다.[196] 이 무죄 판결은 민비시해의 정당성을 일본 사법부가 시인한 것 이외 아무 것도 아니다. 윤치호는 1895년 말 12월의 한 일본 신문에서 민비시해에 가담한 자들에 대한 축하금이 〈한국 국왕〉으로부터 하사되었다는 기사를 읽었다.[197] 일본의 죄질(罪質)이 이정도이다. 총액이 $1,300이었다 한다.

한편 이재면(李載冕) 조희연(趙義淵), 정병하(鄭秉夏), 권형진(權瀅鎭), 유길준(兪吉濬)[198] 등 인사로 8일, 그날 개각을 단행한 친일 내각은 10일에 민비의 〈왕위 폐위소칙(王位廢位詔勅)〉을 발표하였던 것이다.[199] 그리

---

192) *Loc. cit.*

193) 王妃弑害事件ニ關スル件, 市川正明, *op. cit.*, p. 98.

194) 辦理公使 三浦의 解任 및 小村壽太郎의 新任과 陛見要請, 舊韓國外交文書, 第三卷, 日案 Ⅳ,(1895. 10. 18日字), p. 357.

195) 內田定槌氏述, 在勤各地ニ於ケル 主要事件, 回顧, 附錄, 市川正明, *op. cit.*, p. 463.

196) Offficial Report on the Matters Connected with the Death of the Queen, *op. cit.*, pp. 124－125.

197) 尹致昊日記, 四, (1896. 1. 6日字), pp. 122－123.

198) 尹致昊는 兪吉濬을 杉村濬과 함께 閔妃弑害 음모의 主動者로 判斷, 그의 日記, 四, (1895. 11. 6日字), p. 84.

199) 官報 開國 五百四年八月二十二(10. 10)日字 號外.

고 이 사실을 11일 외국공관들에 통첩하였다.[200] 그리고 12일에는 한 걸음 더 나아가 시해된 민비에게 빈호(嬪號)를 특사한다고 하였다. 빈은 후실이란 뜻이다. 맥켄지(F. A. McKenzie)는 그것이 〈창녀〉로 비하(卑下)시킨 것이라고 격분하였던 것이다.[201]

처음 궁중 주변 양반들의 싸움이라 하여 무관하던 백성들도[202] 사태의 진실을 알게 되고, 따라서 갈수록 홍분하여[203] 도처 의병의 의거가 잇달았다. 이 〈사태의 진실〉을 노정시킨 것은 알렌을 비롯한 외국 공관들의 강력한 간여와 일본에 대한 사태 해명 촉구의 압력이었다.

궁지에 몰리기 시작한 친일 내각은 10월 29일 그 문제의 훈련대를 해산시켰고, 따라서 내각을 그 관할하에 두었던 군부의[204] 우범선(禹範善)과 이두황(李斗璜)이 피신할 수밖에 없었다.[205]

이 정세 역전의 조짐은 1895년 11월 23일 고종과 알렌 및 구미 사신들과의 접견 이후 실질적으로 나타나기 시작하였다. 그래서 11월 26일로부터 폐비(廢妃)의 복권(復權) 조치, 조희연(趙羲淵)의 파면, 민비 시해범들의 체포 치죄, 민비 서거의 공식 발표, 왕후의 국상(國喪) 반포,[206] 그리고 민비 전기(傳記) 편찬위원회의 구성 등이 잇달아 공포되었다.[207]

---

200) 王后閔氏廢位通報, 舊韓國外交文書 第三卷, 日案 Ⅲ, p. 354. 第十一卷, 美案 Ⅱ, p. 130. 第十七卷, 俄案 Ⅰ, p. 333.

201) F. A. McKenzie, *op. cit.*, p. 69.

202) The Assassination of the Queen of Korea, *The Korean Repository*, 1895, 10月號, p. 391.

203) Blazing Indignation, Editorial Department, *Ibid.*, 12月號, p. 477.

204) 尹致昊日記, 四, (1895. 10. 14日字), p. 74.

205) 日本에 피신하였던 禹範善은 1903年 11月 刺客에 依하여 弑害됨. Editorial Department, *The Korea Review*, 1903, 11月號, p. 500. 그 아들이 禹長春.

206) 官報, 1895. 10. 10日, 11日(陽 11. 26. 27日字).
Cf. 同 11. 26日字에 10月 8日 詔勅의 繳銷下命.

207) The Official Gazette, Editorial Department, *The Korean Repository*, 1895, 12月號, p. 480.

그러나 법무협판 권재형(權在衡)이 법부대신 이범진(李範晋)에게 제출한 《開國五百四年八月 事變報告書》는 1896년 봄에 이르러서야 제출되었던 것이다.[208)]

다. 알렌과 宣教師들의 對處

1) 알렌과 歐美使臣들의 活動

8일 새벽 민비시해의 비보에 접한 알렌은[209)] 서둘러 러시아 공사관의 웨베르(C. Waeber, 韋貝)을 찾아 갔다. 그리고 서둘러 궁궐에 달려가 내각의 방해를 뿌리치고 〈비탄에 빠져 있는〉[210)] 고종을 만날 수가 있었다. 그 때 고종은 민비가 도망하였을 가능성에 희망을 버리지 못하고 있었다. 그리고 사신들이 관여하여서 더 이상의 불행을 막아 달라고 〈관례를 깨뜨리면서까지 공사와 악수〉[211)]를 하며, 가끔 흐느꼈다고 한다. 그 충격이 엄청났기 때문이다. 10월 10일, 《뉴욕 헤럴드》의 코커릴 기자와 만났을 때에도 고종은 더욱 〈비참해〉 보였다고 한다.[212)]

그날 낮 오후 3시반부터 알렌을 비롯한 구미 외교관들은 미우라(三浦悟樓)를 일본 공사관에서 만나 사태에 대한 해명을 강력히 요구하였던 것이다.[213)] 그리고 만일의 사태에 대비하여 11일에 알렌은 인천 주둔의

---

208) 本 報告書는 建陽元年(1896) 四月十五日(陽 5. 27)에 提出된 것으로 되어 있으나, *The Korean Repository*, 1896, 3月號에 이미 全文 轉載.
The Official Report on Matters Connected with the Events of October 8th, 1895 and the Death of the Queen, pp. 120－142.

209) 씰公使 休暇로 1895年 11月 18日까지 代理公使.

210) F. A. McKenzie, *The Tragedy of Korea*, p. 70.

211) I. B. Bishop, *Korea and Her Neighbours*, p. 275.

212) Col. J. Cockerill, The New York Herold, 1895. 10. 13日字.
F. A. McKenzie, *The Tragedy of Korea*, pp. 71－72.

213) 王妃弑害事變ニ付 各國使臣トノ 談話報告ノ件, 韓國駐劄 三浦公使ヨリ 西園寺 外務大臣 臨時代理宛, (1895. 10. 8), 市川正明, op. cit., p. 76.

미국 해병대 20여 명의 입경을 지시하였다.[214] 알렌은 그 후 계속하여서 여러번 각국 사신들과 접촉하여 시해(弑害)에 대한 치죄 조치가 없는 한,[215] 새 정부를 인정하지 못한다고 위협을 가하였던 것이다.[216] 더구나 민비의 폐위 조치에 관하여서는 러시아 공사와 함께 강력하게 이에 대응하고, 그것은 국왕의 소칙(詔勅)이 아닌 〈중간의 작간(作奸)〉[217]이라 지탄하였던 것이다. 그리고는 11월 26일 마침내 전술한 바 있듯이 고종 앞에서 여러 사신과 내각이 민비 복권 등의 명쾌한 조치를 취하도록 영향력을 행사하였던 것이다. 실로 알렌을 비롯한 외국 사신들은 〈目下 嚴重하게 探偵하며 注意〉[218]를 기울이고 있었던 것이다.

이 사이에 외국 사신들은 주로 알렌이지만 매일같이 궁성을 방문하여 국왕의 안전을 살피고, 따뜻한 인정으로 위로와 안도의 보살핌에 정성을 다 하였던 것이다.[219] 함독(含毒) 여부가 의심스러워 식사도 미국 공사관에서 주로 배달되었고, 식사 전달 상자의 열쇄 역시 직접 고종에게 쥐어졌던 것이다.[220] 노약하고 무능하였던 다이(Gen. W. Dye) 장군도 고종의 요청으로 계속 그 곁에서 떠나지 않고 충성으로 국왕 수호의 대임

214) 日本外交文書, 第二十八卷, pp. 506－510. 市川正明, *op. cit.*, p. 87.

215) 王后弑害治罪勸告의 件, 舊韓國外交文書, 第十一卷, 美案 Ⅱ,(1895. 10. 12日字), p. 130.

216) 京城騷亂ニ關スル各國使臣ノ 對坐ニ付 報告ノ 件, (1895. 10. 14日字), 市川正明, *op. cit.*, p. 87. 美國駐劄栗野新一郎公使ヨリ西園寺外務大臣臨時代理宛, 韓國事件ニ關スル件, (1895. 11. 26日字), *Ibid.*, pp. 132－133. I. B. Bishop, *op. cit.*, p. 278.

217) 朴殷植, 韓國通史, p. 171.
알렌이 外交的 抗議로 한 것은 없고, 러시아는 강력 공식 抗議, 訓鍊隊事件 및 閔妃廢降의 政府公文에 對한 反駁. 舊韓國外交文書, 第十七卷, 俄案 Ⅰ,(1895. 10 14日字), p. 333.

218) 韓國駐劄小村公使ヨリ西園寺外務大臣臨時代理宛. 三浦公使 歸朝處分ノ件, 市川正明, *op. cit.*, (1895. 10. 18日字). p. 100.

219) I. B. Bishop, *op. cit.*, p. 279.

220) L. H. Underwood, *Underwood of Korea*, pp. 147－148. 언더우드 博士가 직접 高宗에게 傳達.

(大任)에 임하고 있었다.[221]

민비시해가 일본에 의해서 범해진 데 대하여 러시아 공사관의 관여는 격렬하였다.[222] 거기 정치적 동기가 있었을 것이다. 하지만 미국 정부의 대일 신임 태도가 있었음에도 불구하고,[223] 알렌이 이 사변의 사후 대책에 깊이 관여하게 된 이유가 무엇이었을까.

사변 다음 날 9일에 마침 장로교의 한국 선교 10주년 기념식이 있어서, 알렌은 거기 참석하여 〈한국 선교사(史)〉[224]에 대하여 논문을 발표하고, 또 그 해 12월호의 *The Korean Repository*에 〈Falk Lore〉라는 논문을 발표하고 있었다.[225] 다이 장군 역시 그 난리통에서도 과수업에 관한 긴 논문을 싣고, 그 끝에 〈서울, 궁성에서 10월 12일〉[226]이란 비고까지 달았던 것이다. 다들 침착을 지키려 한 흔적이 엿보인다.

그런데도 알렌이 깊이 개입한 까닭이 무엇인가. 거기 몇 가지 원인이 있다고 본다. 우선 그 하나는 이노우에(井上馨)와 민비와의 면담을 성사시켜 주어서 일본의 기만적인 왕실 보호 연막에 민비가 희생하게 되었다는 자책감(自責感)이다.[227] 그는 일본에 대하여 배신감을 느낀 것이 확실하다. 그리고 그 때부터 그의 반일 결의가 굳혀진 것이라 볼 수 있다.

다른 하나는 갑신정변 때부터 계속된 고종이나 민비와의 오랜 개인적인 친밀과 신뢰감이다. 둘러 선 사람들은 다 안중에 없고 다만 알렌에

---

221) Special Supplement, *The Korean Repository*, 1896, 2月號, p. 86.

222) 京城騷亂ニ關スル各國使臣ノ對坐ニ付 報告ノ件, (1895. 10. 14日字), 市川正明, *op. cit.*, p. 87.

223) 日本外交文書 第二十八卷, pp. 541－543.

224) The Decennial Anniversary, Editorial Department, *The Korean Repository*, 1895. 10月號, p. 394.

225) *The Korean Repository*, 1895, 12月號.

226) Foreign Fruit Culture in Korea, *Ibid.*, 1895. 12月號.

227) Allen to the Secretary of the State, 1900. 8. 31日字, F. H. 해링톤, *op. cit.*, p. 280.

게 손 뻗으며 〈눈물〉[228]까지 흘렸던 고종에게 성실과 충성으로서의 보답밖에는 할 일이 따로 없었던 것이다.

다음으로는 역시 선교사 출신인 그의 기독교적 윤리의식이다. 정치무대치고는 아주 험준하였던 19세기 말 한국의 격동기에 그는 윤리와 공의(公義)의 신념을 그 강령으로, 정치 행태를 정리하고 운영하려고 하였던 것이다.

그 신념에서 그는 몇 가지 구체적인 대처 방안을 실천한 것이다. 그 하나가 미우라(三浦悟樓)에게 정면 대들어 그 비행을 노출시키고, 그 범죄적 행동을 질타하는 것이며, 다음은 고종 옆에서 〈미국의 보호 의지〉를 시위하는 것이었다. 그리고는 일본의 잔학무도와 그 비도(非道)를 세계에 공개 폭로하는 것이었다. 그는 모든 정보를 다 정리해서 계속 미국 국무성에 타전 제보하였던 것이다.[229] 기자 코커릴도 알렌과 더불어 그가 제공해 주는 자료들을 수없이 뉴욕에 타전하였던 것이다.

2) 宣教師들과 高宗

사변이 있던 날 게일이 존스(G. H. Jones)와 〈부름을 받아서〉 궁궐 고종의 거소 옆에서 계속 남아 있었던 까닭은 이 비극의 사태를 〈통역〉하여 주기 위함이었다. 그 때의 모습을 게일이 적어 놓았다.

> 국왕이 처한 처참한 모습은 보기에도 딱하였다. 그는 흐느껴 울었다. 민비를 일본 사람들이 죽였다고, 누가 이 비참에서 그를 구원할 수 있을까. 그는 머리털을 잘라 신발을 짜서 국모의 죽음을 갚는 사람에게 주겠노라고 뇌었다.[230]

---

228) 그가 騷亂속에서 發表한 글 〈Folk Lore〉은 忠孝의 報償에 關한 글.

229) 美國駐劄栗野公使ヨリ西園寺 外務大臣 臨時代理宛, 韓國事件ニ 關スル件, 市川正明, *op. cit.*, pp. 132－134.

230) J. S. Gale, *Korean Sketches*, p. 206.

선교사들은 고종의 전갈을 어떤 통로로 해서든 받았다. 다이 장군이나 알렌의 직접 전갈이 있었을 것이다. 선교사들이야 말로 〈최소한 친구이고, 그들의 현존(現存)이 고종을 생명의 위험에서 구원할 방어〉[231]라고 보았기 때문이다. 그것은 〈순전히 국왕에 대한 동정의 행동에 한정〉되고 있다고 선교부도 밝혔다.

언더우드는 한국말이 아직 서툴렀던 알렌과 고종 사이에서 시종 통역으로 곁에 있었다. 그래서 사정을 시종일관해서 정통하게 꿰뚫고 있었다.[232] 선교사들은 국왕 측근에서의 그들의 현존이 국왕에게 안전하리라 믿어서, 한 7주간은 매일 밤 두 사람씩 교대로 당번을 섰다.[233] 에비슨(O. R. Avison)은 매일 밤 머물렀다. 의사였기 때문에 시독(施毒)의 위험성을 체크하기 위해서였다.[234]

고종의 둘째 아들 의화군(義和君)이 10월 9일 언더우드 집에 피난해 와서 숨겨 주어야 할 때 언더두드 부인은 그를 영입하고 이런 말을 남겼다.

> 우리는 이 피난 인물 때문에 사이비 정권(金弘集 親日內閣)의 간단없는 감시를 주야로 받았다. … 그러나 나에게는 우리 조상의 혁신적인 정신이 있었다. 만일 정부가 잘못 되었으면 정의심(正義心)이 있는 사람들은 여기에 저항해야 하고, 정당하고 합법적인 통치자의 친구들을 반역자들에게서 보호해 주는 것이 우리의 정당하고도 피할 수 없는 의무라고 확신한다.[235]

더구나 언더우드 부인은 섬세한 감정적 관찰로 이러한 위기 때의 기독교의 그러한 행동을 어떤 경륜으로까지 보고 있었다.

---

231) The Mission in Korea, N. P. Report, 1895, p. 157.

232) *Ibid.*, p. 158. L. H. Underwood, *Underwood of Korea*, p. 147.

233) L. H. Underwood, *Fifteen Years among the Top-Knots*, pp. 156, 157.

234) F. A. McKenzie, *The Tragedy of Korea*, p. 70.
尹致昊는 이들을 尊王派라 稱. 尹致昊日記, 四,(1895. 12. 2日字), p. 98.

235) L. H. Underwood, *Fifteen Years among the Top-Knots*, pp. 157－158.

우리가 이런(궁궐 수위, 고종 봉사) 일들을 하게 된 것을 아주 기쁘게 생각한다. 우리가 이 민중의 벗이요 정당한 통치자의 血盟임을 입증하고 있기 때문이다. 특히 즐거운 것은 복음 전파를 막는 법령들을 어겼다 해서 불충(不忠)하다고 인정되던 우리들이 현재 국왕을 섬기는 데 가장 적극적이고도 열성적이란 사실이 입증되었기 때문이다.[236]

선교사들과 그리고 한국교회는 이처럼 철저한 존왕파(尊王派)들이요, 정의의 사도들이었다.[237] 기독교는 〈페어 플레이를 사랑하기 때문〉이었다.[238]

3) 春生門 擧事와 宣教師들의 關與度

고종은 궁궐안에서 친일내각의 〈포로〉로 불안과 위축 가운데 그 존엄이 심각하게 손상을 입고 있었다.[239] 존왕파의 정동 구락부(貞洞俱樂部) 인사들과 근신(近臣)[240]은 불안에 떨고 있는 수인(囚人)과 같은 국왕을 궐밖 안전한 곳으로 이어(移御)하게 하고, 국모에 대한 복수를 한다는 일념으로 11월 28일 삼청동쪽의 춘생문(春生門)으로 입궐하려던 거사가

236) *Ibid.*, p. 157.

237) 가령 尹致昊日記, 四, pp. 74, 98.

238) Blazing Indignation, Editorial Department, *The Korean Repository*, 1895. 12月號, p. 478.

239) *The Mission in Korea*, N. P. Report, 1896, p. 157. (in virtual custody). H. B. Hulbert, *The Passing of Korea*, p. 144.

240) 貞洞外國公館과 친밀했던 一團의 紳士들은 李範晋, 李允用, 李完用, 尹雄烈, 李夏榮, 李采淵, 李學均, 閔商鎬, 玄興澤 등이며, 侍從 林最洙, 參領 李道徹, 그리고 侍從院卿 李載純, 中樞院議官 安駉壽 等. 金允植은 이들이 대개 〈西村和應者〉(貞洞俱樂部派)라 단정. 金允植, 續 陰晴史, 上, 卷七, 高宗三十二年 (乙未)十月十二(11. 20)條.
尹致昊는 李載純이 主謀者라 記. 尹致昊日記, 四,(1895. 11. 27日字), p. 94.

있었다. 윤응렬(尹應烈－尹致昊 父)의 지시에 따라 윤치호는 이 사실을 웨베르에게 11월 27일 밤에 제보(提報)하였고, 또 선교사들의 궁궐 당번의 인원수도 늘일 것을 당부하는 연락을 취하였다.[241)]

존왕파 인사들이 거사 계획을 위해 언더우드를 누차 만난 것이 사실이다. 언더우드는 이들의 동기는 내심 찬동하였다. 그러나 그러한 방법의 원용(援用)에는 찬성하지 않았다. 하나는 그들 말의 신용도가 문제였고, 다른 하나는 선교사로서 그와 행동을 같이 할 사람을 짐작할 수 없었기 때문이다. 그러나 방법이 확신할 만한 것이 있었다면 국왕의 안전 이어를 〈어떤 희생도 감수하면서 수행〉하였을 것이라고[242)] 그의 부인은 보고 있었다.

알렌의 입장은 이것이 다른 하나의 정치적 거동이었기 때문에 말려들기를 원치 않는다는 태도였다.[243)] 그러나 내밀하게 언더우드 등 몇 선교사가 거사 당일에 국왕 곁에 있어 달라고 부탁하고 있었다.[244)] 에비슨은 어의(御醫)로 있어서 출입이 쉬웠지만, 언더우드의 입궐이 어려울 것 같아서 미국 공사 씰의 〈카드〉가 넘겨졌다.[245)] 언더우드와 에비슨이 입궐한 뒤, 뒤늦게 헐버트(H.B. Hulbert)[246)]가 달려와 셋이서 국왕 곁에 머무르며 만약의 경우를 대비하고 있었다.[247)]

---

241) 尹致昊日記, 四, (1895. 11. 27日字), pp. 93－94.
尹雄烈과 또 한 명은 거사 前夜 언두우드家에서 보냈다. L. H. Underwood, *Fifteen Years among the Top-Knots.* p. 159.

242) L. H. Underwood, *Fifteen Years among the Top-Knots*, p. 159.

243) 언더우드가 閔妃弑害前 알렌에게 國王이나 王后가 美國公使館에 피난하면 保護하겠느냐는 질문에 그럴 수 없다고 대답한 일이 있었다. 尹致昊日記, 四,(1895. 12. 15日字), p. 106.

244) L. H. Underwood, *Underwood of Korea*, p. 149.

245) *Loc. cit.*

246) 當時는 育英公園 教師, 後에 在韓 監理敎 宣教師로 《The Korea Review》 編輯. 강력한 反日論調 전개. 保護條約(1905, 乙巳勒約) 때 高宗特使로 海牙, 워싱턴 訪問.

247) 다이 將軍의 사무실에서 머문 것으로 되어 있다.
L. H. Underwood, *Fifteen Years among the Top-Knots*, p. 161.

한편 밖에서는 춘생문을 통하여 수백 명의 신영 시위대(新營 侍衛隊) 군인들이 밤 12시경에 입궐하려 하다가 미리 제보를 받은[248] 친위대(親衛隊)의 반격으로 이도철(李道徹) 이하 10여 명이 체포된 채 분산 퇴거하고 말았다.[249]

이 때 총소리를 듣고 언더우드, 에비슨 그리고 헐버트가 군인들의 제어를, 가졌던 장총으로 물리치며, 국왕 옆으로 달려갔다. 〈외국인은 어디 있는가 선교사들은 어디 있는가〉, 고종의 부르는 소리가 이들이 곁에 당도할 때까지 들려 왔다.[250]

> 국왕과 왕세자는 그들 생명의 위협(친일 내각에서의 가능한 시해)에 온 몸을 떨고 있었다. 그래서 선교사들을 그들 양쪽에서 꼭 붙들고, 손을 쥔 채 놓지 않고 있었다. 그리고 딴 곳에 움직일 생각을 말고 그대로 거기 있어야 한다는 선교사들의 말을 따르고 있었다.[251]

다음 날 해가 환히 떠올라 올 때까지 선교사들은 이들과 함께 머물렀다.[252] 그러나 이들 존왕파의 충성심은 밀고자들 때문에 역적으로 몰리게 되었고, 친일 내각은 이제 그 구실로 더욱 강력한 국정권(國政權)을 행사할 수 있게 된 셈이었다.

언더우드는 그날 밤 집에 숨어 든 윤웅렬(尹應烈)을 그의 옆집 밀러

---

248) 安駉壽가 外部大臣 金允植에게 密告하였고 李軫鎬 親衛大隊長이 거사군과 內通하다가 軍部大臣署理 魚允中에게 密告. 尹致昊日記, 四,(1895. 11. 29日字), p. 96.

249) 春生門擧事에 대해서는 거기 直接 참여하였던 尹致昊의 充實한 日記 記事가 남아 있다. 尹致昊日記, 四, (1895. 11. 27－11. 30日字), pp. 93－97. 其以後의 檢擧에 선교사들의 語學先生이 여럿 체포. 尹致昊日記, 四, (1895. 12. 1日字), p. 98.

250) L. H. Underwood, *Underwood of Korea*, p. 150.

251) *Ibid.*, p. 151.
內閣에서 高宗에게 他處로 옮겨 가자고 권했다. 선교사들은 이 移動이 어디서 나타날지 모르는 匪類들로 더 위험하다고 보았다.

252) L. H. Underwood, *Underwood of Korea* p. 151.

(F. S. Miller) 선교사 집에 숨겼다가 30일 저녁에 그 건너집 러시아 공사관으로 통해, 제물포를 거쳐 상해에 피난하도록 도와 주었던 것이다.[253] 언더우드의 개입이 이만하였다. 이 거사의 좌절 이후 〈바깥 세상과 완전히 차단된 채 갇히어 살던〉 고종이 언더우드에게 12월 3일 어떻게 글을 보내, 김홍집과 어윤중, 그리고 이재면이 국왕 앞에서 더욱 거만을 부리고 있다고 하면서, 곧 입궐해 달라고 간청한 일이 있었다.[254]

우리는 여기에서 언더우드와 춘생문 거사와의 관계를 정리해 볼 필요가 있다. 우선 언더우드는 그런 거사의 계획이 진행되는 것을 직접 듣기는 하였었지만, 그 거사 자체는 미국 공사의 전언(傳言)으로 비로소 알았다는 사실이 그 하나요, 다른 하나는 언더우드나 그 부인의 미국 청교도적 윤리관에 따라 고종에 대한 존왕적 충성을 희생적으로 에비슨이나 헐버트와 함께 수행하였고, 오랜 친구인 윤웅렬과 같은 거사자들이 피난 왔을 때 이를 도아 청국에까지 안전히 도피하게 만들었다는 사실이다.

4) 日帝의 春生門 擧事 好材化

민비시해로 국내외에서 궁지에 몰리던 일제가 이 춘생문 거사를 〈국왕쟁취 음모〉라고 하여 대서특필, 호재로 삼은 것은 당연하였다. 서울의 일본 공사관 우찌다(內田定槌)의 11월 28일 당일 아침 9시발 전신(電信)에 벌써 그 수모자(首謀者)가 이범진(李範晋)[255]과 언더우드라고 보고하였으며,[256] 11시발 전신에는 외국인으로 의심할 만한 형적이 있는 이들

253) L. H. Underwood, *Fifteen Years among the Top-Knots*, p. 165.
尹致昊日記, 四,(1895. 11. 30日字), p. 97. 언더우드 여사의 글에는 밀러를 〈Mr. M——〉로 記. 尹致昊의 日記에 그 姓名이 명백히 나온다. 이것은 當時 위험한 記錄行爲였다.

254) 尹致昊日記, 四,(1895. 12. 4日字), p. 100.

255) 親露派 巨頭. 러시아 개입의 의미로 판단.

256) 王宮襲擊 首謀者ニ關シ報告ノ件, (1895. 11. 28日字), 市川正明, *op. cit.*, p. 240.

은 언더우드, 에비슨, 헐버트, 그리고 다이 장군을 들었다.[257] 그리고 알렌과 웨베르가 이 거사를 묵인 내지 교사(敎唆)했다고 부기하였다. 그 해 12월 30일 고무라(小村壽太郎)가 춘생문 거사 전모를 총괄 보고하는 글에서도, 알렌의 내한 이후 내력을 다 훑어 가며, 그의 거간(居間)으로 선교사들과 민비가 친숙해져, 선교사들이 왕비의 애고(愛顧)를 받고 보조비까지 받게 된 것이라 분석하고, 〈感覺的으로 王妃의 橫死를 憤慨하여 復讐의 念으로 나오다가 畢竟 이 隱謀를 돕게〉 되었다고 단정하였다. 그리고 선교사로 언더우드, 아펜젤러, 에비슨, 그리고 기타 미국인으로 외무협판을 지낸 리젠도(Legendre, 李善得)와 군사 교관이던 니인스테드(F. J. H. Nienstead), 그리고 다이 장군을 들었던 것이다.[258] 더구나 일본은 알렌이 그 날 미국 해병 10여 명을 무장시킨 채 왕궁 뒷문에서 침입시켰다는 말까지 기록하고 있었다.

이러한 보고서의 기본 자료가 된 것은 서울 발행의 일본 일간지 《漢城新報》였다. 민비시해의 주동자들이 그 신문사의 간부진들이었음은 이미 알려진 사실이었지만 이들은 12월 5일자에 〈진실인가 아닌가〉의 글을 실어 〈선교사들이 저런 흉도(凶道)의 음모에 연루되어 공격과 암살에 나섰다면 그들 행동은 전말(顚末)이 뒤바뀐 것〉이라고 적반하장의 곡필(曲筆)을 농(弄)하였다. 여기에 대한 교회의 반응은 정곡을 찌른 통쾌한 논리였다.

> 10월 8일의 사변에 대하여 이번에 실린 것과 같은 더러운 글 하나 쓰지 않았던 《漢城新報》가 11월 28일 국왕을 도우려 힘 썼던 일단의 인사들에게는 소위 분노와 의분과 충격을 받은 이유가 무엇인지 알 길이 없다.

---

257) 侍衛隊 王宮襲擊事件報告ノ件, (1895. 11. 28日字), *Ibid.*, p. 244.
258) 韓國駐劄小村公使ヨリ西園寺外務大臣臨時代理宛, 二十八日事變ノ顚末報告ノ件, (1895. 12. 30日字), 市川正明 *op. cit.*, pp. 294－296

> 이것이 바로 2개월여나 지나도록 민비 시해범을 치죄하지 않고 이번 거사의 인사들만을 검거 고문하는데 그렇게 열성을 보인 까닭인가.[259]

일제의 논설에 대하여 더 괘씸하게 생각한 것은《뉴욕 헤럴드》의 기자 코커릴이었다.

> 도대체 이보다 더한 극악무도와 엉터리 없는 거짓말 투성이의 글을 난 일찍 본 일이 없다. … 이 신문은 서울의 외국인들을 다 대량학살하려는 계획에 열을 높이며, 진행하고 있는 것 같다.[260]

이《한성신보》는 1896년 2월의 아관파천 때에도 다시 선교사 공격의 무필(誣筆)을 자행하였던 것이다. 〈기독교국이란 나라들이 이 때 무슨 말을 할 수 있겠는가〉, 이것이 그 논제(論題)였다.[261] 기독교와 일제의 대결은 한국 민족사에서 1895년을 고비로 구형(構形)된 셈이었다.

5) 알렌의 美國使臣으로서의 苦衷

일본의 선교사 공격이 치열하던 12월 9일경 일본의 *Japan Mail*에 선교사들의 춘생문 거사 가담을 말하다가 그 주동자가 언더우드라는 점을 재삼 확인한 일이 있었다. 이 때 언더우드 부인이 격해서 일본의 신문사에 반박문을 써 보내고 상해(上海)의 신문사에도 해명의 글을 쓰되, 그 남편은 11월 28일 다만 미국 공사관 알렌의 특별한 부탁을 받고 궁궐에 갔었을 뿐이라는 요지의 해명문을 띄웠던 것이다.[262]

---

259) Blazing Indignation, Editorial Department, *The Korean Repository*, 1895, 12月號, p. 478.

260) F. A. McKenzie, *The Tragedy of Korea*, p. 77에서.

261) The Local News-paper on the Situation, Special Supplement, *The Korean Repository*, 2月號, pp. 93－94.

262) 尹致昊日記, 四,(1895. 12. 9日字), p. 102.

이것은 알렌을 난처한 입장에 몰고 갔다. 윤치호도 그 점을 섭섭하게 여겼다. 어쨌든 한 나라에서 정치적 변혁의 한 거사에 외국 사신이 가담하였다는 사실은 외교 관계상 점잖은 것은 아니고, 더구나 내정 관여의 악명까지 견책 받을 수 있는 문제였기 때문이다.

이 춘생문 거사의 좌절은 알렌에게는 몇 가지 중대한 변화를 겪게 하였다. 알렌은 우선 정치문제에 대한 가능한 격리를 노력하였다. 헐버트와 윤치호가 12월 초 일간지를 발행하겠다는 신청을 냈을 때 정치적 피난의 위치에 있는 자의 반정부적 언론의 용납은 미국·공사관의 권한 밖이라 하여서 이를 반대하였던 것이다.[263] 윤치호도 알렌이 그 때의 친일 내각을 〈정부〉라고 시인한 데에 반발하였지만, 알렌이 혁명의 대오에서 나팔을 불 수는 없었다. 여기 알렌의 인간적 고독이 있었다. 그 때 알렌의 위치는 한·일·로의 관계 한 복판에서 그를 바라보는 입장이 각각 현저하게 달랐기 때문에 한국 정치사의 시각에서는 때로는 희망, 때로는 좌절의 체험(體驗)으로 직접 전달될 수밖에 없었다.

다른 하나는 미국 국무성의 지시에 따라야 하는 절실한 의무감과 왕실 친근의 인간적 윤리적 인정 사이에서 겪은 갈등이다. 전술한 바 있지만 12월 3일 고종이 주변의 멸시에 못 견디어 언더우드의 입궐을 요청하였을 때, 귀임(歸任, 1895년 11월 18일)한 씰 공사는 언더우드의 입궐을 불허하였던 것이다.[264] 더구나 춘생문 거사 직전 윤치호가 알렌에게 만일 국왕이나 왕비가 일이 생겨 미국 공사관에 난을 피해 오면 보호해 줄 것인가 하고 물었을 때, 단연 그럴 수 없다고 거절한 일도 있었다.[265] 진심과 조심성은 다를 것이다. 하지만 정치적 불개입은 원칙이었다. 한국인들은 여기에 〈냉소와 경멸〉[266]을 보냈지만, 너무 많은 것을 미국에

263) 尹致昊日記, 四,(1895. 12. 2日字), p. 98.
264) *Ibid.*, 四,(1895. 12. 4日字), p. 100.
265) *Ibid.*, 四,(1895. 12. 15日字), p. 106.
266) *Ibid.*, 四,(1895. 12. 15日字), p. 107.

게 〈애국〉의 충성에서만 바랄 수 없다는 사실을 우리는 알렌을 거쳐 미국 정부에서, 그것도 현실적으로 1905년 을사늑약(乙巳勒約) 때 뼈아프게 경험하게 되었던 것이다.

미국 국무성은 12월 20일자로 서울의 미국 공사에게 주재국(駐在國) 내정에 간하지 말 것을 엄중히 경고하였고,[267] 그 이후의 계속적 관여에 대하여서는 그것이 워싱턴 정부의 승인하는 바가 아니라고 힐책적 전문을 보냈던 것이다. 알렌 역시 미국 국무성의 견책을 받았다는 《뉴욕 헤럴드》의 기사가 있었다.[268]

다른 하나의 변화는 거사 좌절 이후로는 반일적 정객들이 다 지하로 숨어야 하였고, 정치 주도권이 그 틈을 타서 러시아 공사관에 넘어 가게 되었으므로 알렌에게는 일종의 안도기(安堵期)가 되었다는 사실이다. 그것은 이제 사무친 반일(反日)의 모든 힘과 그 운동이 러시아를 통해서 국왕과 함께 진행할 수 있다는 동맹세력의 안전한 확보를 의미하였다.

그런데 친일 내각이 그 개혁정치에서 몇 가지 졸속을 강행하는 실수를 저질렀다.

6) 俄館播遷

반일 감정이 치솟던 1895년 8월 24일부터 김홍집 내각이 반포한 개혁안은 민비시해를 겪고 11월 15일까지 63건에 이르고 있었다.[269] 이것은 반봉건적 근대화 지향의 개혁이란 대의(大義)가 있었다. 그러나 12월 30일의 단발령(斷髮令)은 그 다음날부터의 건양(建陽)년호 사용과 양력(陽曆)의 편용(便用)을 차치하고, 심각한 민중 전체의 반발을 샀다. 김홍집과 같은 〈음모자들〉의 민족 비하(民族卑下)의 모욕적 처사에 일제가 배

267) 文一平, *op. cit.*, p. 237.
268) 韓國事件ニ關スル件, 市川正明, *op. cit.*, p. 263.
269) 黃玹, 梅泉野錄, 卷之二, pp. 149－150, 191.

후에 있다는 분노가 불 타고 있었다.[270] 〈총을 들고 칼을 써서 왜인(倭人)들을 쫓아 내라〉.[271] 이것이 언더우드와 에비슨이 곡산(谷山)에 갔을 때 본 민중들의 고함이었다. 더구나 국왕의 강제 단발은 그 격노를 분출하게 하였다.

> 十月中 倭使脅上早薙 上以因山後爲期至是吉濬 羲淵等 導倭圍宮成 環埋大砲宣言不剃者屠之 上長嘆 顧秉夏曰 汝可剃我 秉夏持鉸刃手剃上髮 吉濬剃太子 令旣下 哭聲震天 人人憤怒欲絶 勢將激變 倭人嚴兵待之 警務使許璡 率巡檢 持刀攔路 逢人輒剃[272]

정병하와 유길준이 일본군의 중무장을 배경으로 성상(聖上)과 왕세자의 상투를 자르고 경무사는 순검들을 데리고 할보하면서 노상에서 만나는 사람마다 상투를 자르는데 곡성이 하늘에 진동하였다면 백성을 위한 정치는 아니었다. 상투와 같은 〈긍지의 유산, 존경의 대상, 이 나라가 있어 올 때부터 아껴 온 정통〉,[273] 〈조선 백성된 뚜렷한 표식〉,[274] 〈국민성, 전통성, 신성성 그 자체〉[275]를 굴욕과 강제로 삭발할 필요가 없었다고 교회는 보았다.

히로시마(廣島)에서의 미우라 일단의 무죄 방면까지 겹쳐 〈전국에서는 한 사람에게 이르기까지 이를 가는 분노의 불길〉[276]이 휩쓸었다. 전국에 의병(義兵)이 궐기한 것은 이러한 변란이 다 외적 일제의 침략 야

270) L. H. Underwood, *Fifteen Years among the Top-Knots*, p. 166.

271) The Feeling in the Country, Special Supplement, *The Korean Repository*, 1896, 2月號, p. 94.

272) 黃玹, *op. cit.*, 卷之二, (高宗三十二年 乙未), p. 191.

273) The Top-Knot, Editorial Department, *The Korean Repository*, 1896, 1月號, p. 31. 朴殷植, 韓國痛史, p. 175.

274) H. B. Hulbert, *The Passing of Korea*, p. 146.

275) I. B. Bishop, *op. cit.*, pp. 359－360.

276) H. B. Hulbert, Modern Korea, Korean History, *The Korea Review*, 1904, 8月號, p. 375.

욕에서 비롯되었다고 보았기 때문이다.[277)]

사태가 절정에 다달았을 때, 알렌은 국왕이 아관(俄館)으로서의 이어(移御)로 친일 내각의 감금 상태에서 벗어나는 것이 현책이라고 진언하였다. 1896년 2월 10일까지는 러시아 공사관에 수비병이 100명을 넘어섰다.[278)] 친로(親露)의 이범진(李範晋)이 모든 계획을 정밀과 신속으로 마무렸다.[279)]

2월 11일 새벽 7시 30분 러시아 공사관에는 여장을 한 고종과 왕세자가 궁녀들 사용의 가마에 변장하고 깊이 파묻힌 채 도달하였다. 일행은 40여 명이었다. 이런 도피는 〈국왕으로서는 대단히 위험한 모험〉이었다.[280)] 아침 일찍 국왕과 만난 알렌은 그 때까지 미국 공관에 숨어 있던 박정양(朴定陽)을 추천하여 총리대신에 임명케 하였고,[281)] 그 날의 조각 명단안에는 그 이외 다른 피신자들이 대거 들어 있었다. 국왕이 난시에 특히 알렌의 진언을 명석과 진실로 받아들였기 때문이다.

고종이 아관(俄館)에서 안전하게 지내던 1896년 9월 23일은 그의 45회 탄신일이었다. 기독교는 언더우드의 발의(發議)에 따라 대군주의 탄신 기념예배를 독립문이 세워질 터 옆에 있는 모화관(慕華館)에서 드리기로 하였다. 운집한 2천여 회중들에게는 언더우드가 준비한 찬송가와 황제송(皇帝頌)이 배포되었다.

> 어적께 모화관에서 셔울 야소교회 교원들이 대군쥬 탄신 경축회를 ᄒᆞ엿ᄂᆞᆫᄃᆡ 사ᄅᆞᆷ들이 모혀 ᄋᆡ국가를 ᄒᆞ고 하ᄂᆞ님께 긔도ᄒᆞ기를 대

277) 朴殷植, 韓國痛史, p. 175.

278) The King at the Russian Legation, Special Supplement, *The Korean Repository*, 1896, 2月號, p. 85.

279) J. S. Gale, *Korean Sketches*, pp. 208－209.
尹致昊日記, 四,(1896. 2. 11日字), p. 142.

280) Special Supplement, *op. cit.*, 2月號, p. 83.

281) 朝鮮見聞記, p. 253.

군쥬폐하의 셩톄 안강ᄒᆞ심과 죠션 인민의 부강홈을 츅수ᄒᆞ고…님군과 국긔를 ᄌᆞ긔 목숨들 보다 더 즁히 ᄉᆡᆼ각ᄒᆞ며…모두 하ᄂᆞ님ᄭᅴ 츅슈ᄒᆞ되 죠션을 불샹히 넉이어 태셔 각국과 ᄀᆞᆺ치 복을 밧게 도와 쥽쇼사 ᄒᆞ고 여러 ᄇᆡᆨ셩이 일심으로 머리를 슉이고 긔도ᄒᆞᄂᆞᆫ 거슬 보니… 뎨일 곰아온 거시 이 교회 회원들이 몬져 대군쥬폐하와 젼국 인민을 ᄉᆞ랑ᄒᆞᄂᆞᆫ ᄆᆞᄋᆞᆷ이 잇서 이런 대회를 ᄒᆞ고 이런 ᄯᅳᆺ슬 세계에 뵈이며 죠션 님군과 ᄇᆡᆨ셩을 ᄉᆞ랑ᄒᆞᄂᆞᆫ 사ᄅᆞᆷ들이 모혀 연셜을 ᄒᆞ야 이런 소견이 업던 사ᄅᆞᆷ들이 새 ᄉᆡᆼ각이 나게 말을 ᄒᆞ야 들녀주고 ᄋᆡ국가를 지어 노ᄅᆡ들을 ᄒᆞ야 ….

이 대회가 죠션 사ᄅᆞᆷ을 여러가지를 ᄀᆞᄅᆞ치ᄂᆞᆫ 거시 잇스니 쳣지ᄂᆞᆫ 위국위민ᄒᆞᄂᆞᆫ 듯시오 둘지ᄂᆞᆫ 이런 ᄆᆞᄋᆞᆷ이 잇스면 다만 ᄆᆞᄋᆞᆷ에 먹어둘 ᄲᅮᆫ이 아니라 세계에 광고ᄒᆞ야 이런 ᄆᆞᄋᆞᆷ 잇ᄂᆞᆫ 거슬 알게 ᄒᆞ며 이런 ᄆᆞᄋᆞᆷ 업ᄂᆞᆫ 사ᄅᆞᆷ을 잇도록 감동을 식히며 셋지ᄂᆞᆫ 야소교를 ᄒᆞ야 젼국 인민이 층등이 업시 모두 형뎨ᄀᆞᆺ치 ᄉᆞ랑ᄒᆞ고 나라이 잘 되어 가는 거시라.[282]

이 모임은 종교적 의식의 형태를 취하여 온 회중이 한 목소리로 주기도문을 송독(誦讀)하고 끝났지만,[283] 민중들이 함께 충군존왕(忠君尊王)의 충심을 시위할 기회를 주었다는 데에 그 의의가 자못 컸다[284]

아관(俄館)에서 1년 9일을 보낸 고종이 환어(還御)한 것은 1897년 2월 20일이었다. 새로 지은 경운궁(慶運宮)으로 돌아왔다. 그 날 낮 1시에 아관을 떠날 때 그 길 옆에 수많은 시민들이 줄 지어 기쁨과 안도로 환영하였다.

282) 논셜, 독립신문, 1896. 9. 3日字.
283) L. H. Underwood, *Fifteen Years among the Top-Knots*, p. 181.
284) His Majesty's Birthday, Editorial Department, *The Korean Repository*, 1896, 9月號, p. 371.

> 죵금 이후로눈 경향간 인심이 안돈이 될뿐 아니라 졍치가 날노 문명에 진보가 되야 태극긔를 셰계샹에 놉히 달고 태셔 뎨왕국과 동등이 되야 동양에 유명훈 나라이 될거시니 신민간에 누가 감샤ᄒᆞ고 경츅훌 ᄆᆞ음이 업ᄉᆞ리오.[285]

이 날 배제학당(培材學堂) 학생들이 150여 명 도열하여 국기를 길가에 상하로 세우고 꽃가지를 길에 펴며 대군주 만세를 불렀던 사실은 특기할 만하다.[286]

다음 날은 주일(主日)이었다. 경운궁에서 알렌을 비롯한 외국 사신들을 만난 고종은 즐거웠다. 〈짐이 어제 궁에 돌아왔소〉.[287] 이렇게 해서 민비시해로 발단된 정치적 변란의 긴 역사는 일단 그 첫 막이 닫혀진 셈이었다. 1년 4개월 12일만의 일이었다. 알렌의·성실과 교회의 충성이 훌륭하게 시위된 파란 많은 19세기 말엽의 시련기는 이렇게 지나갔다.

3. 宣教事業과 알렌

그 때 선교사업이란 단순한 전도(傳道)만이 아닌, 복잡한 정치적 사회적 구조속에서의 선교였기 때문에, 알렌의 선교사업에 대한 관계도 명확한 경계선을 그어 도려 내어서 말하기가 어렵게 되어 있었다. 하지만 될수록 그 범위를 한정하면서, 미국인으로서 가장 커다란 조직을 가졌던 선교사와 한국교회의 대 미국 및 한국 문제에 미국 사신으로 처신

---

285) 대군쥬 환어라, 죠션 크리스도인회보, 1897. 2. 24日字.

286) 독립신문, 1897. 2. 22日字.
죠션 크리스도인회보, 1897. 2. 24日字.

287) The King Leaves the Russian Legation, Editorial Department, *The Korean Repository*, 1897, 2月號, p. 74.

(處身)한 문제들을 몇 살펴보고자 한다.

가. 獨立協會와 基督敎

1) 獨立協會와 基督敎와의 關係

1896년 7월 2일, 〈後來 길이 남아 있어 民主主義를 길러 준〉[288] 독립협회(獨立協會)가 결성되었다. 그 발족은 서재필의 의지에 힘 입고 있었다. 그 목표는 〈한국인을 위한 한국〉이었고, 조선의 완전한 독립, 외세배제가 그 강령이었다. 설립 당시의 기독자들은 정기준(鄭沂竣), 윤치호(尹致昊)[289], 홍정후(洪正厚)였다. 설립 당시에는 알렌을 비롯한 선교사 여럿의 재정적 보조도 있었다.

그런데 시간이 지남에 따라서 그 행동 방향이 방아경일(防俄傾日)이란 성격이 표면화하기 시작하였다. 서재필의 과단성 넌친 개혁안에 대해서 일제는 〈상찬(賞讚)을 아끼지 아니하였으며〉, 그 반응은 열광적이었다. 그 때 독립협회가 〈일본의 후원과 지지를 받았음이 명백〉[290]하였다. 《미일신문》에 이런 글이 실린 것은 우연이 아니었다.

> 졔슨(徐載弼)은 대한에 독립 ᄌᆞ쥬와 문명 진보ᄒᆞ자ᄂᆞᆫ 쥬의로 ᄋᆡ도 만히 쓰고 일도 만히 ᄒᆞ려 ᄒᆞᆫ지라 … 만일 우리 나라히 ᄒᆞᆫ번 일본 ᄀᆞᆺ치 되어 보자면 그 사ᄅᆞᆷ 잇ᄂᆞᆫ 거시 ᄆᆡ우 유죠ᄒᆞᆯ터이오.[291]

개화의 일본형 지향이 뚜렷하다. 서재필이 그 동력이란 것이다. 더구나 독립협회의 반로적(反露的) 의지는 러시아 재정고문과 군사고문의 해고(解雇) 요청에 나타났는데, 이런 〈帝露 간섭 배제〉가 1898년 2월 9

288) 文一平, *op. cit.*, p. 244.

289) 尹致昊는 1896년 4월 1일 閔泳煥과 함게 向露하였다가 1897년 1월 27일 歸國. 따라서 創立時는 한국에 없었다.

290) What Korea Owes to Japan, *The Korea Review*, 1904, 8月號, p. 353.

291) 논셜, ᄆᆡ일신문, 1898. 4. 26日字. 이 신문은 獨立協會系였다.

일 첫 만민공동회(萬民共同會)의 개최 목표였다.[292] 이들에게 반일 의지는 드러나게 미소하였다. 일제의 사수에 의한 단발령, 그것도 전국적인 소란이 단발 그 자체보다도 일제의 조종 지시라는 것 때문에 만연했던 것인데, 독립협회가 그것을 오히려 찬양하는 글을 쓴 것은[293] 타이밍이 나빴다. 1898년 2월 정변에 연루되었을 때 그 의장직을 맡았던 안경수(安駉壽)는 일본에 피신하였던 것이다.

다음 독립협회의 과격성에 교회는 반발하였다. 일본형 개화가 과격이란 함수와 관계가 있다면, 반과격성은 반일과 통했던 시대가 그 때였다. 언더우드는 서재필이 너무 〈참을성이 없고 목표 성취를 서둘러 대사를 조급히〉[294] 처리한다고 비판하였다. 헐버트 역시 이들의 〈과열〉[295]을 경계하였다. 그래서 감리교는 《독립신문》과의 인쇄 계약을 〈끝없이 후회〉하였던 것이며,[296] 언더우드는 이 신문에 대하여 〈단 한 마디 좋은 말을 한 적이 없었다〉.[297] 알렌과 선교사들이 서재필에게 권고하여 〈혁신 시기가 상조하니 그만 단념하고 미국에 돌아가라〉[298]고 한 것이 이 때문이었다. 서재필은 그 해 5월 다시 한국을 떠났다.[299]

1898년 11월 5일에 독립협회에는 혁파령(革罷令)이 내렸다. 2년 4개월

292) L. H. Underwood, *Fifteen Years among the Top-Knots*, p. 209.
293) 논설, 독립신문, 1896. 5. 26日字.
294) L. H. Underwood, *Fifteen Years among the Top-Knot*, p. 208.
295) H. B. Hulbert, *The Passing of Korea*, p. 151.
H. B. Hulbert, Modern Korea, Korean History, *The Korea Review*, 1904, 8月號, p. 382.
296) *The Annual Report of the Missionary Society of the Methodist Episcopal Church for the Year of 1898*, p. 266. 1898年 5月 11日부터 2년간의 印刷契約.
尹致昊日記, 五, (1898. 5. 11日字), p. 159. 尹致昊는 當時 《독립신문》 編集人
297) 尹致昊日記, 五, (1898. 5. 23日字), p. 160.
298) 金道泰, 徐載弼博士 自敍傳, 서울, 乙酉文化社, 1974, pp. 251, 252.
299) 徐載弼雇約繳還의 件, 舊韓國外交文書, 第十一卷, 美案 Ⅱ, (1898. 4. 26日字), p. 334-335. ㅣ보, 대한 크리스도인회보, 1898. 5. 4日字.

만의 일이었다. 한데 알렌이나 선교사들이 독립협회에 대하여 가졌던 부정적 자세는 독립협회의 과격성, 독립 자유에 대한 소박한 강행,[300] 반왕성(反王性), 경일성(傾日性) 때문이었다.

그 회장직을 맡았던 윤치호도 〈수없는 어리석음이 저질러졌었다〉고 자인하였다.

> 그러나 나는 맑은 정신으로 단언할 수 있다. 내가 그 일을 맡았던 사실을 수치로 여기지 않는다. 그 협회는 한국 역사상 처음으로 고관 대작들의 부패나 궁궐의 연약함을 노출시켜 천만 백성들로 하여금 정부는 백성을 위해 있는 것이지, 백성이 정부를 위해서 있는 것이 아님을 가르칠 수 있었기 때문이다. 독립협회는 갔다. 그러나 그 대의(大義)와 주장은 오래 살아 움질일 것이다.[301]

대의는 높이 빛났다. 그러나 그 시행방법과 절차가 문제였다. 대의가 나쁜 정치는 그렇게 많은 것이 아니다.

2) 褓負 皇國協會에 對한 알렌의 干與

독립협회의 활동이 절정에 이르게 되자 보부들의 황국협회(皇國協會)가[302] 기독교회를 독립협회의 중추 세력으로 간주하여 그 파괴를 기도(企圖)한 일이 있었다.

그런데 이 폭력단의 위협으로 한때 윤치호와 정교(鄭喬), 남궁억(南宮

300) 이 獨立協會의 소위 獨立精神을 타고 서울의 中央敎會가 선교사에게서 獨立하겠다고 뜻을 밝히며 새 敎派 組織을 宣言하려 한 일이 있었다. 〈獨立〉의 의미에 대한 誤解를 언더우드는 政治나 敎會에서도 보고 있었다. L. H. Underwood, *Underwood of Korea*, pp. 186-187.

301) T. H. Yun, Popular Movement in Korea, *The Korean Repository*, 1898, 12月號, p. 469.

302) 1898年 7月 補負商 中心의 皇國中央總商會 조직. 參政大臣 趙秉式主導. 얼마 후 皇國協會로 개칭, 李裕寅, 洪鍾宇, 吉永洙 등이 獨立協會에 正面 도전.

檍) 등이 〈潛匿於培材學堂 米國人 亞扁薛羅家…皆留於培材學堂內 耶蘇教人 宋綺用家〉[303] 한 일이 있었다. 송기용의 집에 숨은 것이다. 이를 못마땅하게 본 〈自稱 負商都班首〉 길영수(吉永洙)가 배재학당에 기서(寄書)하였다. 이화학당에도 같은 글을 보냈다.

> 僉員은 棄吾道背吾師ᄒᆞ고… 學彼無君無父之天主教[304]ᄒᆞ고 爲獨立協會逆黨之倀鬼ᄒᆞ니 豈不痛憤이며 … 爲此忠曲ᄒᆞ니 男女教人卽刻棄暗投明則已矣나, 不然이면 立卽毁破教堂ᄒᆞ고 屠戮教徒矣[305]

알렌은 이것이 선교와 미국인 경영의 배재학당 및 이화학당에 관계된 것이기 때문에 곧 아펜젤러에게 통지하여, 이화학당 학생들이 부상(負商)들에게 살해된 김덕구(金德九)란 사람의 정치성을 강하게 띤 장례식에 대거 참가하도록 허락한 사실을 비판하고, 조정에서의 경고를 조회하면서 공사관의 보호가 그런데 까지 미치지 못한다는 사실을 통지하였던 것이다.[306]

한편 황국협회의 무지몽매한 〈極其無禮言〉에 대하여 격분한 기독교인들은 이 흉서(凶書)가 〈구세주를 셜독홈인 즉〉 그대로 지나칠 수 없다고 하여, 12월 8일 〈셩안 각쳐 교우의게 통첩〉하여 다음 날 오후 2시에 상동(尙洞)의 달성 교회당(達城教會堂) 앞에 모인다는 계획을 세웠다.[307] 이 소식을 듣고 외부(外部)의 교섭국장 이응익[308]이 알렌을 방문하여 그

303) 鄭喬, 大韓季年史, 上, 國史編纂委員會, 1957, p. 350. 〈光武二年十一月二五日字〉.

304) 耶蘇教와 混同.

305) 吉永洙 札抄錄, 負商頭目 聯名書의 培材學堂 來到에 關한 件, 發 美公使 安連, 受 外部大臣署理 閔商鎬, 舊韓國外交文書, 第十一卷, 美案 Ⅱ, (1898. 12. 7日字), p. 462.

306) 安連의 亞扁薛羅에게의 便紙, 1898. 12. 6日字. 이만열, 아펜젤러, 서울 延世大學校 出版部, 1985. pp. 407－408.

307) 뎨보, 죠션 크리스도인회보, 1898. 12. 16日字.

308) 李應翼으로 보인다. 外交文書에는 〈Ye Yong Ik〉이다. 黃海道의 天主教人 不法 집회를 위한 1902年 裁判所 判事로 活躍.

회합의 방지를 종용하였다. 알렌은 그 소집 추진자가 송기용이라 알고 있었다.[309] 알렌은 아펜젤러에게 편지하였다.

> 우리 선교부의 기독교 신자들이 이 도시를 몹시도 괴롭히고 있는 정치운동에 눈 띄이게 참가한다는 것은 매우 불행한 일이며, 다른 선교부에 대해서는 불만이 없는 반면 유독 당신(감리교)의 선교부 추종자들, 특히 당신의 배재학교와 관련된 사람들에 대해서 계속 정부의 불평을 듣는 것이 유감입니다. 이것은 틀림없이 선교 사업에도 해로울 것입니다. 만일 당신이 당신 학교 사람들을 통제할 수 없다면 한국정부와 현재 맺고 있는 협정이 파기될 것이라는 말을 오늘 아침에 방문한 관리(이응익)가 내게 암시해 주었습니다. …
>
> 오늘 그 후 2시에 있는 모임을 막아 주기 바랍니다. … 만일 그 사람(宋綺用)이 당신과 나에 대한 존경의 뜻으로 이 모임을 소집한 통고를 철회하지 않으면 마땅히 그를 해고시켜야 할 것입니다.[310]

여기 몇 가지 중요한 알렌의 입장이 천명되고 있다. 정치운동에 대한 기독교인의 참여가 정부 차원에서는 안된다는 것이었다. 따라서 그가 기독교적 윤리를 가지고 한국의 고등정치에 관여한 사실에서 추론(推論)한다면 정치 개혁과 같은 문제들은 정부나 구조적 차원에서 시행되어야 한다는 뜻이 될 것이다.

다른 하나는 감리교의 정치 참여 적극성이다. 이것은 그 신학의 문제이기도 하였지만 독립협회와 밀접한 연관을 가진 학당 곧 배재나 이화 같은 규모 큰 청소년 교육기관이 서울에 집중하여 있었다는 데에서 그 원인을 찾을 수 있을 것이다. 장로교는 평양 중심으로 그것도 주로 전

309) Allen to Appenzeller, 1898. 12. 8日字, 이만열 *op. cit.*, p. 408. 鄭喬, *op. cit.*, p. 371.

310) Allen to Appenzeller, 1898. 12. 8日字. 宋綺用은 每朔 十元月銀을 받고 있었다. 鄭喬, *op. cit.*, p. 377.

도사업에 치중하고 있었다.

다음은 그런 정치적 모임을 방지할 힘이 아펜젤러 곧 학교 책임자에게는 있다고 보기가 힘들다는 묘한 내심(內心)이 여기 전제되어 있었다. 송기용의 해고까지 거론된 것이 그 증거이다.

일이 급박해지자 길영수는 즉각 알렌 공사에게 기서(寄書)하여 그 협박문이 허위였음을 주장하였다.

> 何許悖惡之漢이 僞造片牋ᄒᆞ야 着名投函ᄒᆞ니 其好慝狡惡之辭意를 不忍使人正看 … 今日搆陷訛言이 非徒謀害於僕等.[311]

이와 꼭 같은 해명서를 받은 외부(外部)가 이 사실을 알렌에게 알렸을 때에는 이미 늦고 있었다.[312] 12월 10일 발신인데 그 모임은 9일 낮 2시에 거행되었기 때문이다. 그 날에는 〈여러 백 명〉이 운집하였고, 오후 4시에는 〈적십자긔를 길 엽헤 놉헤 달고〉,[313] 그리고는 경무청(警務廳)에 달려가 길영수, 홍종우, 박유진(朴有鎭) 등을 24시간 이내에 포박하라고 경무사 이근호(李根澔)에게 다그쳤다. 그리고 다음날 다시 모여 검거 여부를 물었다.[314] 그 날 기독교인들의 해산 명분은 체포 징치는 법관의 직임이요, 황국협회가 그 흉서의 위조임을 밝힌 이상, 〈우리가 다른 사ᄅᆞᆷ의 허물을 용셔ᄒᆞᄂᆞᆫ 거시 교회의 당연히 ᄒᆡᇰ홀바라, 다 각긔 도라가셔 하ᄂᆞ님 나라 일을 힘써 ᄒᆞᄂᆞᆫ거시 올타하고 즉시〉[315] 흩어졌던 것이다.

그런데 알렌의 말을 들은 아펜젤러가 송기용이나 최병헌(崔炳憲, 1858

---

311) 皇國協會總代의 負商投書虛僞의 通告, 舊韓國外交文書, 第十一卷, 美案 Ⅱ,(1898. 12. 8日字), p. 465.

312) 上件에 關하여 該教師에게 周知妥處함을 要請하는 件. 舊韓國外交文書, 第十一卷, 美案 Ⅱ,(1898. 12. 10日字), p. 466.

313) ᄂᆡ보, 죠션 크리스도인회보, 1898. 12. 16日字.

314) 鄭喬, *op. cit.*, pp. 371, 376.
ᄂᆡ보, 죠션 크리스도인 회보, 1898. 12. 21日字.

315) ᄂᆡ보, 속젼호, 죠션 크리스도인회보, 1898. 12. 21日字.

—1927)을 초치하여 〈使勿更爲會集於警務廳前〉[316]이라 하여 부탁한 것으로 이들이 〈不敢復會〉하였던 것이 사실이다. 이 두 사람이 후에 주사(主事)로 임명된 것은 주지의 사실이다.[317]

알렌은 이들 감리교계 교인들의 항의 집회에 관하여 조정에 해명하면서, 정치적 집회의 부당성은 인정하면서도 모든 책임이 배재학생들에게 돌려지는 데 강한 불만을 나타내고, 그것은 다만 그 흉서 때문에 역당(逆黨) 운운의 모함을 공개 해명하면서 아울러 보호를 받고 싶어 모이게 되었던 것이라고 밝혔다.[318]

알렌의 이러한 간여에 대하여 정교(鄭喬)는 진기한 말을 하나 남겨놓았다. 고종이 이 대회 소식을 듣고 예수교인들이 〈其爲民會羽翼〉이라 하여 이를 의구(疑懼)하여서 알렌을 불러 그 중지를 하명하였다고 하며, 알렌이 〈屢受宮中之賂遺 而亦本獻媚於帝者… 招亞扁薛羅等 使嚴戢教徒〉하였다는 것이다.[319] 역사를 쓰는 방법에도 여러 가지가 있다.

나. 宣教事業 保障과 發展을 위한 活動

1) 基督教人 憑藉의 亂動 對處

1897년 1월 초에 황해도 난민배(亂民輩)가 기독교인이라 칭하면서 〈虐害良民 勒奪財貨〉라는 해괴한 일이 있었다. 안(安)과 박(朴)이란 잡배류가 재령(載寧) 봉산(鳳山) 등지에서 저지른 일이 여럿 있었던 것 같았다.

316) 鄭喬, *op. cit.*, p. 377.
317) 朝鮮監理教年會錄, 1898, p. 19.
이만열, *op. cit.*, p. 410에서.
鄭喬, *op. cit.*, p. 377. 宋綺用만 言及.
318) 負商投書에 따른 基督教人의 抗議에 關한 解明. 舊韓國外交文書, 第十一卷, 美案 Ⅱ,(1898. 12. 12日字), p. 468.
319) 鄭喬, *op. cit.*, p. 377.

近年 本邦無賴亂類 爭投教中 淩虐行悖無所不爲 官欲懲勵 輒藉教師 并不受朝家禁飭 此豈教師之本心哉 … 貴教師 宜無袒護 必歸我治民之官而治之[320]

그 때 공사는 씰(J. M. B. Sill)이었으나 그 문제의 해결은 알렌에게 맡겨졌다. 이런 비행은 방치될 수 없었다. 그는 이 비류들이 〈기독교인이든 아니든〉 악행을 자행하면서 기독교인이란 이름을 쓰지 못하게 해야 한다고 다짐하였던 것이다.[321] 나라의 법까지 어기면서 교(教)를 믿는다 함이 선교사들이 바라는 본토 기독교인들의 신앙 형태는 결코 아니었다.

이런 부류의 악행들은 언더우드의 이름으로 사람들의 재산을 탈취한 사실에서도 들어나 있었다. 더구나 언더우드의 이름으로 무고한 사람을 고발하여 감옥에 감금하게 하는 일도 있었다. 평산(平山) 지방에 있었던 일이다.[322] 조정은 황해도 관찰사(觀察使)에 일러서 철저한 조사 엄단을 지시하였던 것이다.[323]

2)《儒學經緯》에 대한 抗議

1896년 10월, 고종이 아관에 파천하고 있을 때이다. 학부(學部) 간행의 《儒學經緯》[324]란 반기독교(反基督教) 서적이 간행되어 공립학교 학생들에게 독습(讀習)되도록 한 것이 있었다.

알렌은 이 책을 조목 조목 〈逐條細閱〉하였다. 그 91페이지에는 다음과 같은 글이 들어 있었다.

---

320) 耶蘇教人亂動에 關한 件, 舊韓國外交文書, 第十一卷, 美案 Ⅱ,(1897. 1. 4日字), p. 205.

321) 黃海道民이 耶蘇教를 藉托한 動亂의 件, *Ibid.*, (1897. 2. 15日字), pp. 212−213.

322) 附 基督教人을 藉托한 亂動의 善處要望, 元杜尤發, 受 美公使施逸, 舊韓國外交文書, 第十一卷, 美案 Ⅱ (1897. 2. 12日字), pp. 213−214.

323) 同上回答, *Ibid.*, (1897. 2. 18日字), pp. 214−215.

324) 學部大臣著, 編輯局長 及 中樞院參事官 序.

所謂 耶蘇教者 鄙俚淺妄 乃夷俗之陋者耳 不足與辨也 其所謂天堂禍福之說 近於佛氏之支流 而所以勸善而教人者 不過閭巷淺俗之談耳 禮拜天神 不祀父母 種種誣天亂倫之風 自是夷狄之陋俗耳 本不足以處異端之目.[325)]

기독교란 천박 누추하고 잘못이 많아 야만의 비도이며, 고려할 가치조차 없다. 불교의 천당 지옥 아류가 거기 있고, 하늘을 섬긴다 하며 부모를 공경함이 없다. 하늘을 모독하고 윤리를 훼파함이 잦다면 마침 야만적 악습이 아니고 무엇인가. 이런 말들이었다.

알렌은 이런 무례와 무지는 우방관계인 나라 사이에서는 쓸 수 없는 비속의 말들이라 지적하고, 그 관계를 해칠 심산이 있는가 문의하였다.[396)]

이에 대하여 외부(外部)는 그것이 전임 학부대신 신기선(申箕善)이 스스로 간행한 책임을 밝히고, 그로 하여 그가 체면(遞免)된 일과 〈該册子亦卽刪廢〉[327)] 한 사실을 통보하였던 것이다. 조정안에 아직도 반기독교 세력들이 잠재하고 있다는 증좌하였다.

더구나 그가 서양인들의 생김 새를 조롱한 글이 고종의 심기를 상하게 하여, 문제가 되자 마자 곧 해임시킨 것으로 전해진다.[328)]

3) 가톨릭의 不法 亂動에 對한 措置

헐버트 주간(主幹)의 《*The Korea Review*》는 1903년 1월호에서 편집자란에 충격적인 말을 시작하면서 장황한 몇 가지 사건을 풀어 나갔다.

---

325) 儒學經緯의 耶蘇教排斥에 對한 抗議, 舊韓國外交文書, 第十一卷, 美案 II,(1896. 10. 5日字), pp. 188－189.
學部刊行의 《儒學經緯》가 基督教를 侮辱한 데 對한 抗議, 舊韓國外交文書, 第十七卷, 俄案 I,(1896. 10. 6日字), p. 376－377.

326) *Ibid.*, p. 189.

327) 同上回答, *Ibid.*, (1896. 10. 8日字), p. 190.

328) Notes and Comments, *The Korean Repository*, 1896, 10月號, p. 421.

기독교의 여러 전통(傳統) 사이에 문제가 노출되는 것을 꺼려 여러 달 동안 침묵을 지켜 왔으나, 이제 정확한 정보를 모든 중요한 문제에 대하여 알아야 할 공중(公衆)들에게 대한 우리들의 의무를 더 이상 덮어 둘 수 없어서, 여기 이 사실을 공개한다. 로마 가톨릭이 개신교회 교인들을 잔인무도하게 다루어 왔다.[329]

혹시나 그 전에 황해도에서 예수교인을 빙자한 난류(亂流)들의 불법이 있었던 터이라, 개신교도들의 실수가 또 있지 않을까 조심한 헐버트는 헌트(W. B. Hunt, 1869－1953)[330]의 수집 문서, 미국 공사관에 접수된 문서, 그리고 황해도 관찰사 이용직(李容稙)이 조정에 보낸 계고문(啓告文), 그리고 무엇보다도 한 가톨릭교인이 써 놓고 모은 자료들 원본을 수입하여,[331] 증거물에 의한 사태 판단으로 이 문제를 장장 싣기 시작하였던 것이다.

헐버트에 의하면 이 불행한 사태는 황해도의 재령(載寧) 신천(信川) 등지를 중심으로 1902년 9월부터 시작한 것으로 기록하고 있다.[332] 그러나 가톨릭교인들의 불법은 그 전력이 꾀 많았다. 조심스럽던 이 헐버트의 《*The Korea Review*》에도 1901년 8월에 나주(羅州) 외도(外島)에서 가톨릭 신부가 한국인을 구타한 사건을 수록한 일이 있었다.[333]

그러나 그 전력은 더 멀다. 기록상으로는 1894년에 거슬러 올라간다. 충청도에서의 동학(東學) 거사는 〈가톨릭 사제(司祭)들의 지지를 받은 천주교인들의 〈겁탈과 폭력 때문에〉[334] 시작된 것으로 기록된 글이 남아 있다. 1895년에 이르면 이들 가톨릭의 만행 불법은 도처에서 시끄러워

329) Editorial Comment, *The Korea Review*, 1903, 1月號, pp. 22－23.

330) 美北長老教宣教師로 1897年 來韓, 1898年 黃海道 載寧에서 宣教活動, 이 가톨릭의 不法恣行을 직접 겪었다. 韓國名은 韓緯廉.

331) News Calendar, *The Korea Review*, 1903, 1月號, p. 25.

332) *Loc. cit.*

333) News Calendar, *Ibid.*, 1901, 8月號, p. 361.

334) 尹致昊日記, 四,(1895. 2. 22日字), p. 31.

진다.[335] 1897년 이들 불법은 독립협회의 계속적 주목의 대상이 되기도 하였다.[336] 《독립신문》이나 헐버트는 기독교가 이제 겨우 발돋움하려는 찰나에 천주교와 예수교의 차이조차 알지 못하는 당시 조선 사회에서,[337] 이 기독교의 다른 한 전통에 대한 비난과 고발이 자해적(自害的)이란 인식인들 없었겠는가.

> 此時난 天主敎의 迫害後라 時人은 新舊를 莫辨하며 眞僞를 同視하야 福音을 信從하난 者를 皆是 天主學이라 亂稱. …[338]

따라서 기껏해야 〈법률대로 다스림이 마땅〉[339]하다는 불만밖에 다른 도리가 없었다.

하지만 여기 문제가 된 황해도의 가톨릭 불법 만행은 실로 1891년까지 소급해 올라 간다.

> 1891年에 載寧邑 敎會에서 敎人禮拜時에 羅馬敎徒가 驟至하야 男女敎人을 該敎堂에 捉致하야 威脅恐喝하대 大聖敎를 不奉하고 裂敎(改新敎)를 誤信함은 不可라 하야 笞刑하고 放送하니라.[340]

1899년에도 재령의 원내동(垣內洞) 교회가 이들의 박해(迫害)에 시달렸다. 교인들이 교회당을 건축할 때 가톨릭교인 백여 명이 몰려 와서 그 건물의 공용(共用)을 주장하다가 불응하자 건축을 저지한 일이 그것이다. 1900년 신환포(新煥浦)에서는 가톨릭 교회당 건축 때에 예수교인

---

335) 黃玹, 梅泉野錄, 卷之二, 高宗三十二年 乙未, p. 181.
俞吉濬, 西遊見聞, 東京, 交詢社, 1895, p. 347.

336) 잡보, 독립신문, 1897. 3. 4日字.
잡보, 독립신문, 1897. 3. 18日字.

337) 가령 《儒學經緯》에서 學部大臣 申箕善조차도 예수敎와 天主敎의 差異에 無知하였다는 것은 이미 살펴보았다.

338) 朝鮮예수敎長老會史記, 上, 서울, 新門內敎會堂, 1928, p. 14.

339) 잡보, 독립신문, 1897. 3. 18日字.

340) 朝鮮예수敎長老會史記, 上, p. 75.

들을 강제 부역(赴役) 시키며 금품을 강탈하고, 만약 불응하면,

> 男女를 勿論하고 該教堂에 捉致하야 或 屋樑에 倒縣하며 或 笞刑을 濫施하얏난대 當時 同郡內에 天王教堂 三十五處가 잇고 每教堂 講長이 잇서셔 裁判을 任意行使하야 民刑事를 恣意處斷하고 該教人은 勢를 依하고 事를 行할새 勒葬勒掘勒奪을 無難히 敢行호대 當時 郡守난 袖手傍觀하니 非但 耶蘇教人이나 一般人民의 困難이 極에 至하니라.[341]

사법(司法)과 행형(行刑)에다가 늑징(勒徵)까지 하였다면 이것은 반역이오, 따라서 가톨릭의 울트라몬타니즘, 곧 〈충성을 교황청에게로만〉 이라는 그들 신앙의 자행(恣行)이 아닐 수 없었다. 더구나 빌헤름(Wilhelm, 洪錫九) 신부나 곽(郭) 신부[342]의 이들 비류(匪類) 가톨릭교인들의 취중(聚衆) 규합과, 지방 행정관과 순검에 대한 행패 및 그들의 감금, 고문, 재판소에서의 난동 등은 지난날의 조선에서의 압박(壓迫)을 정당화시킬 수 있는 범죄였다고 해도 과언이 아니다.

평양의 모페트(S. A. Moffett)가 이런 사실들을 헌트의 자료를 골자로 하여서 미국 공사 알렌에게 송부하였다.[343] 그는 백여 명의 한국인에게서 증언을 듣고 써 보낸다는 사실을 강조하여 그 신빙성을 확증하였다. 한편 서울에서는 게일과 언더우드가 외부(外部)에 가서 우선 진정하고, 역시 알렌에게 찾아가 사실의 중요성을 설명하였던 것이다.[344]

이런 세심한 문제가 개입된 종교적 사법적 사건에 선교사들의 개입, 특히 모페트가 1889년 알렌의 선교사 복귀를 기피하였던, 그런 정치적

---

341) *Ibid.*, p. 79.
高宗實錄, 光武 7年 8月 21日字.
日省錄, 光武 7年 6月 29日字.

342) 佛名은 Le Gac.

343) News Calendar, *The Korea Review*, 1903, 1月號, p. 26.

344) L. H. Underwood, *Underwood of Korea*, p. 216.

문제에 이만큼 직접 간여하게 된 데에는 한 사람의 장로교인의 끈질긴 발걸음이 작용하였던 사실을 언더우드 부인은 지적하였다.[345] 그는 선교사들을 찾아 다녔으나 관아(官衙)에 가 보라는 말을 들었고,[346] 관아에서 실패하고 서울에 상경, 선교부 여러 곳을 찾았으나 다 실패하고, 마침내 불란서 공사관까지 가서도 그의 호소는 가 닿을 곳이 없었다. 그래서 결국 서울의 신문사에서 이 사실을 대서특필하게 하였고, 그것이 이들 선교사들의 조심을 깨고 나서게 한 것이다.[347]

그러나 다른 한 요소는 사태 진전이 아주 심각하여서 이제는 다만 가톨릭과 개신교와의 대결이 아니라, 로마 가톨릭과 한국 민족 전체의 대결이란 인식이 긴장감을 고조시켰기 때문이다.[348] 더구나 한국 교인들의 헤아릴 수 없는 수난, 그들의 고통, 재산 몰수, 심지어 살해의 비참을 〈그 구석까지 가서 교회를 세운 선교사들〉이 내정 불간여의 원칙이니 공사관의 지령이니 하면서, 먼 산 바라 보듯 서 있을 수 있다고 보지 않았다.[349] 비록 머뭇거리는 시간은 길었고, 그것이 도움 찾아 뛰어 다닌 그 〈이름 없는〉 장로교인에게는 그의 신앙생활 이후 최초로, 그리고 한국교회가 처음으로, 선교사와 한국 민족교회와의 구슬픈 간격을 체험하게 한 시간이었지만, 선교사들은 나섰던 것이다. 역사 구성에서 언제나 시일(時日) 편성에 곤란을 줄 만큼 옛 글들에 년월일시(年月日時)의 명기가 없어 명확을 기하기 힘들지만, 1903년 1월인 것이 분명하다.

알렌의 추진력이 고마웠다. 결국 그가 이 선교사들의 보고로 사태의 심각성을 인식하고, 이를 조정에 제기하며 중앙 정부 파견의 재판소를 해주(海州)에 설치하게 하는 데 성공하였다.[350] 그리고 모페트와 언더우

345) L. H. Underwood, *Fifteen Years among the Top-Knots*, p. 257.
346) 〈宣教會에 稱冤하되 寸効가 無〉. 朝鮮예수教長老會史記, 上, p. 78.
347) L. H. Underwood, *Fifteen Years among the Top-Knots*, p. 258.
348) The Korea Review Supplement, *The Korea Review*, 1903, 3月號, p. 123.
349) Editorial Comment, *The Korea Review*, 1903, 3月號, pp. 116－117.
350) L. H. Underwood, *Underwood of Korea*, p. 216.

드를 해주에 파견해서 재판 과정 전부를 참관하도록 조치하였다.[351] 이 재판소의 판사는 알렌과는 친한 전 외부 교섭국장 이응익(李應翼)이었다. 〈억세고, 명석하며 결단력 있는 사람으로 자신감과 투철한 책임감, 그리고 냉정〉[352]이 서울 외국인 사이에서는 잘 알려진 인물이었다. 그의 임명에 알렌의 참고가 있었으리라 믿는다.

이응익은 1903년 2월 8일부터 조사에 착수하였다. 그 어간에도 가진 방해와 협박을 받아, 한때 군인 동원까지 서울에 요청할 위기까지 있었지만[353] 결단력으로 이 왕명을 충실하게 수행하였다. 그리고 조서를 다꾸미고 4월 24일 상경하였으며,[354] 9월 1일에는 그 조사 보고서를 법부에 제출하여 거기서 고종에게 상주(上奏)하였던 것이다.[355] 그 조사 보고서에 의해서 고종은 일급 범법자들은 서울로 압송, 재판 받게 하고 이급 범법자들은 해주(海州)에서도 관찰사 소관으로 재판하도록 하명하였다. 불란서 공사 풀랑시(V. Collin de Plancy, 葛任德)는 빌헤름, 돌체(Dolcet) 신부가 명성을 빼앗겼기 때문에 한국에서 살 수 없게 되었다고 말하였으나,[356] 안중근(安重根) 의사와의 친근 사실이 후에 있었던 것으로 보아 그는 계속 한국, 그것도 그 황해도 신천(信川)에 남아 있었던 것이 확실하다[357]

알렌은 이런 일이 있은지 얼마 뒤에 이런 글을 써 놓았다.

선교사는 지위의 특수성 때문에 그 나라의 법률의 구애를 받지

---

351) News Calendar, *The Korea Review*, 1903, 2月號, p. 77.

352) L. H. Underwood, *Fifteen Years among the Top-knots*, p. 259.

353) The First Report of the Imperial Inspector to the Government, News Calendar, *The Korea Review*, 1903, 3月號, p. 124.

354) News Calendar, *Ibid.*, 5月號, p. 224.

355) News Calendar, *Ibid.*, 9月號, p. 411.

356) *Loc. cit.*

357) 한국 가톨릭인들의 재판과 그 刑量에 대하여서는 Editorial Comment, *Ibid.*, 11月號, p. 506 참조.

아니한다. 왜냐하면 조약(條約)이 그들에게 치외법권(治外法權)은 부여하였기 때문이다.

이것은 선교사에게 큰 권력을 주는 것이며, 현명치 못하고 너무 동정심이 많은 선교사는 본토인들로 하여금 기독교와 관계를 맺어서 이득을 보게 하고, 외국의 보호를 얻도록 하는 대소 사건에 끼어들 가능성을 늘 가지게 하였다. 이러한 보호는 같은 문제에 관련되면서도 보호를 받지 못하는 다른 주민에게 심대한 누를 끼쳐 온 것이 사실이다.

이런 사건에서 선교사들은 그의 이름과 영향력이 이용당하였는데, 선교사들은 내용을 자세히 알지도 못하고 음으로나 양으로 본토 기독교인들의 이익을 증진시키려고 한 셈이 되었던 것이다.

한국에서도 이와 같이 극단적인 사건이 있었다. 그 때 가톨릭과 개신교(改新教)는 서로 상대방과 대결하여 마침내 불란서 공사관과 미국 공사관이 각기 오랫동안 조사를 하고 중앙 정부에 조회한 일이 있었다.[358]

여기 특별히 가톨릭에 대한 비난조의 말은 없다. 외교관으로서의 조심성 때문이었을 것이다. 그러나 더 중요한 것은 가톨릭이나 개신교의 경우를 막론하고 선교사들의 비종교적 문제들에 대한 관여의 치의법권적 행동 유형에 포괄적인 경계를 느낀 심리 상태가 잘 표현되어 있다는 것이다.

그러나 현실은 훨씬 복잡하였다. 더구나 미국 공사로서는 미국 선교사들의 온갖 문제, 특히 권익 문제에는 깊이 개입하여 해결해야 할 의무도 있었던 것이다.

358) 朝鮮見聞記, pp. 193－194.

4) 宣敎師와 그 事業의 權益 確保

알렌은 선교사들을 위해서 실로 훌륭한 도움을 실질적으로 많이 주었다. 아무리 선교 사업이 한국에서 기적적 성장을 이루고 조야(朝野)의 인정을 받고 있었다 할지라도, 그 당시의 얽힌 국정(國情)에서 직면하는 갖가지 문제들과 인간성에서 파생된 굴곡들을 정당하게 적절한 통로와 방법을 거쳐 대결하고 해결하지 않았더라면, 다시 말하면 미국 공사로서의 관여가 아니었더라면, 그만한 보장된 성장과 활동은 어렵지 않았으리라고 장담하기가 힘들다.

알렌은 선교사들의 잦은 소송을 기피하였다. 가능한 한, 그 제소(提訴)를 억제한다는 자세를 알리도록 노력하였다.[359] 그러나 그가 개입하여 해결한 일들은 많았다.

> 어떤 서교사들은 참으로 마음속으로부터 도와 주고 싶은 이가 많았다. 그들은 필요한 증거로 잘 뒷받침된 가치있는 사건들이 있을 때에만 도움을 구하러 왔다.[360]

그런 일을 알렌이 한 것이다. 대개 1900년 이후의 건수들만 몇 들면 다음과 같았다.

우선 1900년 10월 11일에 부산에서 대구로 한국 정부 발행 호조(護照)를 가지고 가던 의료 선교사 존슨(W. O. Johnson, M.D.)의 아내와 그 아기, 그리고 사이드보삼(R. H. Sidebotham) 선교사가 밀양(密陽) 근처에서 총과 칼로 무장한 20여 한국인 강도들을 만나 구타를 몹시 당하고, 가방 전부, 그리고 옷들을 강탈당한 일이 있었다.[361] 알렌이 이 사태가

---

359) *Ibid.*, pp. 196－197.

360) *Ibid.*, p. 198.

361) 美人 존슨 等 密陽被盜告訴의 件, 舊韓國外交文書, 第十二卷, 美案 Ⅲ, (1900, 11. 24日字), p. 46.

대구 관아(官衙)에 보고되고 서울 외부에 통보되었는데도 별 해결이 없어, 12월 15일 그 조치의 재차 촉구를 거쳐 20일에는 배상금 1,500원의 청구와 미국인 보호를 위한 황제의 칙서(勅書)의 발행을 요구하였던 것이다.[362)]

1900년 12월 말에는 한성 판윤(漢城判尹) 이봉래(李鳳來)가 이런 방을 고시하였다.

> 外國人이 美國人의 所有 家屋을 買收흘 時에는 家儈나 勿論某人ᄒᆞ고 本府(漢城)에 先卽來告ᄒᆞ야 許可를 受ᄒᆞᆫ 後 越價케ᄒᆞ야 官有民有에 紛拏ᄒᆞᆫ 幣가 無ᄒᆞ기를 爲ᄒᆞ야 告示ᄒᆞ노니.[363)]

여기 대한 항의는 1899년 봄에 대구에서 아담스(J. E. Adams) 목사와 존슨(W. O. Johnson, M.D.)이 집을 마련해 선교하려 할 때부터 계속 관의 간섭을 받고 심지어 그 집에서 일하던 김택영(金澤榮)이 관가에 구금되어 간 사태 때문에[364)] 긴장되어 있던 시제라, 그 강도가 강하였다. 알렌은 모든 자료를 수집 분석하여서 이런 요청을 강경한 언사로 꾸며 보냈다.

> 約章에 照ᄒᆞ야 美國人이 內地에 遊歷ᄒᆞᄂᆞᆫ 權이 有ᄒᆞ오ᄆᆡ 各地方에 旅館과 貰屋이 無하온즉 勢不得己 借寓韓屋이온지라.
>
> 約章에 外國人이 各通商口岸과 租界附近十里以內에만 構屋居住ᄒᆞ란 條款은 貴政府에서 法國(佛)人의 事件과 他由를 因ᄒᆞ야 法國人이 內地에 構屋居住흠을 容納準許ᄒᆞ심으로써 廢弛ᄒᆞ셧스ᄆᆡ …我政府訓飭을 奉遵ᄒᆞ야 他國人이 內地에 住居ᄒᆞᄂᆞᆫ 享有權을 依ᄒᆞ야 我國人도 內地에 任意構居ᄒᆞ고 永遠居住케 흠을 玆에 強求ᄒᆞ오며 …

362) 美人等被害賠償請求와 豫防策要請, *Ibid.*, (1900. 12. 20日字), p. 64.
363) 附 漢城府告示, 漢城府 判尹의 外國人에 對한 賣買 禁止告示에 對한 異議, *Ibid.*, (1900. 12. 24日字), p. 66.
364) 慶北觀察使派遣巡檢의 美人寓所侵入과 雇傭人 刑訊에 對한 抗議, *Ibid.*, (1900. 12. 17日字), p. 56.
大邱駐留 美國人虐待에 對한 抗議, *Ibid.*, (1901. 2. 1日字), p. 91.

該地方官이 別般 保護홈을 請責.[365)]

1900년대 초에도 선교사들의 활동이 이만큼 어려웠고, 집채 하나 구하기 힘들었다는 증거이다. 하지만 그 문제가 쉽게 해결되지 않았다. 새로 부임한 관찰사 이유인(李裕寅)[366)]이 그런 조치가 경향간에 금시초문이라 하고 외부대신의 훈령도 받은 바나 들은 바가 없다고 말한 것이다. 알렌은 간단하게 〈미국 정책 훈령의 시행을 성명〉[367)]하는 강경 자세를 취한다고 썼다. 그러고 나서 6월 7일, 외부대신 박제순(朴齊純)이 이유인의 말을 수상히 여겨 〈除再行訓飭該觀察使 優待美國人 勿得顯示疎外〉[368)]하였다. 다시 그 훈령을 보내 미국 사람(선교사)들은 들어나게 냉대하지 말라고 하였던 것이다.

〈선교〉란 말을 쓰지 아니한 알렌의 고충이 있었을 것이다. 선교의 자유 확보의 길은 멀고 멀었다. 그것은 어떤 법적 조치로 성취될 수 있는 것만은 아니었다. 이 일도 8개월이란 세월이 흘렀던 것이다.

하지만 그런 유형의 문제는 일단락 본 셈이었다. 가령 1900년 5월 선천 군수(宣川郡守)가 휘트모아(N. C. Whittemore, 槐大模, 1870-1952)와 샤록스(A. M. Sharrocks, 謝樂秀, 1899-1919)의 가옥 매입을 〈不遵官令〉이라 고발함에 따라 외부(外部)에서 이를 위장(違章)이라 하여 그 조속 철회를 요청한 일이 있었다.[369)] 알렌은 한영조약 제 4 조 6항[370)]을 조회하면서, 내지(內地)에 여관이나 우거할 곳 없는 긴박한 경우 〈한국인의 명의로 집 사는 것이 범법이 아니라〉 말하였고, 더구나 샤록스는 의사로 〈嘗治

365) 大邱駐留美國人虐待에 對한 抗議, *Ibid.*, p. 95.
366) 負商의 皇國協會 創設者 3人中의 하나인 그 사람으로 보인다.
367) 大邱駐留美國人 虐待에 對한 善處要求, *op. cit.*, (1900. 5. 29日字), p. 130.
368) 在大邱美人薄待改善의 件, *Ibid.*, (1900. 6. 7日字), p. 144.
369) 宣川邑 美國人買地設屋의 撤回要求, 舊韓國外交文書, 第十二卷, 美案 Ⅲ, (1901. 5. 6日字), p. 120.
370) (美)英國人 帶有護照 可前往 朝鮮內地 各處, 遊歷通商貿易等.

療病人 不受分文 乃是補益人民者〉이니 아무 잘못이 없어 그 철회 요구를 들을 수 없다고 대응하였던 것이다.[371)]

그러나 한국인의 이름으로 집이나 땅을 사는 것도 문제가 되었다. 수원(水原)에 자주 다니며 전도하던 감리교의 스위어러(W. C. Swearer, 徐元補, ?—1916)가 한국인 김동현(金東鉉)의 명의로 집을 사, 수원에 가면 그 곳에 우거하였다.[372)] 알렌은 그 미국인이 그 곳에 영주할 생각을 가졌거나 서양집 건립의 의사가 (아직) 없음에도 관가에서, 명의를 대 준 김동현을 구속(拘束)한 것은, 한영조약 제9조 1항의 〈외국의 한국인 사역 약정〉[373)]의 위배라고 항의하였던 것이다.

그런데 얼마 후 사정이 호전되었던 것으로 보인다. 알렌의 외교문서에 〈교회당 건립〉이란 글이 나타난 것이다. 수원에서 스위어러가 〈교회당〉[374)]을 건립하려고 했을 때, 그 위치가 마침 〈화령전〉이란 사당 곁에 있게 되어서 그 위치 변경 조정이 관가와 교회 사이에 있었던 것으로 보아 일단 문제가 해결된 듯하였다.

그런데 5월(1902)에 와서 관가에서 그 건축을 다시 방해하고 그나마 다 허무러뜨렸던 것이다. 알렌은 즉각 이 문제를 워싱턴에 조회하였던 바, 한미조약 제 6 조에 의하여 통상구안(通商口岸) 이외 내지에서의 한국인 명의로 된 미국인의 가옥 매입이 불법이 아니란 해석이 통첩되었던 것이다.[375)] 다만 사당(祠堂) 부근이란 사실이 문제된 듯한데, 그것은 1852년 청국과 체결한 청미조약(淸美條約)의 선례에 따른 것인데, 거기

371) 宣川邑 美國人 買地構屋撤回要求에 對한 抗議, *Ibid.*, (1901. 5. 27日字), p. 127.

372) 美人스웨러 水原家屋事件에 對한 抗議, *Ibid.*, (1901. 10. 4日字), p. 188.

373) 有美國人之在朝鮮者 雇用朝鮮人 作教師, 通譯, 使喚等.

374) 〈a building for use as a church〉, 〈a meeting house for Korean Christians〉. 水原教堂建築阻戱 禁止要求의 件, 舊韓國外交文書, 第十二卷, 美案 Ⅲ, (1902. 5. 14日字), p. 286.

375) *Ibid.*, p. 287.

에는 그곳 주민들의 항의가 없으면 미국인의 거주 가옥을 특정 지역에 제한하도록 되어 있지 않다는 점을 확인시켰던 것이다.[376] 그러나 한국 외부의 입장은 달랐다.

> 韓國教人建築一屋 以備韓國人聚集禮拜處所之意 … 美國教人倘備貸錢財於韓人 以爲買屋 … 查該屋韓人營建 韓人居住 則與外國人永租有異 … 比年以來外國人民冒禁違約者甚多 行將次第查覈 … 請速撤回 除將遊歷通商以外 斷不可認准也[377]

한국 사람이 〈예배처소〉로 집 짓는다 하지만 미국인이 돈을 댄 것은 확실하다. 한국 사람이 집을 지어 산다는 것은 외국인이 거기에서 영주한다는 뜻과는 다르다. 근자에 외국인들 위장(違章)이 허다하여 차제 이를 철저히 가릴 터인데, 곧 그 건축을 철회하라는 요구였다.

여기에 대한 후속 조치는 문서가 없어 그 귀추가 당장 분명하지는 않다. 하지만 여기에 처음으로 〈기독교〉, 〈예배처〉라는 용어의 사용이 종교적 활동의 문제와 연결된 것이 사실이다. 또 그 해 7월의 빈튼(C. C. Vinton, 頻頓, 1856－1936)의 매지(買地) 문제,[378] 연동교회 기지 매입 때 걸린 허다한 문제,[379] 그리고 에비슨 집의 순검 무단 출입과 같은 것[380]은 다 1900년대 초까지만 하여도 선교사들의 활동 여건이 심각하고도 복잡한 저해를 받고 있었다는 사실은 말하여 준다. 사실 이런 문제들은 알렌이 한국을 떠나 공사직을 사퇴하던 1905년 5월의 한달 전에 2월까

376) *Ibid.*, pp. 287, 288.

377) 同上建築에 對한 未開口岸外國人居留不許條文適用 및 撤回要求, *Ibid.*, (1902. 5. 19日字), pp. 290－291.

378) 美醫師頻頓의 買地事로 被捉된 兩韓人釋放要求, *Ibid.*, (1902. 7. 16日字), pp. 327－329, 331－333.

379) 美國人의 連洞買基에 對한 假契發給과 醫士頻頓雇傭의 韓語教師 李璋鎭釋放要請, *Ibid.*, (1902. 7. 19日字), pp. 331, 335, 394, 466.

380) 閔鍾默 派送巡檢의 美醫家破墻開溝에 對한 抗議, *Ibid.*,(1902. 8. 1日字), pp. 339－340.

지 계속 야기되고 있었다.[381)]

이런 일들에 대한 현지 선교부의 조심성과 경계심이 향후 선교사들의 지방 이동이나 선교 사업의 착수 및 전개 등 모든 문제에 대하여 미국 공사 알렌에게 미리 알려서 그 지시와 동의 내지는 협력을 따르게 된 배경이었다.[382)] 알렌이 귀국한 1905년 이후의 일은 확실하지 않다.

5) 새문안敎會의 基址 問題

새문안교회는 1885년부터 정동에[383)]있는 〈언더우드 처소〉에서 예배를 보고 있었다. 그런데 1899년 미국에 알렌이 잠시 휴가를 떠날 때 고종이 그 터를 매입하여서 신궐(新闕)에 포함시키겠다는 뜻을 뉴욕 선교본부에 전하라는 말이 있어서 그 쾌락을 얻어 냈던 것이다.[384)] 이 사실이 당사자인 언더우드에게는 미리 연락되지 않았던 것으로 보인다. 알렌의 그런 소식에 언더우드나 교인들이 놀라 반대하였으나 황제의 〈期欲收買〉가 있으니 부득이 허매(許賣)하였던 것이다. 1901년 3월의 일이었다.[385)] 황제는 그 정동 자리 만한 〈좋은 땅〉의 변통을 약속하였던 것이다. 그것이 〈선교 건물 기지〉란 것을 알고 있었기 때문이다.[386)]

교회 당사자들과 정부의 대표 이용익(李容翊)이 정동교회[387)] 신축 기지의 물색에 나섰다. 교회가 선정한 자리는 〈西闕基址에 犯入〉한다 해

381) 美女人買入地段 契卷發給要請, *Ibid.*,(1905. 2. 28日字), pp. 702-705. 女子宣教師 맥레렌(Mrs. McLellen, 麥吉連)의 新門外 盤松坊所在 采田二段 買入問題.

382) Korea Mission of the Presbyterian Church in the United States of America, Ad Interim Action, *Minutes of the Korea Mission*, 1903-1904, p. 6.

383) 現 美國大使館 公館이 있는 터.

384) 貞洞基地價의 速還要求, 舊韓國外交文書, 第十二卷, 美案 Ⅲ,(1901. 5. 30日字), pp. 134-136.

385) News Calendar, *The Korea Reveiw*, 1901, 3月號, p. 121.

386) Seoul Station, *The Mission in Korea*, N. P. Reprot, 1902, p. 189.

387) 이것은 監理教의 現 貞洞教會가 아닌, 長老教 새문안교회의 其前 名稱.

서 불허되고, 성변(城邊)의 기지를 정부가 획급(劃給)하여 가 보았더니 〈甚爲狹窄〉하여 교회측에서 거절하였다. 그러다가 얼마 후 조정이 신문외(新門外) 수동(輸洞)에 있는 옛 이채연(李采淵)의 집터를 정급(定給)하매, 마침내 피차 성약이 이루어졌던 것이다.[388] 그 성약 조건은 일화(日貨) 1만 원을 선급하고, (1901) 5월 2일 이전에 신기지를 양도하며, 제2차 보상금은 2만 4천 원으로 하되, 양도일 이전에 약속이 수행되지 아니하면 〈그 一萬元은 背約費로 作ᄒᆞ야 徵還치 아니ᄒᆞ기로 成約〉이 되었던 것이다.

그러나 이용익은 약속을 시행하지 않았다. 선금도 지불하지 않았고, 2차 보상금도 한달 지났지만 내 놓지 않았다. 그리고는 서소문 밖 개동산(開洞山)에 있는 옛 안경수(安駉壽) 터를 대신 그 기지로 바꾸자고 제의해 왔다. 하지만 그 장소는 〈極狹底陷ᄒᆞ고 城內에서 太遠ᄒᆞ야 勢不得領受〉하였다. 〈엇지 ᄒᆞᄂᆞᆫ 일인지 모르겟더라〉.[389] 한 신문이 비난하였다. 정동교회는 정부의 불성실을 나무라고,[390]

> 貞洞基址 賣渡ᄒᆞᆷ을 停廢ᄒᆞ고 該先受條一萬元은 依約沒收ᄒᆞ겟다 ᄒᆞ고, 該工師 (建築師 고든 A. B. Gordon)[391] 到韓ᄒᆞᄂᆞᆫ더로 貞洞基址에 新屋을 函行建造ᄒᆞ겟다 聲稱[392] (하였다).

알렌은 6월 25일에 다시 외부대신 박제순(朴齊純)에게 치서(致書)하여, 7월 1일까지 약속이 준행되지 아니하면 상기 정동교인들의 성칭(聲

---

388) 附 貞洞敎會基址 賣渡에 따른 解決方法, 舊韓國外交文書, 第十二卷, 美案 Ⅲ,(1901. 5. 30日字), p. 140.

389) 잡보, 그리스도신문, 1901. 6. 27日字.

390) 開洞山 觀看에는 漢城判尹의 同行.

391) 토론토의 建築技師로 세브란스病院 新築과 함께 새 貞洞敎會 建築을 위해 來韓.

392) 貞洞基址價의 速還要求, *op. cit.*, pp. 136－137.

稱) 대로 강행할 것이라 다짐하였던 것이다.[393] 그 전일에, 에비슨이 교회의 결정과 또 몇 일 전 개최되었던 〈서울 선교 스테이션〉회의의 결의안, 곧 약속 이행 없으면 건축을 강행한다는 결의를 알렌에게 알려 왔던 것이다.[394]

이 궁내부와의 신축 기지 타결이 어떻게 결정되었는지 그 이후의 문서 교환이 없어 이를 추적하기 어렵지만, 선교부쪽의 기록을 보면 〈서울 스테이션 전체의 사업을 저해하였던〉 이 문제는 1902년에 이르러 〈기지 매도의 만족할 만한 조치〉[395]가 취해진 것으로 나타나 있다. 그 때부터 선교부 모든 문서에 〈새문안－Sai Mun An〉이란 이름이 씌어지기 때문이다.[396]

6) 世富蘭偲病院 基址와 그 經營 問題

1900년 가을, 미국 뉴욕에서는 역사상 처음으로 〈세계 에큐케니칼 선교 회의－Ecumenical Missionary Conference〉가 개최되었다. 그 때 한국의 에비슨(O. R. Avison, M.D.) 박사가 참석하였다. 그리고 〈의료 선교에서의 예양(禮讓)〉이란 강연을 하여 한국 의료선교의 문제, 그 낙후상을 피력하였다. 그 때 그 강연을 들은 오하이오주(州) 클리브랜드의 세브란스(L. H. Severance)가 감명을 받아 미국 북장로교 선교본부를 통하여서 $10,000을 병원 건립을 위하여 희사한 일이 있었다.[397]

---

393) 貞洞敎會建築基址 速給에 關한 件, *Ibid.*, (1901. 6. 25日字), p. 151.

394) 附 貞洞垈地 交換에 關한 件, *Ibid.*, (1901. 6. 24日字), p. 153.

395) Seoul Station, *The Korea Mission*, N. P. Report, 1903, p. 211. 高宗時代史, 國史編纂委員會, 1971. 卷五, p. 366.

396) Report of Committee of Apportionment of Sub-Station and Work, Reports, *The Minutes of Korean Mission*, Presbyterian Church in the U.S.A., Seoul, 1902. p. 41.

397) Seoul Station *The Korea Mission*, N. P. Report, 1902, p. 189.
Cf. O. R. Avison, The Severance Hospital, *The Korea Review*, 1904, 11月號, p. 487.

귀국한 에비슨은 고종 황제가 제중원 병원 자리를 매수하고 싶어 하는 사실을 알게 되었다.[398] 난처한 문제였다. 그러나 고종은 그 대신 병원 지을 터를 하사하겠노라는 뜻을 밝혔다. 불란서인 비달 대좌(Col. Vidal)의 집터가 제시되었다. 그러나 에비슨은 남대문 밖 거리 동편의 언덕[399]을 선호한다는 뜻을 알렌에게 전하여 그 선처를 조정하여 줄 것을 부탁했던 것이다. 이 때 이 기지 문제의 어려움을 알고 세브란스가 다시 ＄5,000을 기증하여 왔다.[400]

알렌은 이런 일이 있은지 1년이 지나 1902년 4월에 일이 지지부진한 데에 책임을 따지며 외부(外部)에 그 해결을 촉구하는 글을 보낸 것이다. 1894년 9월 26일, 에비슨과 외부(外部) 사이에 국립병원 설립과 운영에 대한 합의 문서를 조회하면서, 그 합의에 따라 에비슨을 원한다면 신축 병원을 제중원 그 자리에 세울 수 있음을 상기시키고, 그런 식의 해결이 차라리 낫다고 그 입장을 밝혔던 것이다.[401]

이 기지 문제는 〈수 개월간의 지체와 혼미〉 끝에[402] 그 해 여름에 남대문 밖 기지로 자리가 결정되어서 8월 초에 기공식을 거행할 수 있었다.[403] 그리고 11월 27일 오후 3시에는 외국 사신들과 정부 고관들, 그리고 수 많은 참집인들과 함께 뜻 깊은 〈세브란스 기념 병원〉의 정초식이 거행되었다. 언덕 높이 우뚝 선 장관(壯觀)의 자리였다. 에비슨이 언더우드의 사회를 선포하고, 존스가 개회 기도로 하나님께 영광을 돌렸다. 그리고 언더우드가 미국 공사 알렌에게 축사를 부탁하였다. 알렌, 1884

---

398) 附 濟衆院基址에 對한 提議, 舊韓國外交文書, 第十二卷 美案 Ⅲ,(1901. 6. 24日字), p. 152.

399) *Loc. cit.*

400) Seoul Station, *The Korea Mission*, N. P. Report, 1902, p. 189.

401) 濟衆院基址契卷發給과 病院建屋의 件, 舊韓國外交文書, 第十二卷, 美案 Ⅲ,(1902. 4. 22日字), pp. 271－273.

402) Seoul Station, *The Korea Mission*, N. P. Report, 1903, p. 212.

403) Editorial Comment, *The Korea Review*, 1902, 8月號, p. 357.

년 처음 한국에 와서 선교와 개화와 의료와 그리고 미국과의 관계를 신뢰로 트게 한 그 위대한 선구자, 그가 그 날의 주빈이었던 것은 훗날 누구가 물어 보아도 알았을 것이다. 그 날의 알렌의 축사 장면을 그 때의 시론(時論)에서 옮긴다.

> 알렌 박사는 1884년 의료 사업이 서울에서 어떻게 시작하였는가를 말함으로써 그의 축사를 시작하였다. 그리고 이 병원의 후계자들을 하나 하나 그 연대순으로 찬하하고, 현재 책임자인 에비슨에 대하여서는 특별히 그 노고와 공로에 격찬과 칭송을 아끼지 아니하였다. 그리고는 미국의 친구 세브란스에 대하여 가이없는 찬사를 보냈다. 한국이란 생전 보지도 못한 나라와 백성을 위해서 거금을 희사한 인물이 아니던가.
>
> 알렌 박사는 말을 맺었다. 그 마지막 말은 이 병원이 젊은 서양과 늙은 동양의 악수인 까닭에, 향후 한국 백성들에게 커다란 혜택이 돌아가기를 희망한다는 간곡한 기원이었다. 알렌 박사의 말은 이렇게 끝났다.[404]

그리고 알렌 박사는 은으로 만든 흙손을 가지고 정초를 집례하였다. 정초석 아래에 놓은 상자에는 성서, 찬송가, 기독교 신문, 일간 신문, 동전, 그리고 몇 가지 다른 물건들이 들어 있었다.[405]

한국의 기독교 선교를 가능하게 한 바로 그 사건의 핵심 인물과 그의 병원, 그것이 이렇게 크게 발전하여 이제 큰 건물로 들어서는 현장에 그 역사적 인물이 나타난 것은 감격스러운 일이 아닐 수 없었다. 미국 장로교회는 이 날의 의식을 보고하는 문서에서, 본국 선교본부나 한국 현지의 선교부가 수차에 걸쳐서 미국 국무성에 알렌의 미국 사신(使臣)

404) News Calendar, *The Korea Review.*, 1902, 11月號, pp. 510－511.
405) *Loc. ci.*.

으로서의 공적과 협력과 그 정신을 알린 바 있다고 명기해 놓았던 것이다.[406]

세브란스 병원의 건축 문제는 그 해 말에 서울역 경계선의 문제와 겹쳐지고,[407] 또 그 사이의 도로의 건설 문제 등[408] 한성부(漢城府)와의 갈등이 있었으나, 이것 역시 알렌의 계속적인 노력과 타협으로 끝내 해결될 수 있었다.

한데 병원 준공이 가까와 오면서 그 거대한 병원의 경영문제가 논의되기 시작하였다. 장로교 현지 선교부는 세브란스(L. H. Severanc)의 희사금으로 병원 신축이 계획될 때부터 이를 예상하고 1902년부터 준공 이후의 예산 책정을 미리 상당 액수 배정하는 조치를 취하였던 것이다.[409] 그러나 그것으로 충분할 수 없는 까닭이 있었다. 1905년의 일이다.

> 年前 美國人 施比蘭士義捐金額 新建大座洋屋 具爲完備 … 供給之費洎藥料器機等 皆由施氏寬厚中出來也 貴國病人時常來訪于該病院 則盡心診察 如意治療 救許多瀕死之人命 治無數難治之病 而貴國病人等留該病院治療之際 食物及柴油之費果係不小 則昔年濟衆院之例 自貴政府補助此等經費 豈非美事耶 … 務望涵諒 堤議此事于主務大臣 …

---

406) Seoul Station, *The Korea Mission*, N. P. Report, 1903, p. 212.

407) 美人 買地에 對한 發契留保에 對하여 美國政府에 請訓하였다는 傳達, 舊韓國外交文書, 第十二卷, 美案 Ⅲ,(1902. 12. 15日字), p. 446.

408) 京釜鐵道南大門停車場用地內 세부란스病院 木柵撤去 要請, *Ibid.*, (1903. 1. 14日字), p. 457.
美人連洞 所買企業發契와 世夫蘭時基址解決에 關하여 漢城判尹에 嚴飭할事, *Ibid.*, (1903. 3. 16日字), p. 466.
漢城買收基址 契卷 發給 催促, *Ibid.*, (1903. 3. 10日字), p. 468.
世夫蘭時病院基址交換處理와 木柵撤去要請, *Ibid.*,(1903. 4. 2日字), p. 469.

409) Report of Medical Committee, *Minutes of Korea Mission Presbyterian Church in the U.S.A.* 1902, p. 26.
Cf. Report of Medical Committee, *Ibid.*, 1903, p. 43.

仰想此等請求必爲貴大臣嘉納[410)]

세브란스의 희사로 큼직한 병원이 하나 섰는데 그 이가 병원 경영,[411)] 의약품, 그리고 의료 기기들을 다 마련하여 주었다. 그래서 찾아 오는 환자들을 우리가 다 진심 진찰해서 고친 이들이 많다. 그러나 그들이 입원해서 드는 모든 경비가 적지 아니하니, 제중원 때처럼 정부가 보조해 주기 바란다는, 미국 공사 알렌의 청원이었다. 이것은 알렌이 공사로서 한국에 남긴 마지막 공헌이 된 셈이었다. 그의 공사 해임 일자는 3월 29일이었지만 외부(外部)에 공한이 띄워진 날짜는 6월 2일이었다. 회답을 미루어 오던 정부가 이 소식을 듣고 급거 이런 회신을 냈다. 곧 심사숙고하노라 지연되었지만 그 귀결을 알렌이 이별차 황제를 알현하기 전에 결말이 날 것이라는 것이었다.

貴公使對我國人民幸福 常於衛生事務熱心勸助 而於此一事大爲顯然 則該案準許 可見本政府奉認貴公使厚誼之幾分也[412)]

알렌이 항상 의료사업에 성의를 기울여 온 사실이 너무 현저하기 때문에 그 후의의 보답을 위해서도 잘 될 것이라는 회답이었다. 미국 공사로서 마지막 날에 그가 정부에서부터 들은 말이 〈의료 사업에 대한 공헌〉에 감사한다는 글이었다. 그리고 그것은 실로 적절한 치사였다.

선교사와 정부가 세브란스의 드높은 정신에 따라 희사된 보조에 힘입어 현대식 병원을 설립 운영하는데 한국인 자신의 손길이 비록 빈약

---

410) 施比蘭士病院運營費의 政府補助要請, 舊韓國外交文書, 第十二卷, 美案 Ⅲ,(1905. 2. 16日字), pp. 698-700.
〈每朔 四 五百元假量〉. Cf. p. 754.

411) 허스트(J.W. Hirst) 박사가 세브란스病院에 赴任하게 된 것이 세브란스의 基金에 依한 것이었다.
Medical Work, Seoul Station, N. P. Report, 1905, p. 242.

412) 施富蘭士病院補助要求에 對한 回答, *Ibid.*,(1905. 6. 5日字), p. 754.

하였지만 성의를 보이지 않을 수 없었다. 그 때 외부 협판(協辦)이던 윤치호(尹致昊)는 서울 Y.M.C.A.에서 열변으로 그 보조를 외쳐, 어떤 사람은 $100을 현장에서 내는 열성으로 목표액을 달성한 일도 있었다.[413)]

알렌은 외부(外部) 이하영(李夏榮) 대신의 그 글을 받고 1904년 11월 16일 세브란스병원 준공식에 참석하였던 일이 감격과 추억으로 되살아남을 느꼈다. 이 병원 기지 문제는 얼마나 시끄러웠던가. 그것은 국가간의 문제로까지 번져 알렌은 미국 정부에 그 처결의 방법을 문의한 일까지 있지 않았던가. 서울역과의 경계선 문제도 한성부(漢城府)와 얼마나 신경전을 방불한 고투 끝에 해결되었던가.

그런데 이제 〈한국에서는 병원으로서 철저하게 조직되고 제대로 설비를 갖춘 것으로는 유일한〉[414)] 현대식 병원이 준공된 것이었다. 그 역사와 그 운영과 건설에 알렌의 피와 땀과 기도가 깔리고 밴 집이었다.

그 곳에서 알렌은 축사를 한 것이다. 그는 이 나라에 현대식 의술과 의학의 필요성을 강조한 다음, 그 어간의 어려웠던 일들을 감격으로 회고하였다. 그리고는 한성부와 정부, 그리고 서울 시민들, 선교사들, 세브란스에게 뜨거운 감사를 드렸던 것이다. 이제 그의 파종한 씨앗이 그 병원이 선 복숭아골(桃花洞)의 꽃처럼 피어 오르는 봉오리를 보았기 때문이다.[415)] 그 때 외부(外部) 협판 윤치호가 알렌에게 특별히 감사하고, 이런 일을 멀리서 추진해 준 장로교 선교본부에 대하여 심심한 사의를 표명했던 것이다.

---

413) The New Hospital, *The Korea Review*, 1904, 11月號, pp. 498-499.

414) The New Hospital, *The Korea Review*, 1904, 11月號, p. 497.

415) H. G. Underwood, Opening of the Severance Memorial Hospital, Wendsday, November 16th, 1904, *The Korea Review*, 1904, 11月號, p. 494.

4. 알렌의 親韓反日 外交의 終焉

가. 루즈벨트大統領의 對韓姿勢

미국의 루즈벨트(Th. Roosevelt, 1858－1919) 대통령은 1901년 전임 대통령 맥킨리의 암살로 그 직임을 계승하였던 사람이다. 그런데 그의 아세아 정책은 시종 친일기한(親日忌韓)의 태도로 일관하였다.

실상 한국은 미국에서 별로 큰 관심의 대상이 아니었다. 따라서 1882년의 〈한미수호조약〉마저도 〈정신없는 행동〉[416]이었고, 몇 해가 지나도록 그 조약의 어떤 의미를 가지고 있는 것인지 생각해 본 사람도 없는 실정이었다. 한국이 미국 사람에게 그래도 최소한도의 관심의 대상이 된 것은 선교사들의 노력으로 근대사의 기적이라 할 만한 기독교의 발전이 이루어졌기 때문이었다. 쉽게 말하면 알렌의 입국과 그가 닦아 놓은 길로 입국한 선교사들이 강력한 미국의 후광과 그 문명의 동력으로 개항기의 무력한 한국에게 동맹(同盟)하고 있다는 소박한 신뢰감이 한국 조야(朝野)에 만연하고 있었기 때문이다. 따라서 한국의 미국 이미지는 직접 선교사들의 헌신과 그 박애(博愛)의 모습과 일치하고, 그 이외의 다른 이미지 형성은 시간적으로 그 개입이 있을 수 없었다. 알렌이 선교사로 들어 왔다가 곧 미국의 공사관 참찬관, 그리고 공사로까지 올라가 을사늑약(乙巳勒約)의 전야까지 한국에 머물러 있었기 때문이다.

그러나 러시아, 일본, 청국, 이런 나라에 둘러 쌓인 국가로서 한국은

416) T. Dennet, *Roosevelt and the Russo-Japanese War*, New York, Double-day Page, 1925, p. 103.

〈믿을 수 없을 정도로 약소한 나라〉[417]였다. 그래서 한국 국왕은 다만 이 〈선교사상(像)〉의 미국에 〈더 할 수 없는 신뢰—a very great degree of confidence〉[418]를 가지고 있을 따름이었다.

하지만 정치적으로 미국은 한국을 대단하게 보고 있지 않았다. 루즈벨트는 묘하게 전사(戰士) 기질을 국제 정치에서의 가치 평가 기준으로 가지고 있는 것 같았다. 일본의 한국 점유가 거의 확실시되던 1905년 초에 루즈벨트는 이런 말을 하고 있었다.

> 우리는 일본에 거역하면서까지 한국 문제에 개입할 수는 없다. 한국인들은 자기들 나라의 방어를 위해서 제 손으로 총 한 발 못 쏘는 사람들이다.[419]

그러면서 한국인들이 전사 기질을 가지고 있지 못하다고 경멸하였던 것이다. 그리고 얼마 지나서, 당시 일본에 체재중이던 조지 케난(G. Kennan) 기자에게 이런 전신을 보냈던 것이다.

> 난 처음부터 일본이 썩 마음에 들었소. 난 그들을 위해 사실 할 수 있는 일들을 다 해 왔소. … 더구나 그들 일본인은 내가 그렇게 좋아하는 전사 기질을 가지고 있고 … 난 일본에게 한 가지 꼭 확인시켜 주고 싶은 것이 있소. 일본이 어떤 합법적 주장이든, 하게 되면, 그들이 미국의 전적인 지지를 받을 수 있다는 점 말이오.[420]

이런 말을 한 루즈벨트는 그 하루 전인 3월 29일, 서울의 알렌이 미국 국무성의 지시에 따르지 않고, 계속 반일(反日) 자세로 나아가는 것

---

417) *Ibid.*, p. 98.
418) *Ibid.*, p. 105.
419) Roosevelt to Hay, 1905. 1. 28日字.
420) Roosevelt to G. Kennan, 1905. 3. 30日字.
T. Dennet, *op. cit.*, p. 153에서.

을 견책하면서 공사직에서 해임하였던 것이다.[421] 루즈벨트의 입장은 일본이 한국을 보호 통치하는 것을 미국이 지지한다는 것이었다.

루즈벨트의 이러한 일본 편향 정책은 잠시 언급한 바 있지만 일본의 무사(武士) 기질, 곧 그 전사적(戰士的) 기질 때문이었다. 이것은 주로 청일전쟁에서의 일본의 승리에서 받은 인상이었다.[422] 알렌도 그 때의 일본 군기(軍紀)에 압도된 듯하였다. 〈세계는 이 때 처음으로 일본의 군사 조직이 탁월함을 알게 되었다〉[423]는 것이 그의 판단이었다. 한데 김기정(金基正)은 최근의 연구에서, 루즈벨트가 국제정치 행위자를 문명권(文明圈)과 후진권(後進圈)으로 이분(二分)하여 인식하였는데, 일본은 유일한 비백인종 문명권 국가로 간주하였다는 것이다.[424] 그것은 〈주로 일본의 군사적 행위〉[425] 평가 때문이었다고 분석하였다.

이런 이분법적 인식에다가 〈전사 기질〉을 연계시킨 루즈벨트에 있어서 제국주의 논리는 필연적이다.

> 우리들은 그 야만성 자체를 괘멸함으로써 야만 상태에 살고 있는 국가의 국민들을 자유롭게 할 수 있음을 주지시켜야 하며, 그것이 우리들의 의무이다. 선교사와 상인 그리고 군인이 이 야만성의 괴멸 임무에 일익을 담당할 수 있다.[426]

---

421) 金源模, 近代韓國外交年表, p. 217.

422) Roosevelt to C. Goodrich, 1897. 6. 6日字.

423) 朝鮮見聞記, p. 266.
알렌은 이 때부터 日本이 國際社會에서 〈새로운 위치〉를 차지하였음을 認定.

424) 金基正, 1901~1905年間의 美國의 對韓政策研究－데오도루 루즈벨트의 世界觀 分析을 中心으로－, 東方學志, 第六十六號,(1990. 6月號), 延世大學校 國學研究院, pp. 191－194.

425) *Ibid.*, p. 194.

426) T. Roosevelt, National Duties, *Works of Theodore Roosevelt*, National Edition, Vol. 13, New York, Charles Scribner's Sons, 1926, p. 478. 金基正, op. cit., p. 197. 宣教師로서 이런 類의 말을 한 사람은 A. Williamson. 그의 *Journeys in North China, Manchuria and Eastern Mongolia, with Some Account of Corea*, London, Smith Elder & Co., 1870, Vol. II, p. 311.

여기 선교사를 언급하였지만 그것은 구색을 맞추는 발언에 불과하였다. 한국에서처럼 선교가 성공한 나라가 없다는 사실은 미국 선교사의 활동 보고가 요란하던 그 미국에서, 일본이 무력(武力)으로 한국 지배권을 행사하도록 한 것을 보아도 그 점은 곧 알 수 있다. 선교가 아닌 병력(兵力)이 그에게는 문명이었다.

나. 알렌과 루즈벨트의 政策異見

1895년부터 일본에 대한 호감으로 차 있던 루즈벨트가 집권한 1901년부터는 그의 친일정책이 노골화하여 갔고, 따라서 알렌에 대한 불만이 쌓여 갈 수밖에 없었다. 더구나 루즈벨트 주변의 고문(顧問)들은 다 반로친일기한(反露親日棄韓)의 극동정책 브레인들로 구성되어 있는 실정이었다. 그 중, 전에 주한 공사를 역임한 바 있는 록힐(W. W. Rockhill)은 그 전형적인 친일정책의 자문역(諮問役)이었다.

알렌은 1903년 6월 1일 한국을 떠났다.[427] 루즈벨트가 현지의 정보에 어둡기 때문이라 판단하고, 직접 정책 논의를 하는 것이 현책이라고 보았기 때문이다. 그는 여순(旅順) 대련(大連)을 거쳐 만주로 하여 시베리아 철도편으로 유럽에 가서 거기서 대서양을 횡단하였다. 미국에는 9월 초에 도착하였다.

알렌이 록힐을 대동한 루즈벨트와 만난 것은 그 해 9월 30일이었다. 알렌과 루즈벨트는 다 45세 동갑이었다. 하지만 알렌은 26세부터 한국에 거의 20년을 보낸 경험과 경륜이 차 있었다. 그리고 한국에 대한 일종 주관적 판단이 서 있었고, 그것은 한국에 대한 끝없는 사랑으로 뒷받침되고 있었다. 그러나 알렌이 이 미국 대통령과 만난 자리에서 〈한국을 잊지 못하겠노라〉 말할 수는 없는 것이었다. 그는 필경 극동문제

427) Allen Diary, 1903, 6. 1日字.

에 대한 그의 관찰과 판단을 때로 명쾌와 때로 확신으로 주장하여, 워싱턴의 입장을 변경하려 하였다. 그의 긴 논난이 대개 시베리아 철도 여행중에서 생각하여 구상했던 것들이어서 그것을 여기 옮겨 그의 정책 방향을 살피고자 한다.

> 나는 미국으로 가는 길에 만주와 시베리아, 그리고 러시아를 여행할 수 있었다. 돌아올 때는 일본을 거쳐 한국에 돌아왔다.
>
> 나는 이미 내가 본 바에 따라 위험한 상태에 관해 보고를 하였고, 또 분쟁이 불가피한 것으로 보인다는 나의 입장도 설명하였다.
>
> 나는 만주에서 미국 제품의 막대한 소비를 보았기 때문에 이 광활한 영토를 평화롭게 하기 위해서 러시아에 몇 천만 루불을 지출하더라도 이익을 볼 수 있는 가능성이 있는 나라중의 하나가 바로 미국이라고 생각하였다.
>
> 또한 러시아인들은 모든 국가중에서도 미국인을 가장 두터운 우호의 눈으로 보고 있으며, 우리가 누구보다도 그 넓고 미개발된 제국(帝國)과 긴밀한 무역 관계를 증진하기에는 가장 좋은 기회가 있는 나라로 나는 생각하였다.
>
> 시베리아와 만주 평야를 지나는 동안 나는 몇 천 명의 농민들을 보았는데, 이들은 적어도 두 세대 안에는 믿을 만한 기술자가 될 수 없다는 인상을 받았다. 설령 그렇게 된다고 할지라도 러시아 정부에서는 큰 생산업체의 설립이 사회불안의 원인이 된다고 하여 이를 반대하고 있다.
>
> 일본은 상업과 생산 의식에 있어서 우리와 같은 사람들로 구성된 나라이다. … 우리가 일본을 격려하는 것을 보면 그것은 일본으로 하여금 전쟁을 하도록 선동하는 것처럼 보인다. 그런데 그 전쟁에서 일본이 만일에 승리자가 되면 러시아에게보다도 우리에게 더 많

은 해(害)를 가져 올지도 모른다.[428]

이것은 결국 중국에서의 미국 시장 가능성, 러시아의 빈곤과 후진성, 따라서 러시아를 돕더라도 당장 열강으로의 진출이 어렵다는 것, 그리고 일본의 전사 기질 격찬이 〈전사로 싸우라〉는 것이 되는 것이고, 그것이 러시아와 대결할 때 일본의 승리는 명약관화(明若觀火)한데, 그 때 어려움을 꺾는 것은 러시아가 아니고 도리어 미국이라는, 아주 섬세하고도 명쾌한 예언성을 가진 판단이었다.

루즈벨트는 이 대담에서 〈알렌의 모든 제의에 이의(異議)를 제기〉하였다.[429] 그러나 알렌의 태도가 대통령 앞에서 취하여야 할 예의에 벗어났던 것도 사실이다. 고함과 홍분이 있었다고 한다.[430]

이렇게 해서 두 사람의 회담은 끝났다. 그러나 미진한 알렌은 언론에다가 자신의 주장을 되풀이하여 여론에 호소하려 하였다.[431] 그러나 그것은 결국 루즈벨트에 대한 정면 도전 행위나 다름 없었다. 알렌이 서울에 귀임하려 11월 12일 일본에 기착했을 때, 루즈벨트는 견책 전문을 발송하였다. 〈공적 사항에 대하여 귀하의 의견 개진을 삼가라〉.[432]

이 견책은 강도가 높았다. 그리고 알렌은 일본의 강세가 눈앞에서 전개되고 있는 한국 땅에서 이 미국 대통령의 견책이 어떤 영향을 동반한 것인지 모를 까닭이 없었다.

---

428) 朝鮮見聞記, pp. 271－272.

429) F. H. 해링톤, *op. cit.*, p. 333.

430) Allen Diary, 1903. 9 . 30日字.

431) *Daily Telegraph*, Colorado, Springs, 1903. 10. 19日字.
Cf. Washington Post, 1903. 10. 21日字.
金源模, 알렌의 韓國獨立保全政策(1903), 東洋學, 檀國大學校, 東洋學研究, 第20輯, 1990, p. 223.

432) Allen Diary, 1903. 11. 20日字.
金源模, *Ibid.*, p. 226.

다. 高宗皇帝와 美國 處女의 結婚訛傳 記事

1903년 11월의 《*The Korea Review*》에 진귀한 글 하나가 실렸다.

> 거짓말이 계속 이 세상에 살아 갈 수 있다는 것은 놀라운 일이다. 한 신시내티(Cincinnati) 신문에 한국 황제가 미국 처녀와 결혼한 가십을 기사화한 것이다. 사람들이 본인[433]에게 이 잘못된 기사에 대하여 미국 신문사들에 알려 고치게 할 방법이 없느냐고 물었다. 물론 그런 길이야 많지만 그런들 무슨 소용이 있겠는가. …
>
> 모든 정직한 미국인들은 이런 저질의 익살스러운 기사가 미국 본토의 이름 있는 신문사들에서 취급된 데 대하여 수치스러워 얼굴을 붉히고 있다. 세상에는 별난 일들이 많다.
>
> 그러나 미국이 이런 종류의 기사거리를 제공하지는 않았다. 고마운 것은 이 에밀리 부라운(Emily Brown)에 관한 기사가 나타난 것이 미국 신문이 아니라 유럽 신문이었다는 사실이다.[434]

고종 황제가 미국인 처녀 에밀리 부라운과 결혼하였다는 기사가 미국 신문들에 계재된 사실이 여기 나타나 있다.[435]

그 사건은 김원모(金源模) 교수의 연구에 따라 추적해 보면 대개 다음과 같았다.

1903년 10월 24일자의 미국 콜로라도의 《*The Colorado Springs Telegraph*》,

---

433) 本 編集人이 休暇中이어서 언더우드(H. G. Underwood)가 代行中.

434) News Calendar, *The Korea Review*, 1903, 11月號, p. 501.

435) 이러한 記事에 對하여서는 金源模 教授의 훌륭한 자료 발굴에 依한 研究가 最近 發表되었다. 그의, 알렌의 韓國獨立保全政策, 東洋學, 檀國大學校, 東洋學研究所, 第20輯, 1990, pp. 191－231.
高宗－미국 처녀 결혼설의 眞相, 알렌日記를 通해 본 한말의 外交秘史, 역사산책, 1990, 12月號, pp. 12－17.

그리고 그 해 11월 29일자 《*The Boston Sunday Post*》에 고종이 미국 처녀와의 결혼 기사가 큼직하게 실린 것이다.[436] 그러나 《코리아 리뷰》가 본 기사는 신시내티 시(市)의 신문이었다. 그렇다면 이 두 신문 이외에도 여러 곳에 그 와전이 기사화된 것이 확실하다.

그런데 그 기사들에 의하면, 에밀리 부라운의 부친은 장로교 선교사 피터 부라운(P. Brown)으로서, 오하이오 주(州)에서 목회를 하다가 1893년경 한국에 파송된 것으로 되어 있고, 그 때 에밀리는 15세였다는 것이다.[437] 그러나 이런 인물은 한국 장로교 선교사 명부에 전혀 나타나 있지 않다.[438] 따라서 이 기사는 와전도 아니고, 고의적인 조작 기사였음이 확실하다. 더구나 그 사실성(事實性)을 시위하노라 《보스턴 선데이 포스트》는 고종과 〈에밀리 황후〉의 행차 모습을 사실적(寫實的)으로 스켓치해서 삽화를 싣고 있었다. 이것은 확실히 〈저질의 익살 기사〉요 조작극이었다.

그러면 이런 황당(荒唐)한 기사가 어떻게 해서 미국의 여러 신문사에서 취급되었는가 하는 문제가 남는다. 물론 이 특종 건(件)이 비엔나에서 발행되고 있는 《*Neue Freie Presse*》의 서울발 기사라는 비고(備考)가 있었고, 그것이 알렌의 방미(訪美)와 루즈벨트 대통령과의 회담 내용을 보도하는 〈합동통신－Associated Press〉을 통해서 함께 끼어 들어 배포되었을 가능성이 있다. 하지만 결국 어떻게 이런 기사 자체가 발상이 되었는가 하는 사실이 문제이다. 다만 한가지 분명한 것은 이 기사가

436) American Girl, An Empress Miss Emily Brown of Philadelphia, Wife of the Emperor of Korea, *The Colorado Springs Telegraph*, How The Only American Empress Was Crowned, *The Boston Sunday Post.*

437) *The Boston Sunday Post*, 1903. 11. 29日字에는 피터 브라운 오하이오주의 長老教 牧師라고만 되어 있다.

438) Complete Roll of the Mission, H. A. Rhodes, A. Campbell, *History of the Korea Mission Presbyterian Church in the U.S.A. (1884－1934)*, Seoul, Chosen Mission, Presbyterian Church, 1934, pp. 625－663.

알렌의 방미 타이밍과 전후해 보도되었다는 점, 다시 말하면 어떤 형태로든 알렌과의 관계를 배제할 수 없다는 사실이다.

김원모(金源模) 교수는 여기에 대하여 세 가지 가능성을 짚는다. 그 하나는 《*The Colorado Springs Telegraph*》의 편집장 리텐하우스(E. E. Rittenhouse)[439]와 알렌과의 친밀한 인간관계이다. 알렌이 귀한(歸韓) 길에 콜로라도 스프링스 시(市)에서 친구 리텐하우스를 만나 루즈벨트의 친일정책의 부당성을 간접 비난하는 내용으로 면담한 것이 그 해 10월 17일이었고, 그 기사는 다음 날 18일에, 그리고 황제의 결혼 기사는 10월 24일에 실렸던 것이다. 리텐하우스는 1904년 봄에도 《*The San Diego Union*》이란 신문에 알렌의 외교관으로서의 업적을 높이 찬양하고, 알렌이 아세아 주재 미국 사신중 가장 유능한 외교관이라 하면서, 〈미국의 대한(對韓) 활동 보장에서나 한국의 자주 외교에서의 업적〉을 높이 평가하고 있었다.[440]

다음은 고종과 알렌과의 인간적 친밀에서 한국과 미국과의 친밀을 희곡화(戱曲化)하여, 몰려드는 일본의 한국 지배의 물결을 막고 미국의 친한(親韓) 심리 조성을 자극하고자 한 리텐하우스의 발상이란 것이다.[441] 김원모 교수는 이것을 〈알렌의 충정이 빚어낸 해프닝〉[442]이라 인정하였다.

그 와전의 진상은 리텐하스밖에는 실토할 사람이 없을 것이다. 그리고 그것은 한국이나 알렌에게는 유리한 사태의 전개를 기도(企圖)한 충정에서였는지 모른다. 그러나 그 기사가 그런 효과를 가져 왔다고 보기는 힘들다. 오히려 그 반대였을 것이다.

---

439) 1897年 3月 29日 京仁鐵道 부설권이 美國人 모오스에게 부여되었을 때 鐵道건설 현장 감독으로 來韓, 1年間 滯在. 그 때 알렌과 친숙해졌다.

440) *The San Diego Union*, 1904. 3. 23日字.
金源模, 알렌의 韓國獨立保全政策, *op. cit.*, p. 228.

441) *Loc. cit.*
金源模, 高宗－미국 처녀 결혼설의 眞相, 역사산책, 1990, 12月號, p. 17.

442) *Ibid.*, p. 16.

X. 알렌, 韓國을 떠나다

나는 美國公使館이 곧 撤收되리라는 가정 아래 모든 것을 說明할 수 있을 뿐입니다.

그리고 한국 정부와 親密한 관계를 맺고 있는 사람은 여기에는 必要하지 않을 것으로 보입니다.

알렌, 1905年 4月.

그처럼 오랜 歷史와 친절한 국민을 가진 나라의 獨立權이 이렇게 상실되었다는 것은 몹시 슬프고 서운한 일입니다. 나의 妻도 한국의 運命에 대해서 많은 눈물을 흘렸지만, 나는 가슴속에서 많은 눈물을 흘리며 울었습니다.

알렌, 1905年 11月.

1. 알렌의 召還

주영 서리공사 이한응(李漢應)이 국세위축을 비분(悲憤)히 여겨 자결한 지 꼭 석 주일이 지난 1905년 6월 2일, 서울에 있는 미국 공사 알렌은 그의 해임 통보를 받았다. 하지만 그 해임 소한의 원래 날짜는 3월 29일 이었다. 그 문서 배달이 선편으로 온 것이 확실했다.[1] 알렌은 국서진정(國書進呈)을 위해서 폐견(陛見)을 요청하였다.

> 大美特派漢城全權大臣安連 爲照會事 此貽呈卽召還本公使之國書謄本 而本公使擬於本月八日 離漢城 故玆備文照會貴大臣 請煩査照奏達天陛 俾蒙陛見 面奉該國書, 幷行辭陛爲要[2]

루즈벨트는 그의 알렌 해임장 국서에서 이런 말을 하고 있었다.

> 본인은 전권 특명대사 알렌이 한국을 떠나도록 지시하였습니다. 지금껏 귀 정부와의 친밀한 우정(closest friendship)을 증진시키는 데 힘써 왔던 알렌씨가 폐하에게, 현재 한미간에 존재하고 있는 행복한, 우정 넘친 감정을 강화시키려 하고 있는 우리의 진지한 소망을 전달하도록 지시를 하였습니다.
>
> 폐하의 선한 친구
>
> 데오도루 루즈벨트[3]

1) 船便으로 赴任한 모간 公使가 직접 가져 온 것으로 보인다.

2) 美公使召還國書進呈 및 陛見要請, 舊韓國外交文書, 第十二卷, 美案Ⅲ, (1905, 6. 2日字), p. 753.

3) 附 알렌公使 解任狀, *Ibid.*,(1905. 3. 29日字), pp. 753-754.

이것이 외교문서라는 것이다. 다음 공사 모간 (E. V. Morgan, 毛玕)은 6월 22일에 부임하였지만,[4] 초대 미국공사였던 푸트(L. H. Foote)의 공한을 외부(外部)에 전달하였는데, 거기에는 〈모간 공사는 최후의 주한 미국공사〉[5]라는 말이 들어 있었다. 그리고 7월 27일에는 저 음흉한 〈타프트-가쯔라(桂太郞) 비밀 협정〉이 교환되었고, 9월 5일 〈포츠머스 조약〉에서는 미국 루즈벨트의 중재로 일로(日露)간 성약(成約)시키면서 한국에 있어서의 일본의 정치적, 경제적, 군사적 우위권을 인정하여, 사실상의 보호정치를 공적으로 인정하였던 것이다. 그리고 9월 9일에는 일본의 고무라(小村壽太郞)[6] 전권대사가 워싱턴에서 루즈벨트를 방문하여 한국의 외교권을 일본 정부가 인수한다고 통고하였으며, 루즈벨트가 이에 찬성하였고, 11월 17일의 을사늑약(乙巳勒約) 6일만(11. 23)에 한국에 있는 미국 공사관의 철수를 주미 서리공사 김윤정(金潤晶)에게 통보하였던 것이다. 그런 일들을 목전에 두고 〈치밀한 우정 관계의 강화를 진지하게 바라는 미국의 확인〉을 전달하라고 지시하였던 루즈벨트이다. 이틀이 지나 헐버트가 고종의 특사로 워싱턴을 방문, 루즈벨트에게 고종의 친서를 전하려 하였지만 그것 역시 거절하였던[7] 루즈벨트의 언사가 이러하였다.

알렌은 마지막으로 고종을 만났다. 고종은 실로 알렌과는 20년의 지기요, 또 가장 어려운 위기를 함께 겪은 역전(歷戰)의 동려(同僚)였다. 그는 어느 때보다도 알렌의 도움을 기대하여야 했던 때에 알렌의 소환을 섭섭히 여겼다.[8] 그러나 알렌은 이미 머리 깍인 삼손이었다. 〈잘 가

---

4) 新任公使 毛玕陛見要請, *Ibid.*, (1905. 6. 29日字), pp. 759.

5) 金源模, 近代韓國外交史年表, p. 223.

6) 閔妃殺害 事件 때 사태 수습을 위해 三浦悟樓 後任으로 公使職에 왔던 人物.

7) H. B. Hulbert, *The Passing of Korea*, pp. 222-224.
F. A. McKenzie, *Korea's Fight for Freedom*, pp. 101-103.
T. Dennet, *Roosevelt and the Russo-Japanese War*, pp. 304-306.

8) News Calendar, *The Korea Review*, 1905, 6月號, p. 233.

라〉는 말밖에 하지 못한 고종의 눈매의 잔 주름은 흐르는 눈물로 젖었다.

황현(黃玹)은 알렌이 떠나면서 한 말을 어디서 듣고, 그것을 기록해 놓았다.

> 美國公使安連 … 連留我國者十數年 臨歸對人歎曰 韓民可憐 吾嘗周流九萬里 上下四千年 如韓國皇帝者 其亦初出之人種乎[9]

한국 백성은 가련하고, 한국 역사 4천년의 험준한 길을 생각하면 고종과 같은 임금도 처음인 것 같다는 탄식이었다.

알렌은 1905년 6월 9일 제물포에서 〈오하이오(早朝丸)〉 선편으로 이 땅을 떠났다.[10] 그리고 다시 돌아오지 않았다. 21년 전 제물포에 처음 닿았을 때 그의 나이 26이었는데, 떠날 때는 47, 그 때는 초로(初老)였다.

그 해 9월에 미국에 도착한 알렌은 오하이오의 톨레도(Toledo) 시에 정착하였고, 얼마 후에는 병원을 개업하고 살았다. 두 아들 해리(Harry)와 모리스(Maurice)는 둘 다 서울 태생이었다.

2. 알렌을 떠나 보내는 韓國과 그 教會

알렌의 소환 조치는 〈苛酷스러운 方式〉[11]으로 취하여졌다. 체임(替任)된 것을 모르는 알렌이 모간의 부임(赴任) 때 그를 통해서 전달 받았다면 상례(常例)는 아니다. 그 해임은 〈경고도 없이 날아 들었던〉[12]것이다.

9) 黃玹, 梅泉野錄, 卷之四, 光武 九年(1905), p. 332
10) 美公使安連行李에 對한 免稅要請, 舊韓國外交文書, 第十二卷, 美案 Ⅲ, (1905. 6. 8日字). p. 757
11) 白樂濬, 韓末風雲 열쇠를 잡은 前美國駐京全權大使 故엘렌氏를 追憶함, 新東亞, 1933, 3月號, p. 79.
12) F. H. 해링톤, *op. cit.*, p. 348.

이것은 자신에게나 한국, 그리고 그 교회에는 확실히 커다란 충격이었다. 〈의지가 강하던 사람도 눈물을 흘렸다〉면, 서울 주재 외교관들이 워싱턴이 〈미쳤다〉고 소리친 것은 있을 수 있는 일이었다. 언더우드(H. H. Underwood, 元漢慶(1890-1951))는 미국의 제국주의적 입장에서 보았을 때, 알렌이 너무 한국의 이해관계에만 몰두하였었기 때문에 그런 〈略式〉으로 해임되었다고 보았다. 〈그 시대 외교의 인륜을 벗어난 험준한 꼬불 길을 그가 가기에는 더 이상 어울리지 않았기〉[13] 때문이다.

알렌은 미국에 돌아갔을 때 옛 친구 언더우드(H. G. Underwood)에게 이런 말을 전한 일이 있었다.

> 政治란 더러운 것으로서 내가 거기 발을 들여 놓으려고 의도한 일은 없었습니다. 역시 그대가 제일 좋은 일을 하고 있는 것입니다. 사람은 자기가 하는 일이 다른 사람에게 선을 베풀고 있는 것이라는 것을 느낄 수 있을 때, 누구도 가지기 힘든 만족감을 지닐 수 있는 것입니다.[14]

알렌이 선교사적 바탕을 잊어 본 일이 없다는 고백록이었다. 설사 그랬다고 할지라도 장로교 신자로서의 윤리의식은 저버릴 수 있는 것이 아니었다.

이런 진실과 강직으로 한국을 위해, 그리고 선교사업을 위해 힘 쓰던 알렌의 소환에, 서울의 미국인들은 선교사나 실업가나 할 것 없이 경악을 감추지 못했다. 그래서 〈혼연일체〉가 되어 워싱턴에 알렌을 위한 탄원서를 전신(電信)으로 급송하였다.[15] 20여 년에 걸친 한국 체재와 한국

13) H. H. Underwood, Horace N. Allen, *The Korea Mission Field*, 1933, 3月號. p. 46.

14) Allen to H. G. Underwood, 1904. 12. 26日字.

15) Editorial Comment, *The Korea Reriew*, 1905, 3月號, p. 110. 이 日字를 보면 教會는 역시 3月에 어떤 通路로든 알렌의 解任 사실을 안 것이 確實. 朝鮮見聞記, p. 199.

사정에의 정통(精通), 그리고 미국 선교사업에 대해서 그가 계속 가져온 관심과 협력으로 해서 그의 소환은 모두에게 〈인간적 불행〉으로 느껴졌기 때문이다. 그리고 이 느낌은 고종이나 조정, 교회, 그리고 〈모든 외교사절단〉이 꼭 같이 가지고 있었던 것이다. 선교사들은 한미 외교사에서 향후 〈알렌의 장기간 동안의 성공적인 외교관 생애를 가능하게 하였던 훌륭한 자질, 그런 것 없이 그 만한 신뢰를 받기 힘들 것〉[16]이라는 말을 후임 모간 앞에서 말할 수 있었던 것이다.

한 인간의 생애는 윤리성과 도덕성으로 숭고할 때 빛날 수 있는 것이다. 그의 도덕적 의식은 한국에서 진행되고 있는 일본의 행태에 침묵할 수가 없었다.[17] 더구나 그는 〈전형적인 최양질(最良質)의 양키 정직성을 가진 직선(直線) 인격의 훌륭한 표본〉[18]이었다. 그는 미국인이요, 아무리 한국을 위해서 헌신했다 한들, 그의 나라 미국을 위한 충성과 사랑을 잊을 수는 없었을 것이다. 맥켄지도 그가 〈자기 나라의 독립적이고도 불편부당의 한 대표〉[19]였다고 평한 일이 있었다.

이러한 알렌의 양키적 품격과 장로교적 윤리의식이 한국에서의 일본의 간악을 방치할 수 없었다. 이것이 그의 몰락을 가져 온 것이다. 일본과 워싱턴은 손을 잡고 알렌을 몰아낸 셈이다.[20]

그러나 그를 사랑한 사람들의 진실은 더 깊었고, 그를 아끼는 사람들의 슬픔은 1905년 한국의 비운만큼 가슴을 가르는 듯하였다. 알렌은 그것을 알고 있었다. 더구나 함께 일하다가 별로 좋게 헤어지지 아니하고, 그 이후 계속 다른 처지에서 서로 연결되어 살아 온 미국 선교사들의 비통과 아쉬움이 알렌에게는 무엇보다도 고마웠다. 그들의 신임이 그의

16) *Loc. cit.*
17) Editorial Comment, *The Korea Review*, 1905, 11月號, p. 431.
18) *Loc. cit.*
19) F. A. McKenzie, *The Tragedy of Korea*, p. 117.
20) *Ibid.*,p. 118.

비통을 위로해 주었기 때문이다.[21]

알렌은 제물포를 떠나는 배에 타고 그의 가방속에 소중하게 넣어 둔 〈태극 대수장(太極大綬章)〉을 다시 꺼내 보았다.

> 본인은 이 훈장을 달고, 한국 정부를 위해서 다년간 봉사한 그 생애를 기쁨과 영광으로 기억하게 될 것입니다.[22]

1년 전 표훈원(表勳院)에서 전달된 이 훈장을 받으면서 했던 말이다. 그는 그 훈장을 만지면서 한국이 그에게 보여 준 감사와 사랑을 다시 생각하였다. 이 훈장은 왕족(王族) 이외에는 받은 사람이 없었다.[23] 그렇다면 그것만큼 소중한 보상이 또 무엇이 있으랴.

만감(萬感)으로 멀리 사라지는 포구를 바라보았다. 저녁인데 오막살이 집들에서 밥 짓는 연기가 올라가고 있었다. 알렌은 가도, 이 한국에서는 여전히 하로가 가고, 그리고 또 내일이 닥아오고 있었다.

3. 美國에서의 알렌과 그의 晩年

가. 韓國에 對한 繼續的 關心

알렌은 미국에 도착하여 새 환경에서 자리 잡는 데 시간이 걸렸다. 하지만 그는 그 사이에 잊혀지지 아니하는 한국에 대하여 책을 하나 냈

---

21) 朝鮮見聞記, p. 199.

22) 太極大綬章 授與에 對한 安連公使回答, 舊韓國外交文書, 第十二卷, 美案 Ⅲ, (1904. 4. 9日字), p. 601.

23) O. R. Avison, History of Medical Mission in Korea, *Quarto Centennial Papers, Pyeng Yang*, 1908, p. 33.

다. 《*Things Korean*》[24]이 그것이다. 묘한 제목이다. 〈한국 있는 그대로〉, 〈한국에 관한 것〉, 이렇게 뜻이 잡히는 책이다. 간행한 날짜로 보아서 미국 도착하자 마자 쓰기 시작한 것이 확실하다.

그 책에서 알렌은 실로 엄청난 주제들을 다루었다. 극동의 정세, 외교관계, 그리고 한국의 역사, 문물, 관습에 대한 아주 폭 넓은 문제들을 깊이와 조리로 묶어 정리하여 놓았다. 하지만 그 책은 이제 일제의 불가피한 희생이 되어 가고 있는 한국에 대한 가이 없는 애정과, 그것을 냉대와 방관으로 멀리서 바라 보고 있는 미국에 대한 비판이 그 주맥(主脈)을 이루고 있어서, 그의 미국 생활이 그런 심정으로 쌓여 있었던 것을 여실히 나타내 주었다.

> 나의 서울 생활은 의료 선교사로서 시작하여 전권공사로 끝을 낸, 약간 이상한 생애의 종말이었다. 그리고 이 생애가 모두 한 나라에서 계속되었고, 실제로 그 나라의 외교관계의 全期間과 일치하기 때문에 나는 무의식중에 모든 상황에 유용하게 익숙해졌는데, 그것은 짧은 기간의 근무로서는 이루기 힘든 일이었다.[25]

이런 경험과 경륜 때문에 그는 미국의 해리손(B. Harrison), 클리브랜드(S. Cleveland), 맥킨리(W. McKinley), 그리고 루즈벨트(T. Roosevelt), 이 4대 대통령 밑에서 한국 주재 외교사절로 계속 일할 수 있었다.

그런 알렌을 미국정부가 내버린 것이다. 아니 알렌이 그런 경륜과 판단으로 반일(反日) 친로(親露)의 정책으로 수호해야 한다고 본 그 한국, 그것을 내버린 것이다. 그는 절망속에 빠져 있는 한국을 생각하면서 비통한 마음을 달랠 길 없었다.

> 우리는 그들이 우리의 도움을 필요로 하는 바로 그 찰나에 그들

24) H. N. Allen, *Things Korean*, New York, Fleming H. Revell, 1908, 韓譯, 申福龍, 朝鮮見聞記, 서울, 博英社, 1979.

25) 朝鮮見聞記, p. 257.

> 을 버렸다. 우리가 한국과 조약을 체결할 때 독립의 조건을 내세우면서 (한국의 위기가 만일 있다면 지체 없이 돕겠다는) 성스러운 약속을 하였던 것이다. 그러나 우리는 그 의무를 무시하였다. 여기 조선의 슬픈 모습이 있는 것이다.[26)]

알렌은 미국이 이 국제적 약속을 저버린 허물로서 비난을 받아 마땅하다고 보았다. 미국은 을사늑약의 발표가 있자 마자 단 엿새만에 〈일본의 동맹국인 영국보다도 먼저〉 한국에서 공사관 폐쇄를 명령하였던 것이다.[27)] 알렌은 그것이 일본의 한국 병탄(倂呑)을 방조한 것이라 힐책하였다. 미국은 적어도 한국과의 신의를 유지하기 위한 대책을 강구할 수 있도록, 미국의 철수를 조정할 수 있었다고 보았다.[28)]

알렌의 이러한 강경 발언은 헐버트의 비수같은 미국 행정부 비판과 그 맥(脈)이 같다.

> 미국은 지난 30년간 미국의 星條旗는 공의와 진실을 위해서 휘날리고 있으며, 아무런 이기적 이해관계 없이 다만 정의편에서 힘껏 뒤 밀어 주겠노라 말해 왔다. 그런데 위기가 오니 우리가 먼저 저들을 저버리고 말았다. 그것도 가장 모욕적인 방법으로.[29)]

미국 공사관이 서울을 철수할 때 모간 공사는 일본인들을 위해서 찬연(餐宴)을 베풀었다 한다.[30)] 기가 막힌 일이었다. 한국의 눈물위에서, 알렌의 눈물위에서, 일본과 미국은 술잔을 마주치고 있었다. 그러나 알렌은 미국의 근시안적(近視眼) 과오를 지적하였던 것이다. 미국이 필경 일본에 의해서 심각한 타격을 받을 것이 확실하였기 때문이다. 미국의 상

---

26) *Ibid.*, 序, pp. viii－ix.
27) L. H. Underwood, *Fifteen Years among the Top-Knots*, p. 290.
28) 朝鮮見聞記, p. 237.
29) H. B. Hulbert, *The Passing of Korea*, pp. 222－223.
30) *Ibid.*, p. 223.

실된 위치가 이미 눈앞에 보여 왔기 때문이다. 위협의 증대를 목격하고 있었기 때문이다. 이제는 후회하기에도 늦었다고 본 것이다. 〈우리가 일본에 간섭할 시대는 지나가 버린 것〉[31] 이라고 알렌은 안타까워 했다. 미국은 결국 한국에 대한 신의의 포기로 일본을 도왔지만, 그 일본에게서 이미 심각한 타격을 받고 있다는 것이 명백하여졌던 것이다.[32]

하지만 알렌은 평범한 시민에 불과하였다. 한국을 위해서 무엇을 특별히 할 일도, 할 길도 없었던 것이다. 고종이 편지로 $10,000를 보내며 한국 문제 해결을 위해 사용해 달라고 했지만, 그것을 쓸 만한 대상이나 방편도 없었던 것이다.[33]

1909년 9월은 서울에서 한국교회의 선교 25주년을 기념하는 행사가 열린 뜻 깊은 해였다.[34] 그것은 실상 알렌 한국 도착 25주년 기념식이기도 하였다. 그는 초청을 받았으나 참석하지 않았다. 다만 글로써 긴 축사 겸 선교 개척사(開拓史)에 대한 자신의 경로(經路)를 세밀함과 명쾌성으로 정리하여 보냈다.

> 나의 옛 동료들과 내가 만나지 못한 내 뒤에 오신 동료와 친구 여러분. 우선 저는 한국과 한국인이 시세(時勢) 부득이하고 또 일이 잘 되지 않아서, 이제 국제사회에서 침몰한 모습을 보고, 오랫동안 그 나라에 미국을 대표한 공사관의 사신(使臣)으로 있었던 일에 어떤 죄책과 수치 같은 것을 느낍니다. 하지만 저는 그 나라에 처음, 최초의 선교사로 부임하게 되었던 일을 커다란 명예로 자랑하고 싶습니다.[35]

---

31) 朝鮮見聞記, p. 271.
32) *Ibid.*, pp. 272－273.
33) Allen to H. B. Hulbert, 1905. 12. 12日字
알렌은 얼마 후 이 金額을 高宗에게 되돌려 보냈다.
34) L. H. Underwood, *Underwood of Korea*, p. 281.
35) H. N. Allen, Greetings,. *Quarto Centennial Papers*, 1909, P. 2.

미국 외교관으로서는 그 날 차라리 부끄러웠고, 선교사로 한국에 선교와 전도의 길을 터 놓은 것이 오히려 영광이었다는 그의 말은, 그것이 선교 25주년의 기념이라 해서 한 말만은 아닐 것이다. 하나는 세상 나라의 일이오, 하나는 하나님 나라의 일이었기 때문만도 아니었을 것이다. 선교는 그 자신의 피눈물과 용기로 길을 개척하여 〈근대사의 기적〉으로까지 발전하여 이미 세계의 주목을 받았으되, 그의 외교는 장기간에 걸쳐 〈한국의 자주독립〉 일념으로 시종하였으되, 불명예스러운 소환, 그리고 한국의 침몰, 그래서 그 결말이 몰락으로 비친 데에 대한 한 인간으로서의 비애가 컸기 때문이었을 것이다.

그는 미국에 가 살았지만 그의 역사(歷史)는 한국에 기록되어 그 때마다 기념되었다. 1924년은 알렌이 한국에 입국한지 40주년이 되는 해였다. 그 날을 기념해서 한국의 선교사들, 그리고 특히 베른하이젤(C. F. Bernheisel, 片夏薛, 1874－1956)과 컨닝함(F. W. Cunningham)이 축하의 글을 보냈던 것이다. 알렌이 66세 되던 해의 일이다.

> 고맙습니다. 나를 여러분들의 기억속에 남겨 두신 데 대하여 감사드립니다. 더구나 여러분들의 기도의 제목속에 나를 포함시켜 잊지 않고 계신 것을 고맙게 생각합니다. 내가 한국과 거기 계신 분들을 어디 잊을 수 있겠습니까.
>
> 지금 한국교회가 크게 발전한다는 소식과 글을 보고, 그것이 나의 개척(開拓) 때문이라 한 말에는 감격하고, 그리고 무엇과도 바꿀 수 없는 보람을 느꼈습니다.
>
> 하나님께서 과거에도 그러하셨지만 장래에도 여러분의 노력을 축복하시리라 굳게 믿습니다. 그리고 하나님께서 여러분은 여러분들의 전부를 하나님을 위하여서 헌신하였으며 그보다도 위대한 일은 이 세상에 없다는 소중한 진리를 알게 하시는 축복도 아울러 주시리라 확신합니다.

> 나는 여러분과 한국의 성실한 친구로 그 축복을 기원하는 벗으로 남을 것입니다.[36]

한국의 생활 21년에서 18년을 외교관으로 보내고 다만 3년간 선교사로 일하였던 알렌이 그 만년에 한 말이 〈하나님께 모든 것을 바치고 일하는 것보다도 위대한 일은 세상에 없다〉는 것이었다. 그에게 그의 쓸쓸함을 위로하여 준, 〈이 위대한 일〉을 시작한 공로를 찬하한 한국교회 밖에, 아무도 그의 외교관 생활을 추억하여 공로를 돌린 사람이나 그룹은 없었다.

이유복(李有福) 박사는 알렌이 내한한 원래 목적이 〈선교활동〉이었음을 강조하고,[37] 그의 한국 생애 전체가 〈겸손하게 전도하며 많은 사람들에게 봉사한 진정한 평신도〉란 사실을 주목하였던 것이다. 〈이 세상에 그보다도 위대한 일〉이 어디 따로 있으랴.

나. 알렌의 晩年

의사 개업을 하였던 알렌은 저술과 한양(閑養)으로 이제 나날을 지새게 되었다. 그리고 한국에 한번 나올 수 있기를 바랬다. 하지만 그의 미국 생활은 처음부터 병약속에 시달렸다. 그러다가 말년에는 당뇨병에 걸려서 오랫동안 투병 생활을 하더니, 그것이 악화되어서 필경 1930년 두 다리를 절단하는 비운까지 겹쳤다.[38]

그런 상태로 그는 여가 있는 대로 한국에 관한 글을 몇 남겼다.[39] 그

---

36) Flowers for Living, *The Korea Mission Field*, 1925, 2月號, 44.

37) 李有福, 첫 醫療宣敎師 알렌, 연세대학교 의료원 소식, 延世大學校 醫療院, 1982. 4. 10日字.

38) 白樂濬, 故 알렌氏를 追憶함, p. 79.

39) An Acquaintance with Yuan Shi Kai, *The North American Review*, 1912, 第196號.
The Rabbit, *The Korea Mission Field*, 1924, 6月號.

러나 그의 다른 하나의 커다란 공헌은 〈역사적 사실의 중요성을 아는 터임으로 자기 과거 활동의 선악을 생각하지 아니하고〉,[40] 그의 개인적인 일기(日記), 각종 서한(書翰), 메모 및 공문서철(公文書綴) 일체를 다 묶어 미국 뉴욕의 시립도서관에 기증하였다는 사실이다.[41] 이것들은 당시의 선교에 관한 연구에서는 물론이고, 개화사, 외교사 및 국내 정치사 등 넓은 분야에 걸친 소중한 자료들로서 이 분야의 연구자들이 한번은 반드시 열람해야 하도록 되어 있는 것들이다. 한국에 사료의 결함이 늘 지적되는 실정에서 이 문서들의 문헌적, 사료적 가치는 엄청난 것이라 아니할 수 없다.

이제 그의 나이가 점점 연로해짐에 따라 병세가 악화되어, 그의 생애의 [마감]을 구제(救濟)로 바라보게 되었다. 1932년 12월 11일, 톨레도시(市)는 한국의 오랜 친구요 그 근대사의 개척자인 알렌이 그들의 작은 마을에서 떠났다는 부음(訃音)을 들었다. 그의 나이 74세였고, 한국을 떠난 지는 27년이 지난 다음의 일이었다. 이렇게 해서 그는 한국을 그의 뜨거운 가슴의 추억과 사랑에서 한번도 놓지지 않고 간직한 채, 하나님의 〈소환〉에 따라 영서(永逝)의 길을 떠났던 것이다. 그가 떠나면서 그의 〈사랑 넘친 인격, 섬례한 마음, 그리고 압도하는 모습〉 역시 함께 갔다.

한국은 그가 가고 난 자리가 횡하니 빈 채 남아 있는 것을 보았다. 그 빈 공간은 채워지지 아니한 채 너무 공허하였다. 누가 그 자리를 채우려나 둘러보았지만, 그럴 사람이 없었다. 그 자리는 계속 그렇게 남아 있을 것이다.

궁궐과 조정의 부패 그리고 음모의 틈에서 그의 곧바로 선 모습

40) 白樂濬, *op cit.*, p. 79.
41) Allen Diary [No. 1(1883－1886)], [No.2 (1887)], [No. 3 (1897－1899], [No.4 (1903)], Allen Papers 等 一切가 뉴욕市立圖書館에 保管되어 있다.

과 압도하는 기개로 서 있었던 모습을 본 사람들, 그의 의술과 인술로 병을 고친 사람들, 그의 친절하고도 현명한 관여로 생명과 재산을 보존할 수 있었던 사람들, 이제 와서 만일 그 때 그의 궁궐과 조정에서 그의 자문(諮問)이 경청(傾聽)되었더라면 한국이 처한 형편은 훨씬 달라졌을 것이라는 것을 눈앞에 보는 사람들, 그리고 한국의 여러 곳에서 각각 따로 길을 걷는 사람들, 이 모두는 우리가 늘 그렇게 부르듯, 그의 이름을 오래 오래 잊지 못할 것입니다. 〈安連博士！〉.[42)]

4. 그의 胸像 建立과 廣惠院 復元

1982년은 한미수교 백주년이 되던 해이다. 이를 기념하여서 연세대학교에서는 알렌의 광혜원(廣惠院) 설립일인 4월 10일에[43)] 그의 흉상 제막식을 가졌다.

그날 낮 2시, 외래진료소 앞 넓은 뜰에는 리챠드 워카 주한 미국대사, 이천환(李天煥) 이사장, 백낙준 명예총장, 안세희(安世熙) 총장, 김효규(金孝圭) 의료원장, 김재전(金在洄) 의과대학 동창회장 등 5백여 명의 내외 인사들이 참석하였다. 미국에서는 미국연합 장로교회 선교위원회 위원장 마가레트 모리스(M. Morris)가 특별히 초청되어 임석하고 있었다.

이천환 이사장의 제막식사에는 감동이 넘쳐 있었다.

그 때의 어렵고 어렵던 이 나라의 情況속에서 心血을 다하여 하

---

42) H. H. Underwood, Horace N. Allen. *The Korea Mission Field.* 1933, 3月號, p. 46.

43) 실제는 4月 14일. 高宗實錄, 高宗 二十二年 二月 二十九(陽 4. 14)日字.

> 나님의 福音을 펴며 西洋醫學의 仁術을 이 땅에 심은 그의 공적은 참으로 크다 아니할 수 없습니다.
>
> 한 世紀의 터전을 닦은 알렌 博士의 偉業을 함께 찬양하며 다시 한번 그를 敬慕하는 뜻에서 이 곳에 알렌 博士의 胸像을 제막코자 합니다.[44]

역사는 그것을 소중하게 여기는 사랑의 손에 의해서 창달되고, 그 가치를 계승함으로써 문화의 전통이 확립되는 것이다.

이 흉상의 기금은 연세대학교 의과대학 1941년도 졸업생들의 졸업 40주년 기념의 기금으로 마련되었던 것이오, 그 조각은 박원석(朴元石)이었다. 높이 67cm 폭 51cm의 흉상이었다.

1985년은 연세대학교 창립 백주년이 되던 해였다. 알렌의 광혜원 설립부터 기산(起算)한 것이다. 그래서 그 백주년 기념 사업으로 광혜원의 복원을 한 것이다. 그 봉헌식이 1987년 4월 10일에 있었다. 상량은 1986년 9월 30알에 이미 있었다.

그 봉헌식에서 안세희 총장은 알렌의 한국 근대사에서의 광휘있는 위치를 칭송하였다. 광혜원이 서양문화에 대한 문호 개방을 적극 추진한 전기를 마련함으로써 개척의 상징이 되고, 아울러 우리 나라 신의학(新醫學)의 발상지로서의 서양의학교육의 요람지로 그 터전을 다져 온 사실은[45] 그의 칭송 이상의 것이 아닐 수 없었다.

> 한 世紀前에 西洋醫療宣教師인 호레이스 뉴톤 알렌博士에 依해 設立된 廣惠院은 당시 외부 세계와 단절된 채 鎖國政策으로 一貫해 온 우리 나라에 西洋文化에 대한 문호 개방을 적극적으로 촉진하는 개척의 表像이었으며, 西洋文化를 수용하는 우리 나라 新醫學의 發

44) 알렌 博士 胸像除幕式 가져, 의료원 소식, 延世大學校 醫療院, 1982. 4. 10日字.

45) 安世熙, 大學의 現實과 使命, 서울, 東亞出版社, 1988. p. 283.

46) *Ibid.*, p. 286.

祥地로서의 상징적 터전으로 인식되어 왔습니다.[46]

이 광혜원은 옛날 그 자리에는 복원하지 못하였다. 연세대학교 구내 루스 채플과 백주년 기념관, 그리고 의료원 사이에 옛 모습 그대로 역사의 증언자로 살아 가도록 복원되었던 것이다.

연세대학교 의과대학에서는 연세 창립 백주년 기념 사업의 하나로 알렌관의 건립을 추진하였다. 진동식(陳東植) 의료원장의 비젼과 정성으로 이 사업이 마무리되어 연세대학교 옛 영빈관(迎賓館) 자리에 알렌관이 세워지게 되었던 것이다. 1987년 4월 10일, 광혜원 복원 같은 날에 그 봉헌 예배가 드려졌다. 알렌 박사의 업적과 정신을 기리는 이 〈알렌관〉은 그의 개척 정신에 따라, 국제적 회의나 저명한 학자들의 숙소로서 이용되도록 꾸며진 기념관이다.[47]

과문한 탓일지 모르지만 미국에 이런 기념 사업이 있었다 함을 듣지 못하였다. 그러니 알렌은 결국 한국 역사에 그 이름이 남겨진 사람이다. 그가 남긴 발자취는 이 한국의 역사와 함께 언제까지나 우리 곁에 위대한 정신과 희생의 힘으로 살아서 계속 앞서 걸어갈 것이다.

---

47) 安世熙, 先驅者의 業積과 精神, 大學의 現實과 使命, *op cit.*, pp. 287-288.

맺는 말

알렌은 한국 현대사에서 드높이 솟아 있는 인물이요, 그 업적 역시 근대 개화기 전체의 영역에 걸쳐 빛나고 있다.

그의 한국에서의 생애가 바로 기독교 초기사, 의료와 의학 교육의 개척 및 정착, 그리고 한미 외교의 실질적인 구한말 전기간 구한말 조정의 변천사, 이 모든 것과 완전히 겹쳐 있었기 때문이다.

알렌, 그는 그의 한국에서의 생 전기간에 걸쳐 칼빈주의 윤리의식과 경세관(經世觀), 그리고 미국인의 개척정신과 강직한 성품, 그리고 한국에 대한 끝없는 관심과 애정으로 살다가 갔다. 그는 을사늑약(乙巳勒約) 전야, 미국의 친일정책에 항의하다가 그 과단성 때문에 한말의 자주성 상실과 함께 떠난, 그 때 우리가 가지기 힘들었던 우리의 벗이었다.

한국의 역사적인 친미의 이미지 구성은 선교사의 박애와 희생, 의사의 헌신과 봉사, 그리고 외교관으로서의 한국 자주독립 보전, 이런 생애로 직접 연결된 그의 한국 현존으로 가능하였던 것이다.

이런 알렌의 공적을 기리는 일들이 몇 있었다. 그의 흉상(胸像)이 세워지고 광혜원이 복원되었으며, 알렌관이 건립되었다. 그러나 한국교회에 그를 기리는 사업이 아직 미루어지고 있으며, 구한말 자주독립의 마지막 투사로 미국의 소환까지 받았던 정치사에서의 그의 공적이 논공되어 나타난 것이 없는 것으로 안다.

그러나 우리는 역사가 바로 그런 것이라는 생각을 한다. 인적은 가고 없어지는 것이다. 사람은 특정한 시대와 장소에 그 맡은 일 다하도록 보내진다. 그리고 그 사명 다하면 가도록 되어 있다. 오직 전능자의 역사(役事)와 섭리만이 계속된다.

이렇게 해서 하나님의 사람 알렌은 미국사람이로되 묘하게 한국에 보냄을 받고, 여기서 그의 생의 핵심 부분을 보내고 간 것이다. 한국을 기독교와 문명에 개방하고 자주독립의 역군으로 사역(使役)한 것, 그것이 그의 소명(召命)이었다.

알렌에게는 아직도 찾아 내야 할 많은 소재(素材)들이 있다. 그런데 어떤 것은 손도 대지 못하였다. 그의 〈한국 연구〉는 반드시 수행해야 할 과제중의 하나이다. 이런 저런 자책과 기약으로 이 글을 맺는다.

알렌 年譜

1858. 4. 23.	미국 오하이오州 델라웨어에서 出生.
1881.	미국 웨슬레이안大學校 理學士.
1882.	미국 콜럼부스大學에서 醫學 工夫.
1883. 3.	미국 마이아미醫科大學 卒業.
1883. 3.	미국 北長老教 海外宣教本部에서 中國 派送 선교사로 임명.
1883. 5. 17.	패니(Fannie) 양과 結婚.
1883. 夏	中國 上海 向發.
1883. 10. 10.	上海 到着.
1884. 7. 22.	미국 北長老教 海外宣教本部에서 알렌의 韓國宣教 許諾.
1884. 9. 14.	韓國 向發(南京號).
1884. 9. 20.	濟物浦 到着.
1884. 9. 22.	서울 到着.
1884. 9. 22.	美國公使館 公醫로 任命.
1884. 12. 4.	甲申政變 閔泳翊 刺傷, 알렌 治療.
1885. 1. 27.	病院 設置 申請.
1885. 4. 14.	廣惠院 設立 認可.
1885. 4. 26.	濟衆院으로 改稱.
1885. 5. 7.	濟衆院 醫師 增雇, 政府에 申請.
1885. 5.	알렌 高宗御醫로 活躍 始作.
1885. 9. 2.	헤론과의 不和로 宣教本部에 釜山 駐在 轉任 申請.

1885. 10. 〈在韓 美國 北長老敎宣敎會〉 會長.

1886. 6. 14. 堂上階通政大夫 特加.

1887. 11. 駐美 韓國公使館 設置, 第一代 駐美公使와 同途向美, 參贊官.

1889. 4. 在美時 復活節 맞아 公館 職員 全員 參席裡 復活主日 禮拜 主管.

1889. 6. 韓國公使館 參贊官 辭任 歸韓, 北長老敎 韓國宣敎師로 再任命.

1889. 9. 釜山 定着 試圖.

1889. 10. 〈在韓 美國 北長老會 미션과 빅토리아 미션 聯合公議會〉 創設.

1890. 濟物浦 居住, 醫療活動.

1890. 6. 濟衆院長으로 再任命.

1890. 7. 9. 美國 駐韓公使館 參贊官 發令, 宣敎師 辭任.

1890. 11. 12. 美國公使館 副總領事.

1891. 10. 22—11. 22. 하드公使 休暇中 臨時代理公使.

1892. 6. 23—9. 4. 하드公使 休暇中 再次 臨時代理公使.

1893. 2—8, 시카고博覽會 韓國 名譽大員.

1893. 8. 29—1894. 4. 30. 하드公使 休暇中 三次로 臨時代理公使.

1895. 9. 13—10. 14. 씰公使 休暇中 臨時代理公使.

1895. 10. 8. 乙未事變.

1895. 11. 28. 春生門 事件.

1896. 2. 11. 俄館播遷.

1896. 4. 6.	美國公使館 代理 兼 副總領事.
1896. 9. 18 —11. 18.	씰公使 休暇中 再次 臨時代理公使.
1897. 7. 27.	駐韓 美國公使 兼 總領事.
1901. 6. 21.	駐韓 美國特命全權大臣.
1903. 6. 1.	向美.
1903. 9. 30.	美國大統領 루즈벨트와 對韓政策 關係 激論.
1904. 4. 9.	太極大綬章 授與.
1905. 3. 29.	美國公使職 解任.
1905. 6. 9.	離韓 向美.
1905. 9.	美國 오하이오州 톨레도市 定着, 醫療事業 및 執筆.
1905. 11. 23.	美國에서 駐韓公使館 廢鎖通報.
1908.	뉴욕에서 《*Things Korean*》 出刊.
1909. 9.	서울에서 開催된 美北長老教 韓國宣教 25周年 記念式에 祝賀 論文 發送.
1930.	病患惡化로 두 다리 切斷.
1932. 12. 11.	알렌, 톨레도市에서 逝去, 享年 74歲.
1982. 4. 10.	알렌胸像 延世大學校 醫科大學에서 除幕.
1987. 4. 10.	廣惠院 復元, 알렌館 竣工.

찾아보기

(ㄴ)

(ㄷ)

(ㄹ)

(ㅁ)

(ㅂ)

(ㅅ)

(ㅇ)

(ㅈ)

(ㅊ)

(ㅋ)

(ㅌ)

(ㅍ)

(ㅎ)

著者 略歷

延禧大學校 神科大學, 同 大學院, 英國 애버딘大學校 神學院, 同 大學院, 런던大學校 大學院 等에서 修學, 日本 同志社大學 神學博士, 캐나다 터론토大學校 研究教授, 延世大學校 校牧室長, 同 神科大學長 同 教務處長 歷任, 現 延世大學校 教會史 教授, 聯合神學大學院長.

著　書

韓國의 基督敎會史, 現代的 삶 속의 나, 韓國基督敎會史, 韓國キリスト敎史, 새문안교회 85년사, 韓國크리스챤 아카데미 10年史, 京東敎會史, 韓國의 基督敎, 韓國民族敎會形成史論, アジア キリスト敎史(共), 宗敎現像과 基督敎(共), 敎會와 民族, 大韓예수敎長老會百年史, 殉敎者 朱基徹 牧師, 大韓民國史(共), 日帝下 韓國基督敎 民族·信仰運動史, 神の榮光のみ, 韓國基督敎社會運動史 等.

譯　書

존 녹스의 生涯와 思想(J. 맥큐엔), 에큐메닉스(J. 매카이), 世俗都市(H. 콕스)(共), 牧會神學原論(S. 힐트너), 世界의 宗敎들(H. 스미스)(共), 世界基督敎會史(W. 워커)(共).

알렌의 宣教와 近代韓美外交

지은이 민 경 배
펴낸곳 연세대학교 출판부
주　소 서울시 서대문구 연세로 50
전　화 2123-3380~2
팩　스 2123-8673
ysup@yonsei.ac.kr
http://www.yonsei.ac.kr/press
등　록 1955년 10월 13일 제9-60호
인　쇄 (주)태화북스

1991년 9월 15일 1판 1쇄　　2014년 10월 10일 1판 4쇄
ISBN 89-7141-331-X (03990)

값 **20,000**원